POLITIQUE DE L'ÊTRE

THOMAS LEGRAND

POLITIQUE DE L'ÊTRE

Sagesse et science pour construire le nouveau monde

Traduit de l'anglais (États-Unis)
par Xavière Boitelle

Robert Laffont

ISBN : 978-2-221-26987-9
Dépôt légal : février 2024
Éditions Robert Laffont – 92, avenue de France 75013 Paris

« Considérablement documenté, cet essai profond,
éclairé, sensible et nécessaire offre une précieuse feuille
de route pour voyager ensemble vers un monde meilleur. »

Matthieu Ricard,
moine bouddhiste, humanitaire et auteur

« Quiconque est intéressé par arrêter la marche inconsciente
de l'humanité vers sa propre extinction devrait lire ce livre.
C'est un traité très important et éminemment pratique, [...]
un livre merveilleux. S'il touche une masse critique,
on pourrait en effet espérer un monde plus pacifique,
plus juste, plus durable, plus sain et plus joyeux. »

Deepak Chopra,
auteur et pionnier de la médecine intégrative
et de la transformation personnelle

« Ce livre présente avec lucidité les nouveaux
chemins qu'il est urgent d'emprunter
pour dépasser la mondialisation de l'ignorance
et de l'indifférence, et bâtir l'avenir
que les nouvelles générations méritent. »

Federico Mayor
ancien directeur général de l'Unesco

À la sagesse de la Terre
et à toutes ses représentations culturelles,
à ceux qui en ont semé les graines…

À mes filles, Sonia et Océanne,
à tous les enfants de la Terre mère
et à ceux qui restent à venir.

Préface

Politique de l'être de Thomas Legrand est un essai profond, éclairé, sensible, nécessaire et considérablement documenté, qui offre une précieuse feuille de route pour voyager ensemble vers un monde meilleur, un monde reposant sur des valeurs plus simples et plus essentielles (solidarité et paix intérieure, bienveillance et coopération), un monde altruiste, empreint de sagesse, mais également nourri de relations durables et harmonieuses avec la nature et les huit millions d'espèces avec qui nous partageons la Terre. Abordant des thématiques aussi diverses que la spiritualité, la psychologie expérimentale, la gouvernance ou les organisations, cet ouvrage foisonne de savoirs et de solutions porteuses d'espoir.

L'un des principaux objectifs de la spiritualité, qui occupe une place centrale dans ce livre, consiste à activer le potentiel de bonté et de sagesse qui existent en chacun de nous – les bouddhistes affirment que la nature de Bouddha est présente dans tous les êtres sensibles – mais reste inactif et voilé tant qu'on ne le cultive pas. La compassion sans sagesse est aveugle, et la sagesse sans compassion est stérile : nous avons besoin de cultiver ces deux valeurs, tout comme un oiseau a besoin de ses deux ailes pour voler. La spiritualité est la voie de la transformation, qui nous guide de l'illusion vers la sagesse, de l'égocentrisme vers l'altruisme, de la souffrance et la confusion vers une véritable liberté intérieure.

Mais comment passer d'une transformation individuelle à la transformation de nos institutions et de la société ? Si les individus peuvent changer en entraînant leur esprit, les sociétés changent à travers l'évolution de leur culture (comme le démontrent les remarquables travaux de Peter Richerson et Robert Boyd, condensés dans *Not by Genes Alone*[1]). Cette dernière suit le processus darwinien de sélection naturelle, mais

1. University of Chicago Press, 2004.

elle est beaucoup plus rapide que l'évolution génétique, car elle permet des changements majeurs d'attitudes en l'espace de quelques générations. Individus et cultures s'aiguisent mutuellement comme deux lames de couteau.

À l'image d'un jardin dont la beauté dépend de l'éclat et de la fraîcheur de chaque fleur, pour transformer le monde, nous devons commencer par nous-mêmes. À la suite de deux mille ans de pratiques contemplatives destinées à nous faire passer de l'illusion à la sagesse, et de la souffrance à l'élimination de ses causes, plusieurs collaborations récentes entre contemplatifs, neuroscientifiques, psychologues expérimentaux ou encore généticiens ont montré qu'un entraînement adapté de l'esprit induisait des changements fonctionnels et structurels dans le cerveau grâce à la neuroplasticité, et même des changements dans l'expression de nos gènes (épigénétique). Il est donc possible de développer des qualités aussi importantes que l'altruisme, la compassion, la liberté intérieure, la résilience, le discernement et, en fin de compte, la sagesse, comme un élève apprend à lire, à écrire, à jouer aux échecs ou à maîtriser un instrument de musique. Sans pratique, ces compétences ne se développent pas.

Au cours de l'histoire, les disciples de nombreuses traditions philosophiques et spirituelles, depuis les Grecs de l'Antiquité jusqu'aux philosophes et méditants bouddhistes, ont consacré une attention particulière à la poursuite de la sagesse pour combler le fossé entre apparence et réalité, et dissiper la confusion, tout en imprégnant cette sagesse de la volonté affirmée d'aider leurs prochains.

L'éducation joue ici un rôle clé : elle ne doit pas se limiter à apporter aux élèves les savoirs nécessaires à la résolution de problèmes, mais également les inspirer à devenir de bonnes personnes pour leur propre bien et celui d'autrui.

Cette approche s'applique aussi à la politique. Thomas Legrand cite notamment Elinor Ostrom, lauréate du prix Nobel d'économie : « L'objectif central des politiques publiques devrait plutôt être de faciliter le développement d'institutions qui font ressortir ce qu'il y a de meilleur chez les humains. » L'État n'a pas pour mission de rendre les gens heureux, altruistes et sages, mais il devrait offrir des conditions optimales pour qu'ils révèlent le meilleur d'eux-mêmes, et pour que les personnes altruistes et sages s'épanouissent sans être malmenées par des profiteurs égoïstes et irresponsables.

Thomas Legrand nous rappelle aussi les propos de Ban Ki-moon : « L'ancien modèle ne marche pas. » C'est une évidence. N'oublions pas qu'en moyenne, un citoyen nord-américain émet 200 fois plus de CO_2

qu'un Zambien, et qu'un Qatari émet 2 000 fois plus de CO_2 qu'un Afghan. Comment ce modèle pourrait-il s'avérer bon et pérenne ? Le concept de développement durable ne fonctionne pas, car dans l'esprit d'un trop grand nombre de personnes, le « développement » est synonyme de croissance quantitative. Ce que nous devons établir comme nouvelle norme est l'« harmonie durable ». Une harmonie dès aujourd'hui en éradiquant la pauvreté dans un monde de surabondance, et une harmonie durable dans le temps en préservant l'équilibre avec la nature au lieu de sucer le sang de Gaïa jusqu'à la dernière goutte.

Nous pouvons vivre très heureux avec beaucoup moins. L'une des principales crises de notre époque est la crise du superflu, qui nous conduit à désirer et à acheter ce dont nous n'avons pas besoin, que ce soit pour vivre décemment ou pour nous accomplir. Le maître bouddhiste Thich Nhat Hanh l'a affirmé clairement : « Si nous voulons sauver notre planète, nous devrions commencer par reconsidérer nos idées du bonheur. »

Espérons que cet ouvrage bienvenu de Thomas Legrand inspire de nombreux lecteurs à emprunter cette voie.

Matthieu Ricard,
auteur de *Plaidoyer pour l'altruisme. La force de la bienveillance*[1]

1. NiL, 2013.

La solution est à l'intérieur

« La solution est à l'intérieur. »
Maître Zen Thich Nhat Hahn

Il est temps de puiser dans notre sagesse la plus profonde pour concevoir un nouveau modèle de développement. Le livre que vous tenez entre les mains propose une approche de la politique fondée sur la sagesse et s'appuyant sur la science : sa définition, ses fondements philosophiques, ainsi que des propositions concrètes pour sa mise en œuvre, basées principalement sur des exemples existants. Une transformation rapide de l'humanité est en cours, dont les dimensions intérieures et extérieures sont indissociables. Un profond changement culturel est donc inévitable pour assurer notre survie et notre prospérité : nos croyances, nos valeurs, notre vision du monde, ou, à un niveau plus fondamental, nos consciences sont appelés à évoluer.

Alors que la crise systémique et polymorphe à laquelle nous sommes confrontés s'intensifie, sa véritable nature éclate au grand jour. La cupidité, la haine, la peur, la rage, l'ignorance, l'égoïsme, le mensonge, l'intolérance et le fanatisme semblent se répandre partout dans le monde jusque dans la sphère politique dirigeante et entraver les changements dont notre société a besoin de toute urgence. Ces pathologies de nos consciences collectives[1] sont les symptômes d'une maladie spirituelle que nous devons apprendre à diagnostiquer, combattre et guérir pour permettre à l'humanité de s'épanouir.

C'est avant le lever du soleil que l'obscurité est la plus forte. La prise de conscience de la nature spirituelle de cette crise peut nous aider à

1. « La conscience collective est un concept sociologique fondamental qui désigne un ensemble de croyances, d'idées, de comportements et de connaissances partagés par un même groupe social ou une même société », thoughtco.com, consulté le 2 juillet 2020 (traduction libre).

trouver les remèdes appropriés. Comme nous le verrons au cours de ce livre, le changement requis est si profond et intégral, un progrès qualitatif touchant au sens même de nos vies et priorités, à notre véritable nature, que je ne vois pas d'autre mot pour le qualifier que « spirituel ». Il s'agit en fait simplement de grandir collectivement et d'apprendre à vivre ensemble comme des êtres humains matures, responsables et raisonnables. Rien de plus. Beaucoup d'entre nous ont déjà de telles personnes autour d'eux.

Le terme « spirituel » renvoie à une connexion à l'esprit ou à l'âme, ce qui ne nous avance pas beaucoup. Dans le monde occidental, on a hélas souvent opposé de façon artificielle l'esprit et la matière dans une vision purement transcendante de la spiritualité, conçue comme fondamentalement étrangère à nos corps et à nos vies sur cette terre. D'autres cultures mettent l'accent au contraire ou de manière complémentaire sur son caractère immanent, selon lequel l'esprit ou le divin imprègne et nourrit en permanence l'univers. La spiritualité peut donc être définie de diverses manières, mais elle est généralement associée à certains concepts et sentiments : l'essence, le sens et la finalité, le sacré, la connexion et l'émerveillement.

Pour ma part, j'en suis venu à considérer que tout est par essence spirituel. Le développement spirituel est ainsi la réalisation progressive de notre véritable nature divine, ce que j'appelle « être ». Cette réalisation nous amène à manifester dans le monde les qualités les plus élevées (sagesse, amour, joie, paix, etc.). Si votre propre expérience ne vous a pas amené à croire en quelque chose de l'ordre du divin ou du sacré en vous, vous pouvez aussi comprendre simplement le développement spirituel ou « être » comme le processus d'accomplissement personnel par lequel on devient une personne plus profondément authentique et meilleure.

Distinguer la spiritualité de la religion

La spiritualité désigne la science, l'art et la pratique de la connexion, de la transformation et de l'accomplissement intérieurs. C'est la science psychologique – au sens de connaissance de notre intériorité – en action. Il ne s'agit pas de religions, mais de leur essence, à savoir l'expérience vécue ou l'éternelle étincelle qui brille ou devrait briller en leur sein. Les religions, quant à elles, sont des institutions sociales censées organiser, faciliter et soutenir la vie spirituelle de leurs disciples. Ces constructions historiques et culturelles exercent leur influence et leur pouvoir sur leurs communautés. Par conséquent, elles tendent à refléter toutes les faiblesses humaines et elles sont à l'origine d'innombrables guerres et persécutions. Leur volonté d'enfermer la spiritualité dans des credo, des formes, des rituels, des codes moraux et des systèmes sociaux stricts a trop souvent freiné l'évolution humaine.

Dans notre perspective, la religion n'est utile que dans la mesure où elle sert une spiritualité authentique. Il n'y a aucune raison de laisser la spiritualité aux croyants théistes (qui croient en un dieu ou un être suprême) ou non théistes. Elle appartient aussi aux athées (qui ne croient pas en l'existence de Dieu), aux agnostiques (qui réservent leur jugement sur l'existence ou la non-existence d'un ou plusieurs dieux), aux philosophes, aux poètes, aux artistes et à tout un chacun.

La dimension intérieure du développement

Une évolution spirituelle est nécessaire, car les innombrables problèmes qui affectent le monde s'enracinent dans un déséquilibre fondamental entre, d'une part, la puissance matérielle et technologique de l'humanité, et, d'autre part, le sous-développement relatif de la conscience, de la sagesse et de l'éthique nécessaires pour gérer cette puissance ainsi que la complexité croissante de notre monde qu'elle a engendrée.

La puissance de l'humanité est telle que beaucoup de scientifiques la considèrent désormais, à travers le concept d'Anthropocène[1], comme la principale force géologique sur Terre. Nous avons maintenant la capacité de nous détruire et d'anéantir la planète entière, lors d'une guerre nucléaire par exemple. Mais notre modèle de développement ne nous a pas conduits au type d'évolution intérieure permettant de bâtir une société plus sage, à même d'utiliser sa puissance à bon escient. Au contraire, ce déséquilibre entre le développement extérieur et intérieur, et les menaces qu'il fait peser augmentent vite, en particulier avec l'apparition de l'intelligence artificielle, de la bio-ingénierie et de notre capacité, dans un avenir proche, à transformer radicalement les êtres humains.

Utilisée de manière raisonnable, la technologie serait en mesure de résoudre la plupart de nos problèmes. Cependant, son mauvais usage actuel pourrait bien provoquer l'effondrement de notre civilisation. L'historien Yuval Noah Harari conclut son célèbre *Sapiens. Une brève histoire de l'humanité* par cette question inquiétante : « Y a-t-il rien de

1. L'Anthropocène désignerait une nouvelle époque géologique qui suit l'Holocène et a commencé il y a plus ou moins 12 000 ans. Elle se caractérise par une influence dominante de l'activité humaine sur le climat et l'environnement. Les autorités scientifiques compétentes étudient actuellement la reconnaissance de l'Anthropocène comme nouvelle époque géologique.

plus dangereux que des dieux insatisfaits et irresponsables qui ne savent pas ce qu'ils veulent[1] ? » L'auteur suggère d'investir les mêmes efforts et les mêmes sommes d'argent dans les progrès de la conscience humaine que dans l'amélioration de l'intelligence artificielle[2].

Si nous voulons conserver et cultiver nos libertés individuelles tout en relevant les nombreux défis collectifs, chacun doit se montrer plus responsable. En l'an 2000, à l'occasion d'un long dialogue interculturel très engagé, la société civile mondiale reconnaissait déjà qu'il nous fallait « un changement d'esprit et de cœur ». C'est ce que préconise la Charte de la Terre, « une déclaration de principes éthiques fondamentaux visant à construire, au XXIe siècle, une société mondiale plus juste, durable et pacifique[3] », proposée par les Nations unies[4]. Derrière cette idée se cache une vérité simple – si simple que nous l'avons peut-être tous oubliée au fil du temps – et que les progrès technologiques et les crises éthiques rendent encore plus évidente aujourd'hui : tous nos problèmes trouvent leur origine dans nos esprits et dans nos cœurs. C'est également là que se trouvent les solutions. Alors que nos problèmes deviennent de plus en plus complexes et imprévisibles, nous avons plus que jamais besoin de revenir à cette vérité simple.

Les plus grands leaders spirituels semblent tous nous rappeler les propos de Platon : « Cette cité est ce qu'elle est parce que nos citoyens sont ce qu'ils sont. » Selon le quatorzième dalaï-lama, que j'ai eu la chance de rencontrer dans sa résidence en Inde en 2023 – une expérience profondément transformatrice pour moi –, « le problème fondamental, c'est qu'à tous les niveaux nous accordons trop d'intérêt aux aspects matériels et extérieurs de l'existence en négligeant la dimension éthique et les valeurs intérieures. […] Tant que l'on donnera la priorité aux biens matériels, l'injustice, la corruption, l'iniquité, l'intolérance et la cupidité – toutes les manifestations du désintérêt pour les valeurs intérieures – perdureront[5] ». Amma[6], figure spirituelle et humanitaire indienne, en convient également : « De nos jours, c'est à l'extérieur que nous recherchons les causes et les solutions de tous les problèmes du monde. Dans notre

1. Albin Michel, 2015.
2. Harari, 2018.
3. earthcharter.org, consulté le 22 juillet 2020 (traduction libre).
4. D'autres déclarations des Nations unies mentionnent de manière explicite l'objectif du développement spirituel, comme Action 21. Ce plan d'action non contraignant sur le développement durable a été élaboré dans le cadre du Sommet « Planète Terre » qui s'est déroulé à Rio de Janeiro (Brésil) en 1992.
5. Sa Sainteté le dalaï-lama, 2014.
6. amma.org, consulté le 22 juillet 2020.

précipitation, nous oublions la plus grande des vérités : la cause de tous les problèmes se trouve dans le mental humain. Nous oublions que le monde ne peut devenir bon que si le mental individuel devient bon. Par conséquent, parallèlement à la compréhension du monde extérieur, il est essentiel d'aller à la découverte du monde intérieur[1]. » Le pape François a évoqué ce sujet dans la lettre encyclique *Laudato si'* sur la sauvegarde de la maison commune : « Les déserts extérieurs se multiplient dans notre monde, parce que les déserts intérieurs sont devenus très grands[2]. »

Bien qu'il ne soit pas toujours clairement articulé, ce besoin d'un « changement de conscience » est à présent reconnu par une communauté grandissante de leaders d'opinion ou de personnes anonymes comme la clé de la réponse aux nombreux défis auxquels fait face l'humanité. Quels que soient les mots employés, l'attention porte de plus en plus sur la nécessité d'un profond changement culturel. L'édition 2020 du Rapport sur le développement humain, document de référence dédié à la réflexion sur le développement et publié chaque année par le Programme des Nations unies pour le développement (PNUD), l'affirme : « Pour entrer audacieusement dans l'Anthropocène et permettre à tous de s'épanouir tout en réduisant les pressions exercées sur la planète, l'humanité a besoin ni plus ni moins d'un changement radical des mentalités, concrétisé par des mesures politiques[3]. »

Ce changement culturel doit être si profond qu'il implique inéluctablement une évolution des fondements spirituels et philosophiques de nos sociétés. Nombre de ces fondements ont été établis en Chine, en Inde, en Perse et dans le monde gréco-romain entre le VIIIe siècle et le IIIe siècle avant Jésus-Christ, une période que le philosophe allemand Karl Jaspers (1883-1969) a appelée la « période axiale[4] ». C'est une nouvelle période axiale qui s'ouvre à nous aujourd'hui.

Une transformation en cours

Cette transformation est non seulement possible, elle est même en cours. Les développements scientifiques – décomposition de l'atome, exploration extragalactique, calcul quantique, etc. – ont considérablement aiguisé nos connaissances et notre pouvoir sur la nature ainsi

1. Amma, 2004.
2. Sa Sainteté le pape François, 2015. Le pape François cite ici le pape Benoît XVI (Homélie pour l'inauguration solennelle du ministère pétrinien, 24 avril 2005).
3. Conceição, 2020.
4. Jaspers, 1954.

que sur la condition humaine. Ils remettent aujourd'hui en cause les idéologies modernes tout en nous invitant à revisiter les sagesses et les traditions spirituelles, comme nous le verrons dans cet ouvrage. Outre la science, la mondialisation et l'essor des technologies d'information et de communication telles qu'Internet (considéré par certains comme le « cerveau de l'humanité ») sont également des forces évolutives qui ont exacerbé notre sens de l'interconnexion. L'humanité fait l'expérience d'un processus inédit d'échange et de synthèse d'informations au travers duquel elle peut soit se perdre, soit apprendre à se connaître, réfléchir à son histoire et choisir consciemment son évolution. Ce sont des conditions essentielles pour notre transformation spirituelle collective.

Selon Ronald Inglehart, le politologue le plus reconnu étudiant l'évolution des valeurs au niveau mondial[1], dans les « pays développés », la prospérité et la sécurité sans égales de l'après-guerre ont déjà provoqué un important changement culturel. Alors que la plupart des nouvelles générations ont pu considérer la survie comme acquise, ces sociétés, dont les valeurs étaient initialement matérialistes, ont évolué vers des valeurs post-matérialistes. Cette évolution s'inscrit dans une transition encore plus vaste de valeurs centrées sur la survie vers des valeurs centrées sur l'expression de soi[2]. Par conséquent, « les questions spirituelles au sens large se popularisent dans les sociétés post-industrielles[3] », tandis que la religion perd de son attrait. En effet, ce changement culturel radical déplace l'attention auparavant portée à la sécurité économique et physique, mais aussi au respect des normes de groupe, vers la liberté individuelle et l'autonomie, l'ouverture aux nouvelles idées, la tolérance et l'empathie à l'égard des exogroupes (communautés LGBTQ+, étrangers, etc.), l'égalité des genres, la participation aux prises de décision, la protection de l'environnement, la sécularisation, etc.

Inglehart estime que les valeurs évoluent surtout avec les nouvelles générations, car les valeurs de base d'un individu reflètent en grande

1. Né en 1934, Ronald Inglehart était professeur émérite de sciences politiques à l'université du Michigan. Titulaire de plusieurs doctorats honorifiques, il a remporté le prix Johan-Skytte, souvent considéré comme la plus haute distinction dans le domaine des sciences politiques, en 2011. Ronald Inglehart a notamment dirigé la World Values Survey, un réseau international de chercheurs en sciences sociales qui ont réalisé des enquêtes nationales représentatives de l'opinion publique de plus de 80 sociétés sur les 6 continents habités, englobant 90 % de la population mondiale.

2. Selon Ronald Inglehart, la transition entre les valeurs de survie et les valeurs d'expression individuelle qui a dominé les sociétés post-industrielles a été précédée d'une transition entre les valeurs traditionnelles et les valeurs séculières et rationnelles, associée à l'avènement des sociétés industrielles.

3. Inglehart, 2018 (traduction libre).

partie ses conditions de vie à l'âge préadulte. Ce changement culturel constitue le principal moteur de mutation des institutions sur le long terme, qui se produit souvent dès que ledit changement a atteint une masse critique et se propage dans toute la société au travers des médias et de l'éducation. C'est pourquoi les changements sociétaux restent assez nouveaux alors que les valeurs sous-jacentes ont beaucoup évolué depuis une cinquantaine d'années. Néanmoins, un récent déclin de l'économie et de la sécurité existentielle, combiné à la hausse des inégalités et de l'immigration, est aujourd'hui à l'origine d'un contrecoup culturel et d'un retour aux valeurs de survie (solidarité, rejet des étrangers, stricte adhésion aux normes culturelles, et obéissance aux leaders puissants) chez les personnes qui conservent des valeurs culturelles traditionnelles et craignent de voir leur monde disparaître. Cette dynamique favorise l'ascension des mouvements politiques xénophobes, populistes et autoritaires, et elle représente, toujours selon Inglehart, la principale cause de la montée du populisme d'extrême droite.

Outre ce changement culturel très positif et son récent recul, des études ont depuis peu révélé une détérioration notable sur le long terme de la confiance interpersonnelle dans l'ensemble des pays occidentaux à revenu élevé[1], ainsi qu'une érosion des liens sociaux en découlant. Nous pouvons effectivement observer une hausse du pire comme du meilleur[2]. Si les valeurs d'expression personnelle identifiées par Inglehart sont largement teintées d'individualisme et ne nous invitent pas nécessairement à cultiver le meilleur de nous-même, je pense qu'elles constituent une étape dans cette direction, au sein d'une tendance encore plus large à la véritable réalisation de soi.

Paul Ray et Sherry Ruth Anderson, respectivement sociologue et psychologue américains, ont souligné la dimension spirituelle du changement culturel actuel. Lors de leur étude sur l'évolution des valeurs sociales, ils ont attribué le nom de « créatifs culturels » aux membres d'un groupe sociologique en pleine expansion, pionnier de ce changement culturel progressiste. Ils ont identifié parmi eux un noyau de personnes plus éduquées, socialement impliquées et influentes, qui se passionnent pour la spiritualité. Ce constat

1. Algan *et al.*, 2019 ; Rahn & Transue, 1998, cités dans Ricard, 2014. Voir chapitre 7.
2. 'Abdu'l-Bahá, 1982. « Peu importe à quel point le monde matériel avancera, il ne peut pas établir le bonheur de l'humanité. Ce n'est que lorsque les civilisations matérielle et spirituelle seront liées et coordonnées que le bonheur pourra être assuré. [...] Dans la civilisation matérielle, le bon et le mauvais avancent ensemble et au même rythme », explique le leader bahá'í.

les a amenés à parler de l'« émergence d'une culture planétaire de sagesse[1] ».

Pour relever les défis d'aujourd'hui, aucune politique sérieuse ne peut faire l'économie de la question intérieure. Il s'agit de placer au cœur de nos efforts le changement de nos cultures, et plus précisément, de nos consciences. Il n'y a aucune raison d'opposer cela aux nombreuses autres réformes politiques dont nous avons urgemment besoin, et qui sont parfois bien connues mais se font attendre. Très souvent, elles devraient plutôt être considérées comme les deux faces complémentaires d'une même pièce : le changement intérieur permettant le changement extérieur, et le changement extérieur incarnant et facilitant cette prise de conscience.

La politique de l'être : l'accomplissement de chacun comme nouveau projet politique

Ce livre présente les motifs, la vision et les moyens de mise en œuvre pour faire de l'accomplissement de chacun notre nouveau projet politique. C'est ce que j'appelle la « politique de l'être ». Je souhaite rendre compréhensible par tous ce besoin impérieux d'un changement de conscience planétaire et placer cette question au cœur du débat public. Cette vision a déjà inspiré des ouvrages brillants et de magnifiques initiatives. Mais elle n'a jusqu'à présent fait son apparition que très timidement dans les médias, l'univers de la recherche et le champ politique.

Le changement culturel est parfois reconnu comme un des facteurs clés pour résoudre la crise climatique, comme dans le rapport de 2022 du Giec[2], qui mentionne le rôle des « transitions intérieures » et des « changements de valeurs ». Néanmoins, cette option reste le plus souvent théorique et ne fait l'objet d'aucune réelle discussion, comme si, implicitement, il s'agissait d'un facteur sur lequel nous n'avions pas prise. C'est, comme on dit en anglais l'« éléphant dans la pièce » dont personne n'ose parler, et encore moins reconnaître la dimension spirituelle. La voie intérieure du changement est si étrangère à notre logiciel culturel que son potentiel reste inexploité. Nous préférons chercher des solutions qui nous sont familières (nouvelles technologies, mesures

1. Ray & Anderson, 2000 (traduction libre).

2. Groupe d'experts intergouvernemental sur l'évolution du climat, *Climate Change 2022: Mitigation of Climate Change. The Working Group III Contribution to the Sixth Assessment Report of the Intergovernmental Panel on Climate Change*, sections 17.2.3, « Psychology, Individual Beliefs and Social Change », p. 2828-2829, https://report.ipcc.ch/ar6wg3/pdf/IPCC_AR6_WGIII_FinalDraft_FullReport.pdf.

financières, etc.), même si elles ne peuvent pas en elles-mêmes répondre à la crise civilisationnelle à laquelle nous faisons face. Comme si, après avoir perdu un objet dans une rue sombre, on le cherchait non pas là où il était tombé, mais là où il y avait de la lumière.

Pourtant, comme nous allons le voir, cette évolution des consciences sous différentes formes progresse peu à peu. Alors que, crise après crise – à l'instar de la pandémie de Covid-19 –, ce changement s'effectue à tâtons, le présent ouvrage nous invite à opérer ce changement collectif de manière consciente en une génération. Il nous manque pour cela une réflexion simple, claire et logique, enracinée dans la science et les débats politiques en cours, qui puisse non seulement s'adresser au cœur des gens, mais aussi convaincre les décisionnaires et les leaders d'opinion. Une telle vision est encore trop souvent perçue comme vague et inconsistante, sans fondement solide ni possibilité réelle de mise en œuvre. Elle peut donc être rapidement balayée d'un revers de manche.

Nous avons par ailleurs besoin d'une vision et d'un cadre intégrant l'ensemble des revendications et des initiatives pertinentes. La plupart de ces propositions se focalisent sur des points de vue spécifiques (par exemple, celui d'une tradition spirituelle) ou sur certaines dimensions de la transformation culturelle et spirituelle qui se joue en ce moment, comme la compassion, le bonheur ou la pensée systémique. Relier tous ces éléments entre eux doit permettre à ce mouvement de prendre conscience de lui-même, de s'organiser et finalement de peser sur le plan politique et social. J'ai donc tenté d'intégrer nombre de ces brillantes idées, en citant notamment les ouvrages de référence, pour montrer qu'elles avaient chacune toute leur place dans la politique de l'être.

Il nous faut enfin un programme politique traduisant cette vision en mesures concrètes pour l'ensemble des secteurs de la société. Il s'agit de mettre à profit la puissance des leviers politiques et institutionnels pour soutenir la mise à l'échelle de cette transformation dans le temps qui nous est imparti. L'accent est généralement plutôt mis sur un changement de conscience « par le bas » et sur la nécessité d'évolutions individuelles qui entraîneront les changements politiques et institutionnels. Ces derniers sont peu débattus ou de manière incantatoire et générale, vague et peu opérationnelle. Ayant passé vingt ans à étudier et à travailler sur les questions de politique publique, je pense pouvoir contribuer à cela.

La méthode que je propose ici consiste à marier sagesses et sciences. Les connaissances scientifiques à proprement parler n'indiquent pas ce à quoi nous devrions nous employer, les valeurs que nous devrions défendre, ni la direction qu'il serait souhaitable de donner à nos sociétés.

Nous nous sommes égarés à force de considérer le développement technologique et économique comme une fin en soi. Nous avons besoin de sagesse pour guider nos nations. Les connaissances scientifiques nous permettront, quant à elles, d'approuver ou non (en tant alors qu'applications ou qu'interprétations erronées), de spécifier et de concrétiser les orientations générales qu'une approche fondée sur la sagesse nous indique. Cette sagesse, nous la trouvons dans les traditions qui la cultivent depuis des siècles, voire des millénaires – lui permettant d'imprégner nos cultures, condition *sine qua non* d'un usage légitime et efficace aujourd'hui – et nous mobilisons la science pour l'adapter aux réalités actuelles.

La vision que je décris s'inspire donc des nombreuses traditions de sagesse qui ont fleuri un peu partout sur Terre au fil du temps. Par-delà les traditions dites spirituelles et religieuses, elle inclut également les traditions philosophiques quand elles sont restées fidèles à leur étymologie (l'« amour de la sagesse ») et à la recherche originelle d'une transformation intérieure.

Hélas, ce n'est généralement plus le cas pour la philosophie occidentale, ce qui explique partiellement la grave crise spirituelle que nous traversons. Dans la Grèce antique, la philosophie était un art de vivre, une manière d'être, un effort de transformation intérieure qui s'appuyait sur des exercices spirituels[1]. Le discours n'en représentait qu'une infime partie. Toute personne sur le chemin de l'amélioration ou la réalisation de soi était philosophe. L'ensemble des écoles philosophiques de l'époque a mis en garde contre la tendance naturelle de l'être humain à se laisser entraîner dans le discours et à abandonner la vision de la philosophie en tant que mode de vie. Avant d'être totalement absorbée par le christianisme, la philosophie gréco-romaine a façonné la vie spirituelle chrétienne en apportant des exercices concrets, des modèles et des termes précis. Le christianisme a par la suite endossé la fonction spirituelle de la philosophie, et laissé la « philosophie » devenir un exercice purement intellectuel et théorique, fournissant une base conceptuelle à la théologie.

Après le Moyen Âge, la « philosophie » a peu à peu regagné son indépendance par rapport à la religion, et elle a hérité de nombreuses caractéristiques médiévales de la théologie abstraite. De nos jours, elle est souvent considérée comme un art de la pensée, plus axé sur les concepts et la terminologie que sur la découverte des lois essentielles et de la vérité de nos propres vies. Elle est enseignée par des professeurs

1. Hadot, 2002.

d'université, qui sont les seuls à pouvoir prétendre au titre de « philosophe ». En outre, contrairement à ce qui se passait au Moyen Âge, il est rare que l'absence d'une dimension spirituelle dans la philosophie soit aujourd'hui contrebalancée par la religion. La spiritualité a été assimilée à la religion et rejetée par la philosophie et la modernité occidentale, avec de lourdes répercussions sur l'évolution de nos sociétés.

Alors que les religions ont parfois servi à diviser l'humanité, la véritable spiritualité rassemble les individus. Selon moi, toutes les traditions spirituelles partagent donc une même sagesse dont les différentes formes et couleurs enrichissent notre humanité. Mon expérience personnelle, par essence limitée, m'a rapproché de certaines de ces traditions, notamment celle de mon enseignant, le maître Zen Thich Nhat Hanh, qui apportent un éclairage particulier à cet ouvrage. Cette sagesse planétaire – la sagesse de la Terre –, qui émerge de ces différentes traditions spirituelles, offre, à travers un dialogue continu entre elles, ainsi qu'avec la science et l'histoire, la base nécessaire au développement de la politique de l'être.

Les traditions de sagesse représentent le patrimoine le plus précieux de l'humanité. Elles apportent une profonde compréhension de la nature humaine ainsi que des connaissances et des outils pratiques pour un développement intérieur et finalement social. En réalité, la sagesse spirituelle ne relève pas uniquement de notre vie intérieure. Elle peut s'appliquer à tous les domaines de la vie, et à tout ce que nous faisons, comme le montrent souvent les enseignants spirituels. Les enseignements spirituels peuvent éclairer les sociétés et leur évolution, puisque ces dernières reflètent les schémas et enjeux psychologiques, émotionnels et spirituels des individus qui la composent. Aucun individu ne peut s'épanouir sans se tourner vers l'intérieur. Il en va de même pour les sociétés.

Cette réflexion est aussi nourrie par la science. Je mobilise tout au long de cet ouvrage les dernières avancées dans plusieurs disciplines issues en particulier des sciences humaines, comme la science politique, l'économie, la sociologie, l'anthropologie, l'étude du développement, la psychologie et les neurosciences. Les lecteurs pourront d'ailleurs consulter les multiples notes de bas de page et références bibliographiques pour approfondir les thèmes abordés. Je m'appuie sur des exemples tirés de nombreux pays, en particulier la France, mon pays d'origine, et les États-Unis, pour lesquels une foule de données sont disponibles. Les États-Unis représentent sans doute le pays le plus ancré dans l'ancien paradigme matérialiste et individualiste – que l'on peut appeler « Histoire de la Séparation » (voir chapitre 2) – et le plus attaché au développement économique. Ils illustrent donc parfaitement les difficultés de l'ancien modèle, ainsi que la nécessité d'une transition vers le nouveau paradigme de l'être.

À l'origine, je pensais rédiger ce livre comme une proposition purement objective et fondée sur la science, dans la lignée des documents que j'ai l'habitude d'écrire pour des agences des Nations unies ou des gouvernements. Je considère qu'il y a en effet dans cet ouvrage le matériel nécessaire pour cela. Toutefois, je me suis aperçu qu'il manquerait l'essentiel. J'ai donc choisi d'entremêler la science et la spiritualité, l'inspiration et les faits concrets, la théorie et la pratique, et même d'y ajouter quelques expériences personnelles. Comment pourrais-je traiter cette question de l'évolution humaine en séparant la tête du cœur ? La sagesse et la compréhension profonde ne peuvent émerger de notre seul mental pensant. Mais elles doivent pouvoir se relier à l'état de nos connaissances scientifiques pour établir une base commune nécessaire à tout débat public, qui ne saurait se limiter à quelques cercles et communautés spirituelles.

J'espère que les lecteurs de cet ouvrage trouveront l'inspiration, les concepts, arguments et références utiles pour assumer pleinement leur rôle dans la grande transformation en cours de la planète Terre. J'invite les plus sceptiques, qui rejetteraient habituellement les arguments empreints de rhétorique spirituelle et de subjectivité, à employer leurs compétences scientifiques pour évaluer la justesse et la solidité de cette proposition, en se référant aux sources et aux preuves citées. Un grand merci pour votre ouverture d'esprit.

Dans la première partie de cet ouvrage, nous expliquerons pourquoi seul un éveil collectif peut répondre à cette crise civilisationnelle et nous ouvrir les voies d'un développement authentique et réellement « durable », et comment concevoir une politique de l'« être » (et non de l'« avoir ») pour cela.

Dans la deuxième partie, nous évoquerons la manière dont de nouvelles théories et pratiques dans les domaines scientifique et politique sont en train de préparer le terrain pour fonder le progrès social sur des valeurs spirituelles (compréhension, vie, bonheur, amour, paix, pleine conscience, etc.).

La troisième partie du livre s'intéressera aux stratégies et aux mesures qui, instaurées dans différents secteurs, pourraient constituer une politique de l'être.

Enfin, la dernière partie analysera divers moyens d'élaborer et de mettre en œuvre une politique de l'être à l'échelle nationale et internationale. Je considère ce livre comme une méditation nous permettant d'observer en profondeur, sous différents angles, les questions essentielles relatives à notre évolution collective, et de nous familiariser ainsi avec le paradigme émergent de l'« être ».

Mon chemin personnel

Puisque ce changement de conscience doit être *in fine* individuel et ne peut être intégré qu'au travers d'expériences personnelles, je vais partager avec vous mon propre chemin. J'espère que cela aidera certains d'entre vous à mieux comprendre mon propos. Je reviendrai à un format plus classique d'essai dès le chapitre suivant.

Alors que, adolescent parisien, je m'ouvrais au monde à la fin des années 1990, j'ai commencé à ressentir en moi, dans mon entourage, mais aussi dans les systèmes économiques et sociaux que j'étudiais, la même violence et le même inconfort, une sorte de maladie étouffant la vie en nous. J'ai progressivement pris conscience qu'il devait y avoir un lien entre cette confusion intérieure et les désordres du monde. La plupart des gens faisaient comme si tout allait bien. Mais moi, je n'allais pas bien. Malgré une situation sociale privilégiée, une belle bande d'amis et quelques aperçus éphémères des vastes potentialités que pouvait offrir la vie, j'étais en proie à une intense souffrance, à la peur, à l'insécurité et à la solitude qui se manifestaient dans les limbes des découvertes excitantes et des expériences joyeuses de l'adolescence. Je luttais pour trouver un sens à ma vie.

Il m'a fallu un peu de temps pour prendre conscience que la plupart des gens qui m'entouraient n'allaient pas nécessairement mieux. Puis j'ai compris que, contrairement à moi, tous ne mentaient pas et ne faisaient pas semblant. Beaucoup n'étaient juste pas conscients de leur état intérieur. Il m'arrivait parfois d'entrapercevoir à travers leur aveuglement les abysses de douleur qu'il s'agissait de se masquer à soi-même. C'était pour moi effrayant. J'ai finalement compris que toute cette souffrance, cette insécurité et cette aliénation étaient entretenues par notre système économique : elles en étaient même les moteurs et les moyens de sa perpétuation.

J'avais l'impression de ne pas regarder la télévision, mais que c'était plutôt elle qui me surveillait et me nourrissait (tout comme le reste du monde câblé) de ces mythes fallacieux prétendant que le bonheur se trouve (ou plutôt se trouvera) dans la consommation, la réussite professionnelle, le statut social, le pouvoir, l'ego, etc.

La télévision contrôlait nos pensées, nous rappelant sans cesse ce paradigme social et les risques d'en dévier. Pour exister ou simplement pour survivre en société, il fallait intégrer le système. On devait feindre d'ignorer la peur, l'incompréhension ou la colère qui nous habitaient. Nos parents n'ayant pas voulu les voir en face, ils ne nous avaient jamais appris à les reconnaître. L'humanité avançait inconsciente et semblait surprise à chaque nouvelle tragédie qui ponctuait son chemin. Francis Fukuyama, célèbre historien, avait même prédit l'universalisation de la démocratie libérale occidentale comme forme finale de tout gouvernement humain. On pouvait donc dormir sans crainte.

J'ai obtenu une maîtrise en sciences de gestion à Paris. Ce n'était pas inintéressant, mais sûrement pas une vocation. Même si j'étais curieux de tout, je n'arrivais pas à imaginer une manière de travailler et de vivre dans ce système qui me permettrait de me réaliser. J'avais déjà conscience qu'au plus profond de mon âme, j'étais en quête de sens et d'inspiration, de quelque chose qui me fasse rêver. Mais où le trouver ? Mon projet était plutôt de partir voyager à travers le monde dès que je le pourrais.

J'ai saisi ma chance grâce à un séjour d'études à Mexico fin 2002, après mon admission à Sciences Po Paris. Six mois en congé de ma propre culture, beaucoup de temps libre et d'expériences en tout genre : d'aventures, de fêtes, de rencontres... Dont une, en particulier, qui a changé ma vie à jamais : la découverte de la spiritualité indigène.

Je me suis retrouvé un jour dans la poussière rouge d'un village perdu de la Sierra Madre orientale, où vit encore l'une des tribus indigènes les plus préservées au Mexique : les Huichols. Devant moi, un profond canyon plongeait dans les entrailles de la Terre. De la roche, des terres arides, un silence immuable. Seule une légère brise faisait remuer de temps à autre quelques fleurs sauvages s'élevant parmi les herbes sèches. Un environnement rude, et aucune trace humaine à l'horizon. À un moment donné, mon regard a été attiré par une forêt de conifères de l'autre côté du canyon, à environ deux ou trois cents mètres de là. Soudainement, un vaste espace s'est ouvert en moi. Pendant un instant, j'ai eu l'impression d'être de l'autre côté : je ressentais la forêt en moi, comme si j'y étais. J'étais sonné. Je faisais partie de la forêt, et la forêt faisait partie de moi.

Ont suivi plusieurs expériences de profonde reconnexion à moi-même et à la Terre mère. Une nuit, je me trouvais dans une petite maison en adobe, au sein d'un village indigène caché par le brouillard, au cœur des montagnes de Oaxaca, dans le sud du pays. Je contemplais les offrandes de fleurs placées au centre d'un cercle cérémoniel. Les lumières vacillantes des bougies à la cire d'abeille posées à même le sol les éclairaient et projetaient leurs ombres dansantes sur les murs. Les fleurs me rappelaient les relations pleines de respect et d'affection que ce peuple avait su tisser avec son environnement, et qui étaient palpables dans le rituel exécuté par le chaman cette nuit-là. Tout le monde autour de moi était déjà endormi, emmitouflé dans des couvertures sur le sol de ciment glacé. Je me sentais extrêmement apaisé, empli de gratitude à la pensée de ce que le Mexique m'avait apporté, et j'ai décidé alors d'y revenir après mon dernier semestre d'études à Paris.

Le lendemain matin, la porte s'est ouverte, laissant une lumière crue nous tirer d'un lourd sommeil. Des gens venus de Mexico étaient arrivés et j'ai fini par passer la journée avec eux. Nous avons grimpé au sommet de la montagne pour solliciter du « Chicon Nindo », l'esprit des lieux, la permission de réaliser leur cérémonie. Lorsque nous sommes retournés au village dans la soirée (après avoir dévalé en courant quelques pentes abruptes), j'ai demandé au chaman qui dirigeait ce petit groupe si je pouvais me joindre à eux pour la cérémonie. Je ne savais pas si c'était ce que je voulais faire, car c'était aussi la dernière nuit que je pouvais passer avec ma petite amie mexicaine de l'époque. Le chaman s'est arrêté un moment et m'a répondu : « Bien sûr, frère, tu es le bienvenu. »

Je ne saurais décrire sa voix à ce moment-là. Elle m'a transpercé et touché si profondément que ma décision a été immédiate. J'avais observé ce chaman pendant la journée et j'étais impressionné par sa présence. Il dégageait une puissance mystérieuse qui imprégnait tous ses gestes, ses paroles et ses regards souvent dissimulés derrière un chapeau. Je lui ai posé beaucoup de questions cette nuit-là durant la cérémonie. Pour la première fois, j'ai pu percevoir dans ses enseignements un chemin spirituel clair. J'ai tout de suite su que j'avais trouvé ce que je cherchais depuis si longtemps, sans pouvoir le nommer jusqu'alors. Et j'ai compris pourquoi j'allais revenir au Mexique : pour apprendre le chamanisme auprès de cet homme et de son groupe.

J'avais trouvé un combat qui en valait la peine – la chance du guerrier spirituel, le terme utilisé dans la tradition toltèque pour désigner une personne sur la voie. J'ai établi une fois pour toutes mon chemin spirituel comme ma priorité. Je voulais explorer tout mon potentiel en tant qu'être humain. Les potentialités que je venais d'entrapercevoir me permirent de toucher la volonté nécessaire en moi pour activer mon processus de transformation. Quand j'ai commencé, au prix de grands efforts, à prendre soin de moi, à me soigner et à cultiver mon énergie, je me suis rendu compte que je n'avais vécu jusqu'alors qu'à moitié. J'avais déjà compris que la vie était un combat dont j'avais remis en question la valeur. Et j'ai décidé de choisir un combat qui en valait la peine. « L'astuce réside dans ce sur quoi on insiste. Soit nous nous rendons misérables, soit nous nous rendons forts. L'effort à fournir est le même[1] », a déclaré un chaman toltèque.

Je me sentais profondément soulagé et libre. J'ai pu tout à coup lâcher nombre d'idées que mon éducation, ma famille et ma culture m'avaient imposées. Une vision de la vie, de ce qu'elle devait être et de ce que je pouvais en attendre, ou de la manière dont fonctionnait l'univers... Tout au fond de moi, je savais depuis longtemps que j'étais incapable de croire en toutes ces choses, de répondre à ces attentes et de me réaliser ainsi. Une porte s'est ouverte sur l'immensité de la vie, et j'ai pu sentir ce que je voulais vraiment, mon aspiration la plus sincère : suivre le chemin du cœur.

« Tous les chemins sont pareils, ils ne mènent nulle part [...]. Ce chemin possède-t-il un cœur ? S'il en a un, le chemin est bon. Sinon, à quoi bon ? [...] Sur celui-ci, le voyage sera joyeux, et tout au long du voyage, vous ne formerez qu'un. L'autre vous fera maudire l'existence. Le premier vous rendra fort, l'autre faible[2]. » Tel est l'un des préceptes toltèques qui m'ont guidé. J'ai plongé dans ce mystère afin de voir ce qu'il y avait pour moi, et j'ai trouvé bien plus que je n'aurais pu imaginer !

Ce fut le véritable point de départ de mon chemin spirituel intentionnel, même si je m'aperçois aujourd'hui qu'il a toujours fait partie de ma vie. À 19 ans, un matin, alors que, maussade, je me traînais pour aller à la fac, je me suis soudainement éveillé et arrêté. Je me souviens très bien où j'étais : devant l'ascenseur du rez-de-chaussée. Quelque chose en moi a compris à cet instant que je voulais sincèrement faire le bien dans ce monde et devais donc prendre soin de moi. J'étais en droit de demander à l'univers de m'aider et je savais qu'il le ferait. Pour une raison ou une autre, cela m'apparut alors comme une évidence. Mais la vie a continué et cette vision intérieure s'est estompée.

Après mon premier séjour au Mexique, j'ai commencé à m'en remettre au Grand Esprit, à solliciter son aide et à m'offrir comme instrument de sa volonté. Je sens qu'au fil des années, cette intention a pris de plus en plus corps.

Le chaman que j'avais rencontré là-bas exerçait aussi la médecine moderne. Sa vie personnelle et sa vie professionnelle semblaient en complète harmonie. Je me demandais comment faire de même. La reconnexion avec la Terre mère dont j'avais fait l'expérience au Mexique m'avait permis de prendre davantage conscience de tous les abus que nous lui faisions subir. J'ai donc décidé d'orienter ma vie professionnelle

1. Don Juan Matus, cité dans Castaneda, 1988.
2. Don Juan Matus, cité dans Castaneda, 2012.

vers la conservation de la nature. J'avais le sentiment que c'était la meilleure contribution que je pouvais apporter à ce moment de l'histoire. En parallèle, le contact d'enfants des rues et de communautés indigènes démunies m'a sensibilisé à l'injustice sociale et à la souffrance humaine qu'elle engendre. Il m'est devenu évident que la voie spirituelle que je commençais à arpenter devait nécessairement être un chemin de service, reflété dans ma profession. Il me fallait un « mode de vie juste », selon l'expression bouddhiste, et me transformer pour devenir un meilleur outil du changement social. Pour la première fois, au Mexique, j'ai entendu parler d'une prophétie maya qui annonçait un changement de conscience, pour lequel l'année 2012 devait représenter un tournant décisif. Je pensais qu'en effet, il faudrait peut-être une décennie pour que le système actuel atteigne ses limites et finisse éventuellement par s'effondrer.

Une fois revenu en France, j'ai pris quelques cours en plus pour finalement obtenir un diplôme en développement international plutôt qu'en commerce international. Je voulais travailler pour la Terre, mais je ne pensais pas avoir les compétences requises. J'ai donc provisoirement opté pour la microfinance, domaine dans lequel je pouvais mettre à profit mes connaissances en gestion des entreprises et en développement international. J'ai décroché un stage de deux mois au sein de l'Unesco à Paris. Et dès le premier jour, ma cheffe m'a proposé une mission en tant que consultant pendant un mois supplémentaire au Mexique !

Six mois après l'avoir quitté, j'y revenais pour évaluer un programme d'alphabétisation financé par l'Unesco et mis en œuvre par un organisme de microfinance au Chiapas. J'ai finalement passé presque trois ans au Mexique, à apprendre autant que je pouvais de chamans, tout en travaillant comme manager ou consultant pour diverses organisations de microfinance. Si j'appréciais l'approche non paternaliste de ce secteur, et son accent mis sur la confiance, la responsabilité et l'autonomisation, j'en ai aussi découvert les mauvais côtés. Des esprits et systèmes corrompus peuvent facilement transformer une idée formidable, développée pour le bien commun, en un instrument d'exploitation.

J'ai fini par rentrer en France, épuisé par différents problèmes personnels, et plus que jamais en prise avec les blessures et les schémas psychologiques que je tentais de soigner et de transformer. J'entendais toujours ce puissant appel à agir pour la Terre, sans pour autant savoir quelle expertise apporter. Je me suis donc tourné vers le conseil en organisation et stratégie, sachant que cela me serait toujours utile si je décidais de continuer à travailler dans la microfinance ou en tant que consultant. Je souhaitais explorer un autre type d'environnement professionnel et j'étais curieux de découvrir celui vers lequel mon parcours, avant mon expérience mexicaine, me dirigeait. Il s'agissait aussi pour moi d'une pratique que les chamans toltèques appellent « ne-pas-faire », par laquelle on expérimente une personnalité sociale différente, afin de relâcher quelque peu l'emprise de notre ego. J'ai gardé cet emploi pendant trois ans, dont la moitié passée à Madagascar pour une mission de réforme du secteur financier. Durant ce séjour, j'ai fréquenté des « tradipraticiens » et me suis familiarisé avec leurs connaissances traditionnelles, tant spirituelles que thérapeutiques, tout en approfondissant mon travail de guérison intérieure.

En parallèle, j'ai entrepris un doctorat en économie écologique. Ce doctorat portait sur le programme national costaricain de « Paiements pour services environnementaux », par lequel l'État incite des propriétaires terriens à conserver la forêt en les payant chaque année pour les services que la forêt fournit : séquestration de carbone, conservation de la biodiversité et des ressources en eau, beauté scénique. Ma thèse m'a appris trois choses.

Tout d'abord, en observant la situation sous l'angle de l'économie écologique et institutionnelle, et non de l'économie environnementale plus traditionnelle, je découvrais une histoire bien différente de celle qui nous est souvent racontée. Il s'agissait davantage d'aider et de récompenser de façon symbolique les personnes intrinsèquement motivées à prendre soin de la nature dont elles et leur voisinage profitaient, plutôt que de rendre la conservation de l'environnement attrayante d'un point de vue financier aux yeux de quelques *Homo economicus* qui ne s'intéresseraient qu'à leurs propres profits.

Deuxièmement, la question n'était donc pas de savoir comment influencer des individus égoïstes afin qu'ils agissent pour le bien commun. Par-delà une meilleure régulation, il s'agissait avant tout de transformer cette mentalité cherchant toujours le profit individuel, dans laquelle s'enracinent les problèmes environnementaux. Cela faisait écho à la conclusion d'une grande voix du monde scientifique dans le domaine de la gestion des ressources naturelles. Lorsqu'elle a reçu le prix Nobel d'économie en 2009, Elinor Ostrom, politologue et économiste américaine, a résumé en quelques mots la leçon la plus importante qu'elle avait tirée de cinquante années de recherche : « Concevoir des institutions pour forcer (ou "nudger") des individus poursuivant uniquement leurs intérêts propres à produire de meilleurs résultats a été le principal objectif proposé aux gouvernements par les analystes de politiques publiques durant les cinquante dernières années. Un travail approfondi de recherche empirique m'amène à soutenir qu'au contraire, un aspect central de toute politique publique devrait être de faciliter le développement d'institutions faisant ressortir ce qu'il y a de meilleur chez les êtres humains[1]. »

Enfin, j'ai compris que la durabilité doit s'appuyer non seulement sur les moyens de subsistance des individus, mais sur leur identité même en tant que nation, comme en témoigne le Costa Rica. Le pays avait par exemple initialement choisi 2021, date du bicentenaire de son indépendance, pour atteindre la neutralité carbone[2]. Être un pays écologique et démilitarisé est la principale source de fierté des Costariciens. Certaines personnes m'ont même dit qu'un Costaricien n'aimant pas la nature n'était pas un bon Costaricien.

En fait, le résultat le plus important de ma thèse est… ma femme, d'origine costaricienne ! Trois mois avant ma première recherche de terrain au Costa Rica, je traversais une crise personnelle et avais envie de tout laisser tomber : ma thèse, mon travail et même l'ONG de conseil environnemental que je venais de monter avec quelques amis. Je voulais me consacrer à une technique de soin énergétique que je venais tout juste de découvrir. Accablé par la fatigue et par une rupture sentimentale mettant fin à une relation de cinq ans, j'avais perdu foi en ce que je faisais. Cependant, ma directrice de thèse m'a rappelé l'engagement que j'avais pris et la nécessité de l'honorer : je devais me rendre au Costa Rica. Mon ex-petite amie m'a alors dit : « Les choses arrivent toujours pour une bonne raison. Qui sait ? Tu rencontreras peut-être quelqu'un là-bas… »

Je suis arrivé au Costa Rica en août 2009. Je séjournais dans un hôtel à bas prix qui louait des chambres à l'heure, ce qui est rarement bon signe ! Je me sentais plus seul que jamais dans ce lieu inconnu. Le jour où j'ai rencontré Emelina, j'ai décidé de lui louer une chambre pour les deux prochains mois. Je me suis dit : elle fait de la méditation Zen et elle travaille dans le secteur de la conservation de l'environnement, donc on devrait pouvoir s'entendre en principe. Nous sommes vite devenus très amis, si bien qu'à la fin de mon séjour, je l'ai invitée pour une petite virée au Mexique. Deux ans plus tard, pendant lesquels nous

1. Ostrom, 2009. Nous avons choisi de traduire l'anglais « *institutions that bring out the best in humans* » en « institutions qui font ressortir ce qu'il y a de meilleur chez les humains », ce qui nous semble refléter plus correctement la pensée d'Ostrom que la traduction officielle : « institutions tirant parti de ce qu'il y a de meilleur chez les êtres humains ».

2. Cet objectif n'a toutefois pas été atteint et il a été repoussé à 2050.

nous sommes peu à peu rendu compte que nous étions des flammes jumelles - deux moitiés d'une même âme -, nous avons décidé de nous mettre en couple. J'étais sidéré : un univers conscient m'avait directement envoyé de France pour retrouver Emelina dans sa maison au Costa Rica. Avec le recul, je me sens un peu comme une pizza ayant été livrée en trente minutes chrono !

À la suite de ma rencontre avec des chamans mexicains, je n'ai bien sûr pas changé du jour au lendemain pour vivre à la hauteur de mes nouveaux idéaux. En fait, j'y travaille encore. Mais j'ai posé mon intention, et ces accords personnels - qu'il me faut toujours cultiver et méditer - ont commencé à façonner ma vie personnelle et professionnelle. Peu à peu, toute ma vie - ma femme, mes amis, mon travail, mon lieu de vie, etc. - s'est articulée autour de mon chemin spirituel, et de nombreux cadeaux du ciel ont commencé à se manifester. Au fil du temps, j'ai eu la chance d'étudier et de pratiquer plusieurs traditions spirituelles, en particulier la méditation et les arts énergétiques. Il m'est apparu clairement qu'elles renvoyaient toutes à un même type d'expérience et de compréhension. J'ai développé une grande confiance dans la sagesse proposée par les traditions spirituelles et par leurs enseignants, car je voyais bien qu'elle transformait ma vie de manière très positive. Je m'intéressais en particulier à leur compréhension de notre réalité et de nos défis collectifs actuels.

En 2010, au détour d'une mission professionnelle qui m'avait amené en Inde, j'ai découvert les enseignements de Sri Aurobindo - un maître spirituel hindou connu pour ses enseignements sur l'évolution spirituelle de l'humanité que nous verrons par la suite - dont je me suis tout de suite senti très proche. Cette vision d'une humanité engagée dans un processus évolutif spirituel a cheminé en moi et m'est apparue progressivement comme le prisme approprié à travers lequel les événements du monde pouvaient prendre un sens plus juste et plus profond. Cela me paraît d'ailleurs presque incroyable que cette compréhension soit pour ainsi dire absente du débat public. Néanmoins, j'ai constaté que du jour au lendemain, des idées qui semblaient auparavant extravagantes pouvaient trouver leur place dans la discussion. Cela a été le cas pendant la crise financière de 2008, durant laquelle nous avons commencé à admettre l'obsolescence de notre système économique et à nous ouvrir à de nouvelles possibilités. La promesse d'un changement possible… réitérée aujourd'hui à la suite de la pandémie de Covid-19.

Pendant mon doctorat, je suis aussi devenu consultant indépendant dans le domaine de la conservation de l'environnement et du développement durable en Amérique latine, en Afrique et en Asie pour des organisations internationales, telles que des agences des Nations unies, ainsi que des ONG et des entreprises. Cela a été mon travail depuis plus de dix ans. En tant que spécialiste de l'environnement, j'ai toujours eu le sentiment de travailler à contre-courant, car la dynamique économique globale s'oppose de manière intrinsèque à la logique de durabilité environnementale. J'en suis arrivé à conclure que les objectifs de durabilité sont inatteignables sans un véritable changement de paradigme, une profonde réorientation de nos systèmes économiques, de nos sociétés et de nos vies mêmes.

Bien que j'aie travaillé à des niveaux très stratégiques, comme des politiques nationales de développement vert, il n'y avait jamais eu la possibilité de travailler sous l'angle abordé ici ni d'avancer la vision qui germait en moi. On a rarement l'occasion de remonter jusqu'aux racines de nos problèmes. C'est pourquoi j'ai eu le sentiment de devoir prendre le temps d'écrire ce livre que je mûrissais depuis 2012. Alors que j'en termine la rédaction, je travaille aussi au développement d'une Alliance pour des systèmes alimentaires conscients au sein du PNUD. Ce mouvement vise à soutenir la culture des capacités intérieures (mentalités, valeurs, visions du monde, compétences transformationnelles, etc.) qui activent le changement systémique et la régénération. Il est structuré autour d'une communauté de pratiques permettant à ses membres de se soutenir, d'apprendre les uns des autres et de collaborer pour mener ensemble des actions dans ce domaine sur le terrain, intégrées aux nombreux projets agricoles et alimentaires existants[1]. Il fait écho aux Objectifs de développement intérieur, l'un de nos partenaires, qui a mis en évidence l'importance des compétences intérieures pour atteindre les Objectifs de développement durable, à travers un cadre regroupant vingt-trois qualités transformationnelles regroupées en cinq dimensions : « être », « penser », « connecter », « collaborer » et « agir »[2].

Quelle joie de voir cette approche enfin gagner en légitimité et les tabous sur ces questions commencer à se lever ! Mon travail m'a permis de partager cette vision avec des personnes évoluant dans des organisations très diverses, qui se sentent souvent isolées et non autorisées à exprimer leur sagesse profonde. Or, en créant un espace rendant ce type de discussion possible, ce qui est de plus en plus le cas depuis la

1. Les domaines d'action incluent par exemple la résilience psychologique des agriculteurs, le renforcement des cultures alimentaires traditionnelles et des savoirs ancestraux, l'éducation à l'alimentation consciente, les dialogues et processus d'élaboration de politiques publiques conscients, la transformation des cultures organisationnelles, etc. Pour plus d'informations : www.consciousfoodsystems.org.

2. www.innerdevelopmentgoals.org, consulté le 11 août 2023.

pandémie de Covid-19, on prend conscience que beaucoup soutiennent en fait l'intégration de la dimension intérieure dans le monde du travail, y compris (ou en particulier) aux niveaux hiérarchiques les plus élevés.

Quand j'ai rencontré Emelina au Costa Rica et qu'elle a appris que j'étais français, elle m'a tout de suite dit : « Il y a un endroit en France où j'aimerais aller : c'est le Village des Pruniers. » Elle parlait du monastère bouddhiste et centre de pratique de la pleine conscience du maître Zen Thich Nhat Hanh, souvent considéré comme l'un des enseignants bouddhistes et spirituels contemporains les plus influents, et surnommé le « père de la pleine conscience ». Né au Vietnam en 1926, il a commencé à prôner la paix pendant la guerre qui a fait rage dans son pays. En 1967, le docteur Martin Luther King Jr. a proposé sa nobélisation, car il « [ne connaissait] personne de plus digne du prix Nobel de la paix[1] ».

En 2014, plusieurs semaines avant de me rendre au Village des Pruniers, j'ai noté un pressentiment dans mon journal : quelque chose d'important m'attendait là-bas. Après cette première retraite, il n'a fallu que six mois à Emelina et moi pour nous installer à proximité du centre, dans le sud-ouest de la France. Nos deux merveilleuses filles sont arrivées peu de temps après. Nous y vivons depuis lors, pratiquant avec joie la pleine conscience, la vie en communauté, et une spiritualité engagée ou appliquée à la transformation du monde.

1. King, 1967.

I

VERS UN ÉVEIL COLLECTIF

« Rien n'est plus puissant qu'une idée dont l'heure est venue. »

Victor Hugo

1

Un modèle de développement obsolète

« L'ancien modèle ne marche pas. Nous devons [en] créer un nouveau[1]. »

Ban Ki-moon, ancien secrétaire général
des Nations unies

Un développement ambivalent et insoutenable

Depuis deux cents ans, à travers la colonisation puis la mondialisation, l'Occident a peu à peu étendu son modèle de développement à d'autres cultures. Ce modèle s'appuie principalement sur la science moderne et sur ses applications techniques visant à maîtriser la nature et à offrir une prospérité matérielle d'où procéderait le bonheur. Il a de fait apporté à l'humanité un pouvoir sans précédent sur son environnement et un développement matériel exceptionnel. Le produit intérieur brut (PIB) mondial a été multiplié par plus de 70 depuis 150 ans, le PIB mondial par habitant ayant été multiplié par presque 12 – passant de 1 263 dollars en 1870 à 14 574 dollars en 2016 – alors que la population a sextuplé – passant de 1,3 milliard de personnes à 7,7 milliards de personnes[2].

Durant cette même période, les idéaux humanistes nés pendant le siècle des Lumières ont grandement amélioré les droits et les libertés des êtres humains dans nombre de pays. Les démocraties se sont multipliées au cours du XXe siècle, et elles dépassent même le nombre d'autocraties depuis 2002[3]. Les comportements discriminatoires sont en baisse, et les droits des femmes et des minorités progressent, bien que ces avancées ne soient pas linéaires. Alors que le siècle dernier a été marqué par deux

1. « L'ONU appelle à un nouveau modèle économique pour relancer la croissance », news.un.org, consulté le 22 juillet 2020.
2. Roser, 2013. Données mises à jour.
3. Boix *et al.*, 2013. Données mises à jour en 2018.

guerres mondiales et le début de l'ère nucléaire, nous connaissons sans doute, depuis la seconde moitié du XXe siècle et en dépit d'une actualité tragique, l'une des périodes les plus paisibles de l'histoire de l'humanité.

Cependant, le développement a aussi soulevé de graves problèmes susceptibles de mettre en péril l'avenir de l'humanité sur Terre. La possibilité d'un effondrement massif de la société est aujourd'hui largement admise et discutée. Fondé sur la poursuite de la croissance économique, le modèle de développement actuel a détruit une partie importante du capital social et environnemental pour le convertir en capital économique. Notre planète est malade, fiévreuse, et appelle à l'aide. Il est à présent incontestable qu'un système reposant sur une accumulation matérielle illimitée n'est pas viable dans un monde fini. Notre consommation annuelle de ressources excède de 75 % les capacités de notre planète, et nous aurions besoin de l'équivalent de cinq planètes pour que toute l'humanité adopte le mode de vie d'un citoyen moyen des États-Unis[1]. La Terre s'apprête à vivre la sixième extinction de masse de sa longue histoire : 60 % de la vie sauvage a disparu depuis 1970[2], et 25 % de l'ensemble des espèces animales et végétales est menacé d'extinction[3] !

Selon les prévisions, les températures mondiales devraient augmenter de 3 à 5 °C d'ici à 2100[4], soit bien au-delà du seuil de 1,5 à 2 °C censé nous éviter une catastrophe climatique. De plus, les modes de vie traditionnels et l'esprit de solidarité communautaire qui répondaient aux besoins individuels élémentaires ont été sapés, et les sociétés, désarticulées, générant pauvreté[5] et marginalisation. Les inégalités ont explosé entre nations riches et nations pauvres, ainsi qu'au sein de la plupart des pays. Selon Oxfam, les 26 personnes les plus riches de la planète possèdent plus que la moitié la plus pauvre de l'humanité[6]. Comme

1. www.footprintnetwork.org, consulté le 22 juillet 2020.
2. Grooten & Almond, 2018.
3. IPBES, 2019.
4. Reuters, 2018.
5. Ce constat ne se reflète pas toujours dans les statistiques sur les revenus, car les populations des économies de subsistance rurales affichant des revenus plus faibles que les habitants des bidonvilles peuvent être en fait mieux loties que ces derniers qui sont plus dépendants de l'argent pour subvenir à leurs besoins.
6. Elliot, 2019. Ces estimations sont sujettes à controverse. Selon le Laboratoire sur les inégalités mondiales (Alvaredo, 2018), en Chine, aux États-Unis et dans l'Union européenne, « la part de patrimoine mondial aux mains des 1 % les plus riches de la planète est passée de 28 % à 33 % entre 1980 et 2016, pendant que la part des 75 % les plus pauvres tournait autour de 10 % ». Et si la part de revenus des 1 % les plus riches approchait les 10 % en Europe de l'Ouest et aux États-Unis en 1980, elle atteint aujourd'hui 12 % en Europe de l'Ouest et 20 % aux États-Unis.

nous le verrons au chapitre 8 « Paix » et dans les propos de Ronald Inglehart, la hausse des inégalités a un lourd impact social et crée des sociétés plus polarisées et moins ouvertes.

Selon le sociologue et philosophe français Edgar Morin, « le développement est complexe, c'est-à-dire ambivalent, à la fois négatif et positif[1] ». Mais il a aujourd'hui atteint ses limites : son impact négatif mine maintenant les bienfaits qu'il nous a apportés et menace l'avenir même de l'humanité.

La décorrélation entre bonheur et accumulation matérielle

Alors qu'il semble de plus en plus évident que le développement matériel ne représente pas le principal facteur de bonheur social, ce modèle perd aussi de sa légitimité, en particulier dans les pays à revenu élevé. Si le développement économique peut initialement renforcer le bien-être subjectif (indicateur de niveau de bonheur et de satisfaction à l'égard de la vie, reposant sur une auto-évaluation des personnes interrogées), c'est de moins en moins le cas à partir d'un certain niveau de prospérité matérielle (voir figure 1 ci-après). Par exemple, plusieurs pays d'Amérique latine connaissent des niveaux de bien-être subjectif plus élevés que beaucoup de pays prétendument « développés » et affichant un PIB supérieur. Ce dernier indicateur présente d'ailleurs de nombreux défauts, même quand il s'agit de mesurer la richesse matérielle.

Nous pouvons aussi observer une diminution des retombées du développement économique sur d'autres indicateurs sociaux clés, comme l'espérance de vie (qui commençait déjà à baisser aux États-Unis avant la pandémie de Covid-19).

En outre, la science du bonheur affirme que la qualité de nos relations et notre capital social[2] – détruit par le modèle de croissance au cours des dernières décennies – constituent un facteur de bonheur social plus important que la richesse matérielle[3] (voir chapitre 6 « Bonheur »). Ronald Inglehart a aussi montré que la hausse du bonheur mondial depuis trente ans tenait moins à la croissance économique qu'à l'augmentation de la tolérance sociale d'une part et de la démocratisation d'autre

1. Morin, 2011.
2. Putnam, 2000. Le capital social se réfère à la « valeur collective de tous les "réseaux sociaux" [que les gens connaissent] et aux inclinations qui résultent de ces réseaux pour faire des choses l'un pour l'autre ["normes de réciprocité"] », robertdputnam.com/bowling-alone/social-capital-primer, consulté le 22 juillet 2020 (traduction libre).
3. Sachs, 2015 ; Helliwell *et al.*, 2017a.

part, actuellement menacées par l'accroissement des inégalités[1]. De plus, comme nous l'étudierons au chapitre 3, « Être, le nouveau paradigme », le matérialisme excessif n'est pas favorable au bien-être. Le consumérisme et ses publicités omniprésentes menacent l'estime de soi et notre capacité à trouver du sens à nos vies.

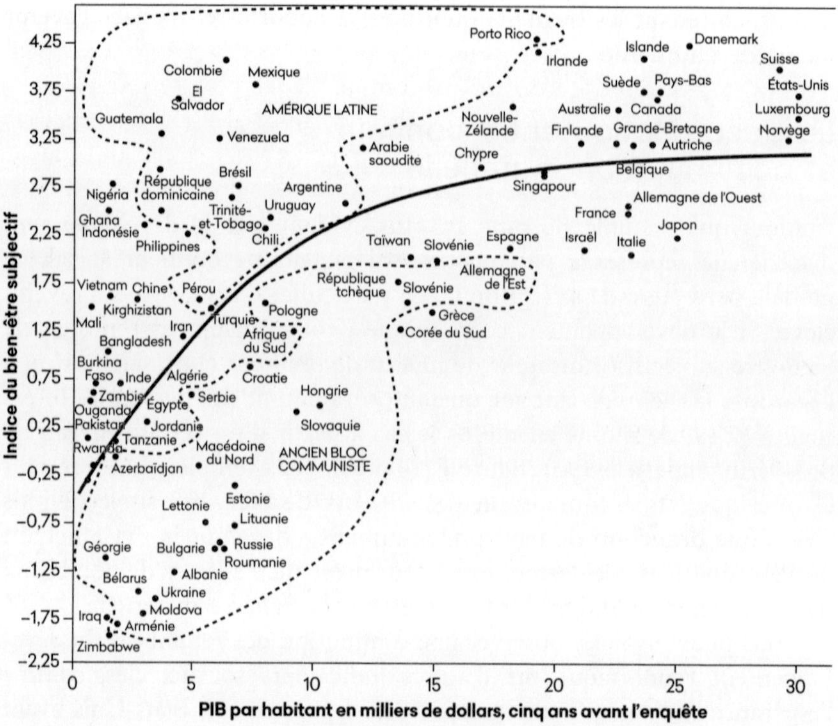

Figure 1. Bien-être subjectif et PIB[2]

Enfin, la condition humaine moderne croule sous un fardeau émotionnel caractérisé par le stress, la solitude et l'insatisfaction chroniques. Selon l'Organisation mondiale de la santé, 15 % de la population mondiale souffrirait de troubles mentaux ou d'addictions[3], tandis que la dépression constituerait la principale cause d'invalidité[4]. Bien que l'absence de données et les spécificités nationales compliquent l'analyse, les pays à revenu élevé semblent particulièrement touchés.

1. Inglehart, 2018.
2. Inglehart *et al.*, 2008.
3. Dattani *et al.*, 2021.
4. Marcus *et al.*, 2012.

Aux États-Unis, on estime que 18 % de la population souffre de troubles de la santé mentale ou de toxicomanie[1]. Le taux de suicide a aussi bondi de près de 30 % entre 1999 et 2016[2]. La pandémie de Covid-19 a, quant à elle, considérablement aggravé la situation mondiale, avec une hausse de 25 % des cas d'anxiété et de dépression[3]. Au mois d'août 2020, un jeune (entre 18 et 24 ans) sur quatre aux États-Unis déclarait avoir sérieusement envisagé le suicide au cours des trente derniers jours[4]. L'érosion des liens sociaux est au cœur de cette épidémie de troubles de la santé mentale et nous donne l'impression d'être, comme le chante le groupe Police, « *so lonely, so lonely, so lonely*... (tellement seul[s], tellement seul[s], tellement seul[s]...) ». Entre autres causes, citons l'effondrement des cadres communautaires traditionnels au gré du processus d'urbanisation et de la mobilité géographique accrue, le recul du sentiment d'appartenance à une classe sociale[5], le renforcement de l'individualisation ainsi que la hausse des inégalités. Les compétences interpersonnelles semblent diminuer. De plus en plus de jeunes se socialisent en ligne et éprouvent des difficultés à nouer des relations et à entretenir des conversations dans la vraie vie. Alors que l'esprit de compétition tend à dominer les relations sociales, la méfiance à l'égard d'autrui se généralise au sein de tous les pays à revenu élevé, dans des proportions variables, ce qui en fait le terreau des mouvements populistes d'extrême droite, comme nous le constaterons au chapitre 7, « Amour ».

D'un point de vue objectif, dans de nombreuses régions du monde qui bénéficient d'un certain niveau de richesse, la focalisation sur la croissance économique est devenue une boussole dépassée et destructrice. Elle a davantage pour fonction de permettre à un système économique défaillant de perdurer que d'améliorer notre bien-être collectif. Soyons clairs, le développement économique est une bonne chose en soi. Mais placé au-dessus de tout le reste et considéré comme le seul et ultime objectif – plutôt que comme un moyen de poursuivre une vision collective de la vie bonne –, il impose sa propre logique et devient naturellement destructeur. Notre système économique ne détruit pas

1. Nguyen *et al.*, 2017.

2. Stone *et al.*, 2018.

3. « Les cas d'anxiété et de dépression sont en hausse de 25 % dans le monde en raison de la pandémie de Covid-19 », OMS, 2 mars 2022, www.who.int/fr/news/item/, consulté le 1er mars 2023.

4. Prior, 2020.

5. Lié notamment à l'évolution de l'organisation du travail dans les sociétés post-industrielles et à l'augmentation du secteur tertiaire, au développement des classes moyennes, à l'individualisation des pratiques de consommation et des références culturelles, et à la multiplication des critères d'inégalité.

simplement les liens sociaux et l'environnement, il se nourrit de ses dommages qui créent des opportunités commerciales. Il s'acharne à adapter les humains à ses propres exigences au lieu de s'ajuster et de servir nos véritables besoins. Fondé sur des conceptions erronées, ce système se perpétue uniquement au moyen d'une propagande toujours plus envahissante, alimentant notre déconnexion à nous-même et à nos besoins réels, et ainsi notre apathie.

Un sous-développement intérieur[1]

Notre modèle de développement est à l'origine d'échecs psychologiques et relationnels, mais aussi intellectuels. Notre mode de connaissance réductionniste fait croître notre ignorance. Nous avons de plus en plus de mal à comprendre le monde complexe dans lequel nous vivons et à réagir face à la crise systémique multiforme qui nous frappe (voir chapitre 4, « Compréhension »).

Mais surtout, nous sommes aux prises avec une crise éthique dont découlent la plupart des problèmes mondiaux. La hausse de l'individualisme, l'affaiblissement de la solidarité et des cadres moraux religieux traditionnels, ainsi que la mécanisation et la dépersonnalisation de nos existences – un effet délétère de l'évolution de la pensée scientifique et technique déjà décrié par Einstein[2] –, ont mis à mal notre sens des responsabilités. Ils ont laissé place à l'idée néolibérale selon laquelle nos propres intérêts matériels sont naturellement à la base de toute prise de décision. La cupidité, l'esprit de compétition et l'égoïsme s'en sont trouvés légitimés. Ce constat est particulièrement flagrant aux États-Unis. En 1952, la moitié des Américains pensaient que les gens « avaient une vie aussi bonne (morale et honnête) qu'avant ». En 1998, trois Américains sur quatre pensaient que les gens avaient moins de morale qu'avant[3].

Peu après la crise financière des subprimes de 2008, Jeffrey Sachs, célèbre économiste américain, a écrit un ouvrage intitulé *Le Prix de la civilisation*[4], dans lequel il explique qu'« aux États-Unis, la poursuite agressive de revenus plus élevés s'est faite au prix d'une détérioration

---

1. D'après Morin, 2011.

2. Selon Albert Einstein, « l'effroyable déclin moral de l'humanité est fondamentalement lié à la mécanisation et à la dépersonnalisation de notre existence, un effet délétère de l'évolution de la pensée scientifique et technique. *Nostra culpa !* L'homme grandit bien plus vite que la planète qu'il habite » (traduction libre).

3. Putnam, 2000.

4. Sachs, 2012.

du capital social, du bien-être mental et des comportements éthiques[1] ». Sur ce dernier point essentiel, l'auteur précise : « La crise économique américaine trouve son origine dans une crise morale : le déclin du civisme au sein de l'élite politique et économique du pays. Les marchés, les lois et les élections ne suffisent pas lorsque les riches et les puissants ne se comportent pas avec respect, honnêteté et compassion à l'égard du reste de la société et du monde. [...] Une reprise de l'économie significative et durable est impossible si l'ethos de la responsabilité sociale n'est pas restauré. [...] Trop d'élites américaines – parmi les super-riches, les P.-D.G. et bon nombre de collègues du corps universitaire – ont perdu le sens de la responsabilité sociale. Ils traquent l'argent et le pouvoir, sans s'inquiéter une seule seconde des répercussions sur la société. Nous devons réinventer la notion de vivre-ensemble en ce début de XXIe siècle et les moyens de le cultiver[2]. »

En résumé, nous avons aujourd'hui la capacité de résoudre la plupart des problèmes, mais ces derniers subsistent en raison de notre indifférence et de notre faillite morale. Les individus aux valeurs dites « compassionnelles » tendent davantage à agir pour le bien commun et manifestent plus de civisme que les personnes aux valeurs égoïstes (attirées par l'argent, le succès et leur propre image)[3] que notre système économique tend à promouvoir[4]. Comme l'explique Jeffrey Sachs, « la pauvreté résulte d'un échec de l'éthique, et non de l'économie[5] ».

Un tel sous-développement intérieur, engendré par notre modèle de développement, est aujourd'hui au cœur de la faillite de ce modèle.

Alors que la civilisation occidentale pensait au départ que la progression des connaissances apporterait inévitablement bonheur et accomplissement à l'humanité au travers de la prospérité matérielle et de l'éducation, il est aujourd'hui clair que cette vision optimiste était erronée. Le développement économique a engendré de réels progrès, mais depuis quelques dizaines d'années, la destruction du capital social et environnemental a créé des problèmes énormes et menace notre avenir même sur cette Terre. Nous devons aussi reconnaître que l'accès à l'éducation n'engendre pas nécessairement un progrès moral. La science a servi à concevoir des armes capables d'anéantir l'humanité en un instant. Les terroristes ayant détourné deux avions pour les projeter contre le

1. Sachs, 2013 (traduction libre).
2. Sachs, 2012 (traduction libre).
3. Crompton *et al.*, 2016, qui fournit aussi d'autres références.
4. Kasser & Linn, 2016 ; Schwartz, 2007.
5. Holtz, 2017 (traduction libre).

World Trade Center le 11 septembre 2001 faisaient partie des membres les plus éduqués de leurs sociétés respectives. La foi quasi absolue de l'humanité en un progrès inévitable a aujourd'hui laissé place au doute. Impossible de savoir ce qui nous attend. Nous attendons l'avenir avec peur et anxiété, alors que notre modèle de développement est entré dans une phase de crise systémique.

2

Une crise évolutive

« Notre époque est au seuil du ciel et de l'enfer[1]. »

Yuval Noah Harari, historien

Une crise civilisationnelle

Notre époque est marquée par des crises de toutes sortes. Le krach financier de 2008, qui a constitué la plus grave crise économique depuis 1929, a révélé non seulement les défaillances de notre système économique, mais aussi de multiples aspects de nos sociétés. En 2020, la pandémie de Covid-19 a porté un nouvel éclairage sur ces dysfonctionnements. Nos crises sont certes économiques ou sanitaires, mais également environnementales, sociales, politiques, alimentaires, énergétiques, démographiques, éthiques ou encore cognitives. Ensemble, elles pointent vers une obsolescence globale de notre modèle de développement. Edgar Morin parle de « crise civilisationnelle » pour décrire cette crise systémique multiforme (ou métacrise) qui met en lumière les parts d'ombre de la civilisation occidentale. En effet, ce modèle s'ancre dans un programme culturel : la modernité – telle qu'apparue en Occident progressivement depuis la Renaissance avant de s'imposer pleinement au XIXe siècle – et son ensemble de valeurs (matérialisme, réductionnisme, individualisme, humanisme, scientisme, etc.). Ce programme a été largement adopté au niveau global et poussé à l'extrême dans ses limites et ses contradictions. À l'époque où il a émergé, il a permis des progrès considérables en apportant des solutions aux problèmes auxquels nos sociétés faisaient face.

Mais ce modèle est maintenant à bout de souffle. Les solutions d'hier ont généré les problèmes d'aujourd'hui, qu'il n'est plus

1. Harari, 2014.

possible d'ignorer. Le matérialisme, qui a conduit à l'amélioration de nos conditions de vie, s'est converti en une cupidité généralisée. L'individualisme, qui a permis aux gens de se libérer de conventions sociales aliénantes, s'est transformé en égocentrisme, détruisant le capital social et isolant les êtres humains. Il a corrompu l'humanisme, dont l'anthropocentrisme entrave notre sentiment d'appartenance au monde naturel. Le réductionnisme nous empêche de concevoir la réalité comme un tout interconnecté, et d'appréhender les différentes crises auxquelles nous sommes confrontés comme une vaste crise systémique. Enfin, le scientisme, et la croyance naïve selon laquelle les évolutions technologiques finiront par résoudre nos problèmes, nous enferme dans la paralysie.

Cette crise systémique doit nous conduire à traiter nos problèmes à la racine et à nous rendre compte que seul un autre modèle de développement, reflétant lui-même une évolution culturelle, pourra aboutir à des résultats différents et nous aider à relever les défis du XXIe siècle. Puisqu'ils ne sont que les symptômes d'une maladie plus profonde – l'obsolescence de notre modèle de développement –, ces problèmes vont continuer à s'aggraver jusqu'à ce que nous changions réellement de modèle. Cette crise civilisationnelle est en fait une invitation à une profonde évolution culturelle, dont beaucoup d'entre nous considèrent qu'elle est de nature spirituelle.

Vers une nouvelle histoire : de la séparation à l'inter-être

L'auteur américain Charles Eisenstein offre l'une des meilleures analyses du changement culturel en cours dans son ouvrage intitulé *Notre cœur sait qu'un monde plus beau est possible*. Selon lui, « [à] la base de notre civilisation se trouve une histoire, une mythologie, [...] une matrice de récits, de contrats et de systèmes symboliques, constituée par les réponses que notre culture a apportées et apporte encore aux questions les plus essentielles de la vie[1] ». De nos jours, nous sommes surtout guidés par la « vieille histoire » que Charles Eisenstein appelle « Histoire de la Séparation » et qui articule les réponses que notre culture apporte à ces questions, comme indiqué dans le tableau 1 ci-après. Il s'agit d'une simplification de nos réponses culturelles réelles. Si elle n'a jamais entièrement dominé, même lorsque la vieille histoire a atteint son apogée au cours du

1. Eisenstein, 2020.

siècle dernier, elle constitue l'essence de notre programme culturel. Certaines réponses sont aujourd'hui obsolètes d'un point de vue scientifique, mais elles façonnent encore notre vision de ce qui est « réel, possible et réaliste[1] ».

Tableau 1 : Histoire de la Séparation[2]

Questions de fond	Principales réponses
Qui suis-je ?	« Un individu séparé, entouré d'autres individus séparés, dans un univers qui est aussi séparé de vous. »
Pourquoi les choses se produisent-elles ?	À cause des forces impersonnelles de la physique qui définissent un univers « aveugle et inerte ».
Quel est le but de la vie ?	« Il n'y a aucun but, seulement des causes », aucun sens si ce n'est de vivre et de maximiser rationnellement son intérêt individuel.
Qu'est-ce que la nature humaine ?	En tant que personnes maximisant sans pitié leur intérêt personnel, nous sommes par nature mauvais. « Pour nous protéger de cet univers inhospitalier fait d'individus en compétition les uns avec les autres et de forces impersonnelles, nous devons exercer le maximum de contrôle. »
Qu'est-ce qui est sacré ?	« La science et la religion sont d'accord sur ce point : le sacré n'est pas de ce monde. » Il faut surmonter notre programmation biologique et poursuivre des « buts élevés ».
Qui sommes-nous en tant que peuple ?	Nous sommes uniques au sens où nous avons une âme ou un esprit rationnel. Nous pouvons utiliser ce dernier pour façonner le monde à notre guise et améliorer notre sort grâce à la science et à la technologie.
D'où venons-nous et où allons-nous ?	Nos vies étaient misérables, mais la science et la technologie nous ont permis de conquérir le monde et d'améliorer notre sort. « Notre destin est d'achever cette conquête : de nous libérer du travail, de la maladie, de la mort elle-même, de nous élever vers les étoiles et de laisser la nature loin derrière nous. »

L'Histoire de la Séparation s'est forgée au travers de l'histoire de l'Occident, et notamment l'aversion chrétienne pour la chair[3] et les croyances païennes en une nature vivante ; la vision cartésienne

1. *Ibid.*
2. D'après Eisenstein, 2020.
3. À noter que cette aversion qui s'est développée au sein de la chrétienté ne reflète pas nécessairement le message de Jésus Christ qui s'est lui-même fait chair.

d'une nature semblable à une machine sans âme et dont l'homme ne fait pas partie ; la compréhension par l'économie de la nature humaine, en tant qu'êtres rationnels maximisant leur intérêt personnel (égoïstes) ; le darwinisme et la survie du plus fort ; la poursuite moderne du bonheur par le progrès matériel grâce à la science et à la technologie ; la séparation entre science et religion comme solution à leur conflit, etc. Nous nous intéresserons à la façon dont ces perspectives – qui représentaient jadis les fondements de notre sens des réalités – évoluent, particulièrement grâce aux découvertes scientifiques dessinant les contours d'une histoire très différente qui apporte, à travers des réponses inédites à ces questions, la promesse d'une nouvelle civilisation[1].

À l'instar de Charles Eisenstein, je pense que nous sommes en pleine transition entre cette vieille histoire et l'histoire de l'« inter-être ». Formulé par le maître Zen Thich Nhat Hanh, la notion d'« inter-être » dépasse la simple idée d'interconnexion pour toucher à la nature même de notre être. Il exprime la nature de la réalité reposant sur les enseignements bouddhistes de la coproduction conditionnée (« Ceci est, parce que cela est »), le non-soi et l'impermanence (voir encadré 1). Par exemple, une fleur, comme n'importe quoi d'autre, n'a pas de soi indépendant : elle est faite d'éléments non-fleur, tels que le soleil, la pluie, la terre ou encore l'air. Elle est coproduite de manière conditionnée avec tous ces éléments non-fleur, ce qui explique qu'elle ne soit pas permanente, mais toujours en transformation. Nous sommes aussi le produit de nos parents et de nos ancêtres, de nos cultures, de notre éducation, des amis et des partenaires que nous avons eus au fil du temps, de l'ensemble de nos expériences de vie… Nous « inter-sommes » avec tout cela, et finalement avec l'univers entier. Comme l'a expliqué Thich Nhat Hanh, « nous sommes ici pour nous réveiller de l'illusion de séparation[2] ». C'est là l'essence de tout chemin spirituel, comme nous l'évoquerons au chapitre suivant.

---

1. Selon Charles Eisenstein (*Notre cœur sait qu'un monde plus beau est possible*, 2020), « les réponses à ces questions varient suivant les cultures, mais elles nous imprègnent tellement que nous les avons toujours vues comme étant la réalité elle-même. Ces réponses sont aujourd'hui en train de changer, ainsi que tout ce qui en découle, autrement dit toute notre civilisation. Voilà pourquoi nous avons parfois l'impression vertigineuse que le monde entier s'effondre. En voyant ce qui nous semblait si réel, si concret et si solide se vider de sa substance, nous sommes comme face à un abîme ».

2. Traduction libre.

Encadré 1 : Inter-être par Thich Nhat Hanh[1]

Si vous êtes poète, vous verrez clairement le nuage flotter dans cette feuille de papier. Sans nuage, pas de pluie. Sans pluie, les arbres ne peuvent pas pousser. Et sans arbres, on ne peut pas faire de papier. Le nuage est essentiel à l'existence du papier. Si le nuage n'est pas là, la feuille de papier n'y est pas non plus. Donc on peut dire que nuage et feuille de papier « inter-sont ». Inter-être n'est pas encore dans le dictionnaire, mais si on combine le préfixe « inter » et le verbe « être », on a un nouveau verbe : inter-être.

Si l'on regarde encore plus en profondeur cette feuille de papier, on peut y voir le soleil. Sans soleil, la forêt ne grandit pas. En fait, rien ne grandit sans soleil. Du coup, on sait que le soleil est aussi dans cette feuille de papier. Le papier et le soleil inter-sont. Et si l'on continue à regarder, on peut voir le bûcheron qui a coupé l'arbre et l'a mené à la fabrique pour le transformer en papier. Et l'on voit alors le blé. Nous savons que le bûcheron ne peut exister sans son pain quotidien – et du coup, le blé qui est devenu son pain est aussi dans la feuille de papier. Le père et la mère du bûcheron y sont aussi. Quand l'on regarde de cette façon, nous voyons bien que sans toutes ces choses, la feuille de papier ne peut pas exister.

En regardant encore plus profondément, nous pouvons nous y voir nous aussi, dans cette feuille de papier. Ce n'est pas difficile à voir puisque la feuille regardée fait partie de notre perception. Votre esprit est là – et le mien aussi. On peut donc dire que tout est dans cette feuille de papier. Il est impossible d'y nommer une chose qui n'y soit pas – le temps, l'espace, la terre, la pluie, les minéraux du sous-sol, le soleil, le nuage, la rivière, la chaleur. Tout coexiste dans cette feuille de papier. C'est pourquoi je pense que le mot inter-être devrait être dans le dictionnaire : « être », c'est inter-être. On n'est jamais tout seul. Nous devons inter-être avec tout ce qui existe. Cette feuille de papier est, car tout le reste est.

Supposez que nous voulions faire revenir un de ces éléments à sa source, les rayons du soleil au soleil, par exemple. Pensez-vous que cette feuille de papier pourra continuer d'exister ? Non : car sans la lumière du soleil, rien ne peut être. Et si nous supprimions le bûcheron, le faisant revenir au temps précédant sa conception, alors nous n'aurions pas non plus de feuille de papier. Le fait est que cette feuille de papier est uniquement faite d'éléments « non-papier ». Et si nous faisions revenir ces éléments à leur source, alors il n'y aurait plus de papier du tout. Sans éléments « non-papier », comme l'esprit, le bûcheron, la lumière du soleil, etc., il n'y aura pas de papier. Aussi fine que soit cette feuille de papier, elle contient tout l'univers en elle.

1. Nhat Hanh, 2008.

Voici quelques principes de cette nouvelle « histoire », telle que définie par Charles Eisenstein :

- « Mon être participe de votre être et de tous les êtres. Cela va au-delà de l'interdépendance : notre existence même est relationnelle.
- Par conséquent, ce que nous faisons à l'autre, nous le faisons à nous-mêmes.
- Chacun et chacune d'entre nous a un don unique et essentiel à offrir au monde.
- Le but de la vie est d'exprimer nos dons.
- Chaque acte est important et affecte le cosmos.
- Nous sommes fondamentalement non séparés les uns des autres, de tous les êtres et de l'univers.
- Chaque personne que nous rencontrons et chaque expérience que nous vivons reflète quelque chose de nous-mêmes.
- Le destin de l'humanité est de retrouver pleinement sa place dans la tribu du vivant sur Terre et d'utiliser ses dons spécifiques pour le bien-être et le développement de tous.
- Le sens, la conscience et l'intelligence sont des propriétés intrinsèques de la matière et de l'univers[1]. »

Alors que l'Histoire de la Séparation s'est transformée en une maladie spirituelle, l'histoire de l'inter-être peut guérir nos sociétés. Elle privilégie la coopération face à la compétition et permet de réconcilier la liberté et la réalisation personnelle avec le bien commun. Différents langages sont utilisés pour se référer à cette même transition. Le professeur allemand du Massachusetts Institute of Technology (MIT) Otto Scharmer parle par exemple de changement d'un ego-système entièrement centré sur soi vers une conscience écosystémique mettant l'accent sur le bien-être global, comme nous le verrons dans le chapitre 4, « Compréhension »[2]. Au cœur de ce changement se trouve notre vision de la nature humaine, selon que nous mettons en avant son potentiel pour le bien ou pour le mal, mais aussi ce qui en découle nécessairement, à savoir l'instauration de systèmes sociaux fondés sur la confiance et la motivation intrinsèque ou, au contraire, sur le contrôle et la motivation extrinsèque (voir les chapitres 7, « Amour », et 13, « Travail et organisation »). Le prisme de ce changement d'histoire nous aide à comprendre la complexité de la période actuelle où, de

1. Eisenstein, 2020.
2. Scharmer, 2016.

plus en plus, le pire et le meilleur de l'être humain et de nos sociétés se font face.

L'évolution spirituelle de l'humanité : une idée dont l'heure est venue

Comme expliqué dans l'introduction, les travaux de Charles Eisenstein font écho à une reconnaissance croissante de la nature spirituelle du changement culturel requis par l'état actuel du monde. Ce constat se rapporte à une croyance plus générale selon laquelle l'humanité est capable d'évoluer sur le plan spirituel, qui a été particulièrement mis en avant par des enseignants spirituels de différentes traditions, comme nous allons le voir. Certains lecteurs redouteront peut-être que ces enseignements spirituels nous éloignent de la pensée rationnelle, cartésienne et pratique que cet ouvrage s'efforce de développer. Il convient donc de préciser que je les présente ici comme des perspectives plus profondes dans lesquelles cette réflexion peut, mais ne doit pas nécessairement, s'inscrire.

Cette croyance en l'évolution spirituelle de l'humanité se retrouve dans de nombreuses traditions spirituelles, comme celles fondées sur les cosmologies cycliques ou celles soutenant la réincarnation et la présence du divin au sein même des êtres vivants, que nous pouvons, vie après vie, apprendre à manifester plus pleinement. Ces idées apparaissent dans une multitude de cultures et de religions traditionnelles, telles que le bouddhisme, le jaïnisme et l'hindouisme. Dans cette dernière religion, certaines interprétations semblent indiquer que nous quittons le *Kali Yuga*, l'« âge des querelles et des conflits ». La foi en l'unification et l'avancée prochaines de l'humanité est aussi présente dans de nombreuses prophéties indigènes. En 2018, l'assemblée des peuples indigènes au Parlement des religions du monde – le principal rassemblement interreligieux – avait d'ailleurs pour thème : « Évolution spirituelle de l'humanité et guérison de notre Terre mère »[1].

La plupart des religions ont aussi une dimension eschatologique : elles se préoccupent du destin de l'humanité qui, après maintes crises, devrait finalement être radieux. Par exemple, le christianisme parle de « royaume de Dieu » – souvent considéré comme l'un des principaux sujets de l'enseignement de Jésus et, selon certaines interprétations, correspondant à l'accomplissement terrestre de la volonté de Dieu – ou de

1. « The Spiritual Evolution of Humanity & Healing Our Mother Earth » (traduction libre).

« nouvelle terre ». Au cours des deux derniers siècles, trois enseignants spirituels issus de différents courants ont proclamé haut et fort non seulement l'accomplissement spirituel auquel est destinée l'humanité, mais aussi sa réalisation prochaine.

Le premier de ces enseignants est Bahá'u'lláh (1817-1892), fondateur de la foi bahá'íe qui compterait aujourd'hui entre cinq et huit millions d'adeptes[1] à travers le monde.

Encadré 2 : La vie de Bahá'u'lláh et de son maître, le « Báb »

Né dans l'Empire perse en 1817, Bahá'u'lláh (« la Gloire de Dieu » en arabe) était le disciple de Siyyid 'Alí-Muhammad, un jeune homme qui, en 1844, avait déclaré être le rédempteur promis de l'islam, le Mahdi tant attendu du chiisme, et s'était fait appeler « Báb » (« la Porte »). En effet, le Báb annonçait la venue imminente de « celui par qui Dieu se manifestera ». Entouré de milliers de disciples, il a été victime d'une forte répression et fut finalement exécuté en 1850.

En tant que disciple du Báb, Bahá'u'lláh a été emprisonné dans un cachot de Téhéran en 1853, où il reçut la vision d'une jeune fille envoyée par Dieu pour lui annoncer sa mission en tant que messager divin, celui dont le Báb avait prophétisé la venue. Bahá'u'lláh fut rapidement libéré de prison, mais il a continué de vivre en exil au Moyen-Orient, la plupart du temps sous surveillance ou réemprisonné par les autorités ottomanes. À sa mort en 1892 près de la ville d'Acre (aujourd'hui située en Israël), il a laissé une multitude de travaux qui ont permis de jeter les bases d'une nouvelle religion.

Après Abraham, Krishna, Zoroastre, Moïse, Bouddha, Jésus, Mahomet et bien d'autres, Bahá'u'lláh a affirmé qu'il était la dernière manifestation de Dieu pour cette époque, et que sa mission consistait à fédérer la race humaine afin d'établir une civilisation mondiale prospère et un nouvel ordre mondial où les institutions embrasseraient les idéaux bahá'ís d'unité et de justice pour tous. Bahá'u'lláh considérait que la justice était la principale condition de l'unité de l'humanité, sans laquelle « l'humanité ne pourr[ait] parvenir au bien-être, à la paix et à la sécurité[2] ». « Ce n'est point d'aimer son propre pays qu'il convient de se glorifier, c'est d'aimer le monde entier. La Terre n'est qu'un

1. « Worldwide Adherents of All Religions by Six Continental Areas, Mid-2010 », *Encyclopædia Britannica*, web.archive.org, consulté le 7 octobre 2019.

2. Maison universelle de justice, 2002.

seul pays dont tous les hommes sont les citoyens[1] », proclamait-il. Il a enseigné que la vérité religieuse était peu à peu révélée par Dieu au travers de plusieurs messagers divins, dont les enseignements étaient adaptés en fonction des besoins de l'époque et du lieu de leur apparition, pour faire évoluer la morale et la civilisation humaines.

En fait, les textes bahá'ís considèrent que la religion est « la base de toute civilisation et de tout progrès dans l'histoire de l'humanité[2] ». Shoghi Effendi, Gardien de la foi bahá'íe entre 1921 et 1957, décrit parfaitement la vision d'une « révélation progressive » et d'une unité de toutes les religions : « Le principe fondamental énoncé par Bahá'u'lláh, et auquel croient fermement les adeptes de sa Foi, est que la vérité religieuse n'est pas absolue mais relative ; que la Révélation divine est un processus continu et progressif ; que toutes les grandes religions du monde sont divines dans leur origine ; que leurs principes fondamentaux sont en complète harmonie ; que leurs buts et leur objet forment un tout identique ; que leurs enseignements ne sont que les facettes d'une seule vérité ; que leurs fonctions sont complémentaires ; qu'elles ne diffèrent que par les aspects non essentiels de leurs doctrines ; et que leurs missions représentent les phases de l'évolution spirituelle de la société humaine[3]. »

On peut comparer cette évolution avec les différentes phases de la vie d'un individu, l'humanité étant aujourd'hui au stade de l'adolescence, et donc à l'aube de la pleine maturité. Comme l'écrit Shoghi Effendi : « Les longs siècles de première et de seconde enfance par lesquels a dû passer la race humaine s'estompent dans le passé. L'humanité fait maintenant l'expérience des troubles invariablement associés au stade le plus tumultueux de son évolution, le stade de l'adolescence, quand l'impétuosité de la jeunesse et sa véhémence atteignent leur point culminant, avant de faire progressivement place au calme, à la sagesse et à la maturité qui caractérisent le stade de l'âge adulte. Alors, la race humaine atteindra cette stature, cette maturité qui la rendra capable d'acquérir tous les pouvoirs et toutes les capacités dont doit dépendre son développement ultime[4]. »

---

1. Bahá'u'lláh (1983), cité dans Hatcher & Martin, 1998.
2. « Religion et développement à la croisée des chemins : convergence ou divergence », Déclaration de la Communauté internationale baha'ie présentée au Sommet mondial pour le développement durable, Johannesburg, 26 août-4 septembre 2002, bahai-biblio.org, consulté le 10 mars 2023.
3. Effendi (1973), cité dans Hatcher & Martin, 1998.
4. *Ibid.*

Encadré 3 : Le processus d'avènement d'un nouvel ordre mondial selon Bahá'u'lláh

Dans leur ouvrage sur la foi bahá'íe, William S. Hatcher et J. Douglas Martin expliquent : « Pour Bahá'u'lláh, l'établissement d'un ordre mondial se fera en trois étapes successives. La première est une période de débâcle sociale et d'immenses souffrances, des souffrances qui dépassent en étendue et en intensité toutes celles connues jusqu'alors. Les bahá'ís pensent que la première étape est déjà bien avancée et que le désordre qui afflige actuellement le monde éprouvera, en son temps, chaque vie humaine et chaque institution sociale [...]. Selon les bahá'ís, la période actuelle de souffrances et de difficultés se terminera par une convulsion mondiale, à la fois spirituelle, physique et sociale[1]. » Cette crise conduira à l'instauration de la « moindre paix », au sein de laquelle plusieurs institutions du nouvel ordre mondial garantiront la paix politique. Elle constituera le prélude nécessaire à la troisième étape de création de cet ordre mondial, la « plus grande paix », qui prendra bien plus de temps pour établir le « royaume de Dieu sur la terre » et donc l'« entrée de l'humanité dans l'âge de sa majorité »[2] sur la base de la reconnaissance et de l'application conscientes des enseignements de Bahá'u'lláh.

En réalité, les enseignements de Bahá'u'lláh ont largement porté sur le nouvel ordre mondial qu'il était venu annoncer (voir encadré précédent). Fondé sur des principes spirituels, en particulier sur l'unité de l'humanité, cet ordre mondial nécessitera et permettra selon lui une vaste restructuration des institutions politiques, sociales et économiques, reposant sur un dialogue constructif entre la science et la religion, qui représentent les deux systèmes de connaissances accessibles à l'humanité. Bahá'u'lláh a notamment mis l'accent sur l'égalité entre hommes et femmes, l'éducation universelle, la justice économique, la diversité culturelle et une langue auxiliaire universelle. Il préconisait aussi des institutions de gouvernance internationale : un gouvernement, un parlement, une législation, un tribunal, ou encore une police à l'échelle mondiale.

Le deuxième enseignant spirituel à annoncer l'évolution de l'humanité a été le leader politique, poète et philosophe évolutionniste indien Sri Aurobindo (1872-1950).

1. Hatcher & Martin, 1998.
2. Effendi (1996), cité dans Hatcher & Martin, 1998.

Encadré 4 : La vie de Sri Aurobindo

Né à Calcutta en 1872, il est arrivé à l'âge de 7 ans en Angleterre, où il a vécu pendant quatorze ans. Il a étudié à Cambridge, où il a acquis de solides connaissances sur l'histoire et les cultures européennes. Il a brièvement été l'un des principaux leaders politiques nationalistes indiens, ce qui lui a valu d'être incarcéré et de frôler l'exécution, avant qu'il ne se consacre à ses travaux et à ses écrits spirituels. Sri Aurobindo a vécu reclus pendant les vingt-cinq dernières années de sa vie, dans son ashram de Pondichéry, s'efforçant d'ancrer la conscience supramentale dans la matière terrestre. Il est mort en 1950, trois ans après l'indépendance de l'Inde pour laquelle il s'est longtemps battu et qui a été proclamée le jour de son anniversaire.

S'inspirant de la tradition indienne, Sri Aurobindo a regroupé plusieurs chemins (« yogas ») sous l'appellation « yoga intégral ». Ce dernier ne considère pas la réalisation spirituelle comme une échappée divine en dehors de la vie humaine et de l'expérience matérielle, ce que Sri Aurobindo reprochait à d'autres pratiques. Son approche ambitionnait plutôt de s'élever sans cesse vers le divin pour le faire descendre dans l'esprit, la vie et le corps et jeter ainsi les fondements d'une transformation collective sur Terre.

En effet, Sri Aurobindo pensait que l'humanité, avec son type de conscience mentale, ne se situait pas au dernier degré de l'échelle de l'évolution et qu'elle était vouée à atteindre le « supramental », un état d'existence supérieur. Il affirme : « Il n'y a donc aucune raison de définir une limite à la possibilité évolutionniste en considérant notre organisation ou notre mode d'existence actuels comme finals. L'animal est un laboratoire d'où la Nature a sorti l'homme. L'homme lui-même pourrait bien être un laboratoire d'où la nature pourrait souhaiter faire émerger le surhomme et révéler l'âme comme un être divin[1]. »

La politique et la spiritualité, la pensée occidentale (en particulier, les théories évolutionnistes) et la spiritualité orientale convergent vers la vision du progrès humain établie par Sri Aurobindo. Dans l'un de ses ouvrages[2], il a utilisé la vision yogique traditionnelle du développement intérieur et de la réalisation de soi comme moteur principal et objectif ultime de l'expérience humaine sur Terre, à travers le cycle de la réincarnation, afin de faciliter la compréhension de l'évolution et du développement des sociétés. Selon lui, les sociétés regroupent

1. Aurobindo, 2001 (traduction libre).
2. Aurobindo, 1973.

certes des êtres humains, mais elles sont aussi des êtres à part entière (« des âmes nationales ») en quête de leur propre réalisation, et dont le développement obéit aux mêmes lois spirituelles. Le développement intérieur ou le processus civilisationnel permet aux êtres humains et aux sociétés d'apprendre à régir leur vie à des niveaux de conscience ou plans d'existence plus élevés : du niveau physique aux niveaux émotionnel, mental puis spirituel (voir encadré 5). Pour perdurer, le processus civilisationnel doit rassembler la majorité de la population. Sinon, il « sera toujours en danger d'être submerg[é] par la nuit ignorante d'en bas[1] ».

Encadré 5 : Les plans d'existence dans le développement civilisationnel selon Sri Aurobindo

Sri Aurobindo se réfère à la conception indienne traditionnelle des êtres humains, que l'on retrouve dans d'autres civilisations comme la Grèce antique. Ces derniers seraient composés et gouvernés par plusieurs plans d'existence – physique, « vital » (force de vie comprenant les émotions, les passions, les désirs, les préférences ou encore les aversions, et que d'autres systèmes appellent « être émotionnel »), mental et psychique (ou âme)[2]. Chacune de ces forces est associée à des questions, des comportements et des schémas de conduite spécifiques. Elles coexistent au sein de chaque être humain et de chaque société. La satisfaction des besoins physiques, vitaux et même mentaux « ne conduit pas l'être humain au-delà d'un certain point ; vient un moment où il se relâche et se fatigue, faute de s'être réellement trouvé lui-même et d'avoir découvert un but satisfaisant à son action et à son progrès. La somme de ces trois éléments [...] ne constitue pas l'homme intégral ; ce sont des moyens qui conduisent à un but plus lointain et qui ne peuvent éternellement servir de fin en eux-mêmes[3] ». Cette quête entraîne à coup sûr de la déception, une perte de vitalité ou une catastrophe. Seul l'esprit peut être un guide sûr, et sa réalisation, un but satisfaisant. La conscience mentale qui caractérise les êtres humains ne permet pas de transformer la nature animale inférieure des consciences physique et vitale. Quand elle ne se soumet pas à ces consciences, elle peut uniquement tenter de les réprimer. Les sociétés perdent alors leur vitalité et déclinent.

Sri Aurobindo a expliqué certains grands succès et échecs de la civilisation par l'économie, le développement et l'interaction entre ces forces intérieures, que les chercheurs spirituels apprennent à connaître,

1. Aurobindo, 1973.

2. Chacun d'entre eux est associé à des « centres énergétiques différents » appelés « chakras ».

3. Aurobindo, 1973.

organiser et progressivement exploiter sur la voie de la réalisation de soi. Dans l'Antiquité par exemple, la cité d'Athènes attachait à l'origine beaucoup d'importance à « la beauté et la joie de vivre[1] », puis à la philosophie. Mais elle n'a pas eu la discipline ni le tempérament requis – deux signes du développement éthique – pour leur donner une traduction pratique et favoriser ainsi l'épanouissement de la cité. L'impulsion éthique de la République romaine a provoqué un essor exceptionnel de la maîtrise de soi, ce qui a permis à cette dernière d'étendre ses conquêtes et de régner sur de vastes territoires. Néanmoins, la répression artificielle des forces de vie n'a pu trouver qu'une seule issue, la révolte, et « le type romain primitif [s'effondra] dans la licence égoïste et souvent orgiaque de la Rome républicaine et impériale qui suivit[2] ». D'autres cultures, dominées par des religions ascétiques et le rejet de la nature matérielle et vitale de l'humanité, ont finalement découragé la force de vie qu'elles canalisaient, entraînant stagnation et déliquescence. En Inde, ce fut le cas de l'illusionnisme (ou *mâyâvâdâ*). Enseignée pour la première fois par Shankarâchârya (788-820 après Jésus Christ), cette doctrine soutient que l'univers est une illusion et que la seule réalité est une représentation non manifeste du divin, le Brahman. La raison, dont l'essence divine consiste à rechercher la vérité pour elle-même, peut aussi se soumettre à notre nature inférieure et devenir un instrument destiné à servir ses besoins. Sri Aurobindo considérait ainsi que les sociétés modernes étaient régies par un nouveau genre de barbarie, « (on ne peut lui donner d'autre nom) : la barbarie de l'âge industriel, commercial et économique qui approche aujourd'hui de son apogée, et touche à sa fin. Cette barbarie économique est essentiellement celle de l'homme vital, car elle confond l'être vital avec le moi et considère que la satisfaction de cet être vital est le premier but de la vie [...] [L]e barbare vital et économique fait de la satisfaction des besoins et des désirs et de l'accumulation des biens matériels sa règle et son but. Selon lui, l'homme idéal n'est pas l'homme cultivé, noble ou réfléchi, moral ou religieux, mais l'homme qui réussit. Arriver, réussir, produire, accumuler, posséder, telle est son existence[3] ».

Sri Aurobindo pensait que les sociétés, à l'image des êtres humains qui les composent, étaient vouées à passer d'un stade infrarationnel, où elles sont principalement régies par les passions, à un stade rationnel, et enfin à un stade spirituel. Il estimait que c'était la destinée inéluctable de l'humanité sur Terre (voir encadré 6). Cependant, cette évolution n'est pas nécessairement linéaire. Les sociétés humaines doivent répéter ce cycle de développement humain, jusqu'à ce qu'elles puissent l'achever.

1. *Ibid.*
2. *Ibid.*
3. *Ibid.*

Encadré 6 : Le cycle de développement des sociétés selon Sri Aurobindo

Pour décrire ce cycle, Sri Aurobindo s'appuie sur la théorie psychologique de l'histoire formulée par l'historien allemand Karl Lamprecht, et ses différentes étapes psychologiques (symbolique, typique, conventionnelle, individualiste et subjective) à travers lesquelles les sociétés humaines progressent. Pendant la première étape – c'est-à-dire, l'étape symbolique, correspondant par exemple aux civilisations de l'Inde védantique, de la Grèce antique ou de l'Égypte ancienne –, le divin s'infiltre dans toutes les réalités, tandis que les institutions sociales expriment un symbolisme religieux et spirituel. Puis vient l'étape typique, pendant laquelle de grands idéaux sociaux émergent des visions spirituelles de l'étape symbolique. Les principes moraux prennent le pas sur la vérité spirituelle dont ils découlent, et ils commencent à dessiner les organisations sociales. Les codes d'honneur et la chevalerie en sont de parfaites illustrations. Mais à un moment donné, ces qualités morales perdent leurs racines vivantes ainsi que leurs expressions naturelles, et elles deviennent conventionnelles. À l'étape conventionnelle, les principes moraux se muent en règles strictes qui doivent être suivies à la lettre. Ils tendent à figer l'ordre social et à le pérenniser. « La forme l'emporte, et l'esprit se retire et tarit[1] », explique Sri Aurobindo. L'Europe médiévale est un excellent exemple d'étape conventionnelle. Quand tous les efforts déployés pour raviver les vérités fondamentales qui se cachent derrière les conventions deviennent vains, le conformisme freine l'expression et le progrès de l'humanité. Tôt ou tard, l'étape conventionnelle laisse place à une étape individualiste gouvernée par la raison, comme à l'époque des Lumières, et pendant laquelle la sphère religieuse se manifeste parfois sous couvert d'athéisme. « On s'aperçoit souvent que l'athéisme, dans l'individu ou dans les sociétés, est un passage nécessaire qui conduit à une vérité religieuse et spirituelle plus profonde : on doit parfois nier Dieu afin de le trouver, et au bout de tous les scepticismes et de toutes les négations sincères, la découverte est inévitable[2]. »
Lorsque la question de l'individualité prend de l'importance et que les limites de la raison sont de plus en plus reconnues, notamment dans la vie personnelle, l'étape subjective survient. Elle amorce un retour à l'intériorité, une quête vers la vérité essentielle du soi et des choses. Les sociétés peuvent aisément se perdre, par exemple dans le relativisme ou dans le vitalisme (comme en Allemagne au XIXe siècle et au début du XXe siècle), mais Sri Aurobindo estime que cette quête aboutira à une étape spirituelle où les sociétés commenceront à se gouverner selon les lois spirituelles.

1. *Ibid.*
2. *Ibid.*

Sri Aurobindo interprétait le désordre généralisé comme la manifestation d'une crise évolutive : « Le tournant décisif est souvent précédé d'une apparente aggravation et d'un soulèvement paroxystique de tout ce qui semble être la contradiction, l'opposé le plus irréductible du principe nouveau et de la nouvelle création [...] [C]e n'est pas nécessairement l'indice que la nouvelle naissance est pratiquement impossible ; au contraire, c'est peut-être le signe qu'elle approche, ou qu'elle fait au moins de sérieux efforts pour se réaliser[1]. »

Le troisième célèbre enseignant spirituel qui a su percevoir l'évolution spirituelle de l'humanité en cours est venu d'Occident. Il s'agit de Pierre Teilhard de Chardin (1881-1955), scientifique, philosophe et prêtre jésuite français. Ses travaux en tant que paléontologue et géologue l'ont amené à réfléchir au processus évolutionniste de l'univers, des particules élémentaires jusqu'à l'apparition de la vie et des êtres humains, de la géosphère jusqu'à la biosphère, puis à ce qu'il a appelé la « noosphère » ou encore « sphère de la pensée humaine ». S'inspirant des idées d'« évolution créatrice[2] » du philosophe français Henri Bergson, Teilhard de Chardin définissait ce processus comme un chemin vers un niveau de complexité et de conscience matérielles toujours plus élevé : « L'Évolution [...] est une montée [de la matière] vers la Conscience[3]. »

Teilhard de Chardin pensait que l'évolution était destinée à accéder à une conscience suprême – qu'il avait appelée « point Oméga » – qui attirait vers elle toute la création. Cela devait amener selon lui l'humanité future à réaliser son unité psychique par le biais d'un processus qu'il appelle l'« unanimisation ». Teilhard de Chardin a expliqué qu'il avait reçu sa première vision de la « noosphère », qu'il considérait comme l'« âme de la Terre », pendant la Première Guerre mondiale, dans les tranchées situées entre l'Yser et Verdun, où il avait servi plusieurs mois en tant que brancardier. Au cœur de cette extrême densité physique, psychique et énergétique, où un million d'hommes s'affrontaient, il a commencé à percevoir un processus évolutionniste encore flou mais assez semblable à l'évolution de la matière physique qu'il avait étudiée. Il a alors déclaré : « Une Foi nouvelle où se composent la Foi ascensionnelle vers un Transcendant et la Foi propulsive vers un Immanent ;

1. *Ibid.*
2. Henri Bergson (1859-1941) pensait que l'évolution était motivée par un « élan vital », qui pouvait aussi être envisagé comme l'impulsion créatrice naturelle de l'humanité.
3. Teilhard de Chardin, 1956.

– une Charité nouvelle où se combinent, en se divinisant, toutes les passions motrices de la Terre : voilà, je le vois maintenant, et pour toujours, ce que, sous peine de défaillir, le Monde attend en ce moment, éperdument[1]. »

Les travaux de Pierre Teilhard de Chardin, qui ont grandement influencé les communautés scientifiques et spirituelles, ont tout d'abord été condamnés par l'Église catholique[2] avant d'être réhabilités par des figures emblématiques telles que le pape Benoît XVI et le pape François[3].

Sri Aurobindo, Pierre Teilhard de Chardin et bien d'autres ont présenté une vision spirituelle de l'évolution qui est compatible avec les connaissances scientifiques actuelles tout en transcendant le paradigme matérialiste. D'après eux, c'est l'esprit dans la nature qui propulse l'évolution vers des niveaux supérieurs de complexité, de conscience et de liberté. Si l'évolution s'est faite inconsciemment pendant des milliards d'années, nous avons aujourd'hui la possibilité de mieux comprendre sa nature, son orientation et ses schémas. « Nous sommes au bord d'une nouvelle évolution consciente[4] », assure Barbara Marx Hubbard, éminente futurologue. Dans son livre intitulé *Évolution consciente. S'éveiller au pouvoir de notre potentiel social*, elle explique que pour la première fois dans l'histoire, l'évolution peut résulter de notre choix conscient plutôt que d'un processus aléatoire. Nous pouvons nous aligner sur cette intelligence universelle à l'œuvre et exploiter nos connaissances scientifiques, spirituelles et sociales exceptionnelles pour cocréer les prochaines étapes de notre évolution. Elle considère aussi la crise actuelle comme un processus naturel inhérent aux processus évolutifs : celui de la naissance difficile d'une humanité universelle dont nous pouvons faciliter l'accouchement.

Beaucoup, parmi les enseignants spirituels contemporains les plus respectés, ont affirmé la nécessité et la possibilité pour l'humanité de vivre, au cours des prochaines décennies, une évolution spirituelle majeure qui métamorphosera les sociétés du monde entier. Cette vision, très

1. Teilhard de Chardin, 1976.

2. En 1962, le Saint-Office a prononcé un *monitum* (avertissement) sur les ouvrages de Pierre Teilhard de Chardin. En 2022, ce *monitum* n'avait toujours pas été officiellement levé.

3. Sa Sainteté le pape Benoît XVI, 2019 ; Sa Sainteté le pape François, 2015. En 2009, Federico Lombardi, porte-parole du Vatican, a estimé qu'« on ne devait pas penser que [Pierre Teilhard de Chardin] était un "déviationniste" dont l'étude des écrits était interdite » (Allen, 2009).

4. Hubbard, 2020 (traduction libre).

présente aujourd'hui dans les cercles spirituels, se répand de plus en plus, notamment dans le domaine de la philosophie et des sciences sociales. Citons par exemple des penseurs comme le philosophe Ken Wilber ou l'historien israélien Yuval Noah Harari qui, dans leur propre champ d'activité, selon leur propre vision et dans leur propre langue, développent des opinions et des conclusions similaires.

Philosophe américain, Ken Wilber a imaginé une « théorie intégrale » dans laquelle toutes les formes de connaissance et d'expérience peuvent s'intégrer de manière cohérente. Nous reviendrons plus en détail sur cette théorie dans le chapitre 4, « Compréhension ». La théorie intégrale se démarque entre autres par son approche de l'évolution culturelle. Pour aborder cette thématique, Ken Wilber s'appuie sur la spirale dynamique, et notamment sur les travaux de Clare Graves (1914-1986), professeur américain de psychologie, et d'autres chercheurs en psychologie du développement. Tous ont employé des méthodes empiriques pour identifier les différents stades de développement de la conscience humaine – correspondant aussi à des visions du monde ou systèmes de valeurs, par exemple – qui façonnent et colorent l'ensemble de nos pensées et de nos actions. Selon eux, ces étapes se succèdent tout au long de la vie humaine et – cela peut paraître étonnant – dans les sociétés et les organisations afin de répondre à l'évolution des conditions de vie. Cette évolution est représentée sous la forme d'une spirale ascendante[1].

Chaque stade de développement inclut les stades précédents (reconnaissant ainsi leur valeur et pertinence) et les transcende (reconnaissant aussi leurs limites et cernant leurs domaines de validité), ce qui représente « [une façon plus complexe] d'entrer en relation avec le monde[2] ». Le tableau 2 décrit brièvement ces stades de développement, qui par commodité d'usage sont généralement désignés par une couleur (sans qu'une signification particulière soit nécessairement associée à chacune). Il n'y a pas de « bons » ou de « mauvais » stade de développement à proprement parler, mais ils peuvent traduire des qualités saines (pour le mieux) ou malsaines (pour le pire) en fonction de leur adaptation aux conditions de vie et de leur capacité à favoriser l'expression de stades suivants.

---

1. Le mouvement ascendant renvoie au développement de la conscience humaine, alors que le mouvement de droite à gauche renvoie à un mouvement dialectique ou de balancier entre des stades de conscience mettant l'accent sur l'individu (par exemple « rouge », « orange », « jaune », voir tableau 2) et ceux mettant l'accent sur le collectif (par exemple « bleu », « vert », « turquoise »).

2. Laloux, 2015.

Tableau 2 : Les différents stades de développement de la conscience humaine[1]

Couleur	Soi et conscience	Culture	Système social	Préoccupations de base	% estimé de la population globale (en 2001)[2]	% du pouvo estim (en 2001)
Turquoise	Holistique (2e palier)	Holonique (post-moderne)	Maillages holistiques	Vie et harmonie	0,1 %	1 %
Jaune	Intégratif (2e palier)	Intégral (post-moderne)	Communs intégraux	Souplesse et flux naturels, vision d'ensemble	1 %	5 %
Vert	Communautaire (1er palier)	Pluraliste (post-moderne)	Communautés de valeurs	Égalité et communauté	10 %	15 %
Orange	Accompli (1er palier)	Scientifique-rationnel (moderne)	États-entreprises	Autonomie, intérêt personnel, réussite	30 %	50 %
Bleu	Réfléchi (1er palier)	Ordre mythique (prémoderne)	Anciennes nations	Sens et ordre	40 %	30 %
Rouge	Impulsif (1er palier)	Dieux puissants (prémoderne)	Empires féodaux	Domination et pouvoir	20 %	5 %
Violet	Magique (1er palier)	Animiste-magique (prémoderne)	Tribus ethniques	Harmonie et sécurité au sein des tribus et vis-à-vis du monde des esprits	10 %	1 %
Beige	Survivaliste (1er palier)	Archaïque (prémoderne)	Clans organisés autour de la survie	Survie	0,1 %	0 %

1. D'après Wilber, 2014 et Beck & Cowan, 1996.
2. D'après Wilber, 2014.
3. D'après Wilber, 2014. Pour une raison inconnue, la somme des pourcentages ne s'élève pas à 100 %. Peut-être cela tient-il au fait que ces estimations ne revendiquent pas une grande précision et qu'il s'agit plutôt d'ordres de grandeur.

La théorie intégrale et la spirale dynamique se caractérisent entre autres par la croyance en un changement fondamental, un saut vers une « conscience de second palier » entre les stades « vert » et « jaune ». Les six premiers stades, y compris le « vert », sont appelés « consciences de premier palier » ou « stades de subsistance ». Ils sont incapables de reconnaître pleinement la valeur des autres stades et résistent davantage à l'émergence des niveaux suivants. À partir du stade « jaune », la prise de conscience et la capacité à appréhender la spirale de l'existence de manière globale et à tirer le meilleur parti de chaque stade de façon intégrée se développent, tout comme le renforcement de l'attention portée au soi. Tout un champ de possibilités nouvelles s'offre alors à nous.

Dans le monde occidental, la spirale dynamique, la théorie intégrale et d'autres théories fondées sur cette notion de stades de développement ont beaucoup influencé la réflexion sur l'évolution culturelle et spirituelle de l'humanité. Bien que j'y fasse référence dans plusieurs parties de cet ouvrage pour apporter des éclairages utiles, j'émets certaines réserves sur des aspects clés de ces visions de l'évolution culturelle – en particulier de la spirale dynamique –, tels que je les comprends. J'ai eu la chance d'en discuter de vive voix avec Ken Wilber en septembre 2022 durant une conversation de cinq heures (ininterrompues !) dans son appartement surplombant Denver, aux États-Unis[1].

Pour commencer, je ne pense pas que les cultures empruntent toutes le même parcours de développement défini par le monde occidental, ce que ces théories semblent sous-entendre[2]. Ce manque de sensibilité culturelle constitue, selon moi, un point faible majeur. L'utilisation de ces typologies et catégories, conçues presque exclusivement par des Occidentaux, peut en effet nous rendre aveugles à d'autres types de potentiels culturels et sociaux.

En outre, je ne crois pas que le développement spirituel soit assimilable à un mode particulier de pensée ou de fonctionnement dans le monde tels que ceux décrits dans le tableau 2 et comme affirmé par la spirale dynamique (mais non la théorie intégrale)[3]. Si je ne suis pas opposé à l'idée selon laquelle certains individus et certaines nations puissent être plus évolués que d'autres sur le plan spirituel ou culturel – bien que je sois convaincu que nous avons tous la même valeur

1. Voir cet article de blog en anglais sur notre conversation : https://politicsofbeing.com/conversation-with-ken-wilber/

2. J'explique mon point de vue dans le chapitre 21, « De multiples nations ».

3. Les nombreuses critiques de ce point de vue incluent celle de Christopher Cowan, cocréateur de la spirale dynamique. Voir : « What about the Spiral and Consciousness ? », Frequently Asked Questions, www.spiral-dynamics.com, consulté le 5 janvier 2020.

inhérente en tant que personnes –, je crois que la typologie présentée dans le tableau 2 ne permet pas d'en rendre compte de manière pertinente. En fait, certaines cultures indigènes traditionnelles, généralement associées au stade « violet », comme les Kogis de Colombie, me paraissent bien plus sages et évoluées qu'une foule de sociétés occidentales dites « développées » dont le centre de gravité est souvent dominé par le stade « orange ». Leurs visions du monde et manières de vivre me semblent en effet davantage refléter et favoriser l'expression de notre être – et sa véritable nature relationnelle – ainsi que les valeurs les plus élevées, telles que celles que je décris dans ce livre. Elles me semblent ainsi plus propices à une vie harmonieuse, tant au sein de la communauté que dans notre relation au monde naturel et à nous-même.

Cette deuxième objection peut être mise en corrélation avec une troisième faille de la spirale dynamique (et non de la théorie intégrale) : l'absence de distinction appropriée entre le développement social et culturel d'une part, et le développement personnel d'autre part, alors que toutes les sociétés et toutes les cultures comptent des personnes situées à tous les stades de développement. Pour ces différentes raisons, je considère que ces théories fondées sur la notion de stades de développement ne peuvent offrir le cadre conceptuel commun et transculturel nécessaire à la politique de l'être.

L'historien israélien Yuval Noah Harari a récemment rencontré un énorme succès au travers de best-sellers comme *Sapiens* et *Homo deus*, qui ont capté l'attention de certains des plus grands leaders mondiaux. Selon lui, le superhumain prophétisé par Sri Aurobindo au siècle dernier n'est pas si lointain. Il risque fort de devenir réalité dans un avenir très proche, dès le XXIe siècle, du fait du développement de technologies de bio-ingénierie. Harari affirme que « les technologies futures sont à même de changer l'*Homo sapiens* lui-même[1] ». Cette « amélioration humaine[2] » ne devrait pas seulement concerner nos corps et notre santé, mais aussi nos compétences intellectuelles, émotionnelles et éthiques. Elle pourrait bien transformer notre conscience et notre identité.

Ce constat a amené Harari à soulever un point crucial : « Si le rideau est effectivement sur le point de tomber sur l'histoire du Sapiens, nous, qui sommes membres de ses dernières générations, nous devrions prendre le temps de répondre à une dernière question : que voulons-nous devenir[3] ? »

1. Harari, 2014.
2. « *human enhancement* ».
3. Harari, 2014.

3

Être, le nouveau paradigme

« Une fois les besoins de base satisfaits, l'évolution de l'humanité n'est pas une question d'avoir plus, mais plutôt d'être plus. »

Charte de la Terre (2000)

Un nouveau paradigme de développement est nécessaire

Un nouveau paradigme de développement est nécessaire pour surmonter la crise civilisationnelle à laquelle nous sommes confrontés. Ce constat très répandu était déjà au cœur des débats des Nations unies sur l'agenda de développement pour l'après-2015. Ban Ki-moon, alors secrétaire général des Nations unies, avait ainsi déclaré : « L'ancien modèle ne marche pas. Nous devons [en] créer un nouveau[1]. » Il avait même précisé qu'il fallait « un nouveau modèle pour une croissance dynamique », et il avait appelé à « des objectifs qui [seraient] le fondement pour une croissance économique respectueuse de la planète et qui favorise[rait] l'égalité sociale ». Ces objectifs de développement durable (ODD) ont été adoptés en 2014 comme cadre général du développement international pour la période 2015-2030[2]. Élaborés au terme d'un processus hautement participatif permettant l'implication d'une dizaine de millions de personnes issues des différentes composantes de la société par-delà les gouvernements[3], ils incluent pour la première fois l'ensemble

1. « L'ONU appelle à un nouveau modèle économique pour relancer la croissance », news.un.org, consulté le 22 juillet 2020.

2. « Les dix-sept objectifs », sdgs.un.org, consulté le 22 juillet 2020.

3. https://journals.openedition.org/ried/540, consulté le 27 avril 2023. Outre un processus de négociation entre États membres des Nations unies ayant duré deux ans, les consultations ont impliqué six types de parties prenantes clés : les différentes institutions onusiennes, la société civile, le secteur privé, les régions (commissions

des pays, y compris les pays dits « développés ». Les ODD proposent une transformation globale ambitieuse et adoptent une position morale claire en faveur de la dignité humaine en promettant que « personne ne sera laissé pour compte ». Ils représentent donc un accomplissement majeur, peut-être le meilleur que nous pouvions espérer dans le contexte politique international de l'époque.

Hélas, si la culture est considérée comme le quatrième pilier du développement durable[1] – lors du sommet de la Terre de 2012 à Rio de Janeiro (aussi appelé « Rio+20 »)[2], durant lequel les peuples indigènes ont même déclaré qu'elle devrait être considérée comme sa dimension la plus essentielle[3] –, ce sujet est complètement absent du Programme pour le développement durable à l'horizon 2030 des Nations unies qui vise l'atteinte des ODD. À ma connaissance, ce programme ne propose pas de théorie du changement convaincante sur le plan global. Il se contente d'apporter des réponses ciblées dans des secteurs spécifiques, se focalisant sur les symptômes plutôt que sur les causes fondamentales de notre maladie spirituelle. L'attention portée à la « croissance économique » (voir ODD 8[4]) semble suspecte, car elle perpétue l'ancien modèle : la croissance devrait être un moyen, et non une fin en soi.

Tout cela est directement lié à notre conceptualisation du développement durable. Alors que son objectif de répondre « aux besoins du présent sans compromettre la possibilité pour les générations à venir de satisfaire les leurs[5] » est valable, la nécessité souvent proclamée pour le développement durable de trouver un équilibre entre croissance économique, équité sociale et protection de l'environnement peut porter à confusion. En effet, plutôt axée sur le court terme, la croissance économique prend souvent le pas sur l'équité sociale et sur

---

économiques régionales de l'ONU), les collectivités locales et dirigeants politiques ainsi que les scientifiques.

1. Les institutions, la gouvernance ou la culture sont mentionnées comme le quatrième pilier du développement durable (Nations unies, 2014).

2. Ce sommet est aussi appelé Conférence des Nations unies sur le développement durable (CNUDD), et s'est tenu du 20 au 22 juin 2012 à Rio de Janeiro (Brésil).

3. Voir la déclaration politique des peuples autochtones rédigée lors de la conférence internationale Rio+20 sur l'autodétermination et le développement durable : « Rio+20 International Conference of Indigenous Peoples on Self-Determination and Sustainable Development », 19 juin 2012, Rio de Janeiro, forestpeoples.org, consulté le 22 juillet 2020.

4. « Promouvoir une croissance économique soutenue, partagée et durable, le plein emploi productif et un travail décent pour tous. »

5. Commission mondiale sur l'environnement et le développement, 1987.

les préoccupations environnementales, qu'elle tend à considérer comme des limites. Il est par nature très difficile de trouver un équilibre entre ces trois objectifs antagonistes. C'est pourquoi le concept de développement durable, qui propose un compromis, reste souvent très ambigu (d'où son succès politique). Il lui manque la force intérieure nécessaire pour porter la transformation dont nous avons besoin. Nous verrons au contraire que le bonheur et le développement intérieur peuvent aller de pair avec la durabilité et nous offrir l'élan indispensable au changement.

La durabilité est un terme qu'on peut considérer comme galvaudé. Je l'emploie en référence aux réponses à apporter aux défis environnementaux et sociaux, dans le seul but de rendre mon message plus clair aux yeux du grand public. Mais que voulons-nous faire perdurer ? La Terre et nos sociétés, ou le « développement » tel que nous le connaissons ? L'heure n'est-elle pas plutôt à une profonde régénération humaine, sociale et environnementale ? C'est l'épanouissement de l'ensemble de la communauté terrestre que nous devrions viser ; et abandonner la conception de la durabilité comme un objectif figé et extérieur à nous-même, pour la considérer plutôt comme un processus d'adaptation continue, fondé sur l'évolution de nos mentalités et capacités humaines, aux conditions et nécessités de la vie sur Terre et de nos sociétés.

Alors que nous prenons peu à peu conscience de la nature systémique de nos problèmes, le besoin de changer de paradigme est maintenant sur toutes les lèvres. Je trouve souvent cette phrase d'Albert Einstein dans les rapports sur la crise environnementale et climatique que je consulte dans le cadre de mon travail : « Un problème ne peut être résolu en réfléchissant de la même manière qu'il a été créé. » Ironiquement, les solutions (« nouveaux paradigmes ») les plus souvent proposées dans ces mêmes rapports s'écartent si peu de notre paradigme de développement actuel qu'elles sont vouées à l'échec, comme l'avertissait le grand physicien. Le Fonds vert pour le climat, principal dispositif financier des Nations unies dédié au changement climatique, cherche à promouvoir « un changement de paradigme vers un développement à faibles émissions et résilient pour le climat ». Mais il ne remet pas en question notre système culturel d'exploitation fondé sur l'idée de séparation. En théorie, ce système pourrait très bien se maintenir dans un monde à faibles émissions de carbone et continuer à semer le malheur. En fait, j'ai souvent l'impression qu'à travers les demi-solutions proposées, on tente d'éviter le véritable changement de paradigme dont nous avons besoin : « Il faut que tout change pour que rien ne change[1]. » Pourquoi ne pas aller au fond des choses et reconnaître que ce nouveau paradigme, dont découlent les autres changements, doit être avant tout spirituel ?

La relative confusion qui règne autour des paradigmes tient aussi à la pluralité de définitions associées à ce concept : (i) exemple ou archétype ; (ii) cadre philosophique ou théorique qui détermine ce qui peut être considéré comme valide d'un point de vue scientifique ; ou encore (iii) cadre culturel qui façonne nos perceptions[2]. C'est cette dernière conception que je trouve la plus utile et qui est développée dans cette définition : « Une constellation de concepts et d'hypothèses qui structurent la manière dont nous voyons le monde. Ce ne sont pas nos perceptions du monde en tant que telles, mais le cadre qui modèle ces perceptions. Les paradigmes structurent aussi notre avenir. En extrapolant à partir de notre paradigme actuel, nous développons des attentes vis-à-vis de l'avenir et, au sein de ce paradigme, nous élaborons des stratégies pour réaliser l'avenir que nous souhaitons. De fait, un paradigme définit et limite l'avenir que nous pouvons imaginer[3]. »

Ainsi, en tant que « cadre [culturel] qui modèle ces perceptions » et guide nos actions, un paradigme peut s'apparenter à ce que Charles Eisenstein désigne sous la notion d'« histoire », et à ce que nous appelons « programme culturel » ou « logiciel culturel ».

De l'avoir à l'(inter-)être

Comme nous l'avons expliqué, c'est l'ancienne Histoire de la Séparation, au centre de notre programme culturel, qui a jusqu'à présent défini la priorité de notre modèle de développement : celle de l'« avoir », de la production mesurée en tant que Produit intérieur brut (PIB), toujours utilisé pour comparer le niveau de développement des pays. Cette approche a provoqué un déséquilibre, un sous-développement intérieur relatif et une crise éthique qui menace notre avenir. Nous avons besoin d'un développement plus intégral qui ne se focalise pas seulement sur la dimension matérielle extérieure, mais aussi sur un développement véritablement humain, avec en son centre la dimension

1. Adaptation populaire d'une phrase du *Guépard*, le roman de Giuseppe Tomasi di Lampedusa (1958) adapté au cinéma par Luchino Visconti en 1963 : « Si nous voulons que tout reste pareil, il faut que nous changions tout. »

2. Merriam-Webster, consulté le 6 août 2020.

3. Comité directeur et Secrétariat du plan national de développement, 2013 (traduction libre).

intérieure. Il devrait s'agir d'une deuxième étape d'investissement dans le développement humain, ne mettant plus l'accent sur le seul développement physique et mental par le biais de la santé et de l'éducation, mais aussi sur le développement émotionnel, psychologique, éthique et esthétique – en d'autres termes, spirituel. Nous devons passer de l'avoir à l'être, et réaliser son sens véritable : inter-être.

Ce besoin d'un développement plus intégral est souvent mis en avant par les organisations religieuses. Selon la déclaration interreligieuse publiée lors de la conférence Rio+20, « pour que le développement soit vraiment durable, nos accomplissements économiques, scientifiques et technologiques devraient soutenir les processus de développement psychologique et spirituel aux niveaux individuel et collectif. Pour vivre au sein d'une communauté terrestre harmonieuse, nous devons donner une nouvelle orientation à l'économie afin de soutenir un développement humain intégral[1] ».

Cette même déclaration cite la Charte de la Terre : « Une fois les besoins de base satisfaits, l'évolution de l'humanité n'est pas une question d'avoir plus, mais plutôt d'être plus[2]. » Cela rejoint les observations de Ronald Inglehart selon lesquelles, au cours des dernières décennies, les « pays développés » ont connu une transition de valeurs matérialistes vers des valeurs post-matérialistes et, plus généralement, de valeurs de survie vers des valeurs d'expression personnelle. Ce constat concorde aussi avec les travaux du psychologue américain Albert Maslow, qui distingue les besoins d'« être » (besoins de « croissance ») et les besoins de « déficience »[3]. Les besoins de déficience incluent les besoins physiologiques, les besoins de sécurité, les besoins d'appartenance et d'amour, ainsi que les besoins d'estime. La motivation pour ces besoins baisse à mesure qu'ils sont satisfaits. Les besoins de croissance, qui se situent au sommet de la pyramide des besoins, concernent la réalisation de soi (réalisation de son plein potentiel), et la motivation pour ces derniers augmente à mesure qu'on y répond.

Enfin, comme nous le verrons au chapitre 6, « Bonheur », la science du bonheur confirme la prééminence des besoins de l'être une fois que les besoins élémentaires sont satisfaits. L'être n'est pas seulement la clé pour nos sociétés du bon usage de leur pouvoir et de l'harmonie sociale, mais aussi pour les individus de leur épanouissement. Dépassant la

1. Institut Jacob Soetendorp pour les valeurs humaines, 2012 (traduction libre).
2. *Ibid.*
3. « Maslow's Hierarchy of Needs », Saul Mcleod, PhD, simplypsychology.org, consulté le 27 juillet 2020.

vision d'un développement intégral où nos besoins matériels et intérieurs sont placés sur le même plan, la Charte de la Terre semble privilégier l'« être » face à l'« avoir » « une fois les besoins de base satisfaits ». En réalité, le développement intérieur doit nous permettre de satisfaire les besoins de base de tous, comme l'indique Amma, célèbre figure spirituelle et humanitaire indienne : « Dans le monde d'aujourd'hui, les gens souffrent de deux types de pauvreté : la pauvreté par manque de nourriture, de vêtements et de logement, et la pauvreté par manque d'amour et de compassion. Des deux, c'est du second type de pauvreté qu'il faut s'occuper en priorité, parce que si nous avons de l'amour et de la compassion dans le cœur, nous nous mettrons de tout cœur au service de ceux qui manquent de nourriture, de vêtements et de logement[1]. »

En fait, l'« être » précède l'« avoir ». Nous sommes des êtres spirituels, dont l'expérience humaine génère des besoins matériels. L'avoir est une condition matérielle de l'être. C'est un moyen, et non une fin en soi. C'est pourquoi, et compte tenu du déséquilibre actuel entre « être » et « avoir », il me semble nécessaire de faire de l'« être » notre nouveau paradigme. Cela s'applique à tous les pays, quel que soit leur niveau de développement économique. Même s'il apparaît particulièrement approprié pour les pays à revenu élevé, l'investissement dans le développement personnel à grande échelle peut aussi avoir un impact positif retentissant sur le développement des pays pauvres, comme cela a été le cas en Europe du Nord au XIXe siècle (voir encadré 14). La politique de l'être doit être adaptée aux conditions culturelles et socio-économiques actuelles, mais par souci de simplicité, je ne discuterai pas ce sujet en détail.

L'« être » pose la question de notre vraie nature. D'une part, comme nous le verrons, toutes les traditions spirituelles majeures nous enseignent que nous sommes liés les uns aux autres au niveau de notre être. J'emploie souvent le terme « inter-être », concept utilisé dans le bouddhisme pour mieux appréhender cette nature, mais il est également possible de parler de nature « relationnelle », concept de plus en plus reconnu dans le domaine des sciences humaines. Nous sommes des êtres de relation. Dès la naissance, nous développons notre identité et notre potentiel par le biais des relations, et nous vivons et nous épanouissons au travers de ces dernières.

D'autre part, se pose la question du caractère bon ou mauvais de la nature humaine. La connaissance spirituelle a tendance à affirmer que notre véritable nature est fondamentalement bonne et nous verrons que

1. « Mata Amritanandamayi, also known as Amma », amma.org, consulté le 27 juillet 2020.

les récentes recherches scientifiques tendent à souligner cet aspect de la nature humaine. Mais en tant qu'êtres humains vivant dans la réalité historique, nous sommes également sujets à l'égoïsme ou à la méchanceté. Nos institutions sociales et culturelles jouent un rôle important pour nous aider à manifester l'un ou l'autre aspect de notre nature humaine.

Une théorie élémentaire de ce changement

Avant d'étudier les tenants et les aboutissants de cette transition de l'« avoir » vers l'« être », rappelons que la science souligne de plus en plus notre capacité à changer. Si, pendant un certain temps, on a supposé que la psychologie et les comportements humains étaient en grande partie déterminés par nos gènes – qui ont naturellement évolué sur plusieurs dizaines de milliers d'années[1] –, la culture est aujourd'hui reconnue comme un autre facteur clé[2]. De fait, en façonnant notre environnement et nos expériences de vie, la culture a même d'importantes répercussions sur l'expression de nos gènes, comme le montrent les récentes avancées dans le domaine de l'épigénétique.

En outre, les neuroscientifiques ont longtemps pensé que, une fois formé et structuré, notre cerveau était incapable de changer et ne pouvait que décliner avec l'âge. Au cours des dernières décennies, nous avons découvert et approfondi notre compréhension de la neuroplasticité du cerveau. Il s'avère que chaque expérience contribue à le remodeler, créant constamment de nouveaux neurones, renforçant ou réduisant les activités neuronales, et modifiant même les fonctions de zones spécifiques du cerveau. Les scientifiques ont été étonnés d'observer à quel point ce dernier pouvait changer. Les recherches neuroscientifiques ont notamment permis de documenter les effets de la méditation, ainsi que son potentiel pour l'épanouissement des individus et des sociétés, comme nous l'étudierons dans le chapitre 9, « Pleine conscience ».

De quelle façon cette transition de l'« avoir » à l'« être » se matérialiserait-elle dans les comportements individuels et leurs conséquences sur le plan social, en particulier du point de vue de la durabilité ? Comme nous le verrons dans les chapitres suivants, la science montre que le bonheur et les comportements prosociaux (y compris les comportements proenvironnementaux) ont tendance à aller de pair. Ils émergent naturellement sur le chemin de la réalisation de soi et du développement de nos capacités et vertus humaines, que des programmes

1. Ricard, 2014.
2. Henrich & Henrich, 2007.

éducatifs ou des pratiques spirituelles telles que la méditation peuvent nous aider à cultiver. De leur côté, la déconnexion de soi, le malheur, l'égoïsme et les comportements antisociaux vont aussi de pair. Ces deux voies reflètent fondamentalement des différences de valeurs[1]. Les changements de valeurs sont possibles et tendent à précéder les changements institutionnels[2] qui viennent alors les renforcer. Le développement intérieur et la promotion des valeurs humaines au niveau individuel et institutionnel peuvent favoriser l'avènement de sociétés plus sages, plus heureuses et plus durables.

Au contraire, comme nous l'avons vu, le modèle actuel de développement, axé sur la croissance économique, favorise l'égocentrisme et la déconnexion à soi, et il s'en nourrit. Il encourage un matérialisme excessif dont on a pu montrer le lien avec le mal-être[3]. De manière plus générale, il incite les gens à privilégier ce que la théorie de l'autodétermination[4] appelle des « buts extrinsèques » (argent, gloire, image, conformité, etc.) sur lesquels notre modèle de développement s'appuie pour subsister, au détriment des « buts intrinsèques » (autonomie, relations sociales, croissance personnelle, santé mentale, forme physique, etc.). Les buts extrinsèques nous incitent à rechercher la reconnaissance d'autrui, tandis que les buts intrinsèques « sont satisfaisants à poursuivre en soi parce qu'ils sont susceptibles de répondre aux besoins psychologiques naturels[5] ». Accorder la priorité aux buts extrinsèques reflète un sentiment d'insécurité personnelle[6]. Cela entraîne également un plus faible niveau de bien-être subjectif et une souffrance « disproportionnée par rapport à de nombreuses affections, telles que l'anxiété, la dépression, les symptômes physiques, les troubles émotionnels, la toxicomanie, l'alcoolisme, les troubles du comportement, l'absence de réalisation de

1. Les valeurs individuelles forgent en grande partie les croyances et les comportements individuels. Voir Schwarz, 2006 ; Inglehart, 2018 et Crompton *et al.*, 2016 pour obtenir davantage de références, notamment sur les comportements sociaux et environnementaux.

2. Inglehart, 2018.

3. Kasser, 2002.

4. Développée depuis les années 1970, la théorie de l'autodétermination (TAD) désigne un vaste cadre d'étude de la motivation humaine et de la personnalité. Elle se concentre sur l'interaction entre les forces extrinsèques qui agissent sur les personnes, et les motifs et besoins intrinsèques, inhérents à la nature humaine. Elle considère que les besoins les plus innés qui nous motivent sont l'autonomie, la compétence et l'appartenance sociale, ce qui peut constituer la base de l'épanouissement humain, ou l'inverse si ces besoins ne sont pas satisfaits. Voir « Theory », selfdeterminationtheory.org, consulté le 6 août 2020.

5. Schmuck *et al.*, 2000 (traduction libre).

6. Kasser *et al.*, 1995.

soi, le manque de vitalité, la baisse de satisfaction à l'égard de la vie, et la diminution des émotions agréables[1] ». La littérature scientifique rapporte aussi que les personnes ayant des buts extrinsèques ont tendance à adopter des comportements plus nuisibles vis-à-vis d'autrui et de l'environnement[2]. Notre système économique repose sur cette déconnexion, ce qui alimente le consumérisme, la cupidité et l'avidité, l'obsession du travail et la prééminence du faire sur l'être.

Lorsque je pense à ce type de personnes, j'ai tout de suite en tête une rencontre remontant à près de dix ans. Je prenais mon petit déjeuner dans un bel hôtel d'Accra (Ghana) quand John, un homme blanc d'une cinquantaine d'années, s'est assis juste en face de moi. Nous avons engagé la conversation et il m'a interrogé sur la raison de ma présence dans le pays. Je lui ai expliqué que j'aidais le Ghana à protéger sa forêt qui était menacée. John s'est alors figé. Il m'a regardé dans les yeux et a dit d'une voix claire : « Je me demande quand le dernier arbre de ce pays sera coupé. » Il était à peine huit heures du matin : le réveil était brutal ! Je savais que je marchais sur des œufs, mais aussi que quelque chose de spécial était en train de se passer.

John a alors commencé à me raconter sa vie. C'était un entrepreneur anglais qui vivait à Singapour. Il s'occupait d'investissements dans les plantations de palmiers à huile en Indonésie et en Malaisie, et il jouait donc un rôle actif dans la déforestation. Il admettait qu'il s'agissait d'une véritable tragédie, me relatant la tristesse qu'il avait ressentie à l'occasion d'un déplacement en Indonésie quelques mois auparavant. À cette époque, les derniers vestiges d'une forêt tropicale allaient bientôt être rasés et il avait vu quelques chimpanzés errer, totalement perdus au beau milieu de vastes champs de palmiers à huile. Mais en tant qu'entrepreneur et chef de famille, il n'avait pas le choix : il devait poursuivre ces investissements. « Si je ne le fais pas, d'autres prendront ma place. Ce sont les affaires », a-t-il déploré.

Il m'a ensuite expliqué comment il passait de l'huile de palme en contrebande au Ghana, évitant ainsi les taxes sans aucun risque financier personnel : « Si les autorités m'attrapent, mon entreprise à Singapour fera faillite. Je ne perdrai que mon capital, soit à peine quelques milliers de dollars. » Il parlait beaucoup. Cela ressemblait à une confession et je me rendais bien compte qu'il me testait, moi, le défenseur de l'environnement.

Je restais plutôt silencieux. Je l'observais : il avait l'air très anxieux, agité, malsain, un mélange étrange de fierté et de honte. Malgré sa

1. Ahuvia & Izberk-Bilgin, 2013 (traduction libre).
2. Thompson *et al.*, 2013.

situation financière dont il semblait s'enorgueillir, je voyais bien qu'il n'était ni heureux, ni en paix. Son monde était un enfer où régnaient la peur et l'esprit de compétition, sa vie, le théâtre de drames absurdes. Ce n'était pas un mauvais gars : il aimait sa famille et voulait en prendre soin. Et il ne se montrait pas insensible à la destruction à laquelle il prenait part. Mais il semblait totalement déconnecté, écartelé entre sa conscience et ses choix de vie.

À un moment donné, j'ai demandé à John comment il pouvait être à la fois cet entrepreneur qui détruisait la forêt et cet être humain qui regrettait une telle catastrophe. Il a eu du mal à répondre. J'avais essayé de lui parler avec le plus de compassion possible, car j'étais surtout désolé pour lui. Quand il a quitté la table, je l'ai remercié pour cette conversation et lui ai dit de prendre soin de lui.

Lorsqu'on lui a demandé pourquoi les gens ne réagissaient pas face à la menace du changement climatique, le maître Zen Thich Nhat Hanh expliquait que puisqu'ils étaient bien souvent incapables de se sauver eux-mêmes de leurs propres souffrances, nous ne pouvions pas nous attendre à ce qu'ils s'inquiètent du sort de la Terre mère[1].

Voyons maintenant plus en détail comment le développement d'êtres humains plus matures se traduirait sur le plan social. Scientifiquement prouvés, les nombreux effets de la méditation nous indiquent le type de changements de comportement que le développement intérieur peut favoriser (voir chapitre 9, « Pleine conscience »). Nous pouvons aussi nous intéresser aux témoignages de personnes plus avancées sur le plan spirituel, qui ont compris la direction vers laquelle le développement spirituel nous emmenait. Selon Wayne Teasdale (1945-2004), moine catholique américain, les grands mystiques de toutes les traditions spirituelles partagent fondamentalement une même expérience : celle de l'unité avec tout ce qui est[2]. Les autres personnes, les plantes, les animaux, les pierres, tout ce que notre conscience peut appréhender, sont expérimentés comme faisant partie d'un même soi.

Sri Aurobindo l'a affirmé : « C'est seulement en reconnaissant et en réalisant notre unité avec autrui que nous pouvons réaliser intégralement notre être propre, notre vrai moi[3]. » Cette idée peut être conceptualisée de différentes manières selon les traditions, par exemple au travers du terme bouddhiste « inter-être », mais elles renvoient toutes à la

1. Confino, 2013.
2. Teasdale, 1999.
3. Aurobindo, 1973.

suppression de la distinction entre soi et autrui (en d'autres termes, de l'« ego »), ce qui mène naturellement au but le plus élevé : le service. Si seuls quelques individus exceptionnels sont capables de mener à bien cette transformation totale, elle peut néanmoins nous éclairer sur notre propre nature. En nous rapprochant de notre vrai moi, nous exprimons davantage notre nature d'inter-être ou, plus simplement dit, notre nature relationnelle : nous nous sentons plus proches des autres êtres – humains et non humains –, et sommes donc amenés à prendre davantage soin d'eux. Nous développons spontanément des comportements prosociaux et un sens du service (voir chapitre 6, « Bonheur »)[1].

Ce chemin de développement intérieur nous conduit à nourrir trois connexions essentielles : vis-à-vis de nous-même, des autres êtres humains et des êtres non humains. Reflets de notre vraie nature, ces connexions évoluent souvent en parallèle, chacune d'entre elles menant aux autres. Lorsque nous gagnons en maturité, nous prenons aussi davantage conscience de nos réels besoins qui sont principalement d'ordre relationnel[2]. Cela nous amène à prendre plus soin de nos proches, et peut-être même à nous réconcilier avec un frère ou un cousin que nous n'avions pas vu depuis une éternité. Nous nous rendons mieux compte combien le contact de la nature nous fait du bien[3], et nous sentons de la gratitude et le besoin de la protéger. Nous apprenons à prendre soin de nous-même, nous devenons plus heureux et nous nous sentons mieux[4], la plupart du temps en consommant moins et en dégageant plus de temps pour l'essentiel. Nous pouvons décider de choisir un travail qui a plus de sens, pour vivre en harmonie avec nos valeurs et apporter notre contribution à un monde plus beau.

En devenant plus sages, nous apprenons à voir les choses telles qu'elles sont, ce qui nous permet de prendre de meilleures décisions, pour traduire en actions efficaces l'attention que nous portons à notre prochain et à la Terre. Nous devenons aussi plus créatifs, plus ouverts au changement et faisons preuve de davantage de résilience dans les moments difficiles. Bien sûr, sur ce chemin, nous sommes aussi plus en prise avec notre souffrance et celle des autres, mais nous comprenons que ces nœuds et ces tensions ont toujours été là, et nous apprenons à développer notre capacité à les soigner et la confiance dans ce chemin de guérison.

---

1. Albert Maslow a mis en lumière la nécessité des activités d'autogratification et de service pour les personnes soucieuses de se réaliser.
2. Voir chapitre 6.
3. Voir chapitre 5.
4. Voir chapitre 6.

Cette transformation humaine, ce changement d'histoire auquel nous aspirons, j'en fais l'expérience quotidienne au centre de pratique de la pleine conscience du Village des Pruniers. Les gens qui s'y rendent entrent rapidement en résonance avec ce qui est inscrit dans quatre langues sur le clocher principal : « Je suis arrivé, je suis chez moi. » Ils se connectent à eux-mêmes, à leur vraie demeure, et voient dans la communauté la possibilité d'une manière très différente de vivre ensemble et avec la Terre. Certains, souvent sans s'y être préparés, choisissent d'y rester plusieurs semaines, plusieurs mois, voire plusieurs années.

La première fois que je suis allé au Village des Pruniers avec ma femme Emelina, il nous a fallu deux jours entiers pour nous rendre compte que quelque chose de spécial se passait ici, quelque chose dont nous souhaitions faire partie. Bien sûr, les gens ne s'illuminent ou ne se transforment pas en un clin d'œil, mais le fait d'entrer en contact avec notre vraie nature et nos besoins réels, et de suivre un chemin et une pratique spirituels, ou simplement de commencer à nous laisser guider par notre sagesse intérieure, peut faire une énorme différence dans notre vie et dans notre monde. Comme l'a enseigné notre maître Thich Nhat Hanh : « Nous avons besoin d'un éveil collectif [...] Quel éveil ? Quand nous respirons et ramenons notre esprit dans notre corps, quand nous sommes réellement là, corps et esprit unis, c'est déjà l'éveil. Nous savons que nous sommes vivants, que nous sommes présents, et que la vie est là pour que nous la vivions. C'est déjà une forme d'éveil. L'éveil n'est donc pas si loin de nous [...] Quand nous sommes dans le moment présent, nous reconnaissons que la vie offre une multitude de merveilles en nous et autour de nous. Et si nous apprenons à nous connecter à toutes ces merveilles, nous pouvons nous nourrir et nous guérir dans l'instant, et la paix et le bonheur sont possibles dans l'instant. La pleine conscience nous permet de comprendre que nous avons déjà bien plus qu'assez pour être heureux [...]. Nous n'avons plus à lutter, nous n'avons plus à nous précipiter vers demain, nous n'avons plus à rechercher le bonheur ailleurs ou demain, car le bonheur est possible dans le moment présent. Tel est l'enseignement du Bouddha [...] : vivre heureux dans le moment présent. Cette pratique peut aider beaucoup d'entre nous à nous libérer de nos envies, de nos colères, de nos peurs. [...] Par un éveil collectif, nous pouvons mettre fin à la destruction de nos sociétés et de la Terre. Grâce à l'éveil, nous ne pensons plus qu'il nous faille davantage de pouvoir, d'argent, de sexe ou de célébrité pour être heureux[1]. »

1. Nhat Hanh, 2009 (traduction libre).

Je suis certain que vous avez autour de vous des personnes qui ont opéré ce type de transformation. Observez-les bien, grattez le vernis pour aller sous la surface – leur apparence extérieure n'a probablement pas changé – et faites-vous votre propre jugement. Elles n'ont sans doute pas développé toutes les qualités que j'ai énoncées précédemment, mais peut-être qu'à travers certaines d'entre elles, elles incarnent déjà le changement en cours. La crise actuelle nous place face à un choix simple : l'humanité peut prendre soit le chemin de la souffrance, de la destruction et de la séparation, soit celui de l'inter-être, à travers lequel nous pouvons tous nous épanouir ensemble sur cette Terre comme une famille unie. C'est seulement en fleurissant que l'arbre peut continuer à vivre et à soutenir les oiseaux, les abeilles et tout l'écosystème dont il fait partie. L'être est la clé d'une coexistence harmonieuse au sein des sociétés et pour l'ensemble de la communauté de la Terre.

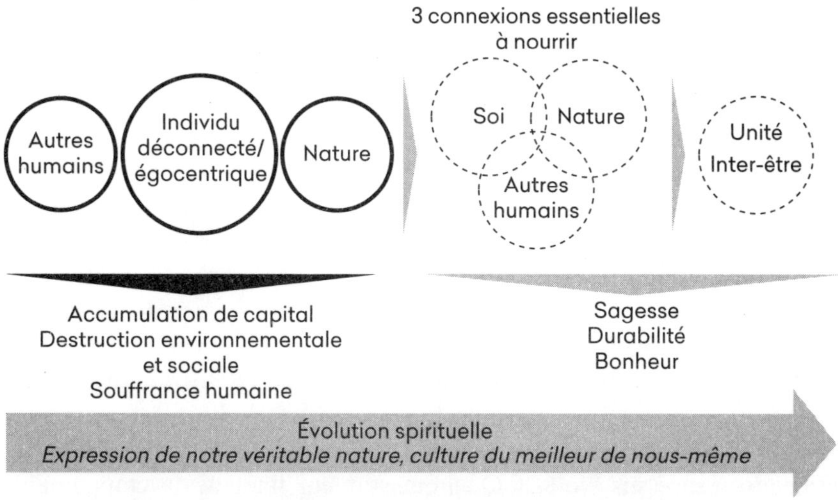

Figure 2. Le chemin intérieur vers la durabilité : une théorie du changement

La politique de l'être comme nouveau paradigme de développement

Comment se gouvernerait une civilisation plus avancée sur le plan spirituel ? Je suis persuadé que cette civilisation serait fondée sur une idée simple : nos problèmes viennent de l'intérieur, de nos esprits et de nos cœurs, et là se trouvent également les clés pour les résoudre.

Une telle civilisation collaborerait avec l'évolution, en se focalisant en permanence sur le développement intérieur de ses membres. Une civilisation plus sage saurait qu'en s'organisant de manière à cultiver les valeurs les plus élevées et le meilleur en chacun de nous (vérité, liberté, justice, respect de la vie, bonheur, amour, paix...), elle favoriserait indéniablement son épanouissement et celui de ses membres.

Les sciences sociales mettent de plus en plus l'accent sur cette vérité. Elinor Ostrom, qui est sans doute la référence la plus influente en matière d'analyse institutionnelle, a résumé ainsi la leçon la plus importante qu'elle ait apprise : « L'objectif central des politiques publiques devrait plutôt être de faciliter le développement d'institutions faisant ressortir ce qu'il y a de meilleur chez les êtres humains[1]. » J'emploie le terme « politique de l'être » pour désigner cette approche de sagesse de la politique, qui place l'être comme le principal objectif et moyen pour nos sociétés. Dans ce cas, le mot « être » concerne tous les êtres et désigne pour les humains la réalisation de leur plein potentiel, autrement dit la réalisation de leur être authentique et supérieur. L'être supérieur renvoie au développement des vertus, qualités ou valeurs intérieures, tandis que l'être authentique fait référence au fait de devenir qui l'on est vraiment. Tous deux convergent vers la manifestation de notre véritable nature d'inter-être.

L'importance accordée à notre être supérieur et celle accordée à notre être véritable se complètent, s'équilibrent et, finalement, se rejoignent. Il n'est ni sain ni pérenne de se concentrer seulement sur notre être supérieur. Le chemin vers l'amélioration de soi est jonché de nombreux obstacles (renforcement de l'ego, déconnexion de soi, occultation de problèmes plus profonds, etc.). Sur le plan social, l'obsession de la droiture peut favoriser une moralité hypocrite quand elle nie le caractère naturel et acceptable des erreurs, qui font partie de la nature humaine et de tout processus évolutif. Quel que soit leur stade de développement, les gens devraient se sentir respectés et soutenus sur leur chemin. Se focaliser sur l'être supérieur peut aussi déraper vers la légitimation de nouvelles formes de contrôle social. En Chine, le système de crédit social nous montre à quels types de risques nous nous exposons. Ce système évalue les comportements des individus, des entreprises et des entités publiques à l'aune des attentes du gouvernement chinois, puis

1. Ostrom, 2009. Nous avons choisi de traduire l'anglais « *institutions that bring out the best in humans* » en « institutions faisant ressortir ce qu'il y a de meilleur chez les humains », ce qui nous semble refléter plus correctement la pensée d'Ostrom que la traduction officielle : « institutions tirant parti de ce qu'il y a de meilleur chez les êtres humains ».

le score obtenu apporte récompenses ou sanctions. D'un autre côté, lorsque la quête subjective de notre être véritable ne nous permet pas de développer objectivement le meilleur de nous-mêmes, comme c'est souvent le cas dans les sociétés individualistes, la tentative est vaine et s'accompagne de quantité de problèmes sociaux.

Cette définition de l'« être » le rapproche d'autres concepts comme le développement spirituel ou le développement intérieur, la réalisation de soi, l'épanouissement humain ou encore l'eudémonisme (associé au développement du meilleur de soi en accord avec notre être véritable, voir chapitre 6, « Bonheur »). Toutes les dimensions de l'être, ainsi que notre nature relationnelle, doivent être prises en considération. De ce fait, « être » consiste à « réaliser son potentiel unique à travers son développement physique, mental, émotionnel et spirituelle [...] et en relation avec soi-même, les autres et l'environnement[1] ». La politique de l'être reconnaît que la vie est une expérience spirituelle. Elle vise à aligner nos institutions sur notre véritable raison d'être sur Terre : devenir qui nous sommes, des personnes meilleures, dans toutes leurs dimensions. Les sociétés peuvent nous aider à « être » en nous offrant le moyen de réaliser nos aspirations les plus profondes et les plus saines par l'intermédiaire d'institutions ancrées dans le paradigme de l'(inter-)être.

Les enseignements spirituels nous apprennent que nous ne pouvons pas séparer les moyens de la fin. Bouddha aurait dit : « Il n'y a pas de chemin vers le bonheur, le bonheur est le chemin. » « Il n'y a pas de chemin vers la paix, la paix est le chemin », ont tous deux déclaré Gandhi et le pacifiste chrétien américain A. J. Muste. Eh bien... il n'y a pas de chemin vers l'être, l'être est le chemin ! L'être est une voie, un processus sans fin de découverte. Au cours du XXe siècle, beaucoup de régimes socialistes ont espéré produire un « homme nouveau », mais ils ont tous échoué. Nos sociétés ne peuvent pas nous rendre mécaniquement plus conscients et plus matures par le simple jeu de leurs institutions. Des esprits et des cœurs viciés peuvent corrompre les systèmes les plus parfaits sur le papier. Néanmoins, nos institutions devraient incarner et faciliter ce changement intérieur qui reste, en fin de compte, le libre choix de chacun.

On définit souvent les institutions comme les « règles du jeu ». Elles incluent les lois, les politiques, les organisations, les pratiques sociales, etc. Elles devraient être conçues pour favoriser au quotidien l'expérience, la pratique et la culture par chaque individu des plus hautes qualités : le sens de la coopération, l'amour, la conscience, l'harmonie,

1. Définition du bien-être proposée par O'Toole & Kropf, 2012 (traduction libre).

le respect et la créativité, plutôt que notre cupidité, notre esprit de compétition et notre égoïsme. Les vertus se développent par la pratique, comme l'enseignent depuis longtemps des sages tels que Bouddha ou Aristote. La sagesse qui en résulte peut ensuite nous aider à mettre en place, à adapter et à affiner nos institutions, de manière à créer un cercle vertueux (voir figure 3). Lorsque les systèmes actuels tentent de répondre à nos besoins et de résoudre nos problèmes par le biais de solutions reposant sur la compétition, l'avidité et l'égoïsme – autrement dit par encore plus de séparation –, ils ne font qu'aggraver les causes premières des problèmes que nous voulons résoudre. Nos institutions devraient apporter des solutions reposant sur la coopération, la motivation intrinsèque et l'émulation positive, le sens de la solidarité et de l'inter-être, le besoin de connexion et la créativité.

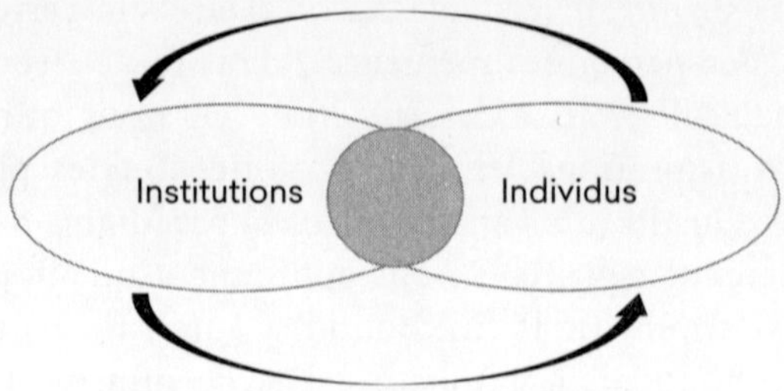

Figure 3. Institutions et individus dans la politique de l'être

Notre ingénierie sociale se fonde sur des attentes minimales sur la nature humaine, comme si ces hypothèses prudentes offraient une base plus solide à nos institutions. Les adeptes de la mentalité technique pensaient qu'en construisant nos règles et nos pratiques sociales sur notre présumé égoïsme, nous serions à l'abri des mauvaises surprises. En vérité, nos institutions ont tendance à produire des réalités qui reflètent leurs hypothèses sur la nature humaine et nous rendent plus égoïstes et distants les uns des autres (voir chapitre 7, « Amour »). Nous ne pouvons plus nous permettre de ne pas cultiver et exploiter notre potentiel humain. Les solutions à nos problèmes devraient mettre à profit ce potentiel plutôt que seulement recourir à toujours plus de technologies, de machines et de processus standardisés.

Vlady Stévanovitch (1925-2005), fondateur de l'École de la Voie intérieure où j'ai commencé à apprendre le taï-chi-chuan, a publié des écrits sur l'acupuncture, qu'il pratiquait lui-même. Selon lui, des chercheurs avaient découvert – on ignore comment – que les meilleurs acupuncteurs étaient ceux qui étaient le mieux connectés à leur centre intérieur. Appelé Tan Tien ou Hara, ce centre de gravité énergétique et physique se trouve à l'intérieur de notre corps, un peu au-dessous du nombril. Conformément à leur paradigme, les chercheurs en ont conclu qu'il devait être possible de réduire cette variabilité humaine, et que nous devions étudier les moyens d'y parvenir.

Selon notre propre paradigme de l'« être », nous pourrions, en accord avec les enseignements de Vlady Stévanovitch, définir les conditions permettant de mieux former les acupuncteurs afin qu'ils acquièrent cette capacité, ce trésor patiemment cultivé par de grands maîtres pendant des millénaires et qui nous a été transmis. Ce faisant, ils deviendraient de meilleurs acupuncteurs et seraient sans doute aussi en meilleure santé, plus heureux et davantage connectés à eux-mêmes, à la vie et à autrui, à même de mieux contribuer à la société, y compris en faisant monter ici ou là le taux vibratoire ! La dimension humaine ne doit pas être omise comme le suggère la mentalité technique. Au contraire, c'est le vrai potentiel dont nos sociétés doivent se saisir pour leur développement.

Quelques antécédents de la politique de l'être

L'idée de placer le développement intérieur au cœur des sociétés et des politiques, et d'en faire leur objectif premier, a déjà été exprimée de diverses manières. Les bahá'ís considèrent le développement comme un processus organique au cours duquel « le spirituel trouve son expression et sa réalisation sur le plan matériel[1] », et Bahá'u'lláh a enseigné que les sociétés devraient créer un milieu favorable à la croissance saine de tous leurs membres, ainsi qu'à l'essor de leurs qualités spirituelles et de leurs vertus. De même, le principal enseignement de Confucius aux nations est de soutenir la culture des vertus de leurs membres, qui est nécessaire tant pour préserver l'ordre social que pour permettre à chacun de devenir plus pleinement humain.

Sri Aurobindo a écrit que « le défaut radical de tous nos systèmes [était] d'avoir insuffisamment cultivé ce que la société [avait] justement le plus négligé : l'élément spirituel, l'âme dans l'homme, son être véritable[2] ». Il considérait que les sociétés humaines n'avaient jamais envisagé leur développement sous un angle authentiquement spirituel.

1. 'Abdu'l-Bahá (1987), cité dans Communauté internationale bahá'íe, 1998.
2. Aurobindo, 1973.

« Si nous considérons les vieilles religions sous leur aspect social et non individuel, nous constatons que la société n'a eu recours qu'à leurs éléments les plus dépourvus de spiritualité, ou en tout cas les moins spirituels[1]. » Il pensait aussi que les lourds échecs de socialisation de la spiritualité et d'application de la spiritualité aux sociétés soulignaient l'incapacité des religions à régénérer l'humanité. Selon lui, « une société qui aurait déjà commencé à se spiritualiser ferait de la découverte et de la révélation du Moi divin dans l'homme le but suprême, voire le but directeur de toutes ses activités : éducation, connaissance, science, éthique, art, structure économique et politique ».

Sri Aurobindo nous a mis en garde contre l'erreur de « croire que ce changement peut s'opérer par un mécanisme et des institutions extérieurs ; ils sauront et n'oublieront jamais qu'il doit être vécu intérieurement et par chaque homme, sinon il ne deviendra jamais une réalité pour l'espèce[2] ». Il a donc affirmé : « Une vaste liberté, telle sera la loi d'une société spirituelle, et l'accroissement de la liberté sera le signe que la société humaine grandit vers la possibilité d'une spiritualisation véritable[3]. » Sri Aurobindo était convaincu qu'une société spiritualisée n'utiliserait pas ses institutions pour forcer la transformation de ses membres, mais plutôt pour leur présenter des vérités spirituelles et les inviter à grandir en tant qu'êtres humains. Elle ne contraindrait pas la science et la philosophie à « faire cadrer leurs conclusions avec quelque vérité religieuse dogmatique, ni même avec une vérité spirituelle assurée[4] », sachant que « [s]i on les laisse libres dans leur action, elles découvriront en fin de compte que le Vrai est un avec le Bien et le Beau, et avec Dieu, et elles donneront à ces termes une signification plus vaste que ne peut en donner aucune religion dogmatique, aucune éthique formelle, aucun principe esthétique étroit[5] ».

Cette idée est également très présente dans la philosophie occidentale. Par exemple, Aristote considérait qu'un bon État avait pour but de forger les vertus de ses citoyens[6] et de leur offrir les moyens de s'accomplir[7]. Plus récemment, Edgar Morin, sociologue et philosophe français âgé de 102 ans à l'heure où j'écris ces lignes, a développé un point de vue similaire. Docteur *honoris causa* en sciences sociales dans

1. *Ibid.*
2. *Ibid.*
3. *Ibid.*
4. *Ibid.*
5. *Ibid.*
6. Sachs, 2015.
7. Gewirth, 2009.

vingt-sept universités, il a mis au point une théorie transversale influente sur la pensée complexe, que nous examinerons plus en détail dans le chapitre suivant.

Selon lui, « la gigantesque crise planétaire est la crise de l'humanité qui n'arrive pas à accéder à l'humanité[1] ». C'est en tout cas ce que révèle son sous-développement intérieur. « Il y a surtout l'immaturité des États-nations, des esprits, des consciences, c'est-à-dire fondamentalement l'immaturité de l'humanité à s'accomplir elle-même[2]. » En tant qu'humaniste, Edgar Morin croit en un processus d'« hominisation » selon lequel les êtres humains pourraient devenir plus évolués et véritablement humains. L'un de ses ouvrages commence d'ailleurs par une citation du philosophe allemand Friedrich Schlegel : « Pour atteindre l'humanité, il faut le sens d'un au-delà de l'humanité[3]. »

En 1965, dans son livre intitulé *Introduction à une politique de l'homme*, Edgar Morin a adopté un point de vue plutôt anthropologique pour appeler à « une politique de tout l'être humain[4] ». Il nomme cette approche « anthropolitique » ou « politique de l'homme », et considère que son avènement sera naturel et s'inscrira dans la toute nouvelle notion (présente dans un discours du président américain Harry S. Truman en 1949) de « développement » en politique. Edgar Morin a prédit que « de plus en plus, le centre nucléaire de la politique sera[it] l'homme en devenir dans le monde[5] » et que cette « anthropolitique » devrait nous permettre d'« unifier en une politique multidimensionnelle tous les fragments de la politique[6] ». Il a reconnu que, depuis la Révolution française, la politique avait peu à peu étendu son champ d'action initialement focalisé sur l'ordre social. Aujourd'hui, ce champ d'action inclut, d'un côté, tous les aspects de la vie sociale (économie, santé, éducation, démographie, culture…) et, de l'autre, les problèmes philosophiques liés au sens de la vie (conception marxiste de la politique comme moyen d'accomplir la philosophie, reconnaissance par la Révolution française du bonheur en tant qu'objectif politique ultime, quête actuelle d'accomplissement des aspirations humaines…).

Edgar Morin a alors conclu qu'« [a]insi toutes les avenues du vivre (depuis le "survivre" jusqu'au "est-ce ainsi que les hommes vivent ?") et toutes les avenues de la politique commencent à s'entre-rencontrer,

1. Morin, 2011.
2. Morin, 2002.
3. Morin, 2011.
4. Morin, 1999.
5. *Ibid.*
6. *Ibid.*

s'entre-pénétrer, et annoncent une onto-politique, concernant de plus en plus intimement et globalement l'être de l'homme[1] ». Selon ce dernier, la crise politique actuelle repose sur l'incapacité de la politique à relever ce défi. Il explique qu'« un idéal de consommation, de supermarchés, de gains, de productivité, de PIB ne peut satisfaire les aspirations les plus profondes de l'être humain qui sont de se réaliser comme personne au sein d'une communauté solidaire[2] ». Par conséquent, « le développement des êtres humains, de leurs relations mutuelles, de l'être sociétal, constitue le propos même de la politique de l'homme dans le monde, qui appelle la poursuite de l'hominisation[3] ». « Il s'agit de continuer la recherche millénaire de conscience, de l'amour, de la science, de continuer ces courants en les faisant confluer[4]. »

Cette idée fait aussi son chemin dans les gouvernements. Au Royaume-Uni, le Government Office for Science a mené une étude intitulée « Capital mental et bien-être : tirer le meilleur parti de nous-même au XXIe siècle », publiée en 2008[5]. Ce document s'est appuyé sur « les conseils de plus de 400 experts et acteurs du monde entier dans divers domaines tels que l'économie, la modélisation et l'analyse systémique ; les sciences sociales et l'éthique ; les neurosciences ; la génétique et le développement mental ; la psychologie et la psychiatrie ; ainsi que les sciences de l'éducation, du travail et du bien-être[6] ». Il se fonde sur la reconnaissance de l'importance, au XXIe siècle, du capital mental – englobant « les ressources cognitives et émotionnelles individuelles » – et du bien-être mental – équivalant à la « santé mentale » ou à l'« épanouissement mental » – qui combine des sentiments, des comportements et un fonctionnement positifs dans la vie.

Cette étude a pris acte des futurs défis sociaux et économiques associés à une population vieillissante, plus diverse et affichant de nouvelles valeurs et attentes, ainsi qu'une économie régie par la concurrence internationale et en proie à des changements technologiques incessants qui bouleverseront notre manière de travailler. Elle précise que « les preuves scientifiques analysées dans le cadre du projet montrent clairement qu'un niveau élevé de bien-être est associé à un fonctionnement positif, ce qui inclut la créativité, la productivité, de bonnes relations

1. Morin, 1999.
2. Morin, 2016.
3. Morin, 1996.
4. Morin, 1999.
5. The Government Office for Science, 2008. Foresight Mental Capital and Wellbeing Project.
6. The Government Office for Science, 2008 (traduction libre).

interpersonnelles et une certaine résilience face à l'adversité, ainsi qu'une bonne santé physique et une longue espérance de vie[1] ». L'étude souligne le fait que « la capacité mentale et le bien-être mental d'un individu affectent sensiblement son parcours de vie. De plus, ils sont essentiels au fonctionnement sain des familles, des communautés et de la société. Ensemble, ils influent considérablement sur les comportements, la cohésion sociale, l'inclusion sociale et notre prospérité[2] ».

L'étude propose plusieurs actions visant à renforcer le capital mental et le bien-être mental tout au long de la vie, depuis la petite enfance jusqu'à un âge avancé. Elle s'appuie sur les dernières découvertes scientifiques afin de reconnaître explicitement que le développement des ressources cognitives, émotionnelles et psychosociales sera crucial pour l'épanouissement des individus et des nations au XXIe siècle. Il s'agit donc d'une première étape intéressante en direction d'une politique de l'être vers laquelle, hélas, aucun gouvernement britannique n'a encore choisi de s'engager. Cependant, cette étude utilise toujours le langage de l'ancien paradigme qui considère les ressources intérieures humaines comme un capital à développer, et le développement humain holistique comme une nouvelle stratégie de compétitivité. Le renforcement du capital mental et du bien-être mental sont à la politique de l'être ce que le développement personnel est à la spiritualité : une approche un peu plus superficielle, un peu moins transformatrice et relativement égocentrique, mais qui prépare tout de même le terrain pour la transformation à venir.

1. *Ibid.*
2. *Ibid.*

II

LES VALEURS SPIRITUELLES, FONDEMENTS DE LA POLITIQUE DE L'ÊTRE

« Car l'esprit de l'homme doit tendre vers les hauteurs ; quand il relâche la tension de son effort, l'espèce se fige et stagne, à moins qu'elle ne s'enfonce dans l'obscurité et la poussière. [...] Il peut sembler que de suivre ainsi ce qu'il y a de plus haut en nous soit "vivre dangereusement", [...] mais par ce danger viennent la victoire et la sécurité. Suivre une potentialité inférieure ou s'y reposer peut sembler sûr, rationnel, confortable, facile, mais finit mal : par quelque futilité qui tourne en rond, une descente dans l'abîme ou dans un bourbier stagnant. Notre route vraie et naturelle conduit vers les sommets[1]. »

Sri Aurobindo, enseignant spirituel hindou

1. Aurobindo, 1973.

Pour prospérer, les nations se doivent de chérir des idéaux élevés. Ces derniers sont généralement gravés en leur sein, comme la devise de la France (« Liberté, Égalité, Fraternité ») ou la Déclaration d'indépendance des États-Unis d'Amérique reconnaissant dès 1776, « la vie, la liberté et la recherche du bonheur » en tant que droits inaliénables et dont la protection incombe aux gouvernements.

Compte tenu de notre définition de la spiritualité, nous pensons que les sociétés progressent à mesure qu'elles honorent ces valeurs les plus élevées, aidant ainsi leurs membres à cultiver et à exprimer le meilleur d'eux-mêmes et leur être véritable. Dans cette partie, nous étudierons l'importance des valeurs spirituelles telles que la compréhension de notre interconnexion, la vie, le bonheur, l'amour, la paix, la pleine conscience et le mystère – pour le progrès social. Ces valeurs, qui sont au cœur de presque toutes les traditions de sagesse, incarnant la réalisation spirituelle mais aussi le divin ou Dieu, font aujourd'hui figure de nouveaux domaines de recherche scientifique. Ces nouveaux corpus de connaissance soulignent leur importance pour la durabilité et dessinent de nouveaux récits, de nouvelles compréhensions de nos potentiels humains et sociaux, ainsi que des politiques et des institutions susceptibles de favoriser la réalisation de ces potentiels. Nous verrons que ces valeurs universelles pénètrent le champ politique, façonnant de nouveaux débats et programmes, ainsi que des mesures, et initiatives concrètes, dépassant des oppositions historiques et les alternatives traditionnelles. Ensemble, ces valeurs spirituelles constituent le fondement de la politique de l'être.

4

Compréhension

Interconnexion, sagesse, pensée systémique, pensée intégrale, pensée complexe

« La sagesse est la reconnaissance de l'interdépendance de toutes choses. La véritable sagesse consiste à comprendre la nature de la réalité sans préjugé ni attachement et à percevoir les choses telles qu'elles sont. Une fois atteinte, cette compréhension se mêle à la compassion, et aider autrui devient alors une mission sans fin[1]. »

Sulak Sivaraksa, activiste social et philosophe

Nous prenons rarement conscience d'à quel point nos problèmes sont enracinés dans notre mode de pensée. Nous ne nous rendons pas compte que le changement de paradigme dont nous avons besoin nécessite de faire évoluer l'outil fondamental à travers lequel nous comprenons le monde : notre concept même de science.

Le paradigme de simplification

René Descartes a formulé notre paradigme scientifique moderne, qu'Edgar Morin appelle le « paradigme de simplification », « en disjoignant le sujet pensant (*ego cogitans*) et la chose étendue (*res extensa*), c'est-à-dire philosophie et science, et en posant comme principe de vérité les idées "claires et distinctes", c'est-à-dire la pensée disjonctive elle-même[2] ». Les scientifiques modernes s'en sont emparés et ils l'ont utilisé pour isoler la physique, la biologie et les sciences humaines les unes des autres. La compréhension des parties toujours plus infimes a été privilégiée, au détriment de la compréhension du tout ou du

1. Sivaraksa, 2016 (traduction libre).
2. Morin, 2008.

système auquel ces parties appartiennent, tandis que les réalités ne correspondant pas aux méthodes ou aux outils scientifiques modernes (expérimentation, modélisation quantitative, etc.) ont été exclues du champ d'investigation.

Au cours des derniers siècles, cette pensée simple a apporté de remarquables avancées en termes de connaissances et de technologies, ainsi que de multiples bienfaits sur le plan matériel. Elle a tenté de contrôler et de façonner le monde en optimisant tous les domaines de notre vie et en étendant sans cesse sa portée jusqu'à se heurter aujourd'hui à ses propres limites. C'est à présent la racine philosophique de nos problèmes les plus graves – « une pensée mutilante conduit nécessairement à des actions mutilantes[1] », selon Edgar Morin – et de notre incapacité à les comprendre et à y répondre efficacement. L'émergence de la surspécialisation scientifique – autrement dit, des connaissances parcellaires, fragmentées et compartimentées – a amoindri notre compréhension et notre capacité à penser la réalité en tant que tout interconnecté.

À l'opposé, de nombreuses traditions spirituelles mettent en avant la nature interconnectée de toutes choses. Ainsi, le noble chemin octuple bouddhiste commence par la « vision juste » ou par la capacité à voir la réalité dans sa véritable nature d'inter-être. Les traditions spirituelles dispensent de profonds enseignements sur le problème de la connaissance qui, nous le découvrirons, résonnent intensément avec les alternatives à la pensée simple. De manière plus générale, la sagesse est liée de façon intrinsèque à notre capacité à prendre du recul pour adopter une vision d'ensemble et mettre les choses en perspective.

La pensée systémique et la reconnaissance de notre interconnexion

Ce qu'Edgar Morin appelle « pensée simple » est étroitement associé au « réductionnisme ». Il s'agit de la tendance à comprendre un phénomène en fonction de composantes simples ou essentielles, et à considérer que cela est suffisant, comme si le tout équivalait à la somme de ses parties. Le réductionnisme est particulièrement mal adapté au domaine de l'écologie, ce qui a donné lieu à l'apparition de la théorie systémique pendant la seconde moitié du XXe siècle. Cette théorie nous amène à considérer toute réalité comme un système – intégré dans des systèmes plus vastes, car tout est connecté, et

1. Morin, 2008.

souvent composé de sous-systèmes – qui ne se réduit pas à la somme de ses parties, puisqu'il est fait également des interconnexions entre les différents éléments qui le constituent et a sa propre fonction ou finalité[1].

Aujourd'hui, la pensée systémique est plébiscitée pour la gestion de nombreuses problématiques environnementales, sociales, économiques et politiques actuelles, et de leurs interconnexions. Elle offre en effet la possibilité de les aborder de manière intégrée en remontant à leurs causes premières. Très souvent, cette approche permet de sortir des solutions limitées par le prisme de la causalité linéaire directe et d'une discipline spécifique à travers lequel nous analysons la réalité. Nous supposons naturellement que les problèmes économiques – ou sociaux, politiques, psychologiques, etc. – devraient être résolus grâce à une solution économique – ou sociale, politique, psychologique, etc. – identifiable par un expert du domaine concerné. Or, ces disciplines sont des constructions humaines. Dans le monde réel, les dimensions sociales, politiques, économiques ou encore psychologiques s'entremêlent, et les racines des problèmes ainsi que leurs solutions réservent souvent des surprises. Par exemple, nous avons spontanément tendance à penser que la façon la plus efficace pour résoudre les problèmes de santé publique consiste à améliorer l'accès aux soins de santé. Pourtant, bon nombre de spécialistes de la santé publique reconnaissent aujourd'hui que les principaux déterminants de la santé (« les causes des causes ») sont sociaux et économiques, et ne concernent pas l'accès aux soins de santé ni les caractéristiques ou les comportements individuels[2].

Parmi les leviers les plus puissants du changement systémique[3] figure la modification des objectifs du système et du paradigme[4] (ou modèle mental) dont ils découlent, mais ce sont aussi les plus difficiles à activer (voir partie droite de la figure 4). Comme nous l'avons vu précédemment, l'activation de ces leviers est au cœur de la politique de l'être.

---

1. Meadows, 2023.
2. Wilkinson & Pickett, 2013.
3. Meadows, 2023.
4. Défini comme suit : « L'idée partagée par ses membres, les grands présupposés implicites constituent le paradigme d'une société, autrement dit l'ensemble de ses croyances profondes relatives à la manière dont le monde fonctionne. Ces croyances sont implicites parce qu'il n'est pas nécessaire de les exprimer – tout le monde les connaît déjà » (*ibid.*).

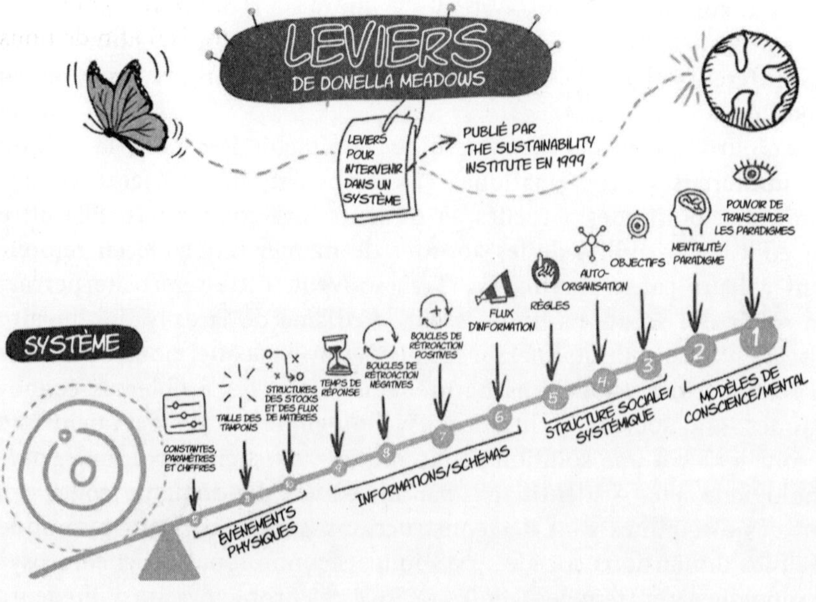

Figure 4. Leviers pour intervenir dans un système selon Donella Meadows[1]

L'importance des mentalités ou de la conscience est de plus en plus mise en avant dans la pensée systémique. La théorie U d'Otto Scharmer a récemment rencontré un large public. Cette théorie affirme que la clé du changement systémique et de nombre de nos problèmes les plus pressants réside dans la structure du champ de notre attention : « Je et nous prêtons attention de cette façon ; par conséquent, le champ social émerge de cette façon[2] » ou « la forme suit la conscience[3] ». Otto Scharmer identifie quatre types de structures de l'attention ou manières d'opérer :

- conscience d'habitude : nous activons simplement des schémas du passé, rien de nouveau ne peut entrer ;
- conscience ego-systémique : de nouvelles informations peuvent entrer (esprit ouvert) et inviter à l'adaptation, mais seulement de notre propre point de vue ;
- conscience des parties prenantes : nous pouvons véritablement écouter le point de vue des autres (cœur ouvert), le système devient réflectif en pouvant se voir au travers des yeux des autres acteurs ;

1. PNUD/Carlotta Cataldi, d'après Meadows, 1999 (traduction libre).
2. Scharmer, 2016 (traduction libre).
3. *Ibid.*

- conscience écosystémique : nous sommes capables d'abandonner nos anciennes identités et intentions (volonté ouverte) afin de nous connecter et d'opérer à partir de « la source du potentiel futur le plus élevé qui cherche à émerger[1] ». Cette conscience permet au système de se percevoir et de se sentir pour s'ajuster.

Otto Scharmer appelle « *presencing* » le processus qui survient lorsque les systèmes humains commencent à opérer à partir de cette conscience écosystémique. Le *presencing* est une contraction des termes anglais « *presence* » (présence) et « *sensing* » (sentir). Il signifie sentir, écouter et agir en fonction de son potentiel futur le plus élevé – un futur dont l'avènement dépend de nous[2]. Otto Scharmer explique : « La racine du mot *presencing* est **es*, qui signifie "être"[3]. » En fait, la passerelle vers le *presencing* est « la connexion à notre moi authentique ou le plus élevé[4] », qu'Otto Scharmer considère comme l'outil de leadership par excellence, reliant l'intelligence de la tête, du cœur et des mains. Selon lui, « le principal défi du leadership est pour les acteurs du secteur privé, du secteur public et de la société civile est le même. Il s'agit de permettre aux groupes de parties prenantes qui ont besoin les uns des autres pour changer le système de passer du moi au nous – c'est-à-dire d'une conscience égo-systémique à une conscience écosystémique[5] ». Otto Scharmer estime que la transition vers ce mode de fonctionnement constitue « le phénomène central de notre époque[6] » qu'il voit émerger dans notre façon de penser, de converser, de nous organiser et de nous gouverner.

Mise en pratique, la théorie U aide les groupes à rediriger leur attention et à accéder à un état de *presencing* afin de renforcer la collaboration et de réaliser des changements systémiques positifs. Elle aide les gens à se rendre compte qu'ils font partie du système qu'ils souhaitent transformer, et à assumer la responsabilité de la manière dont ils y participent. Ancienne responsable des négociations climatiques aux Nations unies, Christiana Figueres décrit ce processus dans son ouvrage, coécrit avec son collègue Tom Rivett-Carnac, intitulé *Inventons notre avenir !* : « Ainsi que nous l'avons découvert dans les mois précédant l'accord de Paris, si l'on ne peut pas maîtriser la configuration complexe d'un

1. Scharmer, 2016 (traduction libre).
2. *Ibid.*
3. *Ibid.*
4. *Ibid.*
5. Scharmer, 2018.
6. Scharmer, 2016 (traduction libre).

problème (et c'est souvent le cas), le mieux est encore de changer sa façon de se comporter au sein de ce système, en se servant de soi comme catalyseur d'un changement plus global. Bien trop souvent, face à un défi, on passe directement au "faire" sans réfléchir à l'"être" – *notre* manière personnelle (et celle des autres) d'envisager ce problème. Et la chose primordiale qu'on peut tous apporter, c'est notre état d'esprit[1]. »

Fondé sur l'« être » plutôt que sur le « faire » uniquement, ce leadership requiert une intelligence de tout notre être – intégrant la tête, le cœur, le corps et l'âme, ainsi que notre capacité à travailler avec notre attention pleine, nos intentions, nos émotions, nos sensations, nos intuitions et nos perceptions subtiles. C'est un leadership collaboratif qui reconnaît la valeur des points de vue de toutes les parties prenantes dans le but d'activer notre intelligence collective – car aucun individu n'a la capacité cognitive de traiter seul la complexité des problèmes auxquels nous devons faire face – et d'écouter la voix du système.

Par cette reconnaissance de la nature interconnectée de la réalité, la théorie systémique rétablit le lien entre connaissance et sagesse, comme l'indique Donella Meadows (1941-2001), l'une des plus grandes spécialistes de la théorie systémique : « Il est souvent possible [...] de relier le jargon systémique à la sagesse traditionnelle[2]. » Cependant, la pensée systémique a pu aussi parfois être utilisée comme une manière partielle et incertaine de répondre aux problèmes actuels de la connaissance liés au « réductionnisme ». D'une part, elle a pu perpétuer ce paradigme dominant par une vision trop simplifiée des systèmes niant la complexité, au service d'une approche mécaniste de l'ingénierie sociale. À l'autre extrême, lorsqu'elle se concentre sur le tout au détriment des parties, elle a pu générer des principes « holistiques » généraux et vagues, difficiles à rendre opérationnels en pratique. Nous devons développer des méthodes et des connaissances qui articulent le tout et ses parties et permettent de composer avec la complexité.

La pensée intégrale ou comment prendre en compte l'ensemble des dimensions d'un problème

Élaborée en grande partie sur la base des travaux de Ken Wilber au cours des dernières décennies, s'appuyant sur la science et la spiritualité, la théorie intégrale considère que la réalité est faite de « holons », des touts

1. Figueres & Rivett-Carnac, 2021.
2. Meadows, 2023.

faisant partie d'autres touts, ou des « touts/parties ». Elle vise à dépasser la fragmentation de nos connaissances pour proposer une vision complète de la réalité – dans toutes ses dimensions physiques, biologiques, sociales, psychologiques et spirituelles – en regroupant une multitude de théories dans un seul et même cadre. Elle envisage chaque problème dans l'ensemble de ses dimensions, y compris psychologiques et culturelles. Elle considère que chaque holon ou système devrait être compris comme un tout composé de quatre « quadrants » qui correspondent à l'intérieur et à l'extérieur de l'individu et du collectif, ainsi que le montre la figure 5.

	INTÉRIEUR	EXTÉRIEUR
INDIVIDUEL	« JE » Subjectivité (soi et conscience)	« IL, CELA » Objectivité (cerveau et organisme)
COLLECTIF	« NOUS » Intersubjectivité (culture et vision du monde)	« EUX, TOUT CELA » Interobjectivité (système social et environnement)

Figure 5. Les quatre quadrants chez l'être humain, selon la théorie intégrale[1]

La cause et la guérison (ou la gestion) d'une maladie spécifique, par exemple, devraient être examinées sous l'angle des quatre quadrants :

- objectivité : attention que porte traditionnellement la médecine moderne sur le corps du patient ;
- subjectivité : il s'agit de prendre en compte le rôle important de la subjectivité (émotions, comportement psychologique, intentions, etc.) du patient dans la cause et la guérison de la maladie ;
- intersubjectivité : la représentation et l'acceptation culturelles de la maladie (par exemple, le sida) auront un impact sur le patient, notamment au travers de la définition de la maladie (diagnostic médical), de la communication entre le patient d'une part, et le médecin, les familles et les amis d'autre part, mais aussi de sa propre internalisation des représentations culturelles ;
- interobjectivité : cela renvoie par exemple à l'assurance maladie, aux services de santé, à la pollution environnementale, au contexte socio-économique, etc.

1. Tableau adapté de Wilber, 2014 et de l'Integral European Conference : « What is Integral Theory ? », integraleuropeanconference.com, consulté le 11 août 2020.

En outre, la théorie intégrale associe à cette méthode des quatre quadrants la considération des différents stades de développement des individus (dans leurs dimensions physiques, émotionnelles, mentales et spirituelles), mais aussi des cultures ou des systèmes sociaux. Pour cela, Ken Wilber s'appuie sur la spirale dynamique, présentée au chapitre 2, « Une crise évolutive ». Cette approche facilite la compréhension du fonctionnement des individus, des cultures et des systèmes sociaux, et ainsi des problèmes et des solutions les plus appropriées. Ainsi, il est monnaie courante dans les peuples tribaux (violet) de faire le lien entre une maladie physique ou mentale spécifique et un désordre cosmique au sein de la famille, de la tribu ou de l'environnement du patient (y compris le monde des esprits). Dans ce contexte (inter)subjectif, les traitements traditionnels, susceptibles d'inclure des rituels pour le patient et sa famille, sa tribu ou son environnement, peuvent représenter le remède le plus efficace.

À l'opposé, la culture scientifique-rationnelle (orange) favorise plutôt la médecine moderne et peut imposer, comme ce fut récemment le cas en France, des vaccinations obligatoires, au grand dam des post-modernes (vert) qui valorisent la reconnaissance d'une pluralité d'approches, tandis que les intégralistes (jaune), conscients du contexte idéologique de la discussion, peuvent s'efforcer de concilier les différentes perspectives dans une sorte de compromis.

Si la théorie intégrale repose sur le modèle « tous quadrants, tous stades », elle identifie des dimensions supplémentaires permettant de tendre vers une perspective plus intégrale, comme des lignes de développement (ligne cognitive orange, ligne émotionnelle violette, ligne morale bleue, etc.) ou des types de conscience (types de personnalité, types de genre, etc.). L'ouvrage que vous tenez entre les mains n'ambitionne pas de présenter en détail ni la théorie intégrale, ni la spirale dynamique sur laquelle elle s'est initialement fondée et dont je ne suis en aucun cas spécialiste. Or, ces deux approches peuvent s'avérer très complexes : il est possible de nuancer et de combiner leurs concepts de base de multiples façons. Pour en tirer le meilleur parti, il faut pouvoir penser de manière multidimensionnelle. C'est une pratique, un art, une « affaire de magie », comme l'explique Don Edward Beck, créateur de la spirale dynamique.

La pensée intégrale est une nécessité vitale dans un monde de plus en plus complexe et diversifié. Son approche de l'évolution culturelle offre certaines clés pour le changement et la transformation des conflits, notamment les guerres culturelles actuelles entre diverses visions du monde. La théorie intégrale est de plus en plus populaire et influente dans le milieu universitaire, les organisations, les gouvernements et le débat social. Elle facilite le développement d'approches plus efficaces dans quantité de secteurs, depuis la santé et l'éducation jusque dans le monde des affaires, en passant par l'écologie, la sécurité, la géopolitique et la spiritualité. Elle permet de relier entre eux de nombreux domaines, en particulier les réalités intérieures et extérieures. C'est une boîte à outils extraordinaire, pleine d'éclairages pertinents, qu'il est possible de mobiliser et d'assembler pour mieux comprendre et répondre à une question particulière. Cependant, je l'utilise plutôt de manière *ad hoc*, comme une pratique ou une façon de penser, et non comme un cadre général, compte tenu de certains désaccords théoriques fondamentaux que j'ai évoqués dans le chapitre 2, « Une crise évolutive ».

Le principe bouddhiste du « non-attachement aux vues »

En outre, dans leur tentative de concevoir une théorie du tout, il me semble que les intégralistes n'accordent pas assez de place à la complexité de notre monde et ce que cela implique quant à la manière dont nous pouvons le comprendre. S'efforçant d'intégrer toute la réalité dans une multitude de typologies, la théorie intégrale s'appuie sur de trop nombreuses simplifications et vérités partielles. De fait, ironiquement, elle peut perpétuer ainsi le « paradigme de simplification » énoncé par Descartes. Comme nous l'avons vu avec la science moderne, les réflexions fondées sur ce paradigme, lorsqu'elles sont poussées à l'extrême, peuvent s'avérer très dangereuses. Dans sa noble tentative de faire reculer les limites de la connaissance, la théorie intégrale donne quelquefois l'impression d'oublier le vieil adage socratique : « Tout ce que je sais, c'est que je ne sais rien. » En quête permanente de systématisation, elle semble parfois trop se rapprocher d'un effort mental où tout pourrait prendre sens et produire de manière mécanique l'ensemble des réponses à nos problèmes. Comme un prisme à travers lequel nous observons la réalité, la pensée intégrale peut être très utile, mais il ne faut pas la confondre avec la réalité elle-même.

En tant que pratiquant au Village des Pruniers, je me suis engagé à appliquer, entre autres principes bouddhistes, celui de « non-attachement aux vues[1] ». Il s'agit de veiller à ne pas rester prisonniers de nos propres

1. « Entraînement à la pleine conscience » sur le « non-attachement aux vues » : « Conscients de la souffrance provoquée par l'attachement aux vues et aux perceptions erronées, nous sommes déterminés à éviter de faire preuve d'étroitesse d'esprit et de nous attacher aux vues actuelles. Nous nous engageons à apprendre à pratiquer le non-attachement aux vues en gardant l'esprit ouvert aux expériences et aux visions

idées ou de n'importe quelle théorie, et de toujours rester ouverts aux visions et aux expériences des autres, en nous rappelant que la vérité se trouve dans la vie, et non dans un quelconque système de pensée. Il est très difficile de ne pas se laisser enfermer dans ses propres idées : les psychologues ont mis en évidence la tendance humaine à réduire la dissonance cognitive, car elle est inconfortable. On se donne beaucoup de mal pour justifier et conserver nos propres perspectives, en évitant les informations qui contredisent nos croyances et en recherchant plutôt celles qui les confirment. Le journal que nous lisons nous explique ce que nous voulons et sommes prêts à lire, alors qu'Internet sélectionne pour nous des contenus en fonction de ce que nous avons regardé, de ce que nous avons aimé et de ce que nous connaissons.

La difficulté provient aussi du fait que nos perspectives façonnent notre perception de la réalité et nos comportements, qui à leur tour forgent notre réalité, confirmant ainsi nos croyances. Une personne dont on se méfie peut sentir notre méfiance et agir envers nous sur la même base, venant ainsi confirmer notre présupposé initial. On peut même considérer, comme l'affirment certains enseignements spirituels, que nos vies sont fondamentalement des projections de notre réalité intérieure, reflétant nos pensées, nos croyances, nos rêves ou nos peurs. Elles sont l'expression matérielle de notre cheminement en tant qu'êtres spirituels. Faites attention à ce que vous pensez, craignez et espérez : cela pourrait bien devenir réalité !

Plus notre compréhension paraît progresser, plus nous sommes tentés de croire que nous savons et de nous fermer aux nouvelles connaissances. C'est pourquoi, selon la tradition chamanique toltèque, la clarté est l'un des quatre principaux ennemis – avec la peur, la vieillesse et la mort – des guerriers spirituels : elle peut aisément les aveugler et les bloquer dans leur évolution. Nous devrions toujours remettre en question nos croyances, en particulier dans ce monde disruptif qui change à toute allure et où de nouvelles possibilités émergent sans cesse. La nature spirituelle et évolutive de l'« être » n'en fait pas un paradigme figé, mais plutôt un paradigme qui vise constamment à se dépasser lui-même. Donella Meadows considère la capacité à transcender les paradigmes, sans se retrouver piégé dans aucun d'entre eux, comme le point de levier ultime pour le changement systémique[1].

---

profondes des autres afin de bénéficier de la sagesse collective. Nous sommes conscients que notre savoir actuel n'est pas une vérité absolue et immuable. La vérité est à trouver dans la vie, nous observerons à chaque instant la vie en nous et autour de nous pour apprendre tout au long de notre vie » (Nhat Hanh, 1998).

1. Meadows, 2023.

La pensée complexe : un remède aux maux de notre époque

Comme le suggère la sémantique, la complexité représente la pièce manquante, la part d'ombre de la science moderne fondée sur le « paradigme de simplification » et son ambition presque messianique de rendre toute la réalité intelligible. Le monde dans lequel nous vivons et les défis auxquels nous devons faire face sont de plus en plus complexes, et nos modes de pensée et d'action doivent s'adapter à cette nouvelle réalité.

Le changement climatique, par exemple, combine une hypercomplexité environnementale et sociale, rendant cette question particulièrement difficile à traiter. Nous sommes incapables de comprendre totalement comment va évoluer le climat du fait de facteurs tels que les effets de seuil et les boucles de rétroaction, qui ne sont généralement pas reflétés dans nos modèles climatiques. Les conditions climatiques pourraient amener par exemple la forêt amazonienne à se transformer en savane, libérant soudainement quantité de gaz à effet de serre dans l'atmosphère, aggravant ainsi le changement climatique.

Nous ne pouvons pas non plus réellement prédire les répercussions d'un tel changement sur nos vies. Si notre existence a été bouleversée par la pandémie de Covid-19, la fonte attendue du permafrost pourrait libérer une kyrielle d'agents pathogènes viraux. Il est impossible d'anticiper tous les coûts liés au changement climatique, car ils sont trop complexes et incertains, et résultent de trop nombreuses interactions. Leur évaluation se concentre souvent sur les impacts les plus simples, certains et quantifiables, ce qui amène généralement à sous-estimer le véritable coût du changement climatique. L'approche monétaire ne convient pas non plus, car elle attribue la même valeur à un euro de produits essentiels (nourriture, eau, etc.), dont la fabrication est souvent très affectée par le changement climatique, qu'à un euro de produits non essentiels (jeux vidéo, etc.). Une approche en termes de bien-être serait donc plus appropriée. Le changement climatique, par ses effets destructeurs qu'il convient de limiter et de réparer, peut aussi conduire à l'augmentation de la production économique. Dans tous les cas, le changement climatique aura des impacts négatifs énormes et requiert une mobilisation et une coopération de tous les acteurs, ainsi qu'une refonte de notre système économique.

La théorie de la complexité s'est développée dans les années 1960 et 1970 à partir de la théorie systémique, comme une approche interdisciplinaire s'appuyant sur des recherches menées en sciences naturelles et s'intéressant à l'incertitude et à la non-linéarité. Fondé en 1984, le Santa Fe Institute a été le premier institut de recherche dédié à l'étude des systèmes complexes. À l'heure actuelle, une cinquantaine de centres ou instituts se consacrent à ce sujet[1].

Comme pour la théorie systémique, l'écologie a joué un rôle majeur dans le développement de la pensée complexe. L'exemple des effets de la réintroduction des loups au sein du parc national américain de Yellowstone depuis 1995 (encadré 7) illustre la complexité de la cascade de changements écologiques que l'opération a entraînée, et dont, selon les autorités, « la compréhension nécessitera des dizaines d'années[2] ».

Encadré 7 : Un exemple de phénomène complexe : les effets de la réintroduction des loups à Yellowstone

Avec la disparition des loups dans les années 1930, les élans étaient beaucoup moins menacés. Ils ont alors proliféré et détruit une grande partie des saules, ce qui a affecté la population de castors. Les loups réintroduits dans le parc ont tué plus d'élans, ce qui a profité aux corbeaux, aux aigles, aux pies, aux coyotes et aux ours. Cela a aussi relâché la pression exercée sur la végétation, comme les trembles, les peupliers et les saules. La croissance de ces derniers a conduit les oiseaux chanteurs et les castors à repeupler le parc.

Les barrages érigés par les castors ont plusieurs effets sur l'hydrologie fluviale et offrent un habitat ainsi qu'une source de nourriture à de multiples espèces : orignaux, loutres, visons, échassiers, gibier d'eau, poissons, amphibiens, etc. La diminution de la population d'élans a aussi permis aux grizzlys d'accéder à une plus grande quantité de baies. Par ailleurs, les loups ont fait baisser la population de coyotes, qui ont également dû changer de territoire, ce qui a laissé assez de place aux renards pour proliférer. L'augmentation de la population de renards représentait une source d'alimentation plus intéressante pour les coyotes qui se sont détournés d'autres proies telles que les lièvres, les faons, les petits rongeurs et les oiseaux nichant au sol. « Ces changements affectent la fréquence à laquelle des racines, des bourgeons, des graines et des insectes sont mangés, ce qui peut altérer l'équilibre des communautés végétales locales et avoir des répercussions tout au long de la chaîne alimentaire, jusqu'aux champignons et aux microbes[3] », conclut un journaliste.

1. « Système complexe », wikipedia.org, consulté le 29 juillet 2020.
2. Farquhar, 2021 (traduction libre). Voir aussi : « History of Wolves in Yellowstone », wikipedia.org et « Comment les loups changent les rivières », Sustainable Human, YouTube, 13 février 2014, consultés le 29 juillet 2020.
3. Chadwick, 2011 (traduction libre).

Répondant aux limites et aux impasses du paradigme scientifique traditionnel, la théorie de la complexité exerce aujourd'hui une grande influence dans de nombreux domaines scientifiques – depuis la physique et la biologie jusqu'aux sciences humaines, à la finance et au management – et dans la refonte des systèmes éducatifs. L'étude de systèmes complexes, autocatalytiques, auto-organisateurs, non linéaires et adaptatifs occupe ainsi une place de plus en plus centrale dans les agendas de recherche[1].

La pensée complexe vient proposer les bases d'« une modification, une transformation, un enrichissement du concept actuel de science[2] » selon Edgar Morin. Important théoricien de la complexité[3], il nous rappelle que « toute prétention à définir les frontières de la science de manière assurée, toute prétention au monopole de la science est par là même non scientifique[4] ». Il s'agit selon lui notamment d'adapter les méthodes et l'épistémologie scientifiques aux objets de recherche (et non l'inverse). Plutôt que de fonder nos compréhensions et nos décisions sur les seules données que le paradigme scientifique est capable de produire, il nous faut reconnaître les conditionnements (sociaux, économiques, culturels, etc.) et les limites (par exemple, aux seuls éléments pouvant être facilement quantifiés) de la production de connaissances scientifiques et intégrer différentes formes de connaissances adaptées à l'objet de recherche, notamment à travers l'intégration des acteurs concernés (patients et médecins dans le domaine de la santé, paysans dans le domaine de l'agriculture, peuples indigènes dans le domaine de l'écologie, etc.). Par exemple, comme nous l'avons vu, les processus environnementaux sont très complexes, et leur étude est souvent coûteuse, donc limitée. Il est laborieux de les intégrer dans des raisonnements simples qui se prétendent « fondés sur des preuves scientifiques » et que les décideurs apprécient tant. Ils ont alors tendance à être négligés, menant à des stratégies erronées comme dans le cas de la lutte contre le cancer en France (encadré 8).

1. Laloux, 2015.
2. Morin, 2008.
3. Edgar Morin a développé une pensée complexe qui « connecte la théorie à la méthodologie, à l'épistémologie, voire à l'ontologie » (Morin, 2008) au travers de six ouvrages articulant sa méthode – *La Nature de la nature* (1977), *La Vie de la vie* (1980), *La Connaissance de la connaissance* (1986), *Les Idées* (1991), *L'Humanité de l'humanité* (2001) et *L'Éthique complexe* (2004).
4. Morin, 2008.

Encadré 8 : Les limites de l'approche scientifique simplificatrice : l'exemple de la stratégie française de lutte contre les cancers[1]

On peut facilement poser des questions aux gens sur leur mode de vie – est-ce qu'ils fument, boivent, ont un régime alimentaire sain, font du sport, etc. ? – et mettre ces données en corrélation avec le développement éventuel d'un cancer. Il est bien plus complexe d'établir des liens mesurables entre les cancers et des facteurs environnementaux spécifiques. De fait, il est difficile de suivre l'exposition des gens aux polluants et de déterminer des corrélations avec les taux de cancer, surtout quand les effets de la pollution ne sont perceptibles que sur le long terme, ou parce que l'impact d'une source de pollution peut varier sensiblement en raison d'interactions avec d'autres sources (ce que l'on appelle l'« effet cocktail »).

Dans certains cas, l'omniprésence d'une source de pollution empêche même les chercheurs de trouver un échantillon témoin. Par conséquent, seuls les cancers résultant de modes de vie peu sains sont généralement désignés sous le terme « cancers évitables », comme si les maladies dues à la pollution environnementale ne l'étaient pas. Les pouvoirs publics ont aussi tendance à se focaliser sur le changement des modes de vie pour prévenir le cancer (bien que cela ne puisse influer que sur 40 % des cancers en France) plutôt que sur les facteurs environnementaux, comme le montre la stratégie de lutte contre les cancers instaurée en 2021 par le gouvernement français. S'attaquer aux polluants environnementaux mettrait certes au défi notre épistémologie moderne et sa préférence pour le simple et le mesurable (même si cela ne nous permet de traiter qu'une petite partie du problème), mais également d'importants intérêts économiques et le paradigme même de la croissance économique.

Si la pensée complexe admet humblement l'impossibilité d'une intelligibilité complète et parfaite de la réalité, et donc de l'ambition de la contrôler et de la dominer, elle cherche à « traiter avec le réel [...], dialoguer avec lui [...], négocier avec lui[2] ». Pour cela, Edgar Morin a identifié trois principes importants[3]. Tout d'abord, les unités complexes suivent le principe holographique selon lequel « le tout est dans la partie qui est dans le tout », comme nous pouvons le voir avec les sociétés (le tout) et les humains (la partie). Ensuite, d'un point de vue temporel, elles représentent un « processus récursif [...] où les produits et les effets

1. Foucart, 2021.
2. Morin, 2005.
3. Morin, 2008.

sont en même temps causes et producteurs de ce qui les produit[1] », qui contraste avec l'opposition réductionniste et linéaire entre la cause et l'effet, le produit et le producteur. Enfin, la compréhension des unités complexes requiert un « principe dialogique » qui « associe deux termes à la fois complémentaires et antagonistes »[2].

Transcender la pensée dualiste

Ce dernier principe fait écho au concept du yin-yang associé à la philosophie taoïste de la Chine ancienne. Selon ce dernier, des forces opposées ou contraires peuvent être en réalité des polarités complémentaires, interconnectées et interdépendantes, qui s'engendrent mutuellement[3]. Dans un système naturel tel qu'un corps ou une forêt, la vie produit inévitablement la mort (celles des cellules ou des arbres, par exemple), qui est à son tour nécessaire pour permettre à la vie de se régénérer. À l'image des deux côtés d'une même pièce, ces forces ne peuvent exister l'une sans l'autre. Ainsi, nous ne devons pas parler des concepts de yin et de yang, mais du concept de yin-yang.

À l'instar de nombreuses traditions spirituelles, la pensée complexe met l'accent sur la nécessité de transcender la vision dualiste – instrument de séparation fonctionnant selon le schéma « soit… soit » – de la réalité. En fait, toute idée est par définition différente de la réalité et la pensée dualiste est en quelque sorte inhérente à la manière dont la pensée et le langage sont construits, à savoir autour de notions opposées. La notion de sujet revêt un sens en raison de notre notion d'objet. Il en va de même pour la droite et la gauche, la naissance et la mort, etc. C'est pourquoi les enseignants spirituels demandent souvent à leurs élèves de méditer sur des affirmations paradoxales qui remettent en question la pensée dualiste, comme les koans des traditions Zen : « Quel était votre visage avant la naissance de vos parents ? », « Quel est le bruit d'une seule main qui applaudit ? », et bien d'autres… Libre à vous de vous arrêter un moment pour méditer sur celles-ci !

La voie bouddhiste commence par la « vision juste », celle de l'inter-être, qui transcende tous les concepts dualistes, y compris ceux du soi et du non-soi, de l'être et du non-être, de la naissance et de la mort, de la ressemblance et de la différence… La vision juste est si essentielle que l'objectif de la voie bouddhiste, le « nirvana », signifie littéralement « l'extinction de tous les concepts ».

1. *Ibid.*
2. *Ibid.*
3. Bellaimey, 2013.

Cherchant à favoriser la compréhension du tout et de ses parties, la pensée complexe dépasse les principes holistiques généraux – que l'on peut trouver parfois dans la pensée systémique et les sagesses traditionnelles – ainsi que les connaissances réductionnistes, pour bâtir un nouveau concept de science qui serait plus scientifique mais aussi plus mature et sage.

Connaissance et développement intérieur : un même chemin

Comme l'explique Edgar Morin, la pensée complexe constitue le remède à bon nombre des pathologies de notre pensée moderne : « La pathologie moderne de l'esprit est dans l'hyper-simplification qui rend aveugle à la complexité du réel. La pathologie de l'idée est dans l'idéalisme, où l'idée occulte la réalité qu'elle a mission de traduire et se prend pour seule réelle. La maladie de la théorie est dans le doctrinarisme et le dogmatisme, qui referment la théorie sur elle-même et la pétrifient. La pathologie de la raison est la rationalisation qui enferme le réel dans un système d'idées cohérent mais partiel et unilatéral, et qui ne sait ni qu'une partie du réel est irrationalisable, ni que la rationalité a pour mission de dialoguer avec l'irrationalisable. Nous sommes encore aveugles au problème de la complexité [...] Or cet aveuglement fait partie de notre barbarie. Il nous fait comprendre que nous sommes toujours dans l'ère barbare des idées. Nous sommes toujours dans la préhistoire de l'esprit humain. Seule la pensée complexe nous permettrait de civiliser notre connaissance[1]. »

En fait, la pensée complexe développe naturellement des qualités personnelles cruciales telles que l'ouverture, l'humilité et la solidarité – comme le dit Edgar Morin, « si vous avez le sens de la complexité vous avez le sens de la solidarité[2] » – émanant de la reconnaissance de l'interconnexion entre toutes choses. Surtout, cela va de pair avec la capacité à se défaire d'un sens artificiel du contrôle (« Détendez-vous, rien n'est sous contrôle », rappelle un panneau du Village des Pruniers), à accepter de ne pas avoir toutes les solutions, à nous extraire pour un moment du mode résolution de problèmes pour envisager des problèmes et des situations complexes sous l'angle de l'« être » ou de la conscience, comme nous l'avons observé avec la théorie U.

Nous participons au système que nous voulons changer et au paradigme à partir duquel il opère. Modifier la manière dont nous y participons peut

1. Morin, 2008.
2. *Ibid.*

avoir un impact considérable, y compris par les voies les plus énigmatiques. « La vie est un mystère qu'il faut vivre, et non un problème à résoudre », affirmait Gandhi. Nous pouvons accepter de vivre dans le mystère, celui du monde, de nos vies et de nous-même, un mystère que la connaissance ne pourra jamais totalement percer. Cette capacité à entrer dans la vie, dans son mystère, dans l'inconnu, dans ce qui n'a pas encore été tenté, dans ce qui doit encore être inventé – cette ouverture au changement – est sans doute ce dont nous avons collectivement le plus besoin aujourd'hui.

La pensée complexe est donc intrinsèquement liée à notre développement intérieur. La psychologie du développement tend ainsi à considérer la complexité mentale comme la principale mesure de développement d'une personne. Chaque stade de développement (comme ceux mentionnés pour la théorie intégrale et la spirale dynamique dans le chapitre 2, « Une crise évolutive ») représente une couche supplémentaire dans notre conscience, qui nous permet d'interpréter la réalité et de fonctionner à un niveau plus élevé de complexité mentale. C'est aussi un mouvement par lequel nous prenons conscience de nous-mêmes et nous nous libérons de nos conditionnements. Ce qui nous définit à un stade spécifique (par exemple, les normes sociales que nous avons internalisées inconsciemment) peut devenir l'objet de la conscience que nous avons de nous-même à un stade ultérieur (par exemple, lorsque nous devenons capables de penser par nous-mêmes et d'écrire notre propre vie).

Notre identité s'élargit et se complexifie, dans un sentiment d'appartenance et de solidarité avec des cercles de plus en plus vastes, ce qui bien sûr influence directement nos préférences politiques. Nous ne nous sentons pas seulement responsables de nos familles, de nos amis et de nos communautés locales, mais aussi de communautés plus abstraites (« imaginées ») telles que les nations, l'humanité, voire les générations futures et l'ensemble de la communauté terrestre avec tous les êtres vivants. Cela implique des capacités de raisonnement moral plus complexes. C'est notre propre complexité intérieure qui nous permet de naviguer à travers la complexité du monde d'aujourd'hui et c'est bien ce qu'il nous manque souvent sur le plan collectif.

C'est parce que la complexité du monde excède aujourd'hui nos capacités à le comprendre et à lui donner du sens qu'on assiste à la montée du populisme (et les solutions simples qu'il propose) et des théories du complot. Ce lien entre notre capacité à la pensée complexe, le caractère plus ou moins complexe et inclusif de nos identités personnelles et nos préférences politiques est parfois facilement observable, notamment quand il est poussé à l'extrême, par exemple chez certains supporters de Trump.

La conscience de soi est ainsi le socle de l'aventure si humaine de la connaissance. « Connais-toi toi-même et tu connaîtras l'univers et les dieux » : cette maxime était gravée à l'entrée du temple d'Apollon à Delphes. La connaissance est un exercice spirituel, une quête de vérité. Seules la compréhension et la maîtrise de notre esprit peuvent nous permettre de limiter la multitude de biais cognitifs – Wikipédia en dénombre 225[1] – qui troublent notre perception de la réalité. Se connaître, c'est aussi être conscient de notre manière de penser (« conscience métacognitive »), de nos conditionnements, des déséquilibres psychologiques et émotionnels qui façonnent inévitablement notre perception de la réalité. C'est cette conscience et le travail de purification de notre mental, de non-attachement à nos idées, de guérison de nos traumatismes psychoaffectifs qui nous permettent de dissiper les biais et les distorsions entachant notre perception de la réalité.

Notre esprit devient alors plus clair et nous pouvons nous rapprocher d'une certaine objectivité ou capacité à voir les choses telles qu'elles sont. Cela s'accompagne d'une capacité à prendre davantage de recul, à décentrer notre regard et à explorer et comprendre différents points de vue pour faire preuve *in fine* de plus de tolérance et d'ouverture d'esprit. Si cette compréhension du fonctionnement de nos esprits devait se développer dans notre conscience collective, le débat public deviendrait bien plus sain et constructif.

Il est malheureusement étonnant de constater la faible valeur accordée à l'objectivité dans les débats intellectuels et politiques, et son impact en termes de polarisation. La France est depuis longtemps un pays où les intellectuels s'engagent et où la politique passionne, ce qui conduit souvent à des débats très idéologiques. Reconnaître qu'un leader politique a pris une bonne décision ou a mentionné un fait véridique est tout de suite interprété comme un signe de soutien général a sa politique. L'objectivité ou la capacité à simplement être dans le vrai ne semblent être pas des qualités essentielles et particulièrement recherchées chez nos intellectuels et philosophes, ces sages de nos sociétés modernes dites rationnelles.

Nos esprits et systèmes de reconnaissance semblent plutôt séduits par des théories sophistiquées, étalant une vaste culture dans un style brillant. Cela me rend régulièrement perplexe de constater à quel point les blessures psychologiques, les névroses, les conditionnements et les limites de nos intellectuels publics – que l'on peut souvent sans peine relier à leurs parcours personnels – imprègnent leur vision et ainsi le

1. « Liste des biais cognitifs », wikipedia.org, consulté le 17 septembre 2019.

débat public. Je ne donnerai pas de noms ! « Nous ne voyons pas les choses comme elles sont, nous les voyons comme nous sommes[1]. » Nous devrions toujours faire notre introspection et nous demander si nos idées et nos décisions sont liées à nos déséquilibres ou à nos conditionnements psychologiques. C'est presque toujours le cas, alors prenons-en au moins conscience, transformons-les et, peu à peu, entrons dans la réalité.

Compte tenu de la nature interconnectée, dynamique et infinie de la réalité, il est impossible pour notre raison de l'appréhender pleinement. « La vérité intégrale des choses n'est pas une vérité de la raison, c'est une vérité de l'esprit[2] », proclamait Sri Aurobindo. La raison, lorsqu'elle est purifiée, peut nous amener à cette reconnaissance. Elle peut abandonner à dessein sa puissance souveraine et devenir un instrument de l'esprit, formulant au travers de mots et de raisonnements ce que l'esprit sait intuitivement dans son unité secrète avec toutes les choses et tous les êtres[3].

1. Source inconnue, mais citée notamment par l'autrice franco-cubaine Anaïs Nin (1903-1977).
2. Aurobindo, 1973.
3. D'après *ibid.*

5

Vie

Écosophie, biophilie, écologie profonde et intégrale, Terre mère, régénération, systèmes vivants, harmonie, simplicité, santé

« Nous sommes autant vivants que nous maintenons la Terre en vie[1]. »

Dan George (1899-1981), chef de la nation des Tsleil-Waututh dans l'actuel Canada

« *Life, oh life, oh life, oh life, doo, doo doo dooo*[2]… »

Dans la continuité de la tradition judéo-chrétienne de dépréciation du corps, l'époque moderne nous a amenés à nous considérer avant tout comme des esprits pensants – « Je pense donc je suis » – fondamentalement différents de la nature. Telle une victoire sur le paganisme millénaire, la nature pouvait finalement être décrite comme un extraordinaire mécanisme formé de parties distinctes, dénuées de conscience ou de vie, et sans relations intrinsèques les unes avec les autres. Des scientifiques cherchent même aujourd'hui le moyen de télécharger l'esprit humain, y compris la mémoire à long terme et le « soi », dans un appareil technologique (ordinateur, robot, etc.) afin que nous puissions connaître la vie éternelle, enfin libérés de ce corps voué à la décomposition[3]. La vision de Descartes a ainsi rejoint notre peur ancestrale nous conduisant à nier et à fuir notre véritable nature : celle d'êtres vivants destinés à mourir.

Nous sommes vivants. Nous sommes VIVANTS. NOUS SOMMES VIVANTS ! Pouvons-nous prendre pleinement conscience de cela, dans

1. Traduction libre.
2. Paroles de *Life* (« Vie », en français). Chanson interprétée par Des'ree (1998).
3. Voir par exemple Lewis, 2013.

toutes les cellules de notre corps, y compris celles qui sont mortes et celles qui sont nées pendant la lecture de cette phrase ? Comment alors vivre ? Lorsque nous comprendrons ce qu'être vivant signifie vraiment, nous n'aurons peut-être plus peur de la mort… « Un nuage ne meurt jamais », nous dit Thich Nhat Hanh. En vérité, la mort peut être bonne conseillère. Imaginez-vous sur votre lit de mort. Comment auriez-vous aimé vivre ? Nous pouvons chérir chaque moment et ne plus laisser nos peurs nous isoler artificiellement de la vie elle-même. Nous pouvons laisser nos anciens systèmes s'éteindre et accueillir ce qui veut naître.

Si, comme l'explique l'anthropologue français Philippe Descola, la séparation ontologique entre les humains et les non-humains ainsi que l'opposition entre nature et culture ont vu le jour dans le monde occidental[1], elles se sont depuis peu répandues partout ailleurs. La crise environnementale est aussi culturelle : le lien entre diversité culturelle et diversité biologique est saisissant[2]. Les peuples indigènes sont notre mémoire : il fut un temps où l'humanité se considérait comme faisant partie de la nature, cette communauté sacrée à laquelle appartiennent tous les êtres vivants qui sont nos frères et sœurs, nos amis et parents, selon les dires de nombreux autochtones américains. La nature est sacrée, car tout est empli de vie, d'esprit, de force vitale : les animaux et les végétaux, mais également les rochers, les montagnes, les cours d'eau, le soleil, la lune, le vent, le feu et, bien sûr, notre Terre mère.

L'une de mes filles, lorsqu'elle avait à peine 2 ans et demi, m'a demandé un jour : « Dis papa, c'est quoi l'é-ner-gie ? » Surpris, j'ai respiré profondément, sans doute souri et réfléchi quelques instants, avant de lui répondre : « C'est ce qui rend toutes les choses vivantes. » Selon les croyances traditionnelles, l'énergie ou l'esprit unit tout ce qui existe au sein d'un ordre cosmique appelé Tao en Chine, Maât en Égypte, R'ta ou Dharma en Inde, et Logos en Grèce… Nous pouvons contempler cet ordre divin, sa beauté, son harmonie et sa sagesse dans la nature, source originelle et permanente de révélation[3]. « Si votre cœur était pur, toute

1. Descola, 2005.

2. D'après une étude de l'Unesco (Skutnabb-Kangas *et al.*, 2003), « 7 des 9 pays arrivant en tête pour la diversité linguistique figurent également parmi les 17 pays arrivant en tête pour la diversité biologique. En outre, dans les 25 pays arrivant en tête pour le nombre des langues endémiques (c'est-à-dire des langues parlées seulement sur le territoire des pays considérés), nous trouvons 13 des 17 pays de mégadiversité biologique ».

3. Teasdale, 1999.

la nature vous apparaîtrait alors comme un livre de sagesse divine[1] », a dit saint François d'Assise.

Incarné dans la nature, cet ordre cosmique est aussi conçu comme une « voie » avec laquelle s'harmoniser, à travers la pratique spirituelle et notre manière de vivre, non seulement sur le plan individuel mais aussi collectif. La communauté fait en effet partie – ou est l'expression – d'une réalité et d'un ordre sacré plus vaste. Contrairement à nos sociétés modernes, les organisations sociales traditionnelles des communautés indigènes s'inspirent généralement des principes et des lois de la nature qui nourrissent et soutiennent la vie (auto-organisation, équilibre, mutualité, réciprocité, zéro déchet, localisme, unité dans la diversité, etc.)[2]. Elles ont permis à l'humanité de vivre longtemps dans une harmonie relative avec la Terre mère, avec un sens de la communauté et du sacré, un sentiment d'appartenance, de respect et d'admiration.

Selon les croyances traditionnelles, la violation de ces lois et principes naturels entraîne un déséquilibre cosmique qui peut se manifester par différents problèmes sociaux. Prévenir ces problèmes en maintenant l'harmonie cosmique est au cœur de la notion de « justice », un terme aussi employé pour traduire cet ordre naturel. Qu'on le veuille ou non, tous les systèmes dont nous faisons partie ou que nous essayons de transformer sont des systèmes vivants qui sont régis par les lois de la nature et ne peuvent en dévier qu'à leur péril.

Une nature vivante

Alors que la désacralisation de la Terre et la croyance selon laquelle nous sommes séparés de la nature sont de plus en plus reconnues comme la racine philosophique de la crise environnementale, la science commence à reconnaître la sensibilité, la conscience et l'intelligence des végétaux et des animaux. Depuis les expériences dans les années 1960 de Cleve Backster[3], jusqu'au récent succès de Peter Wohlleben avec son ouvrage intitulé *La Vie secrète des arbres*, la conception traditionnelle d'une nature vivante et consciente retrouve lentement sa place dans nos cultures modernes, d'une manière plus acceptable pour nos esprits rationnels. La science nous dit aujourd'hui que les arbres

1. *Ibid.*
2. Goldsmith, 2002.
3. Backster, 2003. Voir aussi Tompkins & Bird, 1973 et Mancuso & Viola, 2018.

peuvent communiquer entre eux, y compris pour alerter leurs voisins en cas de danger imminent. Ils peuvent aussi modifier leur métabolisme pour s'adapter aux variations qu'ils sont capables de percevoir dans l'environnement. Les cyprès, par exemple, en cas de feu, libèrent une substance volatile qui, s'ils la conservaient, les rendrait plus vulnérables aux flammes[1]. Selon une étude japonaise, les arbres présentent une activité électrique inhabituelle jusqu'à trois ou quatre jours avant un séisme[2]. Bien que les plantes n'aient ni cerveau ni neurones, elles diffusent des informations, ont une mémoire, prennent des décisions et résolvent des problèmes.

D'autres découvertes scientifiques, comme les travaux de l'éthologue et primatologue Frans de Waal, nous montrent que les animaux utilisent des outils et des concepts, développent des cultures et manifestent des émotions, des stratégies et de l'empathie. Un chimpanzé nommé Ayumu a même prouvé qu'il avait plus de mémoire que n'importe quel humain[3]. Longtemps prédominante dans le monde occidental, la vision selon laquelle les humains se distinguent des non-humains par leurs capacités cognitives et morales s'effondre. Frans de Waal l'affirme : « Il est temps d'arrêter de courir après le propre de l'homme. Dans ma vie, j'ai dû voir 25 propositions sur le propre de l'homme. Toutes sont tombées. [...] [C]'est une différence de degré, pas de nature[4]. » D'après lui, les personnes, encore nombreuses dans la sphère scientifique, qui restent dans le déni sont des « néocréationnistes » : elles admettent que nous avons, en tant qu'humains, évolué depuis les primates, mais font comme si nos capacités morales et cognitives étaient apparues *ex nihilo* chez l'être humain.

Selon l'hypothèse Gaïa développée par le chimiste britannique James Lovelock, les composants organiques (végétaux, animaux, etc.) et inorganiques (minéraux, eau, etc.) de la Terre ont évolué ensemble sous la forme d'un système vivant complexe, unique et autorégulé qui

1. Rahmani, 2016.

2. Yoshiharu Saito, directeur de l'Institut technique de l'environnement et des prévisions des séismes.

3. Des scientifiques ont présenté à Ayumu une série de neuf chiffres. Ces chiffres sont ensuite apparus sur différentes parties de l'écran pendant 0,2 seconde. Lors du test de mémoire, le chimpanzé a été capable de pointer les différentes parties de l'écran dans le bon ordre, ce que le champion britannique des concours de mémoire n'a pas été en mesure de faire (interview de Frans de Waal, *Le Monde*, 11 octobre 2016).

4. Herzberg, 2016.

maintient et fait perdurer les conditions favorables à la vie sur notre planète. Lovelock explique que, même si la luminosité du soleil – source de chaleur de la Terre – a augmenté d'environ 30 % depuis l'apparition de la vie il y a près de 4 milliards d'années, le Système Terre a réagi comme un tout afin de conserver des températures adaptées à la vie. Le système terrestre ressemble donc à un organisme individuel qui régule la température de son corps, son équilibre sanguin, etc. Si la théorie Gaïa était au départ très controversée dans le monde scientifique, l'idée d'une planète vivante est aujourd'hui communément acceptée. C'est ce qu'affirmait Ferris Jabr, un auteur scientifique américain, dans les colonnes de *The New York Times* en 2019 : « Comme beaucoup d'êtres vivants, la Terre présente une structure hautement organisée, une membrane et des rythmes quotidiens. Elle consomme, emmagasine et transforme l'énergie. Et si des microbes sur leur astéroïde ou bien des humains sont capables de coloniser d'autres mondes dans l'univers, pourquoi les planètes ne pourraient-elles pas procréer[1] ? »

Malgré la référence à la déesse grecque de la Terre, la théorie de Lovelock ne repose pas sur l'hypothèse d'une conscience terrestre qui coordonnerait ces processus. Cependant, elle montre que la vision ancestrale d'une terre vivante, présente dans presque toutes les cultures indigènes, est compatible avec une approche scientifique, au moins sur le plan théorique. Elle offre une sagesse pratique à redécouvrir pour guider nos relations avec la Terre.

Inter-être avec la Terre mère

Quand j'ai assisté au Parlement des religions du monde pour la première fois en 2015, j'ai été surpris par le fait que les grandes traditions religieuses et spirituelles partagent et mettent de plus en plus en avant la vision de la « Terre mère », reconnaissant ainsi la profonde sagesse de nos frères et sœurs indigènes. Les Nations unies ont même instauré la Journée internationale de la Terre nourricière (cela aurait pu aussi se traduire par « Terre mère ») en 2009 sur proposition de l'État plurinational de Bolivie. Cette journée est désormais célébrée le 22 avril de chaque année[2]. La résolution des

1. Jabr, 2019 (traduction libre).
2. Résolution A/RES/63/278, adoptée par l'Assemblée générale des Nations unies. Voir A/RES/63/278 (undocs.org), consulté le 29 juillet 2020.

Nations unies constate que « l'expression Terre nourricière est couramment utilisée dans de nombreux pays et régions pour désigner la planète Terre et qu'elle illustre l'interdépendance existant entre l'être humain, les autres espèces vivantes et la planète sur laquelle nous vivons tous ».

Les peuples indigènes ont une compréhension aiguisée de leur interdépendance avec le monde naturel. Les cultures amérindiennes parlent de « trame de la vie », comme l'a expliqué le chef Seattle (1786-1866) en 1854 : « Ce n'est pas l'homme qui a tissé la trame de la vie : il en est seulement un fil. Tout ce qu'il fait à la trame, il le fait à lui-même. Toutes choses sont liées. Toutes choses se tiennent[1]. » Hélas, nous n'en avons plus l'expérience immédiate dans nos sociétés modernes complexes où l'eau sort du robinet, où la nourriture se trouve au supermarché, et où le poisson pané semble l'espèce aquatique la plus connue des enfants.

La crise environnementale nous incite aujourd'hui à réapprendre cette vérité souveraine. En réalité, la crise de la biodiversité et son impact sur l'humanité restent souvent encore peu tangibles, moins que le changement climatique par exemple. Je me souviens d'une ministre française de l'Écologie qui, lors d'une convention des Nations unies sur la diversité biologique, évoquait les difficultés rencontrées pour parvenir à un accord ambitieux. Elle expliquait à l'auditoire que les gens ne considéraient pas l'extinction des grands singes comme une menace pour l'humanité. Pourtant, nous faisons tous partie de la trame de la vie, et notre bien-être est intrinsèquement lié à celui des autres espèces, comme nous l'explique un peu plus chaque jour la science. Elle estime que 75 % de nos cultures vivrières et près de 90 % des plantes sauvages à fleurs dépendent, au moins en partie, de pollinisateurs sauvages, comme les abeilles[2]. Elle souligne aussi le rôle important de la déforestation dans la terrible épidémie d'Ebola qui a frappé l'Afrique occidentale en 2014, et le retour de la peste noire à Madagascar la même année : les chauves-souris et les rats porteurs de maladies avaient en effet été contraints de se rapprocher des humains.

1. Lors du discours qu'il a prononcé au titre de chef de la tribu des Suquamish (nord-ouest des États-Unis), en réponse à la proposition du président américain d'abandonner leurs terres et de vivre dans une réserve (traduction libre).

2. IPBES, 2016. Selon ce rapport, « on estime que 5 à 8 % de la production agricole mondiale actuelle, représentant une valeur commerciale annuelle de 235 à 577 milliards de dollars des États-Unis (en 2015) à l'échelle mondiale, dépend directement de la pollinisation animale » (traduction libre).

Mais au-delà de ces relations de cause à effet linéaires, nous devons adopter une sagesse plus systémique et admettre que la Terre est un système éminemment complexe – comme nous l'avons constaté, par exemple, avec la réintroduction des loups à Yellowstone – et toujours en quête d'équilibre. La détérioration de l'environnement peut avoir des effets en cascade inattendus. Toutes les espèces sont interconnectées, et chacune d'entre elles joue un rôle particulier dans l'écosystème. Il ne s'agit pas seulement des abeilles, des rats, des arbres ou d'une espèce X ou Y si magnifique et pourtant menacée. C'est l'ensemble du système vivant qu'il nous faut préserver. Nous intersommes avec tout ce qui existe : la nourriture que nous mangeons, l'air que nous respirons, l'eau que nous buvons... Même notre corps héberge d'autres micro-organismes que les cellules humaines : bactéries, archées, champignons, protistes et virus. Ces micro-organismes représentent environ 99 % du nombre total de gènes dans notre corps et se situent surtout dans l'intestin. Ils contribuent à notre digestion et à notre immunité, influent sur la motricité et le développement du langage chez les bébés, jouent sur le choix de nos partenaires sexuels, affectent notre alimentation, notre santé et notre poids, et ont un impact sur notre état émotionnel, notre personnalité et nos comportements sociaux[1].

Les bienfaits de la nature

Que cela nous plaise ou non, nous faisons partie de la vie. Il s'agit donc de tisser une relation harmonieuse avec elle, et de nourrir la vie en nous. Quoi de mieux pour cela que de passer du temps dans la nature – « une source pure à laquelle on peut boire sans crainte de s'empoisonner[2] », selon Guillaume Apollinaire ? Les travaux scientifiques qui le confirment pullulent aujourd'hui. Le tableau 3 ci-après présente les nombreux bienfaits de la nature dans le domaine du bien-être et de la santé physique et mentale, qui ont été identifiés par la science. On peut ainsi comprendre le « syndrome du manque de nature » mis en évidence par le journaliste américain Richard Louv[3]. Je me souviens avoir observé quand j'étais étudiant que les gens élevés au plus près

1. Voir par exemple Kurzgesagt – In a Nutshell, « Comment les bactéries règnent sur votre corps – Le microbiome », YouTube, 5 octobre 2017, consulté le 29 juillet 2020.
2. Apollinaire, 1977.
3. Louv, 2020.

de la nature me semblaient plus sains. Leur énergie était différente : je les sentais plus frais, plus vivants.

La plupart d'entre nous n'ont pas attendu que la science confirme ce que l'on sait intuitivement, par expérience : combien une balade en forêt nous apaise, nous aide à nous sentir bien et à nous régénérer. Le docteur Qing Li, chercheur à l'université de Tokyo, a récemment légitimé sur le plan scientifique le *shinrin yoku* ou « bain de forêt », pratique thérapeutique japonaise ancestrale. Avec son best-seller, *Shinrin-yoku. L'art et la science du bain de forêt*[1], le docteur Qing Li s'inscrit dans un mouvement mondial en plein essor, qui met en évidence les nombreux bienfaits d'une balade en forêt pour la santé et le bien-être : renforcement du système immunitaire, diminution de la tension et du niveau de stress, augmentation de la concentration et de la créativité, ou encore éveil et stimulation de tous nos sens. À travers le monde, des professionnels certifiés en « bain de forêt » proposent aujourd'hui une multitude d'expériences, incluant par exemple des méditations et des exercices guidés dans la nature.

Ce contact et cette reconnexion avec la nature se traduisent logiquement par des comportements plus vertueux sur le plan environnemental, comme a pu le mettre en évidence une étude scientifique[2]. On peut nourrir ce contact avec la nature de nombreuses manières, y compris à la maison et au travail. Je me souviens du jour où j'ai apporté ma première plante dans mon petit appartement à Paris. Au cours de la semaine suivante, je suis rentré chez moi et j'ai pu ressentir que l'énergie du lieu avait complètement changé et que rayonnait maintenant la vie. Le contraste était flagrant. Comment avais-je pu vivre jusqu'alors dans un lieu si désolé sans le remarquer ? Je sortais à grand-peine de l'une des périodes les plus difficiles de mon existence. J'avais le sentiment que mon appartement reflétait mon vide intérieur. Quand une de mes proches, peu attirée par la nature, m'a expliqué quelques années plus tard qu'elle voulait se débarrasser de la dernière plante de son grand appartement, cela m'a inquiété et attristé, car j'avais l'impression qu'elle enlevait littéralement la vie d'elle-même.

1. First, 2018.
2. Nisbet *et al.*, 2008.

Tableau 3 : Typologie des bienfaits découlant des interactions avec la nature[1]

Bienfaits	Description	Exemples
Bien-être psychologique	Effet positif sur les processus mentaux	Renforcement de l'estime de soi
		Amélioration de l'humeur
		Diminution de la colère/frustration
		Bien-être psychologique
		Diminution de l'anxiété
		Amélioration du comportement
Cognition	Effet positif sur les capacités cognitives ou sur le fonctionnement cognitif	Restauration de l'attention
		Diminution de la fatigue mentale
		Amélioration des performances scolaires
		Opportunités d'éducation/apprentissage
		Amélioration de la capacité à réaliser des tâches
		Amélioration des fonctions cognitives chez l'enfant
		Augmentation de la productivité
Physiologie	Effet positif sur le fonctionnement physique et/ou sur la santé physique	Diminution du stress
		Diminution de la tension
		Diminution des niveaux de cortisol
		Diminution des maux de tête
		Diminution des taux de mortalité liés aux maladies circulatoires
		Guérison plus rapide
		Désintoxication
		Santé perçue/bien-être perçu
		Diminution des maladies cardiovasculaires, respiratoires et chroniques
		Diminution de la survenue de maladies

1. Keniger *et al.*, 2013.

Les effets positifs de la nature urbaine sur les humains sont également de plus en plus documentés par la science. Ils ne se limitent pas aux individus mais semblent aussi des facteurs importants de santé sociale. L'« aménagement des espaces verts » permet notamment aux villes de renforcer le capital social – car les parcs, les jardins et les espaces ouverts encouragent les interactions[1] –, de faire chuter la criminalité – bien que la relation de cause à effet reste encore une énigme[2] –, d'améliorer la sécurité dans les rues[3], etc.[4]. De nombreuses municipalités mettent aujourd'hui en application toutes ces découvertes.

L'écologie constitue la seule nouvelle idéologie politique du XXIe siècle[5]. La crise environnementale actuelle est si ancrée dans nos esprits et dans les structures de nos systèmes sociaux et économiques, et elle est si imbriquée dans toutes les autres crises auxquelles nous devons faire face, qu'y mettre fin donnerait naissance à une toute nouvelle forme de civilisation. À l'image de l'industrialisation qui a transformé nos sociétés dans toutes leurs dimensions, nous avons besoin d'une écologie intégrale qui aligne nos systèmes économiques, politiques, sociaux et culturels sur les principes et les lois de la nature.

La Chine : des ressources culturelles pour une civilisation écologique

C'est ce vers quoi affirme s'être engagée la Chine en intégrant dans sa Constitution en 2012 l'objectif de devenir une civilisation écologique. On peut croire à une simple rhétorique politique, qui est elle aussi réelle. Mais, malgré les aberrations écologiques persistantes, force est de constater que la Chine réalise aussi des investissements considérables pour verdir son « développement ». Plus important peut-être sur le long terme, le langage utilisé traduit aussi les importantes ressources culturelles, philosophiques et spirituelles, dont le pays pourrait se saisir pour atteindre cet objectif. Quand Xi Jinping, déjà alors président de la République populaire de Chine, a appelé à entrer dans la « civilisation écologique », il a expliqué que cela

---

1. Voir https://depts.washington.edu/hhwb/Thm_Community.html, consulté le 29 juillet 2020.

2. Voir https://depts.washington.edu/hhwb/Thm_Crime.html, consulté le 29 juillet 2020.

3. Voir https://depts.washington.edu/hhwb/Thm_SafeStreets.html, consulté le 29 juillet 2020.

4. Voir https://depts.washington.edu/hhwb/Top_Introduction.html, consulté le 29 juillet 2020.

5. Comme expliqué par Nazaret, 2019.

devrait garantir « l'harmonie entre l'homme et la nature », ajoutant que « nous, en tant qu'êtres humains, devons respecter la nature, suivre son rythme et la protéger ». Son gouvernement « encouragera des modes de vie simples, modérés, verts et décarbonés, et s'opposera à l'extravagance et à la surconsommation »[1].

La sémantique nous invite à reconnaître combien ce concept entre en résonance avec la culture chinoise. Le Tao occupe une place centrale dans la philosophie et les religions d'Asie de l'Est, telles que le confucianisme, le taoïsme et le bouddhisme chinois. Même si le Tao est inexprimable et ne « peut être nommé[2] », il est fréquemment traduit par le terme « voie » et considéré comme le premier principe cosmique, le flux de l'univers, l'ordre naturel qui imprègne et gouverne toutes choses, et qui maintient l'univers en équilibre. Il est souvent associé au *chi* (qui signifie « respiration » ou « énergie ») qui imprègne toutes choses, les plaçant toutes – humains, animaux, plantes – ainsi sur un pied d'égalité[3].

Selon ces traditions, le but de la pratique spirituelle consiste à ne devenir qu'un avec le Tao ou à s'harmoniser avec la nature et à suivre sa voie pour atteindre le « non-agir » (*wuwei*). Cette vision n'a pas été confinée aux pratiques spirituelles individuelles, mais inspire depuis longtemps la philosophie politique asiatique. Le Tao peut être contemplé dans la nature, qui est la principale source de sagesse, d'inspiration et de nourrissement. Ainsi, le sage aura spontanément tendance à choisir une vie simple, humble et frugale, proche de la nature. « Celui qui a pénétré le sens de la vie ne se donne plus de peine pour ce qui ne contribue pas à la vie[4] », a dit Tchouang-Tseu, célèbre philosophe taoïste du IVe siècle avant Jésus Christ, un message aujourd'hui repris par le mouvement de la simplicité volontaire.

De manière plus générale, selon la philosophie chinoise traditionnelle, pour toute personne ou nation, une bonne vie est une vie vécue en harmonie avec la voie, ce qui peut conduire à diverses interprétations et priorités. En effet, cet ordre naturel n'est pas seulement présent dans la nature, il se trouve aussi dans les relations sociales, la famille, les arts et les traditions, par exemple. Mais il serait vain de le chercher dans des biens matériels, le pouvoir ou la célébrité[5]. Ainsi, se métamorphoser en une « civilisation écologique » signifierait pour la Chine – une culture riche de cinq mille ans d'histoire – renouer avec la sagesse de ses ancêtres

1. Xi Jinping, 2017 (traduction libre). D'après les observations de Lent, 2018.
2. *Tao Te King* de Lao-Tseu.
3. Chen, 2012.
4. Ricard, 2014.
5. Ivanhoe, 2013.

et leur quête de la bonne vie. Elle pourrait alors offrir un nouveau modèle pour le monde. On en est bien sûr très loin : cela demanderait de dépasser son enfermement idéologique actuel pour réaliser une transformation institutionnelle radicale.

Vivir bien et *buen vivir* : institutionnaliser les intentions ne garantit pas leur réalisation

Le taoïsme présente beaucoup de points communs avec les philosophies indigènes. En Amérique du Sud, ces dernières ont servi à une réflexion politique majeure sur les objectifs de développement et l'alignement de nos sociétés vis-à-vis des besoins et de la sagesse de la vie. Les concepts andins de Suma Qamaña (en aymara) et Sumaq Kawsay (en quechua) sont traduits de manière imparfaite en espagnol par les termes *vivir bien* (« bien vivre ») et *buen vivir* (« bonne vie »)[1]. Enracinés dans les cosmovisions indigènes et nourris par la pensée moderne – notamment sur le post-développement –, ces concepts mettent l'accent sur l'importance de vivre en harmonie avec la nature et avec autrui[2] (« coexistence harmonieuse[3] »).

La décolonisation, le respect des cultures traditionnelles et des identités culturelles, l'importance de la communauté et l'équilibre entre les différents éléments qui forment un tout (y compris le matériel et le spirituel) sont d'autres caractéristiques essentielles de ces concepts pluriels, en constante élaboration entre les communautés indigènes, les mouvements sociaux et le monde universitaire. Depuis la fin du XXe siècle, ils reçoivent une attention croissante comme des alternatives au néolibéralisme, à l'extractivisme (modèle de développement reposant sur l'exploitation des ressources naturelles, y compris les ressources minières), au consumérisme, et même au développement, qui est perçu comme une idée occidentale fondamentalement étrangère aux cultures indigènes.

Ces deux concepts de « *vivir bien* » et de « *buen vivir* » qui font écho à des termes similaires dans de nombreuses cultures indigènes d'Amérique latine[4] sont devenus les piliers des gouvernements de Rafael Correa en Équateur et d'Evo Morales en Bolivie. Ils sont d'ailleurs entrés dans la

1. Ce passage s'appuie sur les travaux de Solón, 2018, Gudynas & Acosta, 2011 et Beluche, 2018.
2. Solón, 2018.
3. Gudynas & Acosta, 2011.
4. Par exemple, Teko Kavi et Ñandereko chez les Guaranis, Shiir Waras chez les Shuars, et Küme Mongen chez les Mapuches (Solón, 2018).

Constitution des deux pays en 2008 et 2009. Le *buen vivir* est considéré comme un droit dans la Constitution équatorienne, tandis que le *vivir bien* et d'autres concepts indigènes similaires[1] sont décrits en tant que valeur et principe essentiels dans la Constitution de l'État de Bolivie, désormais reconnu comme « plurinational ». Les deux concepts sont devenus le principal objectif politique des deux pays, et ils ont donné leur nom aux plans de développement mis en place[2].

Avec sa nouvelle Constitution de 2018, l'Équateur est devenu le premier pays au monde à codifier les droits de la nature. Selon l'article 17 : « La nature ou *Pacha Mama*, où la vie se reproduit et s'accomplit, a droit au respect intégral de son existence ainsi qu'au soin et à la régénération de ses cycles vitaux, structure, fonctions et processus évolutifs. Toute personne, communauté, peuple ou nationalité peut exiger de l'autorité publique le respect des droits de la nature. »

En Bolivie, les droits de la nature sont apparus dès 2010 dans la Loi sur les droits de la Terre mère, qui, pour l'instant, s'est avérée peu efficace[3]. Du fait de leur institutionnalisation et de la cooptation de l'État, le *buen vivir* et le *vivir bien* ont perdu une bonne partie de leur âme. La vision développementaliste et productiviste reste prédominante. Les modèles extractivistes ont prospéré dans le but d'accumuler des ressources et de pouvoir en fin de compte transcender ces modèles, selon le Plan national du *buen vivir* en Équateur[4]. Hélas, les coûts environnementaux ont été souvent immenses, notamment en Bolivie. Avec l'instauration de mesures sociales en parallèle, la Bolivie et l'Équateur ont ainsi amélioré plusieurs indicateurs de développement traditionnels, mais ils ne se sont pas pour autant rapprochés de la bonne vie, telle qu'envisagée initialement à travers ces concepts.

Ces gouvernements, particulièrement en Bolivie, sont devenus plus autoritaires. Ils ont fragilisé la capacité des communautés et des sociétés à s'auto-organiser et à construire par le bas le *buen vivir* ou le *vivir bien*. Néanmoins, les gouvernements bolivien et équatorien ont activement promu au niveau international ces concepts, philosophies et politiques associées. Ils ont ainsi permis l'élaboration d'un projet de Déclaration universelle des droits de la Terre mère (voir chapitre 16,

1. Tout comme « *ama qhilla, ama llulla, ama suwa* » (« ne sois pas paresseux, ne mens pas, ne vole pas »), « *suma qamaña* » (« vivre bien »), « *ñandereko* » (« vie harmonieuse »), « *teko kavi* » (« bonne vie »), « *ivi maraei* » (« terre sans mal ») et « *qhapaj ñan* » (« chemin ou vie noble »).

2. Ministerio de la Planificación del Desarrollo, 2009 ; SENPLADES, 2009.

3. Solón, 2018.

4. SENPLADES, 2009.

« Nature ») et l'adoption de la Journée internationale de la Terre nourricière et de plusieurs résolutions sur l'« harmonie avec la nature » par les Nations unies[1].

Biomimétique : la sagesse de la nature comme inspiration

Nos ancêtres ont passé beaucoup de temps à contempler la nature comme le livre sacré originel afin de comprendre le fonctionnement de la vie, notre place et notre rôle en son sein, mais aussi d'apprendre à aligner et harmoniser l'organisation de nos sociétés avec les lois et principes naturels. De nos jours, l'intelligence de la nature, ses 3,8 milliards d'années de recherche et de développement, et ses solutions novatrices, efficaces, durables, résilientes et éprouvées connaissent un regain d'intérêt.

Le biomimétisme désigne l'imitation des modèles, des systèmes et des éléments de la nature visant à résoudre les problèmes humains les plus complexes[2]. Bien que cette approche ait toujours existé, elle offre un champ de recherche et d'application en pleine expansion et très prometteur, qui a récemment donné l'occasion de mettre au point une foule de technologies innovantes, souvent vertes et durables. Par exemple, le velcro est né de l'observation de plantes qui se servaient de crochets pour disséminer leurs graines par le biais du pelage des animaux, tandis que l'architecture s'inspire des termitières pour concevoir des structures de bâtiments à climatisation passive, utilisées entre autres pour l'Eastgate Centre de Harare (Zimbabwe)[3]. L'étude de la peau du requin est à l'origine de combinaisons de natation particulièrement performantes, ainsi que d'un vernis pour le fuselage des avions[4], et les trains à grande vitesse japonais ont copié le bec du martin-pêcheur pour réduire le bruit à l'entrée de tunnels étroits tout en économisant 15 % d'énergie grâce à un meilleur aérodynamisme[5].

Le potentiel économique du biomimétisme au travers de la mise au point de technologies novatrices dans des secteurs très variés (santé, agriculture, énergie, construction, transport, chimie, textile, etc.) est immense. Il ne fait que renforcer les arguments en faveur de la lutte contre la perte de biodiversité et nous permet de considérer

1. http://www.harmonywithnatureun.org/, consulté le 29 juillet 2020.
2. Vincent *et al.*, 2006.
3. Fehrenbacher, 2012.
4. https://youmatter.world/fr/definition/biomimetisme-definition-exemples/, consulté le 10 mars 2023.
5. Schepman, 2016.

à nouveau la nature comme une source de sagesse et d'inspiration pour concevoir des systèmes durables, résilients et efficaces dans les domaines de l'économie, du social et de la gestion des ressources naturelles. En réalité, l'économie circulaire[1], l'écologie industrielle[2] et la permaculture[3] reposent toutes sur l'imitation de la nature et la pensée systémique, qui – nous l'avons vu – est elle-même issue du domaine de l'écologie.

Cette sagesse naturelle se répand actuellement dans de nombreux domaines, tels que la gouvernance[4], la théorie des organisations ou l'urbanisme. Dans son best-seller intitulé *Reinventing organizations* et dont nous parlerons plus en détail par la suite, Frédéric Laloux affirme que les organisations incarnant le stade de développement le plus élevé à ce jour se considèrent souvent comme des « organismes vivants » ou comme des « systèmes vivants »[5]. La ville nouvelle de Lavasa (Inde) a été conçue pour jouer le rôle d'une forêt humide qui occupait autrefois le même espace, apportant les mêmes services écosystémiques indispensables face à la sécheresse des terres et aux inondations provoquées par la mousson[6]. Les toits ont été par exemple conçus de manière à renvoyer dans l'air une partie des pluies intenses sous forme de vapeur d'eau, les routes ont été tracées de manière sinueuse afin de ralentir l'écoulement des eaux de pluie et de limiter ainsi les dommages, la chaussée permet l'infiltration dans le sol des eaux de pluie, tandis que les fondations des constructions s'accrochent aux collines comme le font les racines des arbres. Toutes ces innovations mettent en valeur l'émergence de nouvelles cultures régénératrices, reconnaissant que nous faisons partie de la nature, qu'elle est la voie à suivre : nous ne pouvons prospérer qu'avec elle, et certainement pas contre elle.

---

1. Dans lesquelles la matière, l'énergie ou les actions produites par une entité sont utilisées par une autre entité dans un système donné. Cette approche s'inspire de la nature, où rien ne se perd et tout se transforme.

2. L'écologie industrielle « vise à mettre en place une organisation du système économique, caractérisée par un usage optimal des ressources et un fort taux de réutilisation et recyclage des produits, de la matière et de l'énergie. Il faut, pour ce faire, inciter les acteurs économiques à développer des synergies afin de réutiliser les résidus de production et déchets des uns comme des matières premières pour les autres. La démarche vise également à mutualiser certains services et équipements » (Legrain, 2014).

3. Dans laquelle la production alimentaire repose sur des principes naturels et sur une utilisation optimale des ressources et processus naturels disponibles.

4. Voir les travaux remarquables entrepris par mes amis Shelley Ostroff et Yan Golding : https://www.codes.earth/, consulté le 29 juillet 2020.

5. Voir aussi par exemple Wolfe, 2011 et Bogatyreva & Shillerov, 2015.

6. Ricard, 2015.

Selon Thich Nhat Hanh, « ce dont nous avons le plus besoin, c'est d'écouter en nous les échos de la Terre qui pleure[1] ». Il n'y a pas de « nature humaine » distincte de la nature elle-même, comme l'explique Frans de Waal. Si nous sommes vraiment en connexion avec notre propre nature, nous pouvons entrer en connexion avec la Terre et nous sentirons alors automatiquement le besoin de nous engager pour défendre la vie. Nous faisons partie de la Terre mère : nous sommes son système immunitaire. Il est temps aujourd'hui de revenir vers elle et de reconnaître qu'elle est non seulement la base matérielle de notre vie, mais aussi une source inépuisable d'inspiration et de sagesse. À l'instar de l'hortithérapie, mise en pratique dans des potagers thérapeutiques et dont la recherche a mis en évidence les effets positifs sur la santé mentale[2], en aidant la Terre mère à se régénérer, nous pouvons sans doute nous guérir nous-mêmes.

1. Khong, 2016.
2. Tu, 2022.

6

Bonheur

Bien-être, eudémonisme, épanouissement, positivité, qualité de vie

« Pour sauver notre planète, nous avons besoin d'une nouvelle vision du bonheur[1]. »

Maître Zen Thich Nhat Hanh

Nous sommes tous à la recherche du bonheur et du bien-être. Pour y parvenir, nos sociétés se sont focalisées depuis le début de l'ère industrielle sur la production de biens et de services. Peu à peu, ce qui était censé n'être qu'un moyen (la production) pour atteindre un but (le bonheur) est devenu largement une fin en soi. Or, on sait aujourd'hui que la croissance économique n'améliore pas nécessairement le bien-être des populations, en particulier à partir d'un certain niveau de développement économique. Il est donc important de replacer le bonheur au cœur de notre projet de société, et d'observer quel type de développement peut nous y mener.

Le bonheur national brut (BNB) du Bhoutan

En 2008, le Bhoutan a modifié sa Constitution pour intégrer le Bonheur national brut (BNB) en tant que principal objectif de développement. Cette décision intervient trente-six ans après que le roi Jigme Singye Wangchuck a déclaré : « Le bonheur national brut est plus important que le produit national brut. » Aujourd'hui, le Bhoutan définit le BNB comme « une approche multidimensionnelle du développement visant à créer un équilibre harmonieux entre le bien-être

1. Nhat Hanh, 2009 (traduction libre).

matériel et les besoins spirituels, émotionnels et culturels de la société[1] ». Le BNB repose sur quatre piliers : une bonne gouvernance, un développement socio-économique durable, la préservation et la promotion de la culture, et la protection de l'environnement. Un cadre institutionnel a été instauré : il comprend la Commission du BNB, responsable de la conception et de la mise en œuvre des plans et des politiques de développement ; un indice du BNB fondé sur des données objectives et subjectives[2] ; et des outils facilitant l'évaluation des politiques et des projets à l'aune du BNB.

Cet indicateur pose les jalons d'un chemin de développement inédit et qui peut paraître étonnant. Il inclut la préservation de la culture par la minimisation de l'influence occidentale, surtout grâce à un contrôle strict du tourisme et à l'interdiction encore récente de la télévision ou des jeans[3] ; la protection de l'économie locale par son intégration limitée dans le système commercial international, comme l'atteste le refus du Bhoutan de rejoindre l'Organisation mondiale du commerce (OMC)[4] ; et la conservation de l'environnement, la Constitution du Bhoutan imposant un seuil minimal de 60 % de couverture forestière[5].

Il faut bien admettre que le Bhoutan est loin d'être un pays idéal, contrairement à l'image cultivée au niveau international par un marketing efficace. Le pays a essuyé de vives critiques pour ses politiques d'épuration ethnique et ses violations des droits de l'homme. Au début des années 1990, dans l'optique de préserver sa culture, le Bhoutan a en effet contraint plus de 100 000 personnes d'origine népalaise (soit un sixième de la population) à l'exil. Une transition progressive vers la démocratie constitutionnelle a commencé dans les années 1980, et il a fallu attendre l'année 2008 pour que les premières élections démocratiques soient organisées.

---

1. GNH Centre Bhutan, 2020 (traduction libre).
2. « L'indice [du BNB] n'est pas destiné à mesurer le bonheur » (Comité directeur et Secrétariat du plan national de développement, 2013, traduction libre). Il s'agit plutôt d'un outil « permettant d'orienter la population et la nation vers le bonheur » (Ura *et al.*, 2012, traduction libre).
3. Correa, 2017.
4. Au départ, le Conseil bhoutanais des ministres s'était prononcé, sur le principe, en faveur de l'entrée du pays dans l'OMC. Cependant, l'évaluation officielle de l'impact potentiel de cette décision sur le bonheur national a mis en avant plusieurs impacts potentiellement négatifs sur le plan social, environnemental, culturel et spirituel, tout en reconnaissant le potentiel impact positif sur le bien-être matériel de la population. Par conséquent, le gouvernement a choisi de ne pas poursuivre sa démarche d'adhésion (Centre for Bhutan Studies, 2008).
5. Gouvernement du Bhoutan, 2013.

Cependant, le BNB semble avoir facilité un « développement » plus équilibré du pays. La forte croissance économique des dernières décennies s'est traduite par un fort recul de la pauvreté[1] et par une augmentation du BNB[2], alors que l'environnement est resté largement préservé – le Bhoutan étant un des rares pays à présenter un bilan carbone négatif, grâce notamment à une superficie forestière couvrant à peu près 81 % du territoire national[3].

Un nouveau paradigme de développement

Cette approche originale a inspiré la communauté internationale. Le 19 juillet 2011, l'Assemblée générale des Nations unies a adopté par consensus la résolution 65/309 intitulée « Le bonheur : vers une approche globale du développement ». Portée par 68 pays, cette résolution vise à soutenir, partager des informations et discuter de la pertinence du bonheur et du bien-être dans le programme de développement mondial, reconnaissant le bonheur comme « un objectif fondamental de l'être humain ». Une réunion de haut niveau sur le bien-être et le bonheur a ensuite eu lieu au siège des Nations unies à New York en avril 2012. Rassemblant plus de 800 délégués, elle a demandé au Bhoutan d'établir un groupe de travail constitué d'experts afin de définir un nouveau paradigme de développement reposant sur son approche du BNB.

Dans un document de 75 pages, intitulé *Bonheur. Vers un nouveau paradigme de développement*, le Bhoutan a donc proposé de placer le bonheur et le bien-être au centre du programme de développement mondial pour la période 2015-2030[4]. Cette proposition décrit le bonheur comme « émanant d'un sentiment de connexion avec la nature, les communautés et le monde, et découlant du service aux autres[5] ». Conformément à l'approche du BNB bhoutanais, le document suggère d'évaluer le bien-être en fonction de neuf domaines ou besoins : la diversité et la résilience

1. Le produit intérieur brut a été multiplié par six entre 1980 et 2017, avec un taux annuel de croissance économique d'environ 7,5 % entre 2007 et 2017 et un taux de pauvreté passant de 23,2 % à 8,2 % entre 2007 et 2017 (Balasubramanian & Cashin, 2019).

2. D'environ 5 % entre 2008 et 2015, la seule période où des données comparables sont disponibles (*ibid.*).

3. Gouvernement du Bhoutan, 2013.

4. Comité directeur et Secrétariat du plan national de développement, 2013. Le programme de développement pour l'après-2015 a pris la forme d'Objectifs de développement durable.

5. Comité directeur et Secrétariat du plan national de développement, 2013 (traduction libre).

écologique, le niveau de vie, la santé, l'éducation, la diversité et la résilience culturelle, la vitalité de la communauté, l'utilisation du temps, la bonne gouvernance et le bien-être psychologique. Pour que ces conditions extérieures du bien-être se muent en expérience de bonheur humain et social, elles doivent être associées à la « transformation de nos propres états d'esprit et comportements ». Le développement des « compétences du bonheur », comme « la pleine conscience [...], la bienveillance, la méditation sur la compassion et la pratique consciente de la gratitude, de l'empathie et de la patience »[1] est ainsi encouragé.

En 2013, la discussion au niveau des Nations unies d'une proposition si mature pour guider le développement international m'apparaissait comme une source d'espoir et d'inspiration, proposant un bond de géant dans notre réflexion. Hélas, elle n'a pas été réellement intégrée dans les ODD. Le monde n'était pas encore prêt.

Mais de nombreux pays, comme l'Écosse, les Émirats arabes unis, la Finlande, l'Islande, la Nouvelle-Zélande ou le Pays de Galles[2], et aussi certaines villes ou régions, ont commencé à adopter le bonheur comme leur boussole[3]. Ils repensent ainsi leur modèle de développement et leurs politiques publiques (nous en découvrirons quelques exemples dans la partie III, « Un programme d'action »)[4] et mettent au point de nouveaux indicateurs de progrès social[5] comme alternatives au PIB. En 2019, sous l'impulsion de sa Première ministre Jacinda Ardern, la Nouvelle-Zélande a adopté son tout premier « budget bien-être ». Celui-ci privilégie en particulier les investissements visant à réduire les inégalités et les violences domestiques, et à améliorer l'accès au logement et la santé mentale[6]. Cinq priorités d'investissement ont été définies dans ce sens, au-delà desquelles l'approbation de nouveaux budgets est difficile : la santé

---

1. *Ibid.*
2. Voir https://weall.org/wego, consulté le 1er mars 2023.
3. O'Donnell, 2013.
4. Voir par exemple le Global Happiness Council (2018 ; 2019), David *et al.* (2013), les divers rapports mondiaux sur le bonheur, et le site web https://whatworkswellbeing.org/, consulté le 29 juillet 2020.
5. Par exemple, la Commission française pour la mesure de la performance économique et du progrès social (CMEPSP) a mis en évidence en 2008 trois domaines requérant l'attention des bureaux statistiques et des décisionnaires : l'amélioration de l'évaluation de la production nationale des biens et services, l'intégration des questions de durabilité et l'évaluation de la qualité de vie. Voir aussi les travaux de l'Office for National Statistics (ONS) britannique, l'Indice canadien du mieux-être (ICM), l'indicateur du vivre mieux de l'OCDE, le Social Progress Index, les rapports mondiaux sur le bonheur et la World Database of Happiness.
6. Cuming, 2019.

mentale (surtout chez les jeunes), la lutte contre la pauvreté infantile, la hausse des revenus et des opportunités pour les Maoris et les populations indigènes des îles du Pacifique, la transition vers une économie décarbonée et durable, et la construction d'une nation prospère à l'ère numérique[1]. Il est clair que ces nouvelles priorités politiques sont également le reflet d'un changement culturel porté et traduit au niveau du leadership politique par Jacinda Ardern. Reconnue pour son sens de l'empathie et son authenticité, elle a su quitter le pouvoir d'elle-même début 2023, en reconnaissant qu'« [elle était] un être humain » et n'avait plus assez de forces pour diriger le pays[2].

Par-delà les États, même si parfois sous la pression règlementaire leur imposant de gérer adéquatement les risques psychosociaux, de plus en plus d'entreprises se préoccupent aussi du bien-être de leurs employés. Il a été en effet démontré que cela améliorait leur productivité, leur créativité, leur santé, leur implication, leur loyauté et leur sens de la coopération[3]. Elles instaurent ainsi des programmes dédiés et redéfinissent leurs valeurs, leur organisation et leurs pratiques de management, par exemple en octroyant une plus grande autonomie aux employés ou en développant le télétravail (avant la pandémie !). Le bien-être au travail est même devenu un critère d'investissement clé, comme dans le cas du fonds d'investissement Sycomore Happy@Work, lancé en 2015.

Les initiatives de la société civile telles qu'Action for Happiness[4] se multiplient également. Imaginé par le dalaï-lama en 2010, ce mouvement regroupe des personnes désireuses de bâtir une société plus heureuse et bienveillante. Avant toute chose, ses membres doivent prendre un engagement simple : s'efforcer de créer plus de bonheur dans le monde qui les entoure. Action for Happiness leur offre ensuite une formation au bonheur reposant sur la psychologie positive moderne et les sagesses traditionnelles de l'Occident et de l'Orient, pour les aider à mettre en place des actions à la maison, au travail ou dans leur communauté. Les membres sont aussi encouragés à créer des groupes locaux rassemblant différents acteurs (écoles, services de santé, associations…) pour agir ensemble à travers l'organisation d'événements et de campagnes d'information. En mai 2023, plus de 370 000 personnes issues de 191 pays avaient adhéré à Action for Happiness[5].

1. Graham-McLay, 2019.
2. Ardern, 2023.
3. Chaperon, 2015 ; Optum, 2018.
4. https://actionforhappiness.org/, consulté le 30 mai 2023.
5. https://actionforhappiness.org/, consulté le 30 mai 2023.

La science du bonheur

L'étude scientifique du bonheur a accompagné l'émergence de ce thème dans la sphère politique. Alors que la philosophie discute du bonheur et du bien-être depuis bien longtemps, le développement de la recherche scientifique pourrait apporter des réponses solides à des débats millénaires. Née dans les années 1990, la psychologie positive est à la base de cette nouvelle science. Elle désigne « l'étude scientifique du fonctionnement humain optimal [dont l']objectif est de découvrir et de promouvoir les facteurs qui permettent aux individus, aux organisations et aux institutions de réaliser pleinement leurs potentiels de développement[1] », s'opposant ainsi à la psychologie traditionnelle et à sa focalisation sur les pathologies. En 2009, le professeur Martin Seligman, fondateur de cette nouvelle discipline, a souhaité en repousser les limites pour qu'elle devienne une « science sociale positive » réunissant psychologues, sociologues, économistes, responsables politiques, éducateurs, chercheurs et professionnels dans le domaine de la santé et de l'entrepreneuriat, mais aussi philosophes et penseurs dans le domaine de la religion et de la spiritualité[2]. Cette science du bonheur se caractérise par d'importants débats sur la définition, les déterminants (y compris vis-à-vis de leur rapport au niveau de revenu) et les indicateurs, ainsi que les politiques publiques, les mesures et les outils[3] du bonheur et du bien-être.

Les classements mondiaux du bonheur sont souvent dominés par les pays d'Europe du Nord, comme le Danemark, la Norvège, l'Islande, la Finlande et la Suède, et par d'autres pays européens comme la Suisse et les Pays-Bas, suivis par exemple du Canada, de l'Australie ou de la Nouvelle-Zélande[4]. Ils ont tendance à s'appuyer sur des statistiques nationales relatives au bien-être subjectif, lui-même mesuré par le biais d'une auto-évaluation (i) de la satisfaction à l'égard de la vie ou du

---

1. Seligman & Csíkszentmihályi, 2000.

2. David *et al.*, 2013.

3. La satisfaction à l'égard de la vie peut parfaitement remplacer les analyses coûts/avantages pour la prise de décisions publiques (Frey *et al.*, 2010). Le chômage fait partie des problèmes qui seraient sans doute moins tolérés sous l'angle du bonheur et du bien-être que sous l'angle économique, car la perte de bonheur et de bien-être subjectifs est plus élevée et permanente que la perte de revenu induite par le chômage (Clark, 2010 ; Clark *et al.*, 2001).

4. Voir par exemple les documents intitulés *World Happiness Report* (Helliwell *et al.*, 2015 ; 2017 ; 2019). Chacun de ces rapports s'appuie sur des mesures d'auto-évaluation de la satisfaction à l'égard de la vie et de ses répercussions.

bonheur (mesure cognitive) ; et/ou (ii) des affects positifs ou négatifs (mesure affective). Il est important de garder à l'esprit que les méthodes d'analyse utilisées façonnent nécessairement les conclusions que l'on tire. Par exemple, la surreprésentation des mesures cognitives par rapport aux mesures affectives induit certains biais et peut nous amener à surestimer l'importance des conditions de vie, en particulier les facteurs socio-économiques, ce qui place fréquemment les pays riches en tête des classements mondiaux sur le bonheur[1].

Or, d'après l'étude que Gallup a réalisée en 2019 sur les émotions dans le monde, le Paraguay, pays à revenu intermédiaire, était le pays où les gens déclaraient avoir eu l'expérience la plus positive au cours d'un jour donné[2]. Cela rejoint la croyance populaire : la joie et les émotions positives exprimées par les populations pauvres des « pays en développement » étonnent souvent les Occidentaux, alors que les pays d'Europe du Nord, qui s'estiment très satisfaits de leur vie, ne sont pas forcément connus pour ressentir des émotions aussi fortes et positives. La combinaison entre domination symbolique des valeurs matérialistes et tendance à la comparaison sociale peut créer un biais cognitif et inciter les habitants des pays riches à se penser plus satisfaits de leur vie, tandis que les habitants des pays dits « sous-développés » pourraient, en toute logique, se penser moins satisfaits de leur vie.

Plusieurs analyses du bien-être subjectif ont permis d'identifier les principales conditions sociales qui favorisent le bonheur. Elles mettent particulièrement en avant ses fondements sociaux et culturels. Le capital social, défini comme « l'étendue de la confiance, des réseaux de soutien social, et de la prosocialité au sein d'une société[3] », serait ainsi le déterminant clé du bien-être subjectif[4], très loin devant la richesse[5]. Une étude de référence, publiée presque tous les deux ans dans le Rapport mondial sur le bonheur, compare les niveaux auto-évalués de satisfaction à l'égard de la vie dans quasiment tous les pays[6]. Pour faciliter la compréhension des déterminants du bonheur, elle utilise six

1. Mulgan, 2013 ; Tov & Au, 2013 ; Diener *et al.*, 2010 ; Helliwell *et al.*, 2015 ; Rojas, 2018.

2. Gallup, 2019.

3. Sachs, 2015 (traduction libre).

4. Sachs, 2015 ; Helliwell *et al.*, 2017a ; 2019.

5. En effet, selon Helliwell *et al.* (2017a), dans une société donnée, les effets que produit le bonheur sur 10 % de personnes supplémentaires qui ont « quelqu'un sur qui compter » sont équivalents au doublement du PIB par habitant.

6. Helliwell *et al.*, 2019.

variables[1] qui permettent d'expliquer les trois quarts de la variation des niveaux nationaux de bonheur entre 2005 et 2018.

Ces recherches ont permis d'établir la contribution des variables suivantes vis-à-vis du bonheur national : soutien social (34 %), PIB par habitant (26 %), espérance de vie en bonne santé (21 %), liberté (11 %), générosité (5 %) et corruption (3 %)[2]. Les quatre variables liées à la qualité du contexte social (soutien social, liberté, générosité et corruption) représentent plus de la moitié des facteurs déterminants. Et ces chiffres sont probablement sous-estimés, car la mesure de la contribution des contextes sociaux au bonheur est limitée par la disponibilité des données pour d'autres variables susceptibles d'en rendre compte, tandis que la qualité du tissu social est elle-même un facteur déterminant de richesse et de bonne santé. La prospérité matérielle est un facteur important de satisfaction à l'égard de la vie, mais ses effets diminuent de façon nette dès lors qu'un certain seuil est franchi[3].

Le bonheur est associé de manière négative aux inégalités sociales – en particulier sur le plan du bien-être – qui ont récemment augmenté à l'échelle nationale et internationale. Ainsi, accroître le bien-être du segment le plus bas de la population peut s'avérer bénéfique pour l'ensemble de la société[4], car cela vient renforcer le capital social. Ce dernier est fondamental pour la résilience de nos sociétés et nous serions bien avisés d'en tenir davantage compte au vu des incertitudes et des risques qui nous attendent, parmi lesquels de possibles effondrements majeurs. Après une crise, le bien-être subjectif peut chuter si le tissu social se désagrège lorsque « la crise provoque reproches et dissensions plutôt que coopération et réparation » (ce qu'a connu, par exemple, la Grèce pendant les dix années ayant suivi la crise économique de 2008) ou, à l'inverse, il peut augmenter si l'on considère cette crise comme

1. Le choix de ces variables est discutable et limité par la disponibilité des données.

2. Si les mesures liées au PIB et à l'espérance de vie en bonne santé reposent sur les données disponibles, les autres variables s'appuient sur les réponses données aux questions suivantes :

• « En cas de problème, pouvez-vous compter sur des membres de votre famille ou des amis pour vous aider à n'importe quel moment ? »

• « Êtes-vous satisfait(e) de votre liberté de choix dans la vie ? »

• « Avez-vous donné de l'argent à une organisation caritative au cours du dernier mois ? »

• « La corruption est-elle répandue au sein de votre gouvernement ? » et « La corruption est-elle répandue dans le secteur privé ? » (traduction libre).

3. Inglehart, 2018.

4. Helliwell *et al.*, 2016 ; 2017a.

l'occasion de renforcer le capital social (par exemple, en Islande et en Irlande pendant la même période)[1].

Des déterminants culturels du bonheur ont aussi été mis en lumière, notamment les attitudes vis-à-vis du pouvoir et l'égalité des genres, de même que des sentiments forts d'appartenance à un endogroupe, et une orientation vers plus d'humanité (quand les sociétés valorisent les personnes « justes, altruistes, généreuses, bienveillantes et gentilles[2] »). Des chercheurs ont démontré que les facteurs culturels pouvaient expliquer plus de 90 % des niveaux nationaux de bien-être subjectif, tandis que les indicateurs plus traditionnels associés au revenu, à l'éducation, aux droits de l'homme et à l'urbanisation représenteraient moins de 10 %[3].

Sous un autre angle, Ronald Inglehart affirme que la liberté de choix est la condition principale du bonheur. Selon lui, le bonheur mondial a beaucoup augmenté depuis les années 1980, avant de baisser ou de stagner depuis la crise financière de 2008. Cette tendance exceptionnelle à la hausse était surtout due à « une remarquable conjonction de circonstances favorables[4] ». Le facteur dominant était le renforcement de la tolérance sociale (vis-à-vis des rôles de genres, de l'homosexualité, de l'identité ethnique, etc.), suivi de la démocratisation et, dans une moindre mesure, de la croissance économique. Tous ces facteurs ont permis aux gens d'être plus libres dans leurs choix de vie.

L'importance relative desdits facteurs dépend du niveau de développement des pays. Si le renforcement de la tolérance sociale est crucial dans l'augmentation du bonheur des pays riches, la démocratisation joue un rôle clé pour les pays à revenu intermédiaire, tandis que la croissance économique est vitale pour les pays les moins prospères. Cette tendance reflète aussi l'évolution générale depuis les valeurs de survie jusqu'aux valeurs d'expression individuelle, plus propices au bonheur, ainsi que le contrecoup culturel actuel et le retour aux valeurs de survie qui menacent aujourd'hui cette évolution prometteuse.

Ne se contentant pas d'étudier les déterminants du bonheur sur le plan collectif, la science du bonheur a également mis en évidence les éléments constitutifs d'une bonne vie au niveau individuel, qui varient

1. Helliwell *et al.*, 2017a. Selon les auteurs, « [c]es améliorations [apportées au tissu social] garantissent de meilleures réponses face à la crise et entraînent des retombées plus importantes sur le bonheur, car les gens accordent de la valeur au sentiment d'appartenir à une communauté bienveillante et efficace ». Les résultats ont été recueillis pendant les périodes 2005-2007 et 2014-2016 (traduction libre).

2. Ye *et al.*, 2015 (traduction libre).

3. Ye *et al.*, 2015.

4. Inglehart, 2018 (traduction libre).

en fonction de la situation nationale. Ainsi, le revenu occupe une place plus importante pour les pays à faible revenu que pour les pays à revenu élevé. La qualité des relations, en particulier avec un partenaire et une famille, est généralement reconnue comme le facteur le plus essentiel[1], ce qui confirme la nature relationnelle de l'humain. « Les relations nous maintiennent plus heureux et en meilleure santé[2]. » Telle est la conclusion de la célèbre Étude de Harvard sur le développement des adultes, menée pendant quatre-vingts ans[3]. C'est pourquoi les gens qui adoptent une vision relationnelle de l'existence sont souvent plus heureux que ceux qui choisissent une vision individualiste et matérialiste. De nombreuses études en témoignent[4]. L'importance de la santé physique (à laquelle les bonnes relations contribuent) est aussi attestée, tandis que les systèmes de croyances, la religion[5], le revenu et l'accomplissement professionnel arrivent bien plus loin[6].

Le bonheur : une manière d'être, un art de vivre

Plus fondamentalement, les traditions philosophiques et spirituelles prémodernes du monde entier expliquent depuis des siècles que le bonheur dépend plus de nous que de nos conditions de vie. Datant d'Aristote, le concept d'eudémonisme (voir encadré 9) est essentiel dans la réflexion et la discussion autour de la littérature scientifique sur le bonheur. S'il est parfois assimilé à un « accomplissement », Veronika Huta, professeure de psychologie, le définit « plus ou moins » comme « des états et/ou des quêtes associés à l'utilisation et au développement du meilleur de soi-même, en accord avec le soi véritable et ses principes les plus ancrés[7] ».

1. Demir, 2013.
2. Waldinger, 2016.
3. https://www.adultdevelopmentstudy.org/, consulté le 29 juillet 2020.
4. Notamment les travaux du psychologue américain Tim Kasser (Kasser, 2002 ; Kasser & Sheldon, 2002).
5. Inglehart, 2018 ; Myers, 2013.
6. Voir par exemple le sondage réalisé en 2005 pour la BBC par GfK NOP au Royaume-Uni. Parmi les facteurs de bonheur les plus déterminants, les personnes interrogées ont cité « les relations avec le partenaire/conjoint et la famille » (47,5 %), « la santé » (23,5 %), suivies de loin par « un endroit agréable à vivre » (8,5 %), « de l'argent et une bonne situation financière » (7,5 %), « la vie religieuse et spirituelle » (6 %), « la communauté et les amis » (5 %) et « l'accomplissement professionnel » (2 %) (traduction libre). Par ailleurs, le chômage est connu pour avoir un effet désastreux et durable sur le bonheur (Mulgan 2013 ; De Neve & Ward, 2017), sans doute parce qu'il affecte aussi les relations sociales.
7. Huta, 2013 (traduction libre).

Encadré 9 : Eudémonisme[1]

Selon Veronika Huta, « Aristote définit l'eudémonisme comme un comportement actif qui allie excellence et vertu conformément à la raison et à la contemplation – des facultés qui nous distinguent des autres espèces – et qui est mis en œuvre pour son propre bien. Sa conception inclut des vertus morales telles que la justice, la gentillesse, le courage et l'honnêteté, mais aussi l'activité intellectuelle et des performances élevées dans n'importe quelle activité, comme un métier[2] ».

Huta associe l'eudémonisme aux thèmes suivants : l'excellence, l'authenticité, le développement (« évolution personnelle et réalisation de son potentiel[3] »), le fonctionnement optimal, un large champ d'action (service…), l'engagement, l'autotélisme (« vision du moyen ou du processus comme une fin en soi[4] »), la contemplation, l'acceptation, le sens, l'élévation, l'admiration, la connexion, la vitalité, l'accomplissement et la compétence.

Lié à la pratique de comportements vertueux et à des efforts sur le long terme, l'eudémonisme a souvent été opposé à la quête du plaisir, de la joie et du confort, appelée « hédonisme ». Les recherches montrent que même si les deux approches peuvent conduire au bonheur, l'eudémonisme semble une meilleure voie, plus durable, que l'hédonisme. Mais surtout, c'est la combinaison des deux quêtes – « la vie pleine » – qui apporte une plus grande satisfaction à l'égard de la vie que l'une ou l'autre menée seule[5]. Cela a incité les chercheurs en psychologie positive à développer le concept d'« épanouissement » humain et à le placer au centre de leur agenda de recherche[6]. Bien que le terme soit parfois employé pour désigner l'eudémonisme, ce concept d'« épanouissement » définit un état de santé mentale associé à des émotions positives et à un fonctionnement psychologique et social positif, au travers duquel il est possible de se réaliser. Les chercheurs ont identifié les principales caractéristiques psychologiques associées à l'épanouissement et ils ont

1. *Ibid.*
2. *Ibid.*
3. *Ibid.*
4. *Ibid.*
5. Peterson, Park & Seligman (2005) ; Vella-Brodrick, Park & Peterson (2009) cités *ibid.*
6. Voir Keyes, 2005 ; Seligman, 2010.

découvert qu'elles correspondaient dans une large mesure à l'inverse des symptômes de la dépression[1].

Ainsi, selon certains scientifiques, la santé mentale devrait donc être évoquée de manière positive comme un épanouissement, et non de manière négative comme « la simple absence de maladie mentale[2] ». Ils se sont intéressés aux meilleurs moyens de développer les caractéristiques de l'épanouissement (voir encadré 10). Bien qu'une partie de notre bien-être subjectif soit liée à notre patrimoine génétique[3], ce sont des capacités que nous pouvons tous développer pour mener une vie heureuse et saine.

Des scientifiques ont également tenté d'évaluer la proportion de la population « épanouie » dans diverses sociétés. Si beaucoup d'entre nous se déclarent heureux ou satisfaits de leur vie, seuls 18 % des adultes aux États-Unis[4] ou 12,2 % des Européens sont épanouis – sachant qu'il existe des différences énormes entre l'Europe du Nord (Danemark, 33 %) et l'Europe de l'Est (Russie, 6 %), tandis que des pays tels que le Royaume-Uni (18 %), l'Allemagne (12 %) et la France (10 %) se situent dans un entre-deux.

L'évaluation de l'épanouissement – et non du seul bien-être subjectif – me paraît bien plus exhaustive et appropriée, car une personne en plein épisode maniaque pourrait elle aussi faire état d'un bien-être subjectif. Les gens peuvent facilement se sentir satisfaits de leur vie pour de mauvaises raisons, comme une vision imposée de la réussite. La santé mentale offre une vision plus objective du bien-être.

Cette vision du bonheur en termes d'épanouissement peut radicalement transformer notre modèle de développement et le rendre plus durable. Une vie simple n'empêche pas l'épanouissement mais le favorise bien souvent. En 2007, dans le cadre d'un programme de douze ans, une équipe de neuroscientifiques[5] a relevé chez Matthieu Ricard, moine

---

1. Keyes, 2005 ; 2007. Les principales caractéristiques psychologiques associées à l'épanouissement sont les suivantes :

- émotions positives : affect positif et qualité déclarée ;
- fonctionnement psychologique positif : acceptation de soi, croissance personnelle, but dans la vie, maîtrise de l'environnement, relations positives avec les autres ;
- fonctionnement social positif : acceptation sociale, réalisation sociale, contribution sociale, cohérence sociale, intégration sociale.

2. Keyes, 2005 (traduction libre).
3. Entre 40 et 50 % selon Pavot & Diener, 2013.
4. Keyes, 2005 ; 2007.
5. Dans le cadre d'un programme dirigé par Richard K. Davidson, professeur en sciences cognitives et responsable du Laboratory for Affective Neuroscience à l'université du Wisconsin-Madison.

bouddhiste français proche du dalaï-lama, des mesures physiologiques[1] associées au bonheur qui n'avaient encore jamais été rapportées dans la littérature scientifique[2]. Les médias ont *illico* surnommé Matthieu Ricard « l'homme le plus heureux du monde », qualificatif que ce dernier trouve exagéré.

Certains ont été surpris qu'un homme chaste, désargenté, portant les mêmes vêtements jour après jour, vivant dans un monastère au Népal dans des conditions très spartiates, ayant très peu recours à la technologie et ne croyant probablement pas en Dieu, puisse être le plus heureux du monde. Né en 1946 d'une mère artiste et d'un célèbre philosophe, Matthieu Ricard a grandi auprès de l'élite intellectuelle et artistique française de son époque. Il a obtenu un doctorat en génétique cellulaire sous la direction d'un lauréat du prix Nobel. Puis à l'âge de 26 ans, il a décidé de quitter cette vie pleine de promesses pour devenir moine dans l'Himalaya.

Encadré 10 : La recette du bonheur personnel

L'initiative Action for Happiness a tenté de résumer la psychologie positive en « dix clés pour vivre plus heureux[3] » :

- « donner » ou faire des choses pour autrui ;
- « se relier » ou être en relation avec d'autres personnes, notamment en profitant du sentiment de soutien et d'appartenance à une communauté ;
- « bouger » ou prendre soin de son corps, ce qui inclut un régime alimentaire sain et un bon sommeil ;
- « vivre en (pleine) conscience » ;
- « essayer » ou continuer d'apprendre de nouvelles choses ;
- « se donner une direction » ou se fixer des buts motivants ;
- « se relever » ou trouver des moyens de rebondir, y compris par le biais d'un comportement adapté face à l'adversité, ce pour quoi la définition d'un but authentique dans la vie peut aider ;
- « savourer » des moments heureux ou cultiver des émotions et des comportements positifs ;
- « accepter » soi-même et les autres tels que nous sommes ;
- « trouver du sens » ou faire partie de quelque chose de plus grand.

1. En particulier, des niveaux d'ondes gamma (associées à l'attention, à l'apprentissage et à la mémoire) et une activité excessive dans son cortex préfrontal gauche (associé au bonheur) par rapport à son cortex préfrontal droit (associé à la négativité).

2. Bates, 2012.

3. https://www.actionforhappiness.org/10-keys-to-happier-living, consulté le 29 juillet 2020. L'encadré comporte quelques idées personnelles supplémentaires.

Outre ces dix clés, la psychologie souligne l'importance des caractéristiques ci-après[1] :

- l'autonomie ou la capacité à suivre sa propre voie, agir en harmonie avec soi-même et résister aux sirènes de la pression sociale ;
- la compétence ou la capacité à maîtriser notre besoin de satisfaction ;
- l'engagement vis-à-vis de son développement personnel ;
- la connaissance de soi ;
- l'optimisme ;
- la gratitude et la satisfaction ;
- le pardon ;
- etc.

Des scientifiques ont déjà démontré l'extraordinaire potentiel de la méditation – même pratiquée à dose très modérée, comme vingt minutes par jour pendant trois semaines – dans le développement de notre capacité au bonheur. Pendant cette étude, des méditants de tous types se sont détachés de la courbe de résultats standard, formant un cluster restreint et parfaitement défini. Matthieu Ricard a, quant à lui, partagé ses secrets du bonheur dans l'un de ses premiers best-sellers[2]. Il nous invite essentiellement à nous concentrer sur notre état intérieur qui est plus sous notre contrôle direct et en mesure de susciter un bonheur durable et véritable, distinct des plaisirs fugaces. Selon lui, « le bonheur véritable est une manière d'être qui va de pair avec l'amour altruiste, la force intérieure, la liberté intérieure, et la sérénité, et qui jour après jour, mois après mois, peut être cultivée comme une compétence[3] ».

Grâce à la méditation, nous pouvons transformer notre esprit et cultiver notre vraie nature en purgeant les toxines mentales comme la haine, la colère, l'orgueil ou l'envie, et en générant des émotions naturellement positives ainsi que des modes de vie moins centrés sur soi et plus empreints de compassion. Puisque cela détermine la qualité de chaque instant de notre vie, nous devrions consacrer du temps à former notre esprit au bonheur – la qualité la plus importante dans la vie – par le biais de la méditation, de la même façon que nous consacrons du temps à l'éducation et à l'entretien de notre forme physique[4].

1. Par exemple, Keyes, 2005 ; Seligman, 2010 ou Myers, 2013. Voir aussi : https://positivepsychology.com/flourishing/, https://selfdeterminationtheory.org/theory/ et https://centerhealthyminds.org/about/why-well-being, consultés le 29 juillet 2020.
2. Ricard, 2003.
3. Ricard, 2012.
4. Ricard, 2008.

Nous voyons que la sagesse, la transformation et le développement personnels, mais aussi les pratiques spirituelles sont très précieux pour notre bien-être. Au Bhoutan, le paradigme du bonheur est culturellement ancré dans les enseignements bouddhistes qui placent la recherche du bonheur (ou la fin de la souffrance) au cœur du chemin spirituel. Par ailleurs, de nombreux mystiques ont décrit une joie et un bonheur immenses découlant de leur propre réalisation. Dans l'hindouisme, « Ananda » (Félicité) est considéré comme l'un des trois principaux attributs de la réalité ultime (avec « Sat » [existence] et « Chit » [conscience]). Rumi, poète soufi et mystique du XIIIe siècle, nous prodigue ce conseil : « Si tu nous cherches, cherche-nous dans la joie, car nous sommes les habitants du royaume de la joie. »

Mais qu'en est-il des religions ? Nous aident-elles à être plus heureux ? Certaines preuves confirment l'idée d'un « paradoxe d'engagement religieux[1] ». Les pays moins engagés sur le plan religieux sont plus heureux (et suivent parfois davantage les préceptes habituellement prônés par les religions, en termes de vie saine ou de respect de la loi). Mais sur le plan individuel, les études montrent que l'engagement religieux est souvent corrélé avec un niveau plus élevé de bonheur[2]. C'est surtout vrai pour les personnes très engagées sur le plan spirituel, qui manifestent aussi plus de compassion (travail, bénévolat, dons, etc.)[3]. Si les personnes dites religieuses, pour lesquelles la religion est avant tout une question d'identité sociale et culturelle, ont tendance à avoir plus de préjugés que les personnes n'appartenant à aucune communauté religieuse, les personnes plus engagées dans leur vie religieuse et spirituelle ont moins de préjugés[4]. La recherche a identifié les voies par lesquelles l'engagement religieux nourrit le bonheur individuel. Elles incluent un mode de vie sain, un soutien social, une maîtrise de soi, une quête de sens et de finalité, une participation civique importante ou encore des dons à des organismes caritatifs.

Parce que je suis heureux...

Des relations de qualité, des comportements prosociaux, une excellente santé et de bonnes performances professionnelles ne sont pas seulement des facteurs de bonheur : ce sont aussi des conséquences du

1. Myers, 2013 (traduction libre).
2. Cependant, selon Inglehart (2018), les preuves émanent surtout de démocraties développées.
3. Myers, 2013.
4. *Ibid.*

bonheur[1]. La science rejoint Voltaire (1694-1778) quand il disait : « J'ai décidé d'être heureux parce que c'est bon pour la santé[2]. » En effet, les émotions positives améliorent le système immunitaire, les fonctions cardiovasculaires et endocriniennes, et donc l'espérance de vie. Le bien-être subjectif favorise également les bonnes performances au travail. Particulièrement important pour notre propos, les personnes qui se sentent bien privilégient le long terme : elles dépensent moins et économisent plus ; elles donnent plus de temps, d'argent et de sang ; elles s'impliquent davantage dans les activités sociales et les réseaux ; et elles adoptent des comportements plus écologiques[3]. Il a été prouvé que les bienfaits sociaux et environnementaux procurés par le bonheur tiraient leur origine d'une approche eudémoniste et non hédoniste[4].

Bonheur individuel et bonheur social vont donc de pair et peuvent se développer selon des cercles vertueux. Comme l'indiquent certains chercheurs : « Le bonheur peut avoir un effet boule de neige positif sur la société. Les recherches montrent que les personnes les plus heureuses sont aussi plus enclines à répandre le bonheur autour d'elles [dans leur famille, sur leur lieu de travail, dans leur communauté, etc.], ce qui crée des réseaux d'individus plus heureux. Il a été prouvé que le bonheur pouvait s'étendre jusqu'à trois degrés de séparation, et les modèles longitudinaux dévoilent que les individus entourés de personnes heureuses sont plus susceptibles d'être plus heureux à l'avenir[5]. »

À la différence d'autres paradigmes de développement nés en Occident, comme le capitalisme et le socialisme, le paradigme du bonheur a été popularisé par le Bhoutan, petit pays asiatique dont la culture traditionnelle a été plutôt préservée et qui est devenu la première nation à placer ce paradigme au cœur de son chemin de développement[6]. L'intérêt d'autres pays asiatiques[7] constitue un atout indéniable à l'heure où le leadership politique mondial se dirige lentement vers l'Orient.

1. De Neve *et al.*, 2013.
2. Il s'agit en fait d'une citation apocryphe tirée d'une lettre de Voltaire.
3. Sur ce dernier point, voir Brown *et al.*, 2005 ; Huta, 2016 et Ahuvia & Izberk-Bilgin, 2013.
4. Huta, 2016.
5. De Neve *et al.*, 2013 (traduction libre).
6. Si le Bhoutan a été le premier pays à intégrer le bonheur dans son développement général, il est très peu probable que la paternité du concept et de la méthodologie du BNB (indice du BNB, etc.) lui revienne.
7. Tho, 2016.

En tout état de cause, la réorientation des pays vers le bien-être et le bonheur peut prendre un certain temps, mais elle paraît inévitable, ce qui nous offre une lueur d'espoir. Selon la science du bonheur, si nous privilégions le bonheur et non plus la croissance économique, nous pouvons être à la fois heureux et prendre davantage soin de nos communautés et de notre environnement. Contrairement à la croissance économique, le bonheur n'est pas l'ennemi de la durabilité. L'épanouissement de soi, y compris la capacité à se réjouir et à ressentir des émotions positives, peut nous faire avancer sur cette voie.

« *It might seem crazy what I'm 'bout to say...* » (« Ça peut sembler fou ce que je suis sur le point de dire... ») L'année où le Bhoutan a présenté sa proposition sur le bonheur devant les Nations unies, toute la planète a été entraînée dans un mouvement international sans précédent prônant le bonheur. « *Because I'm happy* (Parce que je suis heureux)[1]... », chante Pharrell Williams dans son tube feel-good *Happy*. Sorti en novembre 2013, il est devenu viral, devenant même la chanson la plus vendue de l'année en 2014.

À travers le monde, les gens se sont rassemblés pour danser chez eux ou dans la rue. Ils ont partagé des vidéos sur Internet, y compris sur une plateforme créée à cette intention[2] et où sont aujourd'hui recensées près de 2 000 vidéos. Lorsqu'ils exprimaient leur bonheur, les internautes représentaient aussi leur ville et leur pays. Le phénomène a soufflé un vent de liberté – par exemple, dans des pays sortant du Printemps arabe tels que la Tunisie, où j'ai eu la chance d'assister à un happening dans la rue – et a été perçu comme une dénonciation subversive de l'oppression politique. Les danseurs ont fait l'objet d'arrestations en Iran, le chef de la police nationale estimant que la chanson de Pharrell Williams était illustrée par un clip vulgaire qui heurtait la chasteté de la population.

Lorsque les arrestations ont été rendues publiques, Pharrell Williams a réagi dans un tweet : « C'est tout de même très triste que ces gamins aient été arrêtés pour avoir essayé de répandre le bonheur[3]. » Hassan Rouhani, président iranien, a aussi critiqué les agissements de la police dans un tweet éminemment politique : « Le bonheur est un droit du peuple iranien. Nous ne devrions pas être trop sévères face aux démonstrations de joie. » Les danseurs ont finalement été libérés[4]. À l'occasion de la Journée internationale du bonheur 2015, Pharrell Williams et la Fondation pour les

1. Traduction libre.
2. https://www.wearehappyfrom.com/, consulté le 29 juillet 2020.
3. Traduction libre.
4. https://en.wikipedia.org/wiki/Happy_%28Pharrell_Williams_song%29, consulté le 29 juillet 2020.

Nations unies ont organisé une Happy Party internationale afin de propager le bonheur et d'exiger des actions climatiques. Dans le monde entier, des milliers de personnes heureuses ont dansé et publié leurs vidéos en ligne.

Qui a dit que Dieu n'avait pas le sens de l'humour ? Il est clair que l'univers explose parfois de rire.

7

Amour

Altruisme, empathie, compassion, bonté, bienveillance, fraternité/sororité, solidarité, coopération, confiance

« Si vous voulez que les autres soient heureux, pratiquez la compassion. Si vous voulez être heureux, pratiquez la compassion[1]. »

Sa Sainteté le 14e dalaï-lama

L'amour est le meilleur ami du bonheur. C'est l'émotion qui active le plus pleinement les zones du cerveau associées aux émotions positives, contribuant ainsi de manière fondamentale à notre bien-être, à notre santé et à notre développement[2]. En effet, l'amour a tendance à englober beaucoup d'autres émotions et sentiments, comme la gratitude, la joie, l'admiration et le sentiment de connexion. Des études scientifiques montrent que l'amour parental est la source de tout développement humain : physiologique, émotionnel, psychologique, cognitif et comportemental[3]. Il est la fondation de l'attachement sécure, qui est la base de nos capacités empathiques et relationnelles, elles-mêmes indispensables à notre bonheur et à notre fonctionnement social[4].

1. Sa Sainteté le dalaï-lama, 2010. Voir https://twitter.com/dalailama/status/19335233497210880, consulté le 23 mars 2023 (traduction libre).

2. Fredrickson, 2014. L'amour désactive aussi le chemin neuronal responsable des émotions négatives, comme la peur et le jugement social (Edward, s. d.).

3. Voir par exemple Khaleque, 2018.

4. Voir par exemple Crocker & Canevello, 2008 et Davis, 2017. Davis (2017) observe que « les formes dispositionnelles de l'empathie sont associées à une plus grande satisfaction dans les relations, une plus grande popularité, des niveaux inférieurs de conflit et d'agression, des niveaux plus élevés de soutien/disposition efficace, une tolérance accrue vis-à-vis des problèmes de comportement de nos partenaires, et une plus grande volonté de pardonner » (traduction libre). Selon lui, la qualité de nos relations dépendrait plus de

Les Beatles le chantaient si bien : « *All you need is love, love. Love is all you need*[1]. »

Dieu est amour

Toutes les traditions spirituelles et religieuses placent l'amour au centre de leurs enseignements et de leurs expériences. L'amour est souvent considéré comme l'attribut le plus divin – « Dieu est amour », affirme la Bible[2] ! – et la source de bonté en chacun de nous qui dissipe les frontières artificielles nous séparant les uns des autres et nous permet de nous élever par-delà nos petits egos. « L'amour est le pont entre vous et tout le reste », nous dit Rumi.

C'est exactement ce dont j'ai fait l'expérience en 2013, à proximité de Paris, après avoir reçu un câlin (*darshan*) d'Amma (Mata Amritanandamayi), grande figure spirituelle indienne. J'ai senti mon cœur si ouvert, mon champ énergétique si vaste que je percevais la présence des autres en moi, comme si les frontières entre nous s'étaient évanouies. Amma, qui a étreint plus de 34 millions de personnes dans le monde entier, dit souvent que sa religion est l'amour[3]. Lorsqu'on lui demande où elle trouve toute cette énergie pour aider tant de personnes, elle répond : « L'amour véritable ne nécessite aucun effort. » Amma le démontre sans arrêt non seulement au travers de ces transmissions spirituelles qui ont transformé la vie d'innombrables personnes – il lui est arrivé de donner le *darshan* pendant plus de vingt-quatre heures d'affilée sans interruption –, mais aussi par son action humanitaire.

Embracing the World (ETW), réseau mondial d'organisations caritatives locales et régionales inspirées par Amma, œuvre actuellement dans plus de quarante pays[4]. Il vient en aide aux populations les plus pauvres en répondant à leurs besoins élémentaires (nourriture, logement, éducation, soins de santé, revenus), intervient lors de catastrophes naturelles, soutient la protection de l'environnement et conçoit des solutions novatrices dans le cadre de ses programmes de recherche. L'altruisme de cette humble femme, qui ne parle que sa langue maternelle – le malayalam –, illustre

---

l'aspect cognitif de l'empathie (recul) que de son aspect émotionnel, ce qui favoriserait le pardon (Davis, 2017). Par ailleurs, la prise de recul peut aussi découler de l'amour.

1. « Tout ce dont tu as besoin, c'est d'amour, d'amour. L'amour, c'est tout ce dont tu as besoin » (traduction libre).

2. 1 Jean 4, 8. http://www.bible-en-ligne.net/bible,62N-4,1-jean.php, consulté le 2 janvier 2023.

3. https://amma.org/, consulté le 1er août 2020.

4. https://www.embracingtheworld.org/, consulté le 1er août 2020.

à la perfection le potentiel social de la compassion : aucun administrateur national ou international d'ETW ne reçoit de rémunération, et la majorité des travaux d'ETW sont réalisés par des bénévoles. Cela reflète bien les cérémonies du *darshan* d'Amma, accessibles à tous gratuitement – les coûts étant couverts par des dons préalables – et organisées avec le soutien de centaines de bénévoles.

Y prendre part a été pour moi une révélation, et pas seulement dans mon cheminement intérieur. Cela m'a ouvert les yeux sur la façon dont l'amour peut transformer notre manière d'être ensemble collectivement. Tout devient possible quand il guide nos actions et se répand inévitablement. En observant toutes les initiatives menées au nom d'Amma afin de répondre aux besoins humains les plus élémentaires – création d'écoles, d'hôpitaux, d'entreprises et même d'une université –, je me suis rendu compte que l'amour pouvait être le principe de fonctionnement de communautés entières. Et pourquoi pas celui de nos sociétés ? La « civilisation de l'amour », expression employée pour la première fois par le pape Paul VI et constituant désormais le principal objectif de la doctrine sociale de l'Église (catholique), est une possibilité réelle[1].

L'altruisme : une qualité indispensable pour faire société

Dans nos interactions sociales, l'amour prend la forme de l'empathie, c'est-à-dire notre capacité à ressentir et à résonner avec la joie et la peine d'autrui, et se manifeste par le biais de l'altruisme[2], qui peut être défini de différentes manières. Matthieu Ricard, qui a analysé ces définitions dans son ouvrage intitulé *Plaidoyer pour l'altruisme. La force de la bienveillance*[3], met en lumière plusieurs points communs. Tout d'abord, l'altruisme est toujours une préoccupation durable à l'égard du bien-être d'autrui, qui se traduit par des actes. Les gestes altruistes doivent être avant tout motivés par cette préoccupation. S'ils ne nécessitent pas forcément un sacrifice ou n'excluent pas systématiquement des avantages personnels, ces derniers ne doivent simplement pas représenter la principale raison d'agir.

Notre aptitude à l'altruisme a été mise en avant par toutes les grandes religions et traditions éthiques, notamment au travers de la Règle d'or

1. Conseil pontifical « Justice et Paix », 2005.
2. Selon Ricard, 2014 : « L'altruisme a été le concept central de mes recherches car il est le plus englobant, mais on n'en oubliera pas pour autant que fondamentalement c'est d'amour qu'il s'agit, d'un amour qui s'étend à tous, y compris soi-même. »
3. Ricard, 2014.

qui consiste à traiter autrui comme on aimerait être traité. Cette règle fixe une éthique de réciprocité sur laquelle repose la coopération sociale, elle-même considérée comme un bon indicateur de la santé d'une société. Dans la Grèce antique, la *philia* – habituellement traduite par « amour fraternel », « amitié » ou « affection » – était reconnue comme indispensable à la cohésion et au bon fonctionnement de la société[1]. Selon le sociologue américain Jeremy Rifkin, « la civilisation, c'est la détribalisation : la socialisation fondée sur les liens du sang se défait et une resocialisation s'opère sur la base de liens d'association entre individus. L'élargissement de l'empathie est le mécanisme psychologique qui rend possible cette mutation, et la transition. Quand nous disons "civiliser", nous voulons dire "empathiser"[2] ». Le grand défi de notre époque ne consiste pas seulement à rebâtir les fondations empathiques de nos sociétés locales et nationales, mais aussi à étendre ces liens associatifs à l'ensemble de l'humanité et des êtres vivants.

La vieille histoire de l'égoïsme et de la compétition

Cependant, l'égoïsme et la compétition ont jusqu'à récemment été au centre de notre compréhension de la vie, de la nature humaine et de l'évolution, modelant l'organisation de nos sociétés, par exemple dans les domaines de l'économie et de la politique. Thomas Hobbes, philosophe britannique du XVIIe siècle, pensait que « l'homme [était] un loup pour l'homme[3] » et que l'État ou le « Léviathan » dérivait de cette condition naturelle, selon sa doctrine du Contrat social, très influente dans la philosophie politique moderne. La gouvernance des démocraties libérales occidentales est fondée sur le postulat que les individus et les groupes se font compétition pour l'obtention du pouvoir politique[4].

Depuis qu'Adam Smith a écrit *Recherches sur la nature et les causes de la richesse des nations*, il a été généralement considéré que les gens tiennent uniquement compte de leurs propres intérêts (matériels) lorsqu'ils prennent des décisions, même si l'auteur prônait aussi l'importance sociale de la vertu dans son ouvrage intitulé *Théorie des sentiments moraux*. La théorie de l'évolution développée par Charles Darwin a longtemps été réduite à des expressions telles que « la survie du plus apte », utilisée pour la première fois par le philosophe Herbert Spencer,

1. Vernant, 2007 ; Platon, 2016.
2. Rifkin, 2011.
3. Hobbes, 1651.
4. Karlberg, 2007.

ou encore le « gène égoïste[1] », qui met davantage l'accent sur le rôle de la compétition plutôt que sur la coopération dans le processus de sélection naturelle. On s'est davantage intéressé à notre nature prétendument égoïste qu'à notre capacité naturelle à la bonté et à l'altruisme. En psychologie, Sigmund Freud affirmait que « l'enfant [était] absolument égoïste[2] » et que ce n'était qu'à l'âge de 5 ou 6 ans qu'il apprenait à se comporter d'une manière socialement acceptable.

Depuis plusieurs décennies, l'évolution de nos cultures et de nos institutions dans le sens de ce présupposé égoïsme semble à la racine de bon nombre de problèmes sociaux. Cela est particulièrement évident aux États-Unis où des études ont comparé les membres de plusieurs générations (baby-boomers, génération X, millenials) pendant les cinquante dernières années, en particulier les adolescents et les jeunes adultes. Ces études ont montré une tendance accrue à l'individualisme et à l'égocentrisme chez les plus jeunes générations, ainsi qu'une baisse de l'empathie et de la confiance interpersonnelle. Les nouvelles générations mettent davantage l'accent sur des objectifs de vie dits « extrinsèques » (argent, célébrité, image) que sur des objectifs « intrinsèques » (sens de la vie, sentiment d'appartenance, etc.), et elles sont moins enclines au raisonnement moral et à l'engagement civique[3]. Étonnamment, alors que cela devrait être une source d'inquiétude pour les millenials, on constate aussi une diminution sensible de la volonté d'agir pour l'environnement[4]. Espérons que cela soit déjà en train de changer…

Certains chercheurs[5] pensent que les États-Unis font face à une « épidémie de narcissisme », tendance aujourd'hui alimentée par les réseaux sociaux. En 1951, 12 % des adolescents américains entre 14 et 16 ans se considéraient comme « importants ». Ce chiffre s'élevait à 80 % en 1989[6]. On estime qu'en 2006, un adolescent américain

1. Dawkins, 1996. Cet ouvrage était le favori de Jeffrey Skilling, ancien président d'Enron, qui poussait la compétition à l'extrême au sein de son entreprise et a passé douze ans en prison (Ricard, 2014).

2. Freud (1900/2003), cité dans Ricard, 2014.

3. Zarins & Konrath, 2017 ; Twenge *et al.*, 2012. Selon Twenge *et al.* (2012), « [p]armi les objectifs de vie, "le développement d'une philosophie de vie qui a du sens" » et « la recherche de sens et de finalité dans la vie sont en grand déclin », mais « les millenials considèrent encore que le sens et la finalité sont plus importants que la richesse financière » (traduction libre).

4. Twenge *et al.*, 2012.

5. Twenge & Campbell, 2010. La montée du narcissisme n'est pas (encore ?) problématique en Europe et dans les pays orientaux.

6. Newson *et al.*, 2003, cité dans Ricard, 2014.

sur quatre répondait aux critères du narcissisme[1]. Un adolescent sur dix souffrait d'un trouble de la personnalité narcissique[2], schéma de comportement anormal sur le long terme, caractérisé par de la suffisance, un besoin excessif d'admiration et un manque d'empathie[3]. Et 90 % des étudiants pensaient qu'ils faisaient partie des 10 % les plus doués[4] !

Ces études font écho aux recherches révélant une baisse du capital social aux États-Unis durant la même période[5], menées notamment par le politologue américain Robert D. Putnam. Depuis plusieurs décennies, les liens sociaux, la confiance et les interactions se sont beaucoup érodés en raison de l'urbanisation, de la technologie, de l'évolution du travail et des inégalités[6]. Entre 1950 et 1998, le pourcentage de personnes faisant *a priori* confiance à un étranger a chuté, passant de 60 % à 30 %[7] en Amérique du Nord et en Europe. Ces chiffres sont très inquiétants, car notre propension à nous aider les uns les autres et à coopérer dépend de cette confiance, véritable « institution invisible[8] » qui s'inscrit au cœur du « contrat social ».

Nous n'avons pas besoin de faire preuve de beaucoup d'empathie pour coopérer. La coopération peut se fonder sur nos intérêts personnels, comme c'est le cas dans notre système économique. Néanmoins, ce type de coopération a ses limites et ses failles, et il se révèle de plus en plus insuffisant dans le monde où nous vivons. Par ailleurs, au-dessous d'un niveau minimal d'empathie, l'ensemble du système commence à dysfonctionner. Selon plusieurs études[9], la baisse de la confiance interpersonnelle ou de l'empathie sociale a permis la montée des votes populistes d'extrême droite (et absolument pas des votes populistes d'extrême gauche, dont les électeurs affichent une confiance interpersonnelle bien

1. Grant *et al.*, 2008, cité *ibid.*

2. *Ibid.*

3. https://fr.wikipedia.org/wiki/Trouble_de_la_personnalit%C3%A9_narcissique, consulté le 1er août 2020.

4. Alicke & Govorun, 2005, cité dans Ricard, 2014.

5. Selon Putnam (2000), le capital social chute depuis le milieu des années 1960 aux États-Unis. Robert D. Putnam définit le capital social comme « la valeur collective de tous les "réseaux sociaux" [les gens que les personnes connaissent] et les inclinations qui résultent de ces réseaux pour faire des choses l'un pour l'autre ["normes de réciprocité"] » (http://robertdputnam.com/bowling-alone/social-capital-primer/, consulté le 1er août 2020).

6. On assiste à la disparition de la société industrielle organisée en classes et dans laquelle le travail participait à la socialisation. Voir par exemple Algan *et al.* (2019).

7. Rahn & Transue (1998), cité dans Ricard, 2014.

8. L'expression a été utilisée pour la première fois par Kenneth Arrow (1921-2017), économiste américain qui a obtenu le prix Nobel d'économie.

9. Voir Algan *et al.*, 2019.

plus élevée, mais partagent la même colère et la même insatisfaction que les électeurs d'extrême droite). Daniel Cohen, économiste français qui est l'auteur de l'une de ces études, a déclaré : « Les électeurs de Marine Le Pen, de Salvini, de Trump, mais aussi les électeurs en faveur du Brexit ont une confiance envers les autres extrêmement faible. [...] Ces électeurs se méfient de tout, des immigrés, de leurs collègues de bureau et de leurs voisins[1]. »

Se retrancher derrière des idées nationalistes aide à conserver un sentiment d'appartenance communautaire quand la confiance interpersonnelle fait défaut. Aux États-Unis, Robert D. Putnam est convaincu que ce déclin a eu de nombreuses répercussions négatives sur le bonheur, l'éducation, la santé, la criminalité, l'évasion fiscale et les inégalités[2]. Sur le plan individuel, cette tendance a aussi un coût exorbitant en matière d'anxiété, de santé mentale et de bien-être[3]. La recherche d'un bonheur égoïste est vouée à l'échec. Lorsque nous nous concentrons trop sur nous-mêmes et rejetons notre nature d'êtres sociaux et interdépendants, nous devenons des proies faciles pour nos egos tourmentés.

La nouvelle histoire de la bonté, de l'altruisme et de la coopération

Depuis peu, la science a commencé à nous raconter une tout autre histoire. Si elle reconnaît notre potentiel à la fois pour la coopération et la compétition, le bien et le mal, ou encore l'altruisme et l'égoïsme, elle tend de plus en plus à reconnaître notre nature supérieure comme la plus authentiquement humaine. Dans *L'Origine des espèces au moyen de la sélection naturelle*[4], Charles Darwin admettait déjà le rôle de la coopération, avec celui de la compétition, dans la sélection naturelle. Il a ensuite mis davantage l'accent sur la coopération dans son ouvrage intitulé *L'Homme et la sélection sexuelle*, où il écrit : « Les

1. Daniel Cohen sur franceinfo (Leymarie, 2019).

2. Robert D. Putnam montre d'importantes corrélations entre le niveau de capital social dans certains États des États-Unis et les indicateurs associés à ces variables. Le capital social lui semble, dans la plupart des cas, le principal facteur qui explique la situation, au-delà des variations de ces indicateurs d'un État à l'autre. Cependant, Robert D. Putnam préconise la prudence et l'établissement d'une relation de causalité plus solide. Il concède, par exemple, que pour les inégalités, « les liens de causalité vont sans doute dans les deux sens » (Putnam, 2001, traduction libre).

3. Zarins & Konrath, 2017, citant Konrath, 2014 ; 2016 ; Konrath & Brown, 2013 ; ainsi que Seppala, Rossomando & Doty, 2013.

4. Darwin, 1876.

associations contenant le plus grand nombre de membres éprouvant de la sympathie ont dû réussir et élever un plus grand nombre de descendants[1]. »

Dans le monde scientifique, la tendance actuelle est à reconnaître la prépondérance de la coopération sur la compétition dans la sélection naturelle. Si l'ethos/les gènes compétitifs peuvent représenter un avantage évolutif au niveau individuel[2], il est dans l'intérêt de tous de coopérer et les sociétés coopératives sont plus susceptibles de survivre et de se développer, et ainsi de transmettre leurs gènes et leurs cultures coopératifs de génération en génération.

La capacité à coopérer est caractéristique de notre espèce : cette idée se propage à toute vitesse aujourd'hui, par exemple au travers du best-seller *Sapiens. Une brève histoire de l'humanité*. C'est cette capacité qui a permis notre réussite, comme le souligne le titre du célèbre ouvrage du biologiste Edward O. Wilson, *La Conquête sociale de la Terre*[3]. Puisque nous sommes des animaux sociaux, notre nature humaine est probablement plus encline au bien qu'au mal. Des recherches récentes, menées entre autres par Michael Tomasello et Felix Warneken à l'Institut Max-Planck de Leipzig, ont révélé une tendance naturelle à l'altruisme, ensuite modérée par les normes sociales dès l'âge de 5 ans[4]. En contradiction avec les visions de Sigmund Freud et de Thomas Hobbes, de nouveaux travaux scientifiques établissent que l'agressivité n'est pas inhérente aux humains ou aux animaux, mais qu'elle résulte plutôt de conditions extérieures[5].

Au contraire, les humains sont naturellement réticents à l'idée de tuer[6]. Une personne saine fait spontanément le bien, car c'est ce qui nous fait nous sentir bien, puisque nous sommes biologiquement programmés

1. Darwin, 1881. Dans le même ouvrage, Charles Darwin estimait qu'en raison de leur instinct social, il serait naturel pour les humains d'étendre leur « sympathie » aux membres de toutes les nations et races, et en fin de compte aux animaux.

2. Bien qu'apporter notre aide à ceux qui nous sont génétiquement liés puisse aussi constituer une bonne stratégie de reproduction, comme l'indique William Donald Hamilton (Ricard, 2014).

3. Wilson, 2013.

4. Les comportements agressifs sont également fréquents chez les enfants de 2 à 5 ans, tandis que leur sens moral naturel se développe en interaction avec leur culture et que ces derniers apprennent à réguler leurs émotions (Ricard, 2014). D'autres recherches ont montré que les enfants avaient tendance à développer des comportements agressifs lorsque leur besoin primaire d'amour était frustré (Rifkin, 2011).

5. Ricard (2014) mentionne les travaux de l'éthologue Frans de Waal, de l'ethnologue Irenäus Eibl-Eibesfeldt et du psychologue Alfie Kohn.

6. Ricard, 2014.

pour l'empathie et la compassion[1], la réciprocité et la mutualité[2]. Une série d'études montre que les personnes – adultes et enfants – à qui l'on a offert de l'argent se sentaient plus heureuses quand elles utilisaient cet argent pour les autres plutôt que pour elles-mêmes[3]. La satisfaction apportée par la réalisation d'une bonne action, associée à l'obtention de bénéfices psychologiques, a amené beaucoup de personnes piégées dans l'Histoire de la Séparation (en particulier, les économistes) à rejeter à tort l'idée d'un altruisme authentique. Cependant, quantité de preuves, tant en laboratoire[4] que dans le monde réel (lorsque, par exemple, des personnes se mettent en danger pour sauver des vies), soutiennent l'existence d'un altruisme authentique.

En fait, le bien est partout. Il suffit d'observer les travailleurs des ONG, les donneurs de sang… Où que nous tournions la tête, le bien est là. Matthieu Ricard estime même que nous devrions parler de la « banalité du bien ». Les économistes ont eux aussi revu leurs hypothèses sur la psychologie humaine et admettent maintenant l'importance des normes personnelles et sociales – en plus de l'intérêt personnel – dans les comportements économiques[5].

De l'illusion à la réalité : reconnaître notre potentiel altruiste

En tant que société, nous nous pensons bien moins altruistes que nous ne le sommes en réalité[6]. Une étude récente de la Common Cause Foundation, reposant sur des interviews réalisées auprès d'un millier de Britanniques, a montré que 77 % des personnes interrogées sous-estimaient la proportion de personnes dont les valeurs étaient plus liées

1. « Comme nous le montre la biologie, la compassion et ses systèmes connexes de soin et de comportement maternel s'alignent à merveille sur l'intérêt de l'organisme à se préserver. Alors que notre biologie s'est enrichie en lien avec le développement d'interactions sociales plus complexes, elle a évolué pour récompenser celles-ci par la libération d'hormones et de neurotransmetteurs, ainsi que d'autres systèmes neurologiques et physiologiques positifs » (Doty, 2017, traduction libre).

2. Rilling *et al.*, 2002.

3. Aknin *et al.* (2012) ; Aknin *et al.* (2013) et Dun *et al.* (2014), cités dans Spinrad & Eisenberg, 2017.

4. Par exemple, les participants à une expérience ont amélioré leurs résultats lorsqu'ils étaient informés du fait que les performances de leur superviseur seraient évaluées en fonction de leur propre travail. Matthieu Ricard (2014) dresse une synthèse des expériences de Daniel Batson (2017) qui ont systématiquement réfuté toutes les grandes objections à l'existence de l'altruisme pur.

5. Voir le domaine de l'économie comportementale, en plein essor.

6. Voir par exemple The Harwood Group, 1995 ; Crompton *et al.*, 2016.

à la compassion (personnes se préoccupant davantage d'autrui) qu'à l'égoïsme[1]. En vérité, 74 % des gens ont indiqué que les valeurs de compassion étaient plus importantes pour elles que les valeurs d'égoïsme[2]. Pourquoi un tel décalage ? D'après cette étude, cela est dû au fait que nos institutions (médias, monde politique, écoles et universités, entreprises et institutions économiques, etc.) nous répètent sans cesse que les gens ne pensent qu'à eux-mêmes et accordent une grande place à la richesse, au pouvoir, à l'image et à l'ambition.

Par ailleurs, comme l'explique un psychosociologue, « l'image des humains en tant qu'êtres uniquement tournés vers leur intérêt personnel entraîne la création d'institutions sociales (lieux de travail, écoles, gouvernements, etc.) qui sont conformes à cette vision et transforment cette image en réalité[3] ». En fait, plusieurs études montrent que la « norme de l'intérêt personnel » conduit les gens à agir et à parler comme s'ils se préoccupaient plus de leur intérêt matériel personnel qu'ils ne le font en réalité[4]. L'introduction de récompenses ou de mesures incitatives extrinsèques peut étouffer la motivation intrinsèque à adopter des comportements prosociaux[5]. Par exemple, dans une crèche israélienne, l'instauration d'amendes visant à sanctionner les parents en retard pour venir chercher leurs enfants a entraîné une hausse importante des retards

1. Crompton *et al.*, 2016. « Les valeurs de compassion incluent "l'ouverture d'esprit", "un monde de beauté", "un monde de paix", "l'égalité", "la protection de l'environnement", "la justice sociale", "la serviabilité", "le pardon", "l'honnêteté" et "la responsabilité". Ces valeurs sont associées à de plus grandes préoccupations sociales et environnementales, et à une plus grande motivation pour s'impliquer dans diverses formes d'actions civiques. Dans le milieu universitaire, on parle de valeurs de "transcendance de soi" qui englobent certaines valeurs "intrinsèques" » (Crompton *et al.*, 2016, traduction libre). « Les valeurs d'égoïsme incluent les valeurs de "richesse", de "reconnaissance sociale", de "statut social" et de "prestige", de "contrôle ou domination sur les gens", d'"autorité", de "conformité", de "protection de l'image publique", de "popularité", d'"influence" et d'"ambition". Ces valeurs sont associées à une moindre préoccupation à l'égard des questions sociales et environnementales, et à une plus faible motivation pour s'impliquer dans diverses formes d'actions civiques. Dans le milieu universitaire, on parle de valeurs d'"autovalorisation", semblables aux valeurs "extrinsèques" » (Crompton *et al.*, 2016, traduction libre).

2. Leur évaluation des valeurs de compassion et des valeurs d'égoïsme des autres citoyens fournit un « score corrigé de compassion » (différence entre le score correspondant aux valeurs de compassion et le score correspondant aux valeurs d'égoïsme) qui représente le quart de ce qui se passe en réalité. Les biais potentiels dans les réponses ont été contrôlés. Les perceptions des libéraux sont généralement moins précises que celles des conservateurs.

3. Miller, 1999.

4. *Ibid.*

5. Deci *et al.*, 1999.

et obligé le personnel à rester plus longtemps[1]. Quand des mesures d'incitation à la performance ont été mises en place pour une collecte de fonds en faveur d'une organisation caritative, des élèves ont réuni moins d'argent que d'habitude[2]. La même chose s'est produite pour des bénévoles suisses qui ont moins travaillé quand ils ont commencé à être payés[3]. L'accent mis sur l'intérêt personnel peut affaiblir la puissance des normes sociales et des motivations altruistes.

Cette perception d'un égoïsme présumé plus fort chez les autres qu'il ne l'est en réalité a d'importantes conséquences. Selon l'étude réalisée par la Common Cause Foundation : « Les personnes pétries de ce type de convictions erronées à propos des valeurs d'autrui sont beaucoup moins enclines à s'engager – par le biais de réunions, d'élections, de bénévolat. Elles font aussi état d'une plus grande aliénation sociale. Elles déclarent se sentir moins responsables vis-à-vis de leur communauté et elles sont moins susceptibles de se sentir intégrées dans la société au sens large[4]. »

Notre logiciel culturel actuel, ancré dans le paradigme de la Séparation, nous ment sur la nature de la psychologie humaine. Il sape les bases de la coopération, nous monte les uns contre les autres, active notre nature inférieure pour maintenir le système en place, et nous empêche d'exprimer notre penchant naturel pour la bonté et l'altruisme. Que cela soit dans nos interactions avec nos proches ou dans la conception de nos institutions sociales, nous devons tous faire attention à nos postulats inconscients quant à la nature humaine sur lesquels nous nous appuyons pour nourrir soit l'Histoire de la Séparation, soit celle de l'inter-être.

La compassion : une qualité à cultiver

Contrairement aux valeurs d'égoïsme et de compétition que l'on trouve au cœur de nos institutions et problèmes actuels, les valeurs morales suprêmes d'altruisme, d'empathie, de compassion, de bienveillance, de fraternité/sororité, de solidarité et de coopération font aujourd'hui l'objet de toutes les attentions de la part des scientifiques et des responsables politiques, désireux de relever les redoutables défis de notre époque. Si nous étions plus compatissants, laisserions-nous

1. Gneezi & Rustichini, 2000a.
2. Gneezi & Rustichini, 2000b.
3. Frey & Götte, 1999.
4. Crompton *et al.*, 2016 (traduction libre).

environ 7 500 enfants mourir de malnutrition chaque jour[1] ? Laisserions-nous des sans-abri souffrir du froid et de l'isolement ? Laisserions-nous à nos petits-enfants un monde sur le point de plonger dans le chaos climatique et l'effondrement civilisationnel ? Les gens continueraient-ils de courir après l'argent, le pouvoir et la célébrité, écrasant tout sur leur passage, s'ils se sentaient assez acceptés, aimés et soutenus ? Le changement climatique et tous les problèmes mondiaux seraient-ils si difficiles à régler si chaque pays traitait les autres comme il souhaiterait se voir traiter ? Probablement pas. « L'amour et la compassion sont une nécessité, pas un luxe. Sans eux, l'humanité ne peut survivre », nous a avertis le dalaï-lama[2].

Une des grandes promesses de notre époque est qu'il est possible de cultiver et de répandre la compassion, l'empathie, la gentillesse et la coopération. Sur le plan individuel, la science confirme depuis peu l'efficacité des programmes de méditation et d'éducation pour développer ces qualités[3]. Par exemple, la formation Compassion Cultivating Training (CCT)[4] a été élaborée par une équipe de psychologues cliniciens, de neuroscientifiques et d'universitaires contemplatifs à Stanford. Malgré l'influence notable des pratiques contemplatives bouddhistes, il s'agit d'un programme éducatif laïque de huit semaines, visant à favoriser la compassion pour soi et pour autrui, ainsi que la résilience et le bien-être. Il inclut des techniques de méditation, des conférences et des discussions de groupe, mais aussi des exercices pratiques à réaliser chez soi entre deux sessions. Plusieurs études montrent son impact positif sur la compassion pour soi et pour autrui, la régulation des émotions, les compétences interpersonnelles, le bien-être et la pleine conscience[5]. En déployant ce type de formation, on peut faciliter l'intégration des valeurs de compassion au sein du foyer, à l'école, au travail, à l'hôpital, etc., et ainsi transformer nos cultures. D'autant plus que ces valeurs sont largement contagieuses. De nombreuses études sur l'altruisme affirment qu'il suffit à quelqu'un de voir une autre personne aider un étranger pour être plus susceptible d'apporter son aide[6].

Cette promesse est le socle de la Charte de la compassion[7] créée en 2009 par Karen Armstrong, célèbre historienne des religions, après

1. Unicef, 2019.
2. Doty, 2017.
3. Voir Seppälä *et al.*, 2017 ; Ricard, 2014.
4. https://www.compassioninstitute.com/cct/, consulté le 3 janvier 2023.
5. Brito-Pons *et al.*, 2018 ; Scarlet *et al.*, 2017 ; Goldin & Jazaieri, 2017.
6. Ricard, 2014.
7. https://charterforcompassion.org/, consulté le 2 juin 2023.

l'obtention de son prix TED[1]. Soutenue par un groupe de leaders issus des trois traditions abrahamiques – le judaïsme, le christianisme et l'islam –, cette charte appelle à appliquer la Règle d'or. Elle a reçu environ deux millions de signatures, parmi lesquelles celles de personnalités influentes. Épaulée par un réseau de partenaires, l'organisation Charter for Compassion participe à la construction de communautés compatissantes. Si l'organisation pensait initialement s'adresser aux villes, elle a vite compris que d'autres types de communautés de toutes tailles étaient impatients de rejoindre le mouvement. La charte soutient donc les villes, les cantons, les comtés, les hameaux, les villages, les quartiers, les îles, les provinces ou régions, et même les États. Elle a bâti un réseau international de communautés qui s'engagent à faire de la compassion une réalité.

Ces communautés forment souvent une coalition inclusive de personnes et d'organisations représentatives de la diversité de la population et de ses défis[2]. Elles déterminent leurs priorités et actions en fonction de leur propre appréciation des souffrances les plus importantes à soulager. Cela va de la violence chez les jeunes à la toxicomanie, en passant par l'épidémie de suicides chez les adolescents, le racisme environnemental, l'inégalité dans les soins de santé, les épreuves subies par les migrants, la situation des sans-abri, la reconnaissance des groupes LGBTQ+ ou encore le besoin d'une justice restaurative. Leur choix peut aussi se porter sur le développement d'une culture de la compassion dans les quartiers, les entreprises, les écoles et les universités, les centres de santé, les institutions artistiques, les pouvoirs publics locaux, les groupes pacifistes, les groupes de défense de l'environnement et les congrégations religieuses, par le biais de formations et de mesures spécifiques.

En 2023, la Charte de la compassion soutenait des centaines d'initiatives dans près de 50 pays du monde entier. Plus de 120 villes, comme Belfast, Le Cap, Karachi, Bali, Denver et Monterrey, l'ont signée au travers des conseils municipaux et communautaires ou d'autres entités publiques. Elles ont identifié des problématiques sur lesquelles travailler et se sont engagées dans des plans d'action pluriannuels. Des pays comme le Botswana ou l'Australie et des États tels que Nuevo León (Mexique) ont déjà fait de même.

---

1. Prix associé aux conférences du même nom (« des idées qui méritent d'être diffusées »).

2. Ce type d'organisation semble plus durable qu'une initiative gouvernementale susceptible de modifier ses priorités au fil des élections.

Au Botswana, on parle du mouvement Botho. Comme le rapporte Liana Mehring[1], « en setswana, *botho* signifie plus ou moins “respect” ». Les Botswanais ont même un dicton – « *Motho ke motho ka batho* » – qui signifie « Je suis parce que tu es ». Le Botho est une valeur partagée dans toute la région sud-africaine (aussi appelé Ubuntu), qui promeut l'harmonie et le respect entre les gens qui vivent ensemble. Il est difficile d'expliquer ce concept en des termes simples mais, selon l'un des amis proches de Mehring au Botswana, le Botho consiste à « avoir profondément conscience de l'humanité d'autrui – et permet de montrer que l'on est humain à un autre être humain ». Le Botho est d'ailleurs l'un des cinq principes nationaux du Botswana (avec la démocratie, le développement, l'autosuffisance et l'unité).

La Charte de la compassion soutient les communautés compatissantes par l'intermédiaire de ressources méthodologiques et éducatives, mais aussi d'un vaste réseau de partenaires dans de nombreux secteurs (entrepreneuriat, éducation, santé, environnement, justice, science, art, etc.). La « coopétition » est un excellent moyen d'encourager l'émulation sociale pour une bonne cause. Par exemple, la Charte de la compassion met à profit les Compassion Games organisés par un partenaire[2], pendant lesquels les communautés se font compétition pour réaliser les actions les plus compatissantes. Grâce à leur aspect ludique, ces jeux qui prônent « la survie du plus gentil » aident à catalyser l'engagement au niveau local, l'apprentissage par le biais de l'expérience d'autres groupes et le sentiment d'appartenance à un mouvement global.

Depuis 2012, les Compassion Games ont mobilisé plus d'un million de bénévoles dans plus de 40 pays, au service de plus de 15 millions de personnes[3]. Des congrégations religieuses, des écoles, des familles, des organismes du secteur public, des entreprises et même des groupes de détenues s'y affrontent en équipes.

Selon Elinor Ostrom, première femme lauréate du prix Nobel d'économie, nos institutions devraient être conçues pour « [faire] ressortir ce qu'il y a de meilleur chez les humains ». Il est temps de nommer ce qu'il y a de meilleur en nous, et de le cultiver ensemble. « Il faut oser prononcer le mot qui nous a tant fait honte que jamais, politiquement, nous n'avons osé l'employer[4] », assure Edgar Morin à propos de

1. Mehring, 2013.
2. Compassion Games International, https://www.compassiongames.org/about-us/, consulté le 1er août 2020.
3. *Ibid.*
4. Morin, 1999.

l'amour. Si l'on veut faire face à la politique de la peur, de la haine et de la division, il est temps de déployer la politique de l'amour. C'est le titre de l'ouvrage de Marianne Williamson, figure spirituelle et activiste politique américaine qui s'est présentée à l'investiture démocrate lors des élections présidentielles de 2020 et que j'ai eu la chance de rencontrer en 2023 pour lui offrir la version anglaise de ce livre. Comme elle l'explique : « C'est l'amour qui a aboli l'esclavage, c'est l'amour qui a donné aux femmes le droit de vote, c'est l'amour qui a donné naissance aux droits civiques, et c'est d'amour que nous avons besoin aujourd'hui[1]. [...] Il n'est pas naïf de suggérer une réorientation de notre politique autour de l'amour. Ce qui est naïf, c'est de penser que nous avons les moyens de ne pas le faire tout en conservant notre liberté ou en survivant en tant qu'espèce. Lorsque la peur se fond en une terrible maladie, l'unique remède est l'amour. Une vision mondiale centrée sur l'amour n'est pas moins sophistiquée ou astucieuse qu'une autre. En fait, c'est la plus sophistiquée de toutes. C'est la seule vision mondiale qui nourrit et entretient la vie[2]. »

« *Fear can stop your love; love can stop your fear* », chante le groupe anglais Morcheeba[3]. Un engagement politique et social clair dans cette direction peut déclencher la transformation culturelle majeure dont nous avons besoin, plus vite que nous ne le pensons. Pierre Teilhard de Chardin l'a annoncé : « Quelque jour, après l'éther, les vents, les marées, la gravitation, nous capterons, pour Dieu, les énergies de l'amour. Et alors, une deuxième fois dans l'histoire du Monde, l'Homme aura trouvé le Feu[4]. »

1. Williamson, 2019.
2. *Ibid.* (traduction libre).
3. « La peur peut arrêter ton amour ; l'amour peut arrêter ta peur » (traduction libre).
4. Teilhard de Chardin, 1973.

8

Paix

Non-violence, partenariat, genre, justice, équité, démocratie, droits humains

> *« Les guerres prenant naissance dans l'esprit des hommes, c'est dans l'esprit des hommes que doivent être élevées les défenses de la paix. »*
>
> Acte constitutif de l'Unesco (1945)[1]

Toutes les traditions éthiques et spirituelles célèbrent la paix. Les musulmans se saluent en disant « *salam aleykoum* » (« que la paix soit sur toi »), tandis que les juifs préfèrent dire « *shalom* », qui signifie « paix » en hébreu[2]. Quant aux catholiques, ils ne terminent pas une messe sans se donner mutuellement la paix du Christ.

Une culture de la paix et de la non-violence

Prérequis essentiel au bien-être de l'humanité et signal fort de notre santé sociale, la paix est une préoccupation politique majeure depuis la nuit des temps. Cependant, au cours des dernières décennies, elle a cessé d'être comprise seulement comme l'absence de conflits violents manifestes (« paix négative »), pour devenir aussi synonyme de relations de collaboration et de soutien (« paix positive[3] ») entre les groupes ou

1. Unesco, 2018.
2. Ce mot signifie aussi harmonie, entièreté, complétion, prospérité, bien-être et tranquillité.
3. Ces concepts sont notamment développés par Johan Galtung. Ce dernier considère que la coopération et l'empathie sont les piliers de la paix positive, tandis que les efforts de réconciliation pour guérir les traumatismes passés et notre capacité à résoudre les conflits présents de manière non violente sont les fondements de la paix négative (Galtung, 2017).

les nations. Après les traumatismes causés par les deux guerres mondiales, la paix positive a permis une approche plus proactive et préventive des conflits en se focalisant sur leurs racines, et non sur leurs manifestations. Notre attention est passée de la seule violence physique extérieure à une violence structurelle plus intérieure, que Johan Galtung définit comme l'ensemble des moyens systémiques employés par un régime pour empêcher les individus d'atteindre leur plein potentiel, tels que l'institutionnalisation du racisme ou du sexisme. La violence n'est pas seulement physique. Elle peut aussi être psychologique, sociale ou économique.

Les études sur la paix se sont développées rapidement depuis que Johan Galtung a créé en 1959 le premier département universitaire de recherche sur la paix – l'Institut de recherche sur la paix d'Oslo. Ce domaine de recherche, très interdisciplinaire, est aujourd'hui reconnu, et on compte à l'heure actuelle des centaines de centres de recherche sur la paix dans le monde entier.

L'Unesco encourage le développement d'une culture de la paix depuis les années 1990, ce qui a conduit l'Assemblée générale des Nations unies à adopter, en 1999, une Déclaration et un Programme d'action sur une culture de la paix[1], préparant ainsi le terrain pour l'Année internationale de la culture de la paix (2000)[2] et la Décennie internationale de promotion d'une culture de la non-violence et de la paix au profit des enfants du monde (2001-2010)[3].

Le concept de culture de la paix insiste sur la fin de toute forme d'oppression – politique, sociale, économique et culturelle –, mais aussi sur le règlement pacifique des conflits. Cela implique le rejet de toute discrimination (reposant sur le genre, l'identité ethnique, les orientations sexuelles, etc.), la reconnaissance et le respect de la dignité de tous les individus, la promotion des droits humains et de la participation démocratique, la création d'un système économique au service de tous, et la restauration de l'équilibre de notre planète. Le Manifeste 2000 pour une culture de la paix et de la non-violence a été imaginé par un groupe de lauréats du prix Nobel de la paix qui souhaitaient traduire les résolutions des Nations unies dans un langage compréhensible par tous.

Signé par plus de 75 millions de personnes, ce manifeste a été élaboré par mon ami Pierre Marchand, qui l'avait au départ intitulé « Charte éthique universelle des devoirs humains pour une culture de

1. Résolution 53/243 de l'Assemblée générale des Nations unies.
2. Résolution 52/15 de l'Assemblée générale des Nations unies.
3. Résolution 53/25 de l'Assemblée générale des Nations unies.

la non-violence au profit des enfants du monde entier ». Pierre sait bien que « [c]e qui fonde la dignité des êtres humains, ce ne sont pas leurs “droits”, mais leurs “devoirs” volontairement consentis et appliqués[1] ». Il a été l'un des premiers disciples français du maître Zen Thich Nhat Hanh et ce manifeste s'inspire beaucoup des cinq entraînements à la pleine conscience, qui sont eux-mêmes adaptés des cinq préceptes du Bouddha et guident la vie des membres de la communauté du Village des Pruniers[2]. Selon Thich Nhat Hanh : « Les cinq entraînements à la pleine conscience constituent l'un des moyens les plus concrets de pratiquer la pleine conscience. Ils sont non confessionnels et leur nature est universelle. Ils sont de véritables pratiques de compassion et de compréhension. Toutes les traditions spirituelles ont leur équivalent des cinq entraînements à la pleine conscience. Le premier entraînement consiste à protéger la vie, à réduire la violence en soi, dans la famille et dans la société. Le deuxième entraînement consiste à pratiquer la justice sociale, la générosité, à ne pas voler et à ne pas exploiter les autres êtres vivants. Le troisième est de pratiquer un comportement sexuel responsable afin de protéger les individus, les couples, les familles et les enfants. Le quatrième est la pratique de l'écoute profonde et de la parole aimante pour rétablir la communication et se réconcilier. Le cinquième porte sur la consommation consciente, afin de nous aider à ne pas introduire de toxines et de poisons dans notre corps ou notre esprit[3]. »

Depuis 2015, l'Objectif de développement durable n° 16 des Nations unies associe à la paix, la justice, l'efficacité des institutions et l'État de droit. Fort de sa longue histoire couronnée de succès au sein des Nations unies, le concept de culture de la paix peut faire progresser, au niveau intergouvernemental, la proposition d'une évolution culturelle, qui se trouve au cœur de la politique de l'être.

Domination ou partenariat : deux modèles culturels opposés

Cette culture de la guerre que nous souhaitons transformer est, par nature, une culture de domination. Riane Eisler et Douglas Fry, dans

1. Marchand, 2020.
2. https://plumvillage.org/fr/pleine-conscience/5-entrainements/, consulté le 10 août 2020.
3. Nhat Hanh, 2009.

leur remarquable ouvrage intitulé *Cultiver notre humanité. Comment la domination et le partenariat façonnent nos cerveaux, nos vies et notre avenir*[1], montrent que la réelle alternative culturelle n'est pas entre la religion et la laïcité, la modernité et le traditionalisme, l'Orient et l'Occident, le Nord et le Sud, ou encore le capitalisme et le communisme, mais entre une culture de domination et une culture de partenariat. En effet, ces configurations antagonistes, qui apparaissent à différents degrés selon les contextes historiques et géographiques, façonnent notre cerveau – et par conséquent la manière dont nous pensons, ressentons et agissons – ainsi que nos systèmes sociaux, économiques et politiques de deux façons totalement différentes.

Dans les cultures de domination, les gens considèrent les inégalités, le contrôle et la violence comme inévitables, moraux et souhaitables. Des hiérarchies de domination sous-tendent toutes les institutions sociales, depuis les rôles de genre jusqu'à la famille et la religion, depuis l'éducation autoritaire et la justice punitive jusqu'au contrôle par une minorité des ressources économiques et de la politique. Maintenues par le contrôle et la peur, ces hiérarchies s'accompagnent de l'acceptation culturelle de la violence psychologique et des abus physiques, comme les violences domestiques, l'esclavagisme et la guerre. Plusieurs exemples extrêmes de culture de domination partagent une grande partie de ces caractéristiques, qu'il s'agisse de sociétés laïques comme l'Allemagne nazie capitaliste en Occident ou l'actuelle Corée du Nord communiste en Orient, ou bien de sociétés religieuses comme l'Europe à l'époque du Moyen Âge, Daech au Moyen-Orient ou Boko Haram en Afrique[2].

À l'opposé, les systèmes de partenariat sont démocratiques et égalitaires. Ils valorisent de la même manière les femmes et les hommes, et célèbrent des valeurs telles que la bienveillance, le soin et la non-violence chez les femmes comme chez les hommes (des valeurs souvent dénigrées comme « féminines » dans les systèmes de domination), ainsi que dans les politiques sociales et économiques. Ces cultures considèrent comme la norme les relations empathiques, mutuellement bénéfiques et non violentes. Elles se caractérisent par un faible degré de violence et un respect général pour la diversité et les droits humains. Elles résolvent souvent leurs conflits sans violence par la médiation. Citons, par exemple, les pays nordiques modernes (Finlande, Suède, Norvège, Danemark, Islande) ou les sociétés traditionnelles telles que la tribu des Minangkabau, groupe ethnique musulman de quatre millions de personnes

1. Eisler & Fry, 2019.
2. La culture traditionnelle masaï est également citée.

en Indonésie, les Tiruray (ou Teduray) aux Philippines, ou encore les Moso en Chine. Si ces sociétés sont parfois dites « matriarcales », Eisler et Fry constatent que le terme est souvent inapproprié et reflète notre incapacité à sortir du prisme de la domination, car dans la plupart de ces sociétés, les femmes et les hommes sont égaux.

D'un point de vue historique, les systèmes de domination se sont généralisés depuis environ cinq mille à dix mille ans. Rien d'étonnant à ce que nous ayons tendance à les considérer comme une norme naturelle… Or, selon Eisler et Fry, « les preuves archéologiques et ethnographiques suggèrent qu'une tradition durable d'orientation culturelle vers le partenariat a existé pendant au moins deux millions d'années[1] », comme le montre l'orientation générale des cultures nomades de chasseurs-cueilleurs. En effet, il a fallu attendre le développement de la sédentarisation, l'agriculture, l'expansion démographique et la complexité sociale pour voir apparaître des systèmes de domination. Puis, il y a entre 4 000 et 6 000 ans, les premières guerres ont éclaté, devenant au fil du temps plus fréquentes et destructrices. De fait, la guerre n'est pas inextricablement liée à la nature humaine. Il s'agit plutôt d'une invention sociale assez récente. En outre, selon Eisler et Fry, « depuis plusieurs siècles, nous observons un important mouvement vers l'aspect partenarial du continuum[2] », toujours d'actualité. « Cette lutte entre ceux qui tentent de rendre l'avenir plus paisible, équitable et durable, et ceux qui tentent de nous repousser vers des schémas plus rigides de domination constitue la véritable guerre culturelle[3] », concluent-ils.

Le recul de la violence : une tendance de long terme

Avec les progrès historiques de la démocratie et des droits humains[4], ainsi que la chute de certaines formes de violence structurelle comme celles associées à la discrimination, la diminution nette de la violence physique atteste des progrès d'une culture de partenariat. La plupart d'entre nous n'en sont pas conscients tant la violence semble omniprésente dans le monde d'aujourd'hui, mais de récentes études scientifiques confirment que la violence physique sous toutes ses formes (homicides, viols, maltraitance infantile, etc.) a baissé de manière notable au cours du millénaire

1. Eisler & Fry, 2019 (traduction libre).
2. *Ibid.*
3. *Ibid.*
4. Voir Møller & Skaaning (2013) pour prendre connaissance des avancées les plus récentes (au cours des dernières décennies).

qui vient de s'écouler, et en particulier des soixante dernières années. En Europe, le nombre annuel d'homicides pour 100 000 personnes, qui était estimé à 41 au XVe siècle, a sans cesse diminué pour atteindre 1,4 au XXe siècle[1]. En 2017, au niveau mondial, le nombre annuel de meurtres avec préméditation était estimé à 6,1 pour 100 000 personnes[2].

Steven Pinker, professeur de renom à Harvard et auteur du best-seller *La Part d'ange en nous. Histoire de la violence et de son déclin*, pense que nous sommes probablement en train de vivre « l'époque [...] la plus paisible de toute l'histoire de l'humanité[3] ». Il démontre que depuis quelques siècles, les guerres sont plus rares (sauf en Afrique) et moins sanglantes. Selon lui, cela serait principalement dû à la consolidation d'entités politiques fonctionnelles plus grandes et jouissant d'un monopole sur l'utilisation légitime de la force, au commerce, à la raison, à la féminisation et au cosmopolitisme (notre capacité à comprendre autrui et à entrer en empathie, qui a augmenté avec l'alphabétisation, la mobilité et les médias). Pinker reconnaît aussi l'importance de l'essor de la démocratie, du développement économique et de la gouvernance mondiale, et pointe les « révolutions des droits » en cours depuis la fin des années 1950 afin de lutter contre la discrimination des minorités ethniques, des femmes, des enfants, des homosexuels et des animaux.

Nous pouvons donc observer une évolution culturelle claire vers le rejet de la violence sur le long terme. Ce qui était autrefois courant, accepté et même considéré comme un divertissement (la torture publique, par exemple) est aujourd'hui totalement impensable. Pinker identifie quatre « bons anges » qui peuvent « détourn[er les humains] de la violence et les aiguill[er] vers la coopération et l'altruisme » : l'empathie, la maîtrise de soi, le sens moral et la raison.

Les cultures de partenariat : des environnements favorables à l'épanouissement personnel

L'évolution vers des cultures de partenariat est un levier essentiel pour favoriser l'épanouissement humain. En effet, Eisler et Fry montrent que les cultures de domination produisent des niveaux élevés de stress qui affectent la neurochimie du cerveau et tendent à maintenir leurs membres à un niveau moins avancé de développement humain. Leurs membres sont moins heureux et en moins bonne santé, mais ils se sont

1. Eisner, 2003.
2. ONUDC, 2019.
3. Pinker, 2017.

adaptés au fonctionnement de ces systèmes. Comme le prouvent de nombreuses études[1] (et assez logiquement puisque la culture façonne les individus), dans les cultures de domination, les gens sont moins empathiques, plus violents, moins créatifs et plus enclins à se conformer à l'autorité et aux préjugés contre les groupes externes. Leur mentalité est plus rigide, ils ont du mal à se détacher d'idées reçues et font preuve d'une aversion pour l'ambiguïté, la complexité et le changement. Plusieurs expériences ont montré que cela pouvait entraîner des perceptions sélectives et un déni de réalité, comme on le voit sur la question du changement climatique.

Else Frenkel-Brunswick, l'une des premières scientifiques à s'intéresser au sujet, a conclu que dans les familles extrêmement stressantes, « certains aspects de l'expérience devaient être tenus à l'écart de la conscience [...] afin de réduire les conflits et l'anxiété, et de conserver certains schémas de fonctionnement stéréotypés[2] ». En règle générale, le stress chronique ne se limite pas aux perceptions. Il influe aussi sur les choix comportementaux, comme l'indique la neuroscientifique Debra Niehoff : « Au fur et à mesure que le stress use le système nerveux, l'évaluation des risques devient plus approximative. Les insultes mineures sont perçues comme des menaces majeures. [...] Accablé de menaces réelles et imaginaires, l'individu a alors recours à des stratégies de survie séculaires : combattre, fuir ou se figer. [...] Les stratégies d'adaptation constructives se perdent et le cerveau se focalise sur un ensemble toujours plus restreint de réactions contre-productives. Avec un nombre de solutions de plus en plus limité, la violence, la dépression et la peur ne sont plus seulement des options mais deviennent un mode de vie[3]. »

Le stress affecte notre développement, de la même manière qu'il affecte celui des plantes. Tout comme les fleurs, nous exprimons une plus grande diversité de couleurs et de nuances, ainsi que des schémas plus complexes, à mesure que nous nous épanouissons.

La contribution des cultures de partenariat à l'épanouissement humain se reflète bien dans les pays d'Europe du Nord, qui se nomment souvent eux-mêmes « sociétés du soin[4] ». Nous avons déjà observé que ces pays figuraient la plupart du temps aux premières places des classements sur le bonheur, le développement humain et la santé sociale

1. Voir Eisler & Fry, 2019 pour prendre connaissance d'une liste exhaustive.
2. Frenkel-Brunswick, 1958, cité *ibid.*
3. Niehoff, 1999.
4. « *caring societies* ».

(voir figure 6), tout en affichant des niveaux supérieurs d'équité économique, d'équité de genre[1], de participation démocratique[2] et d'engagement en faveur de la non-violence[3] et de la durabilité[4]. Riane Eisler et Douglas Fry constatent que « ces pratiques nordiques ne relèvent pas d'un développement concomitant. Elles découlent du fait que le monde nordique s'oriente plus vers le partenariat que vers la domination[5] ». Contrairement à ce que l'on entend parfois, les politiques sociales progressistes (accès universel aux soins de santé, prise en charge de l'accueil des jeunes enfants par les pouvoirs publics, congé parental, etc.) peuvent donc être la cause et non la conséquence d'une plus grande prospérité[6].

Arracher les racines de la domination : protection de l'enfance et équité de genre

Comment les systèmes de domination se perpétuent-ils ? Ils sont soutenus par des récits culturels qui définissent notre vision de ce qui est normal, possible et bon. Dès le plus jeune âge, les enfants apprennent que la domination est naturelle au travers d'une éducation autoritaire, de la violence physique et des abus. Le seul choix qui leur reste est alors de dominer ou d'être dominé. Ils comprennent rapidement, souvent à partir de leur expérience familiale, que la moitié de l'humanité domine l'autre moitié, ce que l'on appelle le « patriarcat ». Ils apprennent à considérer les prétendues « valeurs féminines » de bienveillance, d'empathie et de non-violence comme des valeurs inférieures. La construction de la masculinité est assimilée à la domination et à la violence, et les garçons apprennent à se dissocier de leurs émotions, surtout celles jugées comme « féminines », telles que l'angoisse ou la compassion. Quant aux filles, on leur enseigne que tout un ensemble d'émotions et de comportements est hors de leur portée.

1. En 2018, la Norvège, la Suède et le Danemark figuraient dans le top 5 de l'indice d'égalité de genre instauré par le PNUD (PNUD, 2019).

2. En 2018, la Norvège, la Suède et le Danemark figuraient dans le top 5 de l'indice de démocratie instauré par *The Economist* (Economist Intelligence Unit, 2019).

3. Grâce à la création précoce d'instituts et de programmes d'études sur la paix, les pays nordiques ont été parmi les premiers à prendre des mesures juridiques et à changer les comportements vis-à-vis des punitions physiques et des violences commises envers les enfants, et à prôner la résolution non violente des conflits.

4. On peut dire que les populations des pays nordiques comptent parmi les plus conscientes de l'environnement au monde, même si leur empreinte écologique est élevée.

5. Eisler & Fry, 2019 (traduction libre).

6. Pietilä, 2007.

Même si les systèmes de domination sont soutenus par l'ensemble des institutions sociales, mettre fin aux violences envers les enfants et les femmes pourrait couper à la racine leur reproduction. L'équité de genre, en particulier, représente un levier majeur pour l'instauration d'une culture de la paix, non seulement parce qu'il réaffirme l'égalité inhérente des hommes et des femmes, mais aussi parce que c'est un puissant moteur de changement de valeurs dans la société. « Lorsque le statut des femmes prend de l'importance, il en va de même pour la valeur qu'une société confère aux traits et aux comportements définis de manière stéréotypée comme "féminins", tels que la bienveillance et le rôle de soignant – chez les femmes, chez les hommes et dans la politique économique[1] », expliquent Eisler et Fry.

Il est bien connu que l'éducation des filles est peut-être la politique de développement la plus efficace : elle engendre de nombreux impacts positifs pour les filles et les femmes (diminution des abus et de la discrimination, baisse de la mortalité maternelle, autonomisation, etc.), les enfants (amélioration de la santé, de la nutrition, de l'éducation, etc.), les familles (hausse des revenus, hausse des investissements, etc.) et les communautés (diminution des conflits, hausse de la durabilité, baisse de la croissance démographique, etc.)[2]. En général, les femmes sont porteuses de valeurs sensiblement plus compatissantes, progressistes, pacifiques et durables que les hommes[3]. Lorsqu'elles occupent des positions de leadership politique et économique, leurs votes et leurs décisions d'investissement sont plus favorables à la durabilité[4]. Par conséquent, les stratégies d'équité de genre, qui peuvent aussi contribuer de manière significative à notre bonheur[5], sont un pilier de la politique de l'être. Elles incluent un meilleur accès à l'éducation, aux responsabilités économiques et politiques, la protection contre les abus, et la reconnaissance de l'importance du travail de soignant (par le biais de la sécurité sociale, des retraites et des subventions ou crédits d'impôt)[6].

Selon un ancien leader de la foi bahá'íe : « Le monde de l'humanité possède deux ailes : la mâle et la femelle. Aussi longtemps que ces deux ailes ne s'équivaudront pas en force, l'oiseau ne volera pas. Jusqu'à ce que la femme atteigne le même rang que l'homme, jusqu'à

1. Eisler & Fry, 2019 (traduction libre).
2. Central Asia Institute, 2020 ; Hodge, 2017.
3. Crompton *et al.*, 2016 ; Eisenberg & Lennon, 1983.
4. Finucane & Hidalgo, 2018.
5. Ye *et al.*, 2015.
6. Eisler & Fry, 2019.

ce qu'elle jouisse du même champ d'activité, les accomplissements extraordinaires de l'humanité ne se réaliseront pas ; l'humanité ne pourra s'envoler vers les hauteurs de l'accomplissement réel. Quand les deux ailes [...] seront équivalent[e]s en force et jouiront des mêmes prérogatives, l'envolée de l'être humain sera extraordinairement élevée[1]. »

L'équité de genre est essentielle pour que les hommes et les femmes expriment leur plein potentiel et leur humanité au travers de rôles de genre moins stéréotypés. Eisler et Fry constatent que « dans les cultures orientées vers le partenariat, les hommes ne considèrent plus que leur statut – leur "masculinité" – est menacé quand ils adoptent des traits et des comportements féminins plus "doux"[2] ». Les hommes peuvent exprimer plus librement leur sensibilité, tandis que les femmes ne sont plus contraintes de réprimer leur force et leurs aspirations naturelles.

Les stéréotypes de genre montrent bien que les systèmes de domination ne sont pas uniquement bâtis sur notre déconnexion vis-à-vis d'autrui et de la réalité, mais se nourrissent également de notre déconnexion vis-à-vis de nous-mêmes. En fait, au lieu de reconnaître la souffrance que les systèmes de domination leur infligent de manière injuste, les gens apprennent à reconnaître cette violence comme légitime et à la tourner contre les autres. C'est pourquoi les mutilations génitales sont habituellement réalisées par des mères sur leurs filles, le racisme se transmet au travers d'une longue hiérarchie de domination, et les gens abusés pendant l'enfance sont souvent attirés par des leaders politiques qui défendent un programme social punitif. Comme l'indiquent Eisler et Fry : « Puisque les enfants sont démunis face aux adultes qui les aiment ostensiblement, mais les traitent durement, beaucoup d'entre eux se réfugient alors dans le déni et s'identifient à l'adulte puissant et supposé "bon" plutôt qu'à l'enfant faible, impuissant et supposé "mauvais". À l'âge adulte, les enfants élevés dans des cadres punitifs ne parviennent pas à faire preuve d'empathie face à la douleur causée par les politiques qui nuisent aux individus ou négligent leurs besoins essentiels. En outre, ils s'identifient aux leaders qui ordonnent ces politiques et les soutiennent[3]. »

1. 'Abdu'l-Bahá, http://bahairesearch.com/french/Baha%27i/Compilations/monde/paix.aspx, consulté le 3 août 2020.

2. Eisler & Fry, 2019 (traduction libre).

3. *Ibid.*, sur la base de l'analyse réalisée par Milburn & Conrad, 1996 ; 2018 (traduction libre).

Cela « sert à dévier la douleur et la colère réprimées vers ceux qui sont perçus comme faibles et malfaisants – c'est-à-dire tels qu'ils ont appris à se percevoir eux-mêmes lorsque leurs parents les punissaient[1] ».

Équité économique : un facteur majeur de bien-être social

Alors que certaines formes de violence sont en recul, d'autres formes de violence structurelle se sont récemment développées, en particulier au travers de la hausse des inégalités économiques qui menacent aujourd'hui le tissu social et politique de nombreux pays. Dans leur excellent ouvrage intitulé *Pourquoi l'égalité est meilleure pour tous*[2], les épidémiologistes Richard Wilkinson et Kate Pickett montrent que l'égalité des revenus est le meilleur prédicteur des problèmes sanitaires et sociaux dotés d'un « gradient social » (c'est-à-dire ceux qui augmentent à mesure qu'on descend dans l'échelle sociale) des pays riches. Ces indicateurs sanitaires et sociaux incluent le niveau de confiance, la maladie mentale (y compris la toxicomanie et l'alcoolisme), l'espérance de vie et la mortalité infantile, l'obésité, les niveaux d'alphabétisation et en mathématiques des élèves, la maternité précoce, le harcèlement, les homicides, les taux d'incarcération, la mobilité sociale, le statut des femmes, etc.

Plus le niveau d'inégalité est élevé, plus ces problèmes sont graves (voir figure 6). Cela se vérifie à l'ensemble des niveaux d'une société, ce qui implique que presque tout le monde peut donc profiter d'une plus grande égalité. Bien sûr, dans une société donnée, les populations riches sont en général moins affectées par ces problèmes, mais elles seront relativement plus affectées que les personnes percevant un revenu identique et qui appartiennent à une société moins inégalitaire. En règle générale, dans les pays riches, le revenu par habitant est peu corrélé à ces problèmes : même si certains pays très inégalitaires, comme les États-Unis, affichent un revenu par habitant plusieurs fois supérieur à celui d'autres pays riches, leurs performances restent inférieures. Richard Wilkinson et Kate Pickett pensent que leurs conclusions sur l'impact des inégalités valent pour tous les pays, mais ils se sont concentrés sur les pays riches pour des raisons méthodologiques[3].

1. Eisler & Fry, 2019, sur la base de l'analyse réalisée par Milburn & Conrad, 1996 ; 2018.
2. Wilkinson & Pickett, 2013.
3. Surtout la disponibilité des données et la nécessité de contrôler statistiquement les répercussions de l'augmentation du revenu par habitant, qui reste un facteur important dans les pays les plus pauvres.

Les grands écarts de revenus divisent les sociétés en augmentant les distances sociales et en renforçant la stratification sociale. Ils posent les bases matérielles d'une plus forte distinction entre les individus, qu'il s'agisse des vêtements, de l'éducation, des goûts esthétiques, du concept de soi, ou de tous les autres marqueurs sociaux et culturels. Ces différences affectent notre capacité à nous identifier, à entrer en empathie et à faire confiance à l'autre, ébranlant ainsi la cohésion sociale et la coopération, avec tout un lot de conséquences négatives. Elles représentent aussi une source importante d'insécurité et de stress pour les individus. En fait, le statut social est souvent perçu comme un indicateur de la capacité et de la valeur de chacun. Par conséquent, la distinction sociale accroît les « menaces d'évaluation sociale » (menaces d'être jugé négativement par d'autres personnes) qui, lors d'expériences incluant la mesure des taux de cortisol, sont apparues comme le principal facteur de stress pour les individus. Cela est particulièrement important, car l'éclatement des vieilles communautés sédentaires nous amène aujourd'hui à interagir en permanence avec des étrangers, d'une manière inévitablement modelée par des suppositions ou des jugements rapides à propos des personnes qui nous font face. En conférant plus d'importance au statut social, les inégalités augmentent l'esprit de compétition et l'anxiété liés au statut.

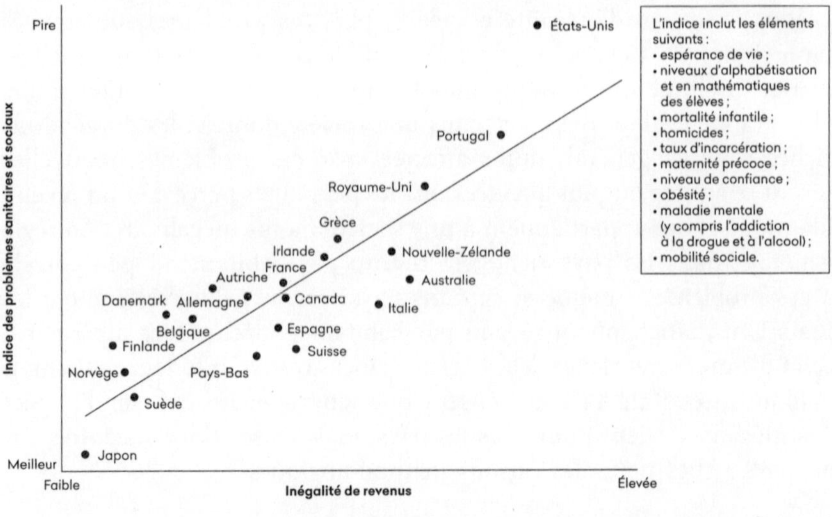

Figure 6. Problèmes sanitaires et sociaux, et leur lien avec les inégalités de revenu[1]

1. Wilkinson & Pickett, 2013.

Cela nous aide à mieux comprendre une relation bien établie et acceptée dans la littérature scientifique, à savoir comment la violence structurelle associée aux inégalités se traduit par de la violence physique. Les niveaux de violence physique peuvent présenter des différences colossales : les taux de meurtre aux États-Unis sont 4 fois plus élevés qu'au Royaume-Uni et 12 fois plus élevés qu'au Japon. Ces taux sont 7 fois plus élevés en Louisiane que dans le New Hampshire. Cependant, la répartition en fonction de l'âge et du sexe reste très constante : la violence est un phénomène masculin. Les taux de meurtre atteignent leur pic à la fin de l'adolescence et au début de la vingtaine pour les hommes, tandis que les taux de meurtre chez les femmes sont bien plus bas à tous les âges[1].

Pour mieux appréhender ce phénomène, Wilkinson et Pickett citent James Gilligan, célèbre psychiatre et universitaire américain qui a dirigé le Harvard Institute of Law and Psychiatry et a beaucoup travaillé sur la santé mentale dans les prisons. Dans son livre intitulé *Violence. Nos épidémies mortelles et leurs causes*, ce dernier affirme que les actes de violence constituent « autant de tentatives visant à éloigner ou à éliminer le sentiment de honte et d'humiliation – un sentiment douloureux pouvant se révéler intolérable et accablant – et à le remplacer par son contraire, le sentiment de fierté ». James Gilligan va même plus loin en ajoutant qu'il « n'a encore jamais vu d'acte réellement violent qui n'ait pas été provoqué par la sensation de honte et d'humiliation [...] et qui n'était pas une tentative de se défaire de ce sentiment de honte[2] ».

Les hommes sont particulièrement sensibles aux éléments déclencheurs de l'irrespect et de l'humiliation, car leur réussite dans la compétition sexuelle dépend avant tout de leur statut social (pour les femmes, c'est la beauté physique qui compte le plus), comme l'expliquent les psychologues évolutionnistes Margo Wilson et Martin Daily[3]. Dans les sociétés très stratifiées, si les hommes sont déjà privés de tous les marqueurs de statut social, ils ont tendance à lutter encore plus pour défendre leur faible statut, et à réagir de manière explosive en cas de menace.

L'indice des problèmes sanitaires et sociaux établi par Wilkinson et Pickett révèle l'excellente performance des pays très équitables comme

1. Ils citent les travaux de la philosophe et psychologue évolutionniste Helena Cronin, 1991.
2. Gilligan, 1996 (traduction libre).
3. Voir par exemple Wilson & Daily, 1988.

les pays scandinaves, les Pays-Bas et la Suisse, qui occupent souvent les premières places des classements des pays les plus heureux au monde, à l'exception du Japon. Il dévoile aussi les piètres résultats des États-Unis et du Royaume-Uni, où les inégalités ont atteint des niveaux inédits depuis plusieurs générations, tout comme du Portugal. Les différences sont énormes au sein de l'ensemble des pays riches : elles peuvent être jusqu'à deux fois plus importantes pour les taux de mortalité infantile, jusqu'à cinq fois plus importantes pour la maladie mentale et les taux d'incarcération, jusqu'à six fois plus importantes pour l'obésité ou la confiance sociale[1], jusqu'à onze fois plus importantes pour la maternité précoce, et jusqu'à douze fois plus importantes pour les homicides.

Cela s'explique par le fait que les inégalités affectent non seulement les personnes pauvres, mais aussi la grande majorité de la population. Cette situation engendre des coûts économiques prohibitifs. Au début du nouveau millénaire, certains États des États-Unis dépensaient autant d'argent public dans les prisons que dans l'éducation supérieure[2]. Les inégalités ont augmenté dans presque tous les pays riches au cours des dernières décennies. Alors que la mondialisation et la technologie sont souvent montrées du doigt, une analyse plus détaillée et un examen de l'histoire pointent plutôt l'évolution des attitudes politiques et des idéologies.

Publié en 2009 en anglais, au sortir de la crise financière, l'ouvrage intitulé *Pourquoi l'égalité est meilleure pour tous* a beaucoup influencé le débat politique au Royaume-Uni. Très didactique et agrémenté de nombreux graphiques, il explique que, dans les démocraties développées à économie de marché, la qualité du tissu social et notre rapport aux autres sont déterminés en grande partie par le niveau des inégalités. *The Economist*, reconnu pour son esprit (néo)libéral, a même admis : « Les preuves sont difficiles à remettre en cause[3]. » Cette compréhension rejoint la sagesse des sociétés traditionnelles de chasseurs-cueilleurs, dont l'économie et la vie sociale reposaient sur la réciprocité et le don, ainsi que sur des niveaux élevés d'égalité et de « stratégies de contre-domination » afin de maintenir la paix et de préserver l'harmonie sociale[4].

Le principe de justice prônant l'égalité est très ancré dans nos esprits modernes, car nous sommes les héritiers d'une longue histoire – plus

1. Pourcentage des personnes affirmant que la plupart des gens sont dignes de confiance.

2. Justice Policy Institute, 2002.

3. Citation de la quatrième de couverture de l'édition française de 2013.

4. Voir par exemple Sahlins, 2017.

de 90 % de notre vie d'êtres humains – au sein de sociétés très égalitaires. Dans le cadre d'une expérience économique, le « jeu de l'ultimatum », une personne reçoit de l'argent (le « proposant ») et doit le partager avec un autre participant (le « répondant »). Le « répondant » doit accepter la somme proposée pour que le « proposant » conserve le reste –, l'expérience montre que les « proposants » ont tendance à partager l'argent de manière assez équitable (entre 43 % et 48 % de la somme dans les « sociétés développées »)[1]. Les enquêtes réalisées dans des pays très inégalitaires comme les États-Unis et le Royaume-Uni indiquent aussi une forte conscience de la gravité du problème des inégalités (chez environ 3 personnes sur 4).

Cependant, alors que les inégalités semblent le principal moteur structurel de tant de problèmes sociaux, il est surprenant de constater la faiblesse des politiques mises en place pour les réduire. « Chaque problème est censé avoir sa propre solution comme s'il était sans rapport avec les autres. Les autorités encouragent les gens à faire de l'exercice, à ne pas avoir de relations sexuelles non protégées, à dire "non" à la drogue, à essayer de se détendre, à concilier travail et vie privée, et à passer du temps "qualitatif" avec leurs enfants[2] », expliquent Wilkinson et Pickett. « L'espoir [...] reste inexprimé. Elles espèrent que la population, et surtout les pauvres, continuera à vivre dans les mêmes conditions mais sans plus longtemps succomber à la maladie mentale, aux grossesses précoces, à l'échec scolaire, à l'obésité ou à la drogue[3]. » Or, face à nos défis actuels, nous devons surmonter cette approche réductionniste défaillante et traiter les causes premières de nos problèmes.

La diminution des inégalités n'est plus une option, et c'est encore plus vrai dans le contexte de la crise écologique. En fait, les niveaux d'inégalité dans les pays riches sont aussi corrélés négativement avec l'innovation (nombre de brevets accordés par habitant), le recyclage des déchets, les dépenses liées à l'aide au développement, les performances associées à l'indice mondial de la paix[4], l'empreinte écologique, la production de déchets et la consommation d'eau. De plus, pour que des politiques pertinentes soient instaurées dans le cadre de la transition écologique, le partage des charges doit être considéré comme équitable tel que mis en lumière par le mouvement des Gilets jaunes. Ce principe de justice devrait s'avérer central dans les politiques incitant à la

1. Ils citent Henrich *et al.*, 2007.
2. Wilkinson & Pickett, 2013.
3. *Ibid.*
4. L'indice mondial de la paix mesure la sûreté et la sécurité au niveau social, l'étendue des conflits nationaux et internationaux en cours, ainsi que le degré de militarisation.

sobriété et gérant les pénuries à venir, tout comme cela a été le cas par le passé en temps de guerre.

Enfin, compte tenu de la concentration du pouvoir économique, les inégalités paraissent bien souvent fragiliser les fondements de la démocratie et le fonctionnement de nos institutions sociales et politiques, qui sont les piliers d'une société pacifique. En effet, des études montrent que la corruption dans les pays pauvres[1], la méfiance vis-à-vis des gouvernements[2] et l'abstentionnisme[3] augmentent en même temps que les inégalités. En renforçant la confiance et la cohésion sociales, l'égalité économique semble aussi encourager le civisme et la responsabilité, y compris sur le plan international. « À un niveau plus fondamental, réduire l'inégalité signifie passer du consumérisme égoïste, semant la discorde et alimenté par la compétition pour le statut, à une société plus intégrée et plus fédératrice[4] », concluent Wilkinson et Pickett.

Non-violence : le chemin de la politique de l'être

Outre l'équité économique et la démocratie, la capacité à résoudre les conflits sans utiliser la violence est au cœur d'une culture de la paix. La non-violence est une façon naturelle de faire progresser la politique de l'être, où la qualité de l'être constitue la principale ressource et le principal moyen d'action. S'inspirant des traditions spirituelles, et notamment du concept d'*ahimsa* dans le jaïnisme, l'hindouisme et le bouddhisme, la non-violence est l'incarnation politique de toutes les valeurs les plus élevées : la vérité, l'amour, la compréhension, le courage, la force, la justice et bien sûr la paix ! C'est un exercice, un chemin d'apprentissage qui permet à une société de cultiver les valeurs les plus élevées et d'établir une base solide pour la paix et la justice. La non-violence est la seule voie qui mène à un progrès authentique et durable : « La paix est le chemin. » Les manifestations non violentes ont deux fois plus de chances d'aboutir que les conflits armés, et les campagnes non violentes qui impliquent plus de 3,5 % de la population ont toujours eu les résultats escomptés[5]. Les plus grands leaders politiques du XXe siècle, y compris Mahatma Gandhi, Nelson Mandela, le dalaï-lama et le docteur Martin Luther King Jr., ont tous eu recours à la non-violence. Ce dernier a admirablement défini la non-violence au travers de six principes (voir encadré 11).

1. You & Khagram, 2005.
2. Kawachi & Kennedy, 1997 ; Uslaner, 2002.
3. Geys, 2006.
4. Wilkinson & Pickett, 2013.
5. Chenoweth, 2017 ; Chenoweth & Gallagher Cunningham, 2013 ; Schock, 2013.

Encadré 11 : Les six principes de non-violence du docteur Martin Luther King Jr.[1]

1. La non-violence est un mode de vie pour les personnes courageuses.
   - C'est une résistance active et non violente au mal.
   - C'est un engagement spirituel, mental et affectif.
   - C'est toujours un moyen de persuader son adversaire de la justesse de la cause que l'on défend.
2. La non-violence cherche à gagner l'amitié et la compréhension.
   - Le résultat final de la non-violence est la rédemption et la réconciliation.
   - Le but de la non-violence est la création de la communauté bien-aimée.
3. La non-violence s'efforce de vaincre l'injustice, et non les personnes.
   - La non-violence reconnaît que ceux qui font le mal sont aussi des victimes.
4. La non-violence considère que la souffrance volontaire peut éduquer et transformer.
   - La non-violence accepte de plein gré les conséquences de ses actes.
   - La non-violence accepte la souffrance sans représailles.
   - La non-violence accepte la violence si elle est nécessaire, mais ne l'inflige jamais.
   - La souffrance non méritée est rédemptrice et offre d'immenses possibilités d'éducation et de transformation.
   - La souffrance peut avoir le pouvoir de convertir l'ennemi lorsque la raison échoue.
5. La non-violence choisit l'amour plutôt que la haine.
   - La non-violence résiste à la violence tant spirituelle que corporelle.
   - L'amour non violent donne de bon gré, tout en sachant qu'il pourra recevoir en retour de l'hostilité.
   - L'amour non violent est actif, et non passif.
   - L'amour non violent ne s'abaisse pas au niveau de celui qui hait.
   - L'amour pour l'ennemi représente la façon dont nous démontrons notre amour pour nous-mêmes.
   - L'amour restaure la communauté et résiste à l'injustice.
   - La non-violence reconnaît le fait que toutes les vies sont liées entre elles.
6. La non-violence croit que l'univers est du côté de la justice.
   - Le résistant non violent a une foi profonde dans le fait que la justice finira par triompher.

1. Voir https://library.darakhtdanesh.org/en/resource/1140, consulté le 22 mars 2023 (traduction libre).

Comme le reconnaît Gandhi, les actions violentes peuvent être plus efficaces que l'apathie contre l'oppression. Mais à cette étape de notre évolution collective, la violence ne peut être d'une grande aide. Seule la paix peut faire advenir des sociétés capables de gérer les problèmes actuels. Elle est aussi fondamentale pour nous permettre de faire évoluer notre paradigme de développement, alors qu'une multitude de pays privilégient le développement économique pour se sentir plus forts et plus en sécurité face à des conflits militaires potentiels.

Réconciliation : guérir le passé pour pouvoir évoluer

La violence donne seulement l'illusion de mettre un terme aux conflits. En réalité, ces derniers ne sont pas résolus et ils subsistent dans le cœur des gens, prêts à réapparaître à la moindre occasion, incitant à la polarisation, à la paralysie ou à la guerre. Les conflits actuels ont souvent une longue histoire que nos esprits peinent à reconnaître. Il est étonnant d'entendre les Russes traiter aujourd'hui les Ukrainiens de « fascistes », près de quatre-vingts ans après la fin de la Seconde Guerre mondiale, ou l'ancien président américain Donald Trump menacer de frapper 52 sites iraniens représentant « les 52 Américains retenus en otage par l'Iran il y a bien longtemps[1] » (en 1979). Le terrorisme islamiste actuel est en partie né de la frustration et de l'humiliation provoquées par la colonisation du XIXe siècle. La colonisation et les abus qui se sont multipliés au cours de l'histoire sont grandement responsables de la méfiance générale qui s'est instillée dans la coopération internationale. Des efforts proactifs de réconciliation sont nécessaires pour empêcher les conflits et nous apporter la cohésion sociale dont nous avons besoin pour évoluer collectivement. Les sociétés ne peuvent pas avancer si elles sont hantées par leurs vieux démons. Il ne suffit pas d'oublier. Ce fut le choix de l'Espagne après la dictature de Franco[2], mais ce choix paralyse

1. Sweet, 2020 (traduction libre).

2. Après la mort de Franco en 1975, les partis de gauche et de droite ont décidé de ne pas évoquer l'héritage du franquisme, de laisser le passé derrière eux et de se concentrer sur l'avenir de l'Espagne. Ils ont donc signé le « Pacte de l'oubli » (Pacto del Olvido, en espagnol), scellé par la loi d'amnistie de 1977. En 2007, le gouvernement socialiste dirigé par le Premier ministre José Luis Rodríguez Zapatero a institué la Loi sur la mémoire historique (Ley de Memoria Histórica, en espagnol). Cette loi reconnaît et élargit les droits et les mesures établis en faveur des personnes qui ont souffert d'actes de persécution ou de violence pendant la guerre civile et la dictature. En 2010, le juge espagnol

encore aujourd'hui la démocratie dans le pays, comme cela a été le cas lors de la crise catalane (2019-2020)[1].

La reconnaissance de la vérité et la réparation des injustices sont des étapes importantes pour guérir les blessures du passé et apprendre de nos erreurs. Le fait de comprendre leurs causes nous permet d'évoluer et de ne pas reproduire ces erreurs. Beaucoup d'entre nous sont capables de voir que nos problèmes personnels se manifestent encore et encore, de plus en plus intensément jusqu'à ce que nous puissions les reconnaître et traiter leurs causes réelles. Nos problèmes sont des invitations à évoluer et à guérir, ainsi que l'expliquent souvent les praticiens de médecine non conventionnelle. De la même manière que la vie nous invite, nous appelle, nous force de plus en plus à faire évoluer et à transformer les mémoires ancestrales, je vois aujourd'hui dans la résurgence de certains conflits politiques un processus naturel de purification préparant l'évolution de l'humanité. Les crimes de guerre, le colonialisme, l'esclavagisme et le racisme, ainsi que les abus commis sur les femmes et les enfants font partie des principales blessures que nous devons guérir, comme cela a été le cas dernièrement avec la campagne de lutte contre les abus sexuels au sein de l'Église catholique, le mouvement MeToo ou le mouvement Black Lives Matter. « Vous devez dominer[2] », a déclaré l'ancien président des États-Unis Donald Trump – lui-même produit d'une éducation autoritaire – aux gouverneurs américains chargés de gérer les importantes manifestations qui ont suivi la mort de George Floyd. C'est bien cette culture de la domination que les mouvements comme Black Lives Matter pointent du doigt et contribuent à transformer.

Baltasar Garzón a remis en question le Pacte de l'oubli, car il estimait que les amnisties juridiques internationales ne s'appliquaient pas aux crimes contre l'humanité, ce que les Nations unies avaient rappelé plusieurs fois à l'Espagne. Ses investigations sur les crimes franquistes ont finalement été interrompues, tout comme l'exhumation des victimes de la répression de Franco, qui avaient suivi l'adoption de la Loi sur la mémoire historique.

1. Les indépendantistes catalans font souvent référence à l'héritage franquiste de domination et de violence pour justifier leurs revendications. L'Esquerra Republicana de Catalunya (ERC), parti de gauche et principal parti indépendantiste, a voté contre l'adoption de la Loi sur la mémoire historique de 2007, car elle jugeait que cette loi n'allait pas assez loin. Le philosophe espagnol Reyes Mate voit une nouvelle expression du franquisme dans la construction nationale catalane qui repose sur l'exclusion des autres. Reprenant les travaux de son compatriote Américo Castro (1885-1972), historien spécialiste de la culture espagnole, Reyes Mate explique que ce type de construction nationale existait déjà avant la période franquiste et s'enracine dans le développement de l'identité espagnole par l'exclusion des Juifs au XVe siècle et l'expulsion des Maures au XVIIe siècle. Selon Reyes Mate, « la démocratie espagnole n'a pas réglé ses comptes avec la dictature [de Franco] » (Munárriz, 2017, traduction libre).

2. CNN, 2020 (traduction libre).

Beaucoup d'efforts nationaux de réconciliation ont été institutionnalisés par le biais de commissions prônant la vérité et la réconciliation après les guerres civiles ou la fin de régimes oppresseurs, tels que le mouvement post-apartheid mené par l'archevêque Desmond Tutu en Afrique du Sud pendant l'année 1996. Des conflits plus anciens, dont ceux ayant impliqué les populations indigènes du Canada ou de l'Australie, ont eux aussi fait récemment l'objet de commissions. Au Canada, le Premier ministre Justin Trudeau a déclaré que la réconciliation avec les peuples indigènes était une priorité nationale. Il l'a d'ailleurs exprimé lors d'une réunion entre les représentants des populations indigènes et les représentants du gouvernement en 2017 : « Réconciliation, réconciliation, réconciliation, RÉCONCILIATION !! Réconciliation, réc… on… ci… llliiiiiiiation[1]… » Non, il n'a pas été victime d'une attaque cardiaque comme quelques spectateurs l'ont cru. Il était juste sincère, et pour certains des participants, cela valait bien de verser quelques larmes.

La réconciliation ne se fait pas une fois pour toutes par le biais d'une simple initiative institutionnalisée. C'est un long processus qui se répète encore et encore afin d'apporter une guérison un peu plus profonde à chaque fois. La crise politique chilienne de 2019 constitue, par exemple, une nouvelle tentative – après la Commission nationale Vérité et Réconciliation créée en 1990, peu après le retour de la démocratie dans le pays – de laisser derrière soi l'héritage de la dictature d'Augusto Pinochet. Elle s'est conclue par un accord visant à remplacer la Constitution du pays qui avait été instaurée par le régime de Pinochet en 1980.

Écoute profonde et paroles aimantes : les conditions d'un dialogue véritable

Pour résoudre les conflits, anciens ou nouveaux, ou même pour avoir les conversations politiques profondes et constructives qui s'imposent, nous devons être en mesure de nous écouter attentivement les uns les autres, et de communiquer de manière pacifique. C'est notre pratique au Village des Pruniers et elle a été utilisée dans le cadre de conflits politiques enracinés. Israéliens et Palestiniens, par exemple, ont pu, à de nombreuses reprises, s'asseoir ensemble, s'écouter les uns les autres, et exprimer leurs souffrances, leurs regrets, leurs admirations et leurs espoirs. Il faut souvent un peu de temps et de pratique pour que tout cela soit possible, mais le seul fait de parler avec respect et d'écouter

1. *Walking Eagle News*, 2017.

profondément peut transformer nos relations. Ces initiatives sont donc très importantes pour bâtir la paix par le bas, un cœur à la fois.

La polarisation politique a récemment grimpé en flèche, affectant le débat public et menaçant la cohésion des sociétés. Les discours de violence et de haine se multiplient, et la diabolisation de l'opposant devient un phénomène courant. Il est de plus en plus difficile d'amener des personnes de différents bords politiques à discuter ensemble. Internet et les réseaux sociaux ont renforcé cette tendance : les gens y déversent leur colère de manière irresponsable et reçoivent uniquement des informations qui vont dans leur sens. Les adeptes de la non-violence ne peuvent pas s'abaisser au niveau de ceux qui propagent la haine. « Quand ils descendent, nous montons », proclame haut et fort Michelle Obama.

Il y a encore peu de temps, alors que je regardais un documentaire télévisé, j'ai été choqué de découvrir tant de haine et de violence chez les opposants à Donald Trump. Dans les rues, les gens criaient et insultaient les supporters de l'ancien chef d'État qui se rendaient tranquillement à un meeting. Sur ces visages pleins de rage, je pouvais presque voir les traits de l'ancien président. La haine, la colère et la violence sont les vrais ennemis qui se cachent au fond de chacun d'entre nous. Seule la non-violence a la capacité de les transformer.

Lors du Parlement des religions du monde qui s'est tenu à Toronto (Canada) en 2018, j'ai fait la rencontre de William et d'Olivia, qui avaient décidé au dernier moment de venir découvrir d'autres traditions religieuses. En tant que conservateurs chrétiens blancs au Canada, ils m'ont raconté qu'ils étaient stupéfaits de se sentir si dénigrés par les participants. Certaines personnes allaient jusqu'à leur crier dessus. Je leur ai répondu que j'étais sincèrement navré de ce qui leur arrivait.

Nous n'avions pas le même vécu ni les mêmes idées. J'étais un écologiste progressiste et très à l'aise dans un contexte interspirituel, tandis que William travaillait dans le secteur pétrolier. Mais ils ont ressenti mon empathie et mon ouverture d'esprit, et après quelques échanges personnels sympathiques, nous avons commencé à parler de sujets sociaux plus sérieux, tels que le changement climatique. Ils avaient conscience de la crise environnementale et climatique, mais ils ne comprenaient pas pourquoi les gens critiquaient à ce point la politique du Canada. Après tout, les forêts canadiennes absorbaient plus de gaz à effet de serre que le pays n'en émettait. J'ai appris plus tard que ce mensonge s'était répandu comme une traînée de poudre sur les réseaux sociaux[1]. Tout en reconnaissant que j'ignorais les chiffres exacts, je leur ai expliqué que cela était très peu probable pour

1. Fletcher, 2019.

diverses raisons[1]. Je les ai aussi aidés à mieux comprendre que la décision du gouvernement canadien de quitter le protocole de Kyoto avait affecté très négativement la coopération internationale sur le changement climatique.

William et Olivia m'ont écouté avec attention, car ils sentaient bien que je n'essayais pas d'avoir le dessus. Au contraire, je voulais instaurer un dialogue respectueux leur permettant de s'exprimer. Ils m'ont même remercié de leur avoir fourni des informations qu'ils ignoraient, ce qui les a amenés à prendre conscience qu'ils pouvaient se méprendre sur certains points. Nous avons ainsi passé un moment agréable. Nous nous sommes recroisés par la suite durant cet événement en nous saluant chaleureusement et William en a profité pour me poser de nouvelles questions sur plusieurs sujets politiques controversés. Il m'a par exemple demandé mon avis sur Fukushima. Je me suis rendu compte qu'il avait le sentiment d'avoir trouvé une personne fiable et susceptible de lui apporter des informations différentes de celles auxquelles il était exposé d'habitude.

Je suis très heureux d'avoir fait cette rencontre. Elle m'a rappelé que, lorsque nous sommes capables de nouer des relations humaines respectueuses, une communication réelle peut se produire et remédier à l'incompréhension, à la méfiance et au mépris.

Les enseignants spirituels tels que le dalaï-lama ne cessent de nous dire que « la paix du monde commence par la paix intérieure[2] ». Toutes les traditions spirituelles nous expliquent aussi que la paix de l'esprit – ou équanimité – et la paix de l'âme représentent le but ultime de la vie[3]. Cette paix intérieure qui peut nous libérer est le fruit de la pratique spirituelle. Elle commence dans notre corps, à chaque respiration, à chaque pas, dans notre façon de penser, de communiquer et de consommer, dans les plus petits actes de notre vie. Nous pouvons être la paix que nous voulons voir dans le monde.

---

1. Au départ, le Canada n'incluait pas les forêts dans le décompte de ses émissions de GES en raison de l'importante quantité d'émissions liées aux incendies et aux invasions d'insectes. Les forêts représentaient alors une source d'émission nette (et non un puits de carbone) depuis 2001. Puis le pays a décidé d'inclure uniquement les « forêts gérées », autrement dit les forêts sous l'influence directe de l'humain, ce qui représentait 65 % des forêts nationales. Dans ces « forêts gérées », les perturbations naturelles de 2016, comme les incendies et les invasions d'insectes, ont représenté environ 98 millions de tonnes d'émissions d'équivalent CO_2, tandis que les activités humaines telles que la reforestation et la « gestion de forêts durables » ont permis d'éliminer environ 20 millions de tonnes d'équivalent CO_2, ce qui a conduit à des émissions nettes de 78 millions de tonnes d'équivalent CO_2 (Fletcher, 2019 ; Gouvernement du Canada, 2020).

2. Traduction libre.

3. Par exemple, dans la tradition philosophique gréco-romaine, c'est une valeur clé nommée *tranquilitas animi* (titre d'un ouvrage de Sénèque et de Plutarque) ou ataraxie.

9

Pleine conscience

Attention, présence, méditation, lenteur, responsabilité

« *Je suis chez moi, je suis arrivé. Il n'y a qu'ici et maintenant.* »

Maître Zen Thich Nhat Hanh

Selon le maître Zen Thich Nhat Hanh, nous avons de nombreux rendez-vous, mais nous manquons souvent le plus important : notre rendez-vous avec la vie, ici et maintenant. En fait, les neurosciences montrent aujourd'hui que notre cerveau passe plus de temps à prédire la réalité qu'à en faire l'expérience. D'un point de vue métabolique, le fait d'ignorer la majorité des informations apportées par nos sens, sauf quand la réalité dévie de la prédiction, est plus efficace et entraîne des réactions plus rapides. Si, par exemple, vous mangez une pomme tout en lisant un livre, vous ne ferez peut-être pas vraiment attention au goût du fruit parce que votre cerveau le connaît déjà et il vous permettra de percevoir ce goût habituel. Mais si la pomme est gâtée, vous serez peut-être surpris par son goût et, en fin de compte, vous reviendrez dans la réalité[1]. Faire l'expérience de la réalité, au moins de temps à autre, peut être un sage premier pas pour bâtir un monde meilleur, vous ne croyez pas ?

La révolution de la pleine conscience

Le 3 février 2014, le magazine *Time* titrait « The Mindful Revolution: The Science of Finding Focus in a Stressed-Out, Multi-Tasking

1. Je remercie le frère Phap Lin et William Addey pour leur présentation intitulée « Know your Brain to Practice Well » au Village des Pruniers (2019).

Culture[1] ». Nous faisons face à une épidémie de stress, alors que des centaines voire des milliers de messages se concurrencent chaque jour pour capter notre attention par le biais de moyens et de technologies de plus en plus sophistiqués. Notre esprit est empli de pensées, le plus souvent répétitives et négatives[2]. Le magazine *Time* suggère que la pleine conscience est peut-être la clé pour survivre et réussir au XXIe siècle : « Si la distraction est la condition prééminente de notre époque, alors la pleine conscience, aux yeux de ses adeptes, est la réponse la plus logique[3]. »

La pleine conscience désigne l'énergie permettant d'être attentif au moment présent et à ce qui se passe en nous, dans notre esprit, dans notre corps et dans notre environnement extérieur. Grâce à cette présence ouverte et non jugeante, nous pouvons être en contact profond avec la vie, ceux qui nous entourent et nos actions. La pleine conscience peut nous aider à nous libérer de nos habitudes, de nos conditionnements et de nos préjugés. Elle nous aide à voir les choses telles qu'elles sont et à manifester notre vraie nature de compassion, de paix et de joie. La pleine conscience peut être cultivée au travers de la méditation, en particulier l'attention que nous portons à notre respiration lorsque nous sommes assis, marchons ou effectuons les activités du quotidien. Elle nous permet d'être conscients et non esclaves de nos pensées, de nos émotions ou de nos sensations.

Beaucoup de traditions spirituelles considèrent la pleine conscience, l'attention ou la capacité à vivre dans le moment présent comme la principale qualité de l'être et la base de toute pratique contemplative. Comment pouvons-nous vraiment vivre ou expérimenter quoi que ce soit de réel si nous ne sommes pas dans l'« ici et maintenant », notre « véritable demeure », selon Thich Nhat Hanh, lui-même souvent surnommé « le père de la pleine conscience » ? Maître Eckhart (1260-1328), mystique chrétien allemand, l'affirme : « Dans l'éternité, il n'y a ni hier ni demain, mais un seul éternel présent. Ce qui se passait il y a mille ans et ce qui se passera dans mille ans, cela est compris dans cet éternel présent de Dieu[4]. » On raconte que lorsqu'un disciple lui demanda ce qu'était le Zen, un maître

1. « La révolution de la pleine conscience : la science de la concentration dans une culture du stress et du multitâche », Pickert, 2014 (traduction libre).

2. C'est un constat. Les chiffres que vous pouvez trouver sur Internet – 12 000, 60 000 ou encore 8 000 pensées par jour, dont 95 % seraient répétitives (identiques à celles de la veille) et 80 % seraient négatives – ne semblent pas reposer sur des preuves scientifiques. Ils font référence à une étude de la National Science Foundation datant de 2005, mais qui n'a jamais été retrouvée.

3. Traduction libre.

4. Maître Eckhart, 2022.

Zen répondit : « Attention, attention, attention », tandis que les écoles philosophiques gréco-romaines insistaient sur le concept de *prosokhê*, c'est-à-dire l'attention au moment présent. Cette notion a été reprise par un bon nombre de philosophes, mystiques et poètes chrétiens et islamiques.

Toutes les grandes sagesses traditionnelles expliquent que le meilleur moyen de vivre notre vie est d'être dans le moment présent, comme l'affirme le philosophe persan islamique Omar Khayyam : « Hier étant révolu, ne l'évoque plus. Ne te lamente pas, non plus, à propos d'un demain pas encore venu. Ne te fonde ni sur le passé, ni sur le futur. Vis joyeusement l'instant présent, ne gaspille point tes jours[1]. »

Aujourd'hui, la pratique de la pleine conscience est utilisée par de nombreuses traditions spirituelles, en particulier les religions du Livre (christianisme, judaïsme et islam), pour raviver leurs pratiques et s'ouvrir aux significations les plus profondes de leurs enseignements par le biais de la méditation.

Quand la science démontre les nombreux bienfaits de la pleine conscience

Comme le suggère la couverture du magazine *Time*, la pleine conscience s'est popularisée. On la retrouve dans les médias, les best-sellers, les ressources en ligne et plus de 500 articles scientifiques évalués par les pairs chaque année[2]. Alors qu'elle trouve son origine dans le bouddhisme, la pleine conscience doit avant tout sa réussite à son évolution vers une pratique laïque et quotidienne de bien-être pour l'esprit – comparant l'attention à un muscle qu'il faut entraîner –, qui peut s'appliquer à tout ce que nous faisons. Ses adeptes veillent souvent à éviter toute référence à la spiritualité. Son succès vient également de la confirmation par la science de ses nombreux bienfaits, en démontrant notamment la capacité de la pleine conscience à remodeler notre cerveau :

- par la diminution de la matière grise dans l'amygdale, région du cerveau associée au stress ;
- par l'épaississement de la matière grise dans le cortex préfrontal, région du cerveau responsable des activités de planification, de résolution des problèmes ou encore de maîtrise des impulsions ;
- par l'augmentation de la concentration de matière grise dans l'hippocampe, région du cerveau impliquée dans la mémoire et l'apprentissage[3].

1. Dashti, 2011.
2. Mindfulness Initiative, 2015.
3. Joshi, 2017.

La science a prouvé que la pratique de la pleine conscience pouvait apporter de multiples bienfaits en termes de :

- santé physique : diminution des douleurs chroniques, diminution du vieillissement, renforcement de l'immunité, diminution des maladies cardiaques ;
- santé mentale et bonheur : diminution du stress, amélioration du bien-être, respect de soi, confiance, résilience ;
- compétences sociales : attitudes et comportements prosociaux, régulation émotionnelle, communication, empathie et compassion, diminution de la colère, diminution des comportements discriminatoires, respect de l'environnement, clarification et alignement avec ses valeurs ;
- compétences cognitives : attention, concentration, clarté mentale, acceptation (non-attachement aux vues), conscience de la métacognition, flexibilité et résilience cognitives, ouverture au changement, résistance aux biais cognitifs, créativité, productivité, prise de décision, mémoire, etc.[1].

---

1. Voir par exemple :

• De Vibe *et al.* (2012), et leur métaétude sur les avantages de la réduction du stress par la pleine conscience (Mindfulness-Based Stress Reduction, MBSR) pour améliorer la santé mentale et somatique, la qualité de vie, la résilience et l'empathie ;

• en ce qui concerne les effets de la pleine conscience sur la santé physique : Levine *et al.* (2017) pour les maladies cardiaques, Creswell *et al.* (2009) pour l'immunité, Schutte & Malouff (2014) et Alda *et al.* (2016) pour le vieillissement, Hilton *et al.* (2017) pour les douleurs chroniques ;

• en ce qui concerne les effets de la pleine conscience sur la santé mentale et le bonheur : Keng *et al.* (2011), une métaétude qui a permis d'observer que la pleine conscience dispositionnelle (« état de conscience » général d'une personne dans son approche de la vie) était associée de manière positive à des indicateurs de bien-être tels que la satisfaction à l'égard de la vie, la conscience, la vitalité, l'estime de soi, l'empathie, le sentiment d'autonomie, la compétence et l'optimisme, et corrélée de manière négative avec la dépression, la neurasthénie, la distraction, la rumination, la réactivité cognitive, l'anxiété sociale, les difficultés de régulation émotionnelle et les symptômes psychologiques généraux. Voir aussi Khoury *et al.*, 2013, une méta-analyse de 209 études portant sur un total de 12 145 participants, qui a conclu que les interventions fondées sur la pleine conscience montraient « d'importants effets sur le plan clinique dans le traitement de l'anxiété et de la dépression, et un maintien des bénéfices obtenus lors du suivi » (traduction libre) ;

• en ce qui concerne les effets de la pleine conscience sur les compétences sociales et les comportements prosociaux : Bristow *et al.*, 2020 ; Chiesa *et al.*, 2011, sur l'amélioration de la capacité de régulation émotionnelle, Condon *et al.*, 2013, sur les réactions de compassion, Brown *et al.*, 2007, sur les relations personnelles et les décisions écologiques, Lueke & Gibson, 2016, sur la diminution des comportements discriminatoires, Baer, 2015 et Shapiro *et al.*, 2006, sur la clarification et l'alignement avec ses valeurs ;

La pleine conscience illustre parfaitement la manière dont une pratique spirituelle peut contribuer à l'amélioration de notre bien-être individuel et collectif. Elle nous aide à développer la plupart des qualités décrites jusqu'ici comme essentielles dans la politique de l'être (compréhension, bien-être, empathie, calme, etc.) en nous invitant à nous arrêter, à ralentir et à nous connecter à nos valeurs, ce qui nous conduit souvent à mieux nous aligner sur des valeurs prosociales[1]. Elle nourrit notre capacité à prendre soin des autres et de la Terre, mais aussi à collaborer, et elle nous apporte la sagesse requise pour mettre en place des actions intentionnelles efficaces[2].

Une pratique qui se professionnalise et se popularise pour se répandre dans de nombreux secteurs

John Kabat-Zinn, professeur de médecine diplômé du MIT, a été un pionnier et l'une des principales figures du mouvement de la pleine conscience. Après avoir découvert cette pratique auprès d'enseignants bouddhistes, il a fondé en 1979 la Stress Reduction Clinic à la University of Massachusetts Medical School, devenue le Center for Mindfulness in Medecine, Health Care, and Society (CFM). Il a commencé à proposer un programme fondé sur la pleine conscience, dénué de toute pensée bouddhiste et transposé dans un cadre scientifique, qui deviendra plus tard le « programme de réduction du stress par la pleine conscience » (Mindfulness-Based Stress Reduction, MBSR) qui s'est aujourd'hui répandu dans le monde entier.

Le programme MBSR est un cours de huit semaines qui mêle pratiques de pleine conscience, yoga, conscience du corps et réflexion sur les schémas de comportement, de pensée, de ressenti et d'action afin d'aider les patients à gérer le stress, la souffrance et la maladie. Il a été suivi par plus de 25 000 personnes rien qu'au CFM[3], qui a déjà certifié plus

---

• en ce qui concerne les avantages cognitifs de la pleine conscience (attention, prise de décision, mémoire) : Bristow *et al.*, 2020 ; Chiesa *et al.*, 2011 ; Ostafin & Kassman, 2012 et Kudesia, 2015 sur la créativité, Moore & Malinowski, 2009 sur la flexibilité cognitive, Bihari & Mullan, 2012 ainsi qu'Allen *et al.*, 2009 sur la prise de recul et la métacognition.

1. Baer, 2015.

2. Bristow *et al.*, 2020.

3. https://www.ummhealth.org/umass-memorial-medical-center/services-treatments/center-for-mindfulness/faqs, consulté le 1er mars 2023.

d'un millier de formateurs MBSR[1]. Le programme a été repris dans plus de 200 hôpitaux et cliniques aux États-Unis et à l'étranger[2], et il a été adapté à d'autres configurations. Le personnel de santé, très touché par le burn-out et l'épuisement professionnel, s'est ainsi beaucoup tourné vers la pleine conscience afin de réduire le stress et d'améliorer la qualité des soins, y compris par le renforcement de l'empathie auprès des patients[3].

Grâce à l'approche scientifique, standardisée et laïque du MBSR, la méditation a fait son entrée dans de nombreuses organisations, depuis les hôpitaux jusqu'aux écoles, en passant par les entreprises et les armées du monde entier, à l'image d'un médicament qui se répand dans chaque organe de notre corps social malade. De plus en plus d'organisations publiques et privées, y compris des entreprises telles que Google, Unilever, Barclays, Capital One, Starcom MediaVest Group et Goldman Sachs instaurent des programmes de pleine conscience afin d'améliorer la santé mentale et les performances de leurs employés. Selon une étude américaine, 22 % des employeurs avaient mis en place des programmes de pleine conscience en 2016, et 21 % d'employeurs supplémentaires prévoyaient de le faire en 2017[4]. Une foule d'établissements scolaires a inclus des pratiques de pleine conscience à l'intention des élèves, des enseignants et des autres membres du personnel, dans l'optique d'améliorer le caractère, la santé mentale et les résultats des élèves.

Le mouvement de la pleine conscience dans l'éducation ne se limite pas aux salles de classe (voir chapitre 12, « Éducation »). Écrit par la thérapeute néerlandaise Eline Snel, l'ouvrage intitulé *Calme et attentif comme une grenouille* propose des exercices de pleine conscience que les enfants peuvent réaliser à la maison. Il s'est vendu à plusieurs millions d'exemplaires (400 000 exemplaires rien qu'en France) et a été traduit dans 33 langues[5]. Des programmes de parentalité consciente se sont aussi développés, et leurs bienfaits sont prouvés[6]. Des programmes de pleine conscience aident également les vétérans de guerre à supporter leurs troubles du stress post-traumatique (TSPT), les policiers et le personnel militaire à gérer un stress récurrent extrême, et les détenus à guérir et à se transformer.

1. Pickert, 2014.
2. https://nmpspc.com/classes/mindfulness-based-stress-reduction-mbsr-for-adults/, consulté le 1er mars 2023.
3. En ce qui concerne l'impact de la pleine conscience et la qualité des soins, y compris le renforcement de l'empathie, voir Asuero *et al.* (2014).
4. Taylor, 2016.
5. Snel, 2010 ; Chahine, 2017.
6. Mindfulness Initiative, 2015.

« Le Royaume-Uni, nation consciente » : une vision transpartisane au cœur du parlement britannique

Les multiples avantages et applications de la pleine conscience laissent imaginer que cette approche pourrait transformer une nation tout entière et sa culture politique. Ainsi, depuis 2013, plus de 240 politiciens britanniques ont pris part à des cours de méditation de pleine conscience à Westminster. Fondé au Royaume-Uni en 2014, le Mindfulness All-Party Parliamentary Group (MAPPG) a pour but d'« examiner les données de recherche, les meilleures pratiques actuelles, la portée et le succès des actions mises en œuvre, mais aussi les développements potentiels dans les applications de la pleine conscience au sein de divers domaines politiques, et [d]'élaborer des recommandations stratégiques à l'intention des gouvernements sur la base de ces résultats[1] ». Il a publié un rapport au titre ambitieux, *Mindful Nation UK*, en 2015[2]. Dans ce rapport, le MAPPG explique qu'il est convaincu que la pleine conscience peut jouer un rôle clé dans la lutte contre « la crise de santé mentale [au Royaume-Uni], où environ une famille sur trois compte un membre souffrant de maladie mentale[3] » et où « jusqu'à 10 % de la population adulte [...] présente des symptômes de dépression[4] ». Le rapport conclut que la pleine conscience « permet d'avoir plus le choix et la capacité de réagir face aux défis de la vie, et donc de se sentir mieux, de profiter d'une plus grande clarté mentale et de prendre davantage soin de soi et des autres[5] ».

Dans la préface du rapport, les coprésidents du MAPPG affirment qu'ils « [ont] été impressionnés par la qualité et la diversité des données attestant des bénéfices de la pleine conscience, et [sont] convaincus que cette dernière pourrait aider beaucoup de personnes à être en meilleure santé et plus épanouies. La pleine conscience semble avoir un impact notable dans des domaines très variés, allant de l'amélioration de la santé mentale à la stimulation de la productivité et de la créativité dans l'économie, en passant par le soutien apporté aux personnes souffrant de maladies chroniques telles que le diabète ou l'obésité[6] ».

1. https://www.themindfulnessinitiative.org/mindfulness-all-party-parliamentary-group, consulté le 3 août 2020 (traduction libre).
2. « Le Royaume-Uni, une nation consciente » (traduction libre).
3. Mindfulness Initiative, 2015 (traduction libre).
4. *Ibid.*
5. *Ibid.*
6. *Ibid.*

Cette justification politique s'appuie sur de précédentes initiatives, dont l'étude intitulée « Capital mental et bien-être : tirer le meilleur parti de nous-même au XXIe siècle », réalisée en 2008 et mentionnée dans le chapitre 3. Le rapport *Mindful Nation UK* inclut des recommandations à l'intention du gouvernement, des instituts nationaux de recherche et d'autres organismes œuvrant dans quatre secteurs : la santé, l'éducation, le monde du travail et le système de justice pénale. Compte tenu des dépenses énormes et en constante augmentation qu'induisent les problèmes de santé mentale, le rapport souligne l'important potentiel économique des interventions fondées sur la pleine conscience pour le pays. La dépression devait coûter au Royaume-Uni environ 20 milliards de livres sterling minimum par an jusqu'en 2025 (9,19 milliards de livres sterling par an pour la seule perte de revenus, 2,96 milliards de livres sterling par an pour les coûts de service annuels, et 8 milliards de livres sterling par an pour les répercussions d'une mauvaise santé mentale sur les maladies physiques).

La santé mentale est responsable d'environ 54 % des congés de maladie au Royaume-Uni, et « les coûts indirects de la dégradation de la santé mentale au Royaume-Uni en lien avec le chômage, l'absentéisme et le présentéisme (et la perte de productivité en résultant) sont estimés entre 70 et 100 milliards de livres sterling[1] ». Par ailleurs, étant donné le coût relativement bas de l'apprentissage et de la pratique de la pleine conscience à l'aune de ses bénéfices considérables, les interventions fondées sur la pleine conscience présentent l'avantage non négligeable d'être économiques. Ainsi, chaque livre sterling investie dans la thérapie cognitive fondée sur la pleine conscience (Mindfulness-Based Cognitive Therapy, MBCT), qui réduit de 43 % le risque de rechute après une dépression par rapport aux groupes témoins[2], permettrait d'économiser au moins 15 livres sterling. Transport for London, qui propose à son personnel des interventions intégrant la pleine conscience et, par exemple, des thérapies cognitives comportementales (TCC), a comptabilisé une diminution de 71 % des congés pris en raison du stress, de l'anxiété et de la dépression, alors que les absences dues à l'ensemble des pathologies ont baissé de 50 % selon les évaluations internes[3].

1. *Ibid.*
2. Piet & Hougaart, 2011.
3. Mindfulness Initiative, 2015.

Vers des sociétés conscientes : un chemin nécessaire

En 2012, soit quelques années avant le rapport du MAPPG, Tim Ryan, alors membre du Congrès américain, avait déjà exprimé un point de vue similaire pour les États-Unis dans son ouvrage intitulé *Une nation consciente.* Il y explique que la pleine conscience peut répondre efficacement à bon nombre des défis actuels que doit relever son pays et qu'elle peut aider à « retrouver l'esprit américain » en renforçant des valeurs telles que l'autonomie, la détermination et l'accomplissement du travail demandé.

Cette même année, Jeffrey Sachs a publié *Le Prix de la civilisation*, dans lequel il appelle à une « société consciente[1] », déclarant que « nous devrons [...] atteindre une nouvelle conscience de nos besoins en tant qu'individus et en tant que société, afin de trouver un chemin plus sûr vers le bien-être[2] ». Jeffrey Sachs identifie huit aspects de la vie pour lesquels cette pleine conscience est cruciale :

- pleine conscience de soi : modération personnelle pour échapper à la consommation de masse ;
- pleine conscience du travail : équilibre entre travail et loisirs ;
- pleine conscience des connaissances : culture de l'éducation ;
- pleine conscience des autres : pratique de la compassion et de la coopération ;
- pleine conscience de la nature : préservation des écosystèmes mondiaux ;
- pleine conscience de l'avenir : responsabilité de faire des économies pour l'avenir ;
- pleine conscience de la politique : culture de la délibération publique et des valeurs partagées pour une action collective au travers des institutions politiques ;
- pleine conscience du monde : acceptation de la diversité en tant que chemin vers la paix[3].

La pleine conscience peut nous permettre de construire les fondations intérieures de la durabilité. Demeurer dans le moment présent est la condition *sine qua non* pour nous connecter à nous-mêmes, à l'autre

1. Sachs, 2012 (traduction libre).
2. *Ibid.*
3. *Ibid.*

et à la nature. Cette connexion intérieure nous offre une vision plus claire de nos propres valeurs, de ce qui nous importe le plus, et de vivre en cohérence avec cela. Comme nous l'avons vu, le consumérisme se nourrit de notre déconnexion. Au travers de publicités omniprésentes, il profite de notre mode de pilotage automatique, qui est l'exact opposé de la pleine conscience. De fait, la pleine conscience est associée à des comportements et à des schémas de consommation plus durables[1].

Tout comme le yoga, la méditation et la pleine conscience sont devenues une immense industrie dont les revenus ont atteint 1,1 milliard de dollars aux États-Unis en 2016[2]. Ce chiffre ne tient même pas compte du marché florissant des applications de pleine conscience (près d'un millier d'applications de ce type étaient disponibles dans le monde entier en 2016[3]) telles que Headspace (plus de 70 millions d'utilisateurs dans 119 pays au début de l'année 2022[4]) ou Petit BamBou, basé en France, qui compte 10 millions d'utilisateurs dans le monde. Le succès corrompt souvent et on serait en droit de se demander si la pleine conscience n'est pas en train de perdre son âme. Elle est aujourd'hui couramment employée par l'armée pour mener des guerres plus efficaces et par les entreprises pour aider les employés à s'accommoder de systèmes de management toxiques et à améliorer leurs performances afin de générer plus d'argent. Était-ce la réelle intention du Bouddha ?

L'essence de la pleine conscience risque fort de se perdre, car les innombrables sociétés et consultants présents sur le marché n'ont pas toujours l'expérience ou les qualifications requises pour accéder à son potentiel profondément transformateur, et encore moins pour le transmettre. En outre, nous avons besoin de bien plus d'enseignants de pleine conscience pour aider les personnes à tendance dépressive. Selon le MAPPG, le nombre actuel d'enseignants de pleine conscience au Royaume-Uni ne permet de venir en aide qu'à 4 % des personnes concernées. Heureusement, la véritable pleine conscience est préservée dans beaucoup d'endroits.

Une différence fondamentale que j'ai appris à apprécier au Village des Pruniers est que la pleine conscience n'est pas un outil servant à atteindre un but donné. C'est un chemin de libération, une manière d'être. Elle ne peut pas être pratiquée à moitié, sinon ce ne serait plus de la pleine conscience. Si les gens pratiquent la véritable pleine conscience, leur objectif initial n'a pas d'importance. Au fil du temps, ils laisseront derrière eux leurs

1. Ericson *et al.*, 2014 ; Fischer *et al.*, 2017.
2. Selon IBISWorld (Scott, 2017).
3. Wieczner, 2016.
4. Selon le site web Headspace.

idées d'origine et se transformeront de manière positive. S'ils continuent de s'accrocher aux idées d'argent, de pouvoir et de célébrité, ils ne pratiqueront pas la pleine conscience et ne feront pas l'expérience de la joie, de la compassion, de la paix et de la liberté qu'elle peut procurer. « Nous ne devons pas craindre que la pleine conscience ne devienne qu'un moyen et non une fin, car dans la pleine conscience, le moyen et la fin sont la même chose. Il n'y a pas de chemin vers le bonheur ; le bonheur est le chemin[1] », a confié Thich Nhat Hanh à un journaliste de *The Guardian*.

1. Confino, 2014.

10

Mystère

Vibration, énergie, plans subtils, pouvoirs

Le tao qui peut être exprimé
n'est pas le Tao éternel.
Le nom qui peut être nommé
n'est pas le Nom éternel.
L'indicible est l'éternellement réel.
Nommer est l'origine
de toutes choses particulières.
Libre du désir, tu comprends le mystère.
Pris dans le désir, tu ne vois que les manifestations.
Pourtant mystère et manifestations
jaillissent de la même source.
Cette source s'appelle ténèbres.
Ténèbres dans les ténèbres.
La porte vers toute compréhension.

Lao-Tseu[1], philosophe taoïste chinois
(environ VIe-IVe siècle avant J.-C.)

La réalité est et restera sans doute toujours un profond mystère. La science nous a permis de bien mieux la comprendre, à un point tel que certains, par le passé, ont été convaincus qu'il n'y aurait bientôt plus d'énigmes à résoudre et que le monde serait parfaitement intelligible. Il est aujourd'hui évident que ce ne sera jamais le cas. « Non seulement l'univers est plus étrange que nous le pensons, mais il est plus étrange que nous pouvons le penser », a déclaré Werner Heisenberg, lauréat du prix Nobel de physique et pionnier de la mécanique quantique.

1. Lao-Tseu, 2015.

Une mystérieuse réalité

Je pense que notre réalité matérielle sera toujours mystérieuse, car elle n'est pas séparée de la réalité ultime (ou « spirituelle » ou « autre ») : toutes deux coexistent[1]. La réalité spirituelle, que Lao-Tseu nomme « Tao éternel », l'« origine du Ciel et de la Terre », et que l'on peut aussi appeler âme, esprit[2] ou Dieu, imprègne le monde. Elle dépasse notre entendement, car elle transcende tous les concepts et est « indicible ». Par conséquent, lorsque nous poussons nos investigations scientifiques jusqu'à nous rapprocher de la jonction de ces deux réalités, nous faisons face aux « ténèbres dans les ténèbres », à « la porte vers toute compréhension ». En fait, la science moderne nous raconte de plus en plus l'histoire d'une réalité énergétique, vibrante et peut-être même consciente, composée d'univers parallèles, qui résonne profondément avec les enseignements spirituels.

Grâce à la célèbre formule $E = mc^2$ d'Albert Einstein[3], la science a montré que la réalité matérielle n'était rien de plus que de l'énergie. Lorsque l'énergie est assez dense, elle devient ce que nous appelons « matière ». Chaque particule subatomique (proton, électron, neutron, etc.) constituant la matière présente une charge énergétique qui crée un champ électromagnétique et reste en vibration constante à des fréquences mesurables. Cela vaut aussi pour les macro-objets tels que les planètes, les étoiles et même les galaxies. Comme l'a si bien expliqué Albert Einstein, « tout est vibration[4] ».

La lumière est une forme d'énergie. C'est la partie visible du champ électromagnétique créé par une source donnée, qu'il s'agisse d'une étoile comme le Soleil ou bien d'une lampe. Dans le même champ électromagnétique solaire, nous pouvons détecter d'autres types d'énergie à l'aide de nos sens tels que le toucher (par exemple, la chaleur) ou que nous, en tant qu'êtres humains, n'avons pas la capacité physiologique de percevoir (par exemple, les rayons ultraviolets, infrarouges et gamma). Notre compréhension scientifique de la lumière met en avant la notion

1. Cette idée se retrouve dans de nombreuses traditions, comme dans le soutra du cœur bouddhiste : « Ce corps même est le vide, et le vide même est ce corps. Ce corps n'est autre que le vide, et le vide n'est autre que ce corps », traduit par le maître Zen Thich Nhat Hanh. https://plumvillage.org/fr/ressources/sutra-fr/la-toute-nouvelle-version-en-francais-de-la-prajnaparamita-avec-la-musique-et-le-texte/, consulté le 9 mars 2021.

2. L'âme est souvent présentée comme une dimension inférieure à l'esprit (Wilber, 2014).

3. Où E désigne l'énergie, m, la masse, et c, la vitesse de la lumière.

4. Il s'agit en réalité d'une citation apocryphe.

quantique de « dualité onde-corpuscule ». Selon cette théorie, chaque corpuscule ou entité quantique peut se décrire comme un corpuscule ou comme une onde – sachant que ces deux concepts ne permettent pas, à l'heure actuelle, d'expliquer pleinement le comportement des objets quantiques. Albert Einstein a d'ailleurs déclaré : « Parfois nous sommes obligés de nous servir de l'une de ces théories, parfois de l'autre, et nous pouvons, par moments, employer les deux à la fois. Nous nous trouvons en face d'une difficulté d'un genre nouveau. Nous avons deux images contradictoires de la réalité ; aucune, prise séparément, n'explique pleinement les phénomènes de la lumière, mais ensemble elles arrivent à le faire[1]. »

La physique quantique a livré bien d'autres observations étonnantes, telles que :

- le « principe d'indétermination », selon lequel l'état d'un système ne détermine pas un ensemble unique de valeurs pour toutes ses propriétés mesurables ;
- l'« effet de l'observateur », par le biais duquel la simple observation d'un phénomène modifie inévitablement le phénomène ;
- la « non-localité », ou capacité apparente des objets quantiques à connaître instantanément l'état de l'autre et à se comporter de manière corrélée, même lorsqu'ils sont séparés par de grandes distances.

Ces observations ont suscité le vif intérêt des philosophes et des chercheurs spirituels qui ont souhaité y voir non seulement l'écho mais aussi la confirmation scientifique d'anciennes connaissances et croyances spirituelles. Il y a sans doute beaucoup d'utilisations abusives de la mécanique quantique au nom de la spiritualité, et beaucoup de ces revendications, surtout lorsqu'elles émanent de non-physiciens, sont dénoncées par les spécialistes pour leur manque de rigueur scientifique. En même temps, certains des meilleurs physiciens quantiques ont découvert que leurs connaissances rejoignaient d'anciennes notions spirituelles. L'interprétation que plusieurs d'entre eux – dont le célèbre David Bohm – font de la mécanique quantique réintroduit la notion philosophique de panpsychisme, c'est-à-dire la compréhension du fait que l'esprit ou une entité semblable à l'esprit (comme la conscience) est une caractéristique fondamentale et omniprésente de la réalité[2]. Selon

1. Einstein & Infeld, 1983.
2. https://plato.stanford.edu/entries/panpsychism/, consulté le 3 août 2020.

cette approche de plus en plus reconnue, notre monde – depuis les soleils jusqu'aux quarks, en passant par les électrons – est doté d'une conscience. L'évolution ne peut donc pas être considérée comme un simple phénomène biologique qui, à un moment donné, a provoqué l'émergence de la conscience, mais également comme une évolution de la conscience elle-même.

La théorie des cordes représente actuellement l'une des tentatives les plus abouties pour réconcilier la mécanique quantique et la théorie générale de la relativité, et offrir un cadre unifié aux quatre forces de l'univers[1]. Ce cadre décrit la réalité comme une manifestation de la vibration de minuscules cordes interconnectées[2] qui résonnent à des fréquences spécifiques. La théorie des cordes inclut elle-même une théorie sur les univers parallèles – le multivers – qui est l'une des interprétations de la mécanique quantique. Dans le dernier article qu'il a rédigé avant de mourir, le physicien Stephen Hawkins a prédit qu'il n'y avait pas d'univers parallèles infinis dans le multivers (ce que cette théorie supposait jusqu'alors), mais plutôt un nombre limité d'univers, ce qui implique qu'il serait donc possible de tester cette théorie[3].

Je ne suis pas physicien – mes notes au lycée en témoignent d'ailleurs ! Je n'essaie pas de prouver un quelconque enseignement spirituel au travers des sciences physiques. Je constate juste que la réalité décrite par la science semble bien plus ouverte qu'il y a cent ans face aux mystères au cœur de toutes les traditions spirituelles. De même, les bons scientifiques devraient veiller à ne pas réfuter les enseignements spirituels simplement parce qu'ils n'entrent pas dans leur champ d'investigation. Comme l'écrit Hwansan Sunim, maître bouddhiste coréen et diplômé de Harvard : « La science, par définition, désigne l'étude d'un domaine, à savoir le monde matériel observable. Pour un scientifique, étudier un seul domaine de phénomènes ne veut pas forcément dire qu'aucun autre domaine n'existe. C'est une chose de dire que je vais uniquement étudier l'océan Atlantique. C'en est une autre de prétendre qu'il n'existe aucun autre océan. Et c'est un réel manquement scientifique d'affirmer qu'aucun autre océan ne peut raisonnablement exister et que ce serait de la folie de penser l'inverse. D'un point de vue scientifique, il n'est pas correct de dire qu'aucune observation, à l'exception de ses propres

1. La force électromagnétique, la force forte, la force faible et la force gravitationnelle.

2. La longueur de Planck, selon « certaines versions récentes de la théorie des cordes [ayant] prédit que les cordes pouvaient être plus longues et mesurer jusqu'à un millimètre, ce qui voudrait dire qu'elles se trouveraient dans le domaine détectable de l'expérimentation » (Zimmerman Jones, 2019, traduction libre).

3. News Head Bureau, 2018.

observations, n'est envisageable. Par définition, la science s'est limitée à un domaine d'exploration. Cela signifie, que vous le vouliez ou non, qu'il n'y a pas de base logique ou "scientifique" permettant de commenter l'existence possible d'autres domaines. Tout ce que vous pouvez vraiment dire, c'est : "Je ne sais pas. D'après mes observations, il semble difficile de l'expliquer, mais en vérité, je n'ai pas étudié cette question." Je n'ai pas déployé les mêmes efforts avec le même type de ressources et le même niveau d'enthousiasme pour étudier cette question. Mais à titre personnel, je trouve que c'est difficile à accepter[1]. »

Les mots de Hwansan Sunim attirent notre attention sur trois éléments interconnectés. Tout d'abord, nos instruments scientifiques actuels ne nous permettent d'observer qu'une minuscule portion (5 %) de l'univers connu, alors que l'énergie noire et la matière noire (que nous ne pouvons pas observer, sauf au travers de leurs effets gravitationnels) représentent environ 68 % et 27 % de l'univers, respectivement. Sur son site web, la Nasa explique avec humilité qu'« il y a plus d'inconnu que de connu » et que, peut-être, la matière que nous sommes capables d'observer « ne devrait absolument pas être appelée matière "normale", car elle représente une infime fraction de l'univers »[2].

Ensuite, comme le montrent plusieurs études neuroscientifiques portant sur les esprits des méditants, la science et la spiritualité ne sont pas deux domaines ou magistères distincts. Les expériences intérieures des méditants ou des chamans en transe[3] influent sur la structure matérielle du cerveau et les processus neurophysiologiques, et peuvent donc faire l'objet d'observations scientifiques. La science et la spiritualité peuvent donc instaurer un dialogue constructif, et la science elle-même se fonde sur des concepts philosophiques.

Troisièmement, l'amélioration de nos instruments d'observation scientifique peut mettre en lumière des expériences qui appartenaient autrefois au domaine de la spiritualité. Nous avons déjà accès à des réalités plus subtiles, et parfois non « matérielles » (au sens conventionnel), comme les ondes et l'énergie, que nous avons appris à exploiter. Notre quotidien est envahi par les ondes, les rayonnements et les champs électromagnétiques utilisés dans des technologies très variées, comme les télécommunications, l'énergie, la médecine ou la défense, et pourtant invisibles à l'œil humain.

---

1. Sunim, 2017 (traduction libre).
2. Nasa, s. d. (traduction libre).
3. Gosseries *et al.*, 2020.

« Mais qu'est-ce que la science, sinon une magie dont on a su expliquer, en partie, les mystères ? Et qu'est-ce que la magie, sinon l'esquisse de la science de demain ? », a demandé l'écrivain français Édouard Brasey[1], se souvenant à quel point il était jadis habituel de parler de la « fée Électricité ».

La conception de nouveaux instruments contribuera sans aucun doute à repousser les limites des observations scientifiques vers des aspects de plus en plus subtils de la réalité, y compris ceux qui ont longtemps été associés à la spiritualité. Certains scientifiques et praticiens de médecine non conventionnelle assurent qu'ils peuvent utiliser des appareils technologiques pour observer, mesurer et agir, par des moyens vibratoires, sur les champs bioénergétiques ou les corps subtils traditionnellement connus sous le nom d'« auras », et qu'ils ont établi des corrélations entre ces mesures et les états de santé, ce qui permettrait de rassembler les preuves d'une relation de cause à effet[2].

Je ne saurais dire si tout cela est scientifiquement prouvé et bien compris. Et je n'ai jamais testé l'une de ces machines pour me faire mon propre avis. Mais en tant que praticien de soins énergétiques (maître Reiki[3]) et enseignant de taï-chi-chuan, le *chi* – mot chinois parfois traduit par les termes « respiration » ou « énergie » – est pour moi une expérience très concrète, comme elle l'est pour des millions de personnes. C'est aussi un pilier de la médecine chinoise traditionnelle et de l'ayurveda, présent sous une forme ou sous une autre dans la plupart des traditions spirituelles.

Expérimenter la réalité ultime

Au-delà de ce que la science peut nous apprendre, la dimension « spirituelle » de la réalité – souvent associée aux vibrations, aux énergies, aux esprits et à un univers conscient – doit être expérimentée en personne. Sinon, ce n'est qu'une description ou une simple croyance, dénuée de tout pouvoir de transformation authentique. Dans le chamanisme toltèque, voir directement l'énergie circuler à travers l'univers est une expérience et une capacité cruciale sur le chemin de la libération personnelle[4]. Des expériences similaires sont présentes dans d'autres traditions spirituelles, comme décrites par exemple par le maître hindou Ramakrishna (1836-1886).

1. Brasey, 1996.
2. Par exemple, le professeur russe Konstantin Korotkov.
3. Le Reiki est une technique japonaise de soins énergétiques.
4. Castaneda, 1985.

En 2011, alors que nous étions simplement meilleurs amis, mon épouse Emelina et moi avons passé des vacances au Mexique. Nous séjournions dans un petit village appelé Amatlán, où le dieu Quetzalcóatl[1] – « le serpent à plumes » – serait né, à proximité du « village magique » officiel de Tepotzlán[2]. Avec ses envoûtantes montagnes usées par l'érosion et encerclant la vallée, le lieu, dit sacré par ses habitants, est célèbre pour ses prétendues propriétés énergétiques dont j'ai moi-même fait l'expérience.

Dans ce village, les habitants parlent encore leur langue d'origine (le nahuatl) et ils ont conservé leurs traditions culturelles. En passant simplement une heure assis dans le salon de la maison d'une amie, construite sur les rochers, je me suis rempli d'énergie, de la même manière que si l'on me faisait une séance de soins énergétiques. Cette amie m'a d'ailleurs raconté qu'il lui était impossible de dormir dans une petite pièce située plus haut et construite sur un gros bloc de pierre. Pendant une balade en forêt, Emelina et moi nous sommes arrêtés le long d'une petite rivière pour pratiquer quelques techniques énergétiques. Nous nous sommes assis face à face sur les rochers, séparés par le cours d'eau et environ cinq mètres, et nous avons commencé à faire circuler l'énergie entre nous. Soudain, Emelina a cessé de me parler et a semblé s'évanouir, les paupières presque closes. Je l'appelais avec insistance, mais elle peinait à me répondre, comme si elle était partie dans une sorte de sommeil ou de transe. Après avoir essayé en vain de retenir son attention à plusieurs reprises, je me suis décidé à la rejoindre.

« Tout était nimbé de lumière… toi, les arbres… les feuilles étincelaient… » m'a-t-elle expliqué, après quelques minutes, alors que je la tenais dans mes bras. Elle était très confuse et avait du mal à maintenir son attention sur ce plan matériel. Je lui ai conseillé de sauter dans l'eau, juste devant elle, car je savais que c'était la meilleure chose à faire pour la faire revenir. Après cela, elle a pu finalement m'expliquer qu'à un moment donné, la réalité avait disparu. Tout ce qu'elle voyait lui est alors apparu sous la forme d'une lumière scintillante. Même moi, j'avais pris la forme d'un champ énergétique ovale et lumineux. Aujourd'hui, je lui dis en plaisantant qu'elle est tombée amoureuse de moi à l'instant où elle m'a vu nu – vraiment nu –, c'est à dire mon âme ! Bon nombre de traditions insistent sur le fait qu'il ne faut pas s'attacher à ce type d'expérience, de capacité ou de pouvoir, car il peut

1. Certains pensent que Quetzalcóatl était un véritable leader spirituel et politique.
2. Le « village magique » est un label touristique attribué par le gouvernement mexicain.

entraver notre chemin vers la liberté, ce qui est vrai. Mais ces expériences peuvent aussi, en soi, nous aider à transformer notre conscience en nous ouvrant à une nouvelle perception de la réalité.

Science et hérésie

À mesure que nos sociétés s'épanouiront sur le plan spirituel, nous nous intéresserons collectivement de plus en plus aux nombreux aspects mystérieux de la réalité qui nous connectent aux dimensions spirituelles de nos vies – depuis de nouvelles formes d'énergie jusqu'aux corps subtils, aux esprits ou aux pouvoirs psychiques. La communauté scientifique n'accorde pas assez d'attention à une foule de phénomènes étonnants et faciles à prouver ou à invalider, le plus souvent par méfiance ou par manque d'intérêt, ou par peur du jugement des pairs. Cela rebute aussi généralement les chercheurs de ne pas pouvoir expliquer certains phénomènes observés, mais exclure des faits en raison de notre incapacité à les expliquer constitue un vrai manquement scientifique.

L'histoire de la science est jonchée de découvertes capitales qui ont au départ été qualifiées d'hérésies. Je m'apprête à vous présenter deux phénomènes contemporains assez connus, à connotation spirituelle. Je m'abstiendrai de me prononcer sur la réalité de ces phénomènes spécifiques controversés. Il s'agit seulement pour moi d'illustrer par quelques exemples les nombreux mystères qui nous restent à explorer – une réalité évidente d'après ma propre expérience – et les débats publics qu'ils génèrent.

Entre autres mystères rapportés à travers le monde et l'histoire par certains mystiques, on peut mentionner la capacité inexplicable à survivre sans eau ni nourriture pendant des périodes prolongées[1]. Souvent appelé « inédie » ou « respirianisme », ce phénomène est dans certaines traditions associé à la prétendue capacité d'utiliser la lumière du soleil comme source de force vitale (*chi* ou *prana*) afin de répondre aux besoins de l'organisme physique. C'est le sujet de *Lumière*, un documentaire autrichien sorti en 2010. Ce film présente entre autres le yogi indien Prahlad Jani (1929-2020) qui assure avoir vécu plus de soixante-dix ans sans boire ni manger. En 2003 et 2010, deux expériences scientifiques ont confirmé qu'il était capable de se priver d'eau et de nourriture pendant dix puis quinze jours sans pour autant que sa santé se dégrade,

1. Par exemple, la mystique catholique allemande Thérèse Neumann, qui a fait l'objet d'observations scientifiques (pendant quinze jours à l'hôpital), n'aurait consommé ni eau ni nourriture, à l'exception de l'eucharistie, entre 1926 et sa mort en 1962 (Fahsel, 2013).

ce qui est totalement contraire à notre compréhension actuelle de la biologie humaine[1]. Le documentaire affirme que l'inédie n'est pas seulement une réalité pour des mystiques exceptionnels, mais aussi pour de nombreuses personnes ordinaires, ce qui devrait le rendre d'autant plus facile à confirmer. Notons que si la réalité de l'inédie était plus solidement établie, il serait cependant naïf d'espérer que cela résolve les problèmes de famine et de malnutrition. Son potentiel devrait être envisagé avec beaucoup de prudence, car certains en sont morts.

D'autres travaux facilement vérifiables remettent en question la compréhension scientifique actuelle de la réalité, comme ceux de l'auteur japonais Masaru Emoto (1943-2014). Ce dernier affirmait que la conscience humaine avait un effet sur la structure moléculaire de l'eau. Il a étayé ses dires au moyen de photomicrographies de cristaux obtenus par congélation d'eau exposée à des mots, des photos ou des musiques. Lorsque les messages exprimés étaient positifs, les cristaux étaient beaux et harmonieux, mais quand l'intention exprimée était négative, les gouttelettes d'eau congelée étaient totalement difformes.

Ces photos ont eu un énorme impact et le livre de Masaru Emoto, intitulé *Les Messages cachés de l'eau* et publié en 2004, a figuré parmi les best-sellers du *New York Times*. L'auteur japonais a même déclaré que les prières et la visualisation pouvaient contribuer à nettoyer l'eau polluée. Étant donné qu'un corps humain adulte est constitué en moyenne de 60 % d'eau, les affirmations de Masaru Emoto, si elles se révèlent exactes, auraient un impact indéniable sur notre approche de la santé, de la pensée et du discours, mais également de la régénération de l'environnement.

De telles affirmations, à l'évidence contestées mais aussi parfois soutenues par de grands scientifiques[2], méritent d'être examinées avec plus de soin que la communauté scientifique ne leur en a accordé jusqu'à présent. Plus la science refusera d'étudier de manière sérieuse ces phénomènes prétendument mystérieux, plus les escrocs pourront manipuler les gens, et moins les connaissances et les possibilités humaines progresseront.

La nature subtile et vibratoire de la réalité a déjà intégré le domaine des décisions politiques, par exemple sur la question de l'impact sanitaire de nouvelles technologies utilisant les ondes, comme les réseaux 5G.

1. https://www.lightdocumentary.com/prahlad-jani.html et https://www.leparisien.fr/societe/inde-mort-de-prahlad-jani-un-yogi-affirmant-n-avoir-pas-mange-ou-bu-pendant-80-ans-26-05-2020-8323626.php, consultés le 3 août 2020.

2. Les travaux de Masaru Emoto sont souvent associés à ceux de Luc Montagnier, lauréat du prix Nobel, sur la mémoire de l'eau, mais aussi à ceux de Gerald H. Pollack de l'université de Washington.

Des perspectives inédites émergeront à mesure que nos connaissances évolueront. Il ne s'agira pas seulement de technologies industrielles, mais aussi de pratiques fondées sur les ressources de la conscience humaine et sur des plans subtils dans les secteurs de la santé, de la gestion des paysages ou de l'agriculture par exemple. Nous redécouvrirons peut-être la sagesse des connaissances et des pratiques traditionnelles. Alors que la science ne fait qu'effleurer toutes ces possibilités, le programme d'action pour la politique de l'être que je présente ici, outre l'appel à la poursuite des recherches scientifiques, reste très conservateur à cet égard. Pour simplement illustrer ces nouvelles possibilités, je présenterai dans le chapitre 16, « Nature », une stratégie qui ne trouve pas ses racines dans la science, mais dans les pratiques indigènes de gestion des sites sacrés, visant à équilibrer et à activer les énergies de la Terre.

Synthèse

« Pour moi Dieu est vérité et amour ; Dieu est éthique et moralité, Dieu est dépourvu de crainte. Dieu est la source de Lumière et de Vie, et encore il est plus que tout cela. Dieu est conscience […] Il est l'essence la plus pure[1]*. »*

Mahatma Gandhi (1869-1948), leader politique et spirituel

Les valeurs spirituelles que nous avons étudiées représentent les fondements de la politique de l'être, avec d'autres valeurs telles que la vérité, la liberté ou l'abondance. Si ces dernières constituent le socle de notre modèle actuel de développement, elles ont souvent perdu leur réelle signification (et potentiel évolutif) en cours de route.

Les recherches auxquelles nous nous sommes intéressé décrivent l'obsolescence de l'ancien récit qui constitue la base de notre modèle de développement et que Charles Eisenstein a appelé l'Histoire de la Séparation. Elles soulignent au contraire notre nature relationnelle et l'importance pour notre accomplissement de nos aptitudes relationnelles (chapitre 6, « Bonheur »). Ces aptitudes sont étroitement liées à notre pleine conscience (chapitre 9, « Pleine conscience ») et commencent par la connexion à soi, puis englobent les autres humains (chapitre 7, « Amour », chapitre 8, « Paix »), la nature (chapitre 5, « Vie »), le tout (chapitre 4, « Compréhension ») et la dimension absolue (chapitre 10, « Mystère »). Ces valeurs vont souvent de pair, comme nous l'avons déjà mentionné dans notre théorie du changement.

La pensée systémique et complexe développe naturellement la conscience de notre interdépendance et notre sens de la solidarité. Elle est indispensable à la compréhension du fonctionnement de la vie. La vie naît de l'amour, et la contemplation de l'ordre naturel représente un terrain fertile sur lequel la sagesse humaine a mûri. Tout comme l'amour, la paix et la pleine conscience, le contact avec la nature est

1. Traduction libre.

essentiel à notre bien-être et à notre santé. Et les gens heureux ont tendance à mieux traiter leurs prochains et la nature. Une culture de la paix intégrerait toutes ces qualités que la pratique de la pleine conscience et, de façon plus générale, la méditation, peuvent nous aider à développer. Ces valeurs inter-sont, et traduisent – tant sur le plan individuel que collectif – un même processus de progrès ou de réalisation spirituelle.

Chaque valeur est associée à des prétentions paradigmatiques. Bon nombre de déclarations, d'initiatives et d'organisations brandissent une valeur spécifique comme la solution de demain. La politique de l'être préfère s'appuyer sur l'ensemble de ces valeurs pour soutenir l'expression de notre potentiel humain dans toutes ses dimensions. Rester ainsi conscient de la réalité ultime sous-jacente que chacune de ces valeurs exprime à leur manière permet aussi de mieux comprendre leurs sens profonds. Lorsque nous nous concentrons, par exemple, sur la pensée intégrale ou sur l'amour, il est possible que nous développions une relation avec l'absolu (à titre individuel ou collectif) partielle et déséquilibrée – dans ce cas, soit trop intellectuelle, soit trop émotionnelle. S'il est vrai que chaque valeur peut en fin de compte incarner la réalité suprême, il est préférable de toutes les reconnaître, en particulier au niveau théorique.

À l'image des individus, les pays ont naturellement tendance à mettre en avant une valeur spécifique, selon les affinités particulières de leur culture. Le Bhoutan privilégie ainsi le bonheur. L'Équateur et la Bolivie s'intéressent davantage aux rapports entretenus avec toutes les formes de vie, tandis que la Charte de la compassion est ancrée dans les religions abrahamiques. Cela ne pose pas forcément problème, car les valeurs mises en exergue conduisent nécessairement vers les autres valeurs.

Cette liste de valeurs spirituelles n'est pas exhaustive. Celles que je cite dans les titres des différents chapitres sont étroitement associées à beaucoup d'autres. Nous avons déjà abordé la responsabilité, l'ouverture d'esprit, la créativité, l'harmonie, la simplicité, la gratitude, la justice ou encore le pardon. Par la suite, nous nous pencherons sur l'abondance (chapitre 18, « Économie »), ainsi que sur l'unité et la diversité (chapitres 20, « Une seule planète » et 21, « De multiples nations »). Je souhaiterais aussi rapidement évoquer les valeurs traditionnellement reconnues et éternellement pertinentes que sont la vérité, la bonté, la beauté et la liberté.

Le vrai, le bon et le beau correspondent aux « transcendantaux », également connus comme la trinité platonicienne regroupant les formes supérieures[1]. Les transcendantaux, qui ont fait l'objet d'intenses

1. L'unité est aussi parfois citée.

discussions dans l'histoire de la philosophie occidentale – depuis les philosophes grecs jusqu'aux théologiens chrétiens – incluent parfois l'« unité » (ou l'« un »). Ils sont essentiellement considérés comme les propriétés de l'« être ». Promulgué par le pape Jean-Paul II en 1992, le *Catéchisme de l'Église catholique* estime qu'ils « reflètent [...] la perfection infinie de Dieu[1] » à l'image et à la ressemblance duquel l'homme a été créé. Par conséquent, les transcendantaux sont considérés comme un tout ontologique et vont souvent de pair. Il est dit que ces idéaux correspondent à trois champs d'intérêt humains : la science, la religion et l'art. Ils incarnent donc les aspirations humaines les plus élevées.

Lorsqu'elle est associée à la religion, la bonté est souvent considérée comme supérieure à la science et à l'art, tandis que la justice ou l'éthique complètent alors en dessous la trinité. L'éthique est, bien sûr, un aspect central du soi supérieur et d'une politique de l'être. De fait, l'Europe protestante, bien connue pour son éthique stricte (la Réforme était avant tout une réaction éthique à l'évolution du catholicisme), semble en tête d'une grande partie des classements internationaux des nations. Mais ce que la politique de l'être souligne est que le soi supérieur émane naturellement du vrai soi, tout comme les transcendantaux émanent de notre être ou de Dieu.

Le maître Zen américain Philip Kapleau (1912-2004) affirme qu'« une personne profondément éclairée [...] n'imite pas les préceptes [bouddhistes]. C'est en réalité tout l'inverse : les préceptes imitent les personnes profondément éclairées[2]. » Nos sociétés devraient encourager leurs membres à rechercher la source de leur moralité et de leur éthique en eux-mêmes au lieu de se borner à leur imposer des normes sociales et comportementales rigides. Cette différence essentielle sert souvent à faire la distinction entre l'éthique et la moralité. Certains estiment ainsi que l'éthique se réfère aux principes propres à chacun, objets de constantes réflexions quant à leur application dans les faits, tandis que la morale prendrait sa source avant tout en dehors de nous et définirait un code de conduite plus concret et figé.

De nombreux enseignants spirituels considèrent que la manifestation de la vérité représente le principal enjeu de notre époque. Une partie d'entre eux estiment que nous vivons actuellement l'« apocalypse » – terme souvent mal compris mais qui signifie en réalité « révélation » ou « dévoilement » – annoncée dans la Bible. La transformation culturelle

1. Paragraphe 41 de la partie 1, section 1, chapitre 1. IV. https://www.vatican.va/archive/FRA0013/__PD.HTM, consulté le 6 août 2020.

2. Traduction libre.

que nous invoquons implique un approfondissement de notre compréhension de la vérité, et la redécouverte des lois et connaissances spirituelles. Ce processus met en lumière des visions du monde obsolètes et des structures de pouvoir corrompues – contrôle oligarchique des médias, des systèmes de recherche éducatifs et scientifiques, des informations de sécurité nationale classifiées, etc. – qui l'entravent. En 2015, Richard Horton, actuel rédacteur en chef du journal *The Lancet*, a avoué qu'« il était possible qu'une partie importante de la littérature scientifique, peut-être la moitié, [soit] tout simplement fausse[1] ». La mauvaise science, les *fake news* propagées par les réseaux sociaux, et les mensonges éhontés des politiciens figurent parmi les derniers obstacles à la grande transition planétaire. Ils font partie d'une gigantesque confrontation spirituelle.

Jésus a dit : « Vous connaîtrez la vérité, et la vérité vous rendra libres[2]. » Il ne parlait pas de la liberté extérieure liée à notre pouvoir d'achat ou à nos institutions politiques, qui s'est largement développée au cours des derniers siècles. Il faisait référence à la liberté intérieure, celle de l'âme ou de l'esprit, sans laquelle la liberté extérieure perd tout son sens, et, à un moment donné, ne peut plus subsister. Le libéralisme a favorisé l'accroissement de notre liberté, qui constitue une dimension fondamentale du développement humain – comme le reconnaît, par exemple, Amartya Sen, lauréat indien du prix Nobel d'économie, dans son célèbre ouvrage intitulé *Un nouveau modèle économique. Développement, justice, liberté* –, et devrait rester au cœur de la politique de l'être. Mais quel intérêt de disposer en théorie de tant de liberté extérieure si, dans la pratique, nos egos, nos passions et nos conditionnements, tous manipulés par de puissants intérêts, nous amènent à adopter les mêmes comportements standardisés qui nous conduisent au bord du chaos ? Et si l'utilisation irresponsable de nos libertés individuelles nous emprisonnait collectivement ?

La liberté intérieure doit être cultivée et devrait pouvoir trouver dans nos manières de vivre un terrain d'expression. Le philosophe allemand Georg Wilhelm Friedrich Hegel (1770-1831) estime que l'histoire se dirige vers la réalisation de la liberté humaine, qu'il considère comme la qualité essentielle de l'esprit (« Geist »). Alors qu'au fil de l'histoire, le développement économique et la modernité nous ont affranchis de contraintes innombrables, notre modèle de développement actuel, fondé sur la croissance, est devenu hors de contrôle et entrave notre liberté.

1. Horton, 2015 (traduction libre).
2. Jean 8, 32.

Très rigide, ce modèle peine à gérer, par exemple, les coûts relativement bas de la lutte contre le changement climatique, alors que cela est pleinement justifié d'un point de vue économique[1]. Notre prospérité matérielle est censée croître chaque année, mais il semble que nous ne soyons jamais assez riches pour investir dans la résolution de nos problèmes. Au lieu de cela, nous sommes tenus de réinvestir constamment nos ressources afin de maintenir à flot le système économique dont nous dépendons. Ce système a beau faire l'éloge de la liberté, il l'étouffe en fait bien souvent.

C'est un fait bien établi que les marchés libres non réglementés ont tendance à se détruire eux-mêmes. Depuis quelques dizaines d'années, ils ont ainsi concentré un pouvoir énorme entre les mains de quelques entreprises. Elles contrôlent les marchés, restreignant la concurrence et l'innovation, ainsi que les consommateurs par le biais de stratégies marketing et d'une connaissance de plus en plus étendue des données personnelles. Leur influence prépondérante s'étend également à la recherche scientifique, aux médias et à la sphère politique. Nos libertés individuelles et collectives relèvent aujourd'hui de notre capacité à reprendre le contrôle sur ces marchés et sur notre système économique, afin que l'évolution culturelle que nous imaginons puisse se traduire dans la pratique par des comportements durables. La liberté est aussi de plus en plus menacée par la montée des régimes autoritaires[2], la lutte contre le terrorisme et la pandémie de Covid-19, la surveillance omniprésente reposant sur l'intelligence artificielle et l'utilisation de nos données personnelles.

Enfin, la laideur est l'un des visages de notre maladie spirituelle collective. Nous pouvons l'observer dans le monde extérieur : cours d'eau pollués, décharges, montagnes mutilées et forêts détruites, orangs-outans

1. Bien que l'économie du changement climatique induise de nombreux défis méthodologiques et reste incertaine par nature. Voir par exemple le rapport Stern (Stern, 2007) ou Burke *et al.* (2018) sur les importantes retombées économiques liées à l'atténuation du changement climatique. Les investissements requis pour gérer le changement climatique sont souvent estimés, notamment par McKinsey ou par le rapport Stern, à environ 1 % du PIB mondial. Le Groupe d'experts intergouvernemental sur l'évolution du climat a conclu que les actions nécessaires pour avoir 66 % de chances d'éviter un réchauffement climatique supérieur à 2 °C comprendraient une diminution de la consommation mondiale de 1 à 4 % en 2030, de 2 à 6 % en 2050, et de 3 à 11 % en 2100. C'est infime en comparaison des avantages liés au fait d'éviter le changement climatique et des nombreux avantages collatéraux en rapport avec cette stratégie, surtout si nous tenons compte de la croissance sous-jacente que l'économie mondiale est susceptible d'enregistrer dans le même temps.

2. Repucci, 2020.

errant désespérément autour des plantations de palmiers à huile, joyaux de la diversité culturelle que nous laissons disparaître, bidonvilles et banlieues sans âme, enfants squelettiques… Nous pouvons aussi la voir dans nos esprits et dans nos cœurs, dans la bigoterie religieuse et dans la haine qui anime le terrorisme, dans la cupidité qui sème la mort, dans notre froide indifférence, dans notre faillite morale généralisée et dans la crise de santé mentale. Au fond de nous, nous aspirons tous à un monde plus beau.

La beauté peut éveiller notre cœur et notre créativité en nous incitant à écouter cet appel intérieur et à y répondre, à vivre de façon poétique, en nous reconnectant à notre véritable raison d'être. Elle a le pouvoir de faire ressortir le meilleur de nous-mêmes, de nous connecter les uns aux autres et de nous faire aimer et respecter l'environnement dans lequel nous vivons. En témoigne la fresque colorée – la plus grande du Mexique – réalisée en 2015 sur les 202 maisons du quartier de Palmitas dans la ville de Pachuca. Le projet, qui a mis à contribution des artistes et des habitants du quartier, y compris des membres de gangs, avait pour objectif de faire baisser la délinquance et de recréer des liens sociaux. Avant de commencer, il a fallu convaincre les 452 familles de faire repeindre leur maison. Les habitations ont d'abord été repeintes en blanc afin de symboliser un nouveau départ et l'égalité entre tous. Puis la fresque a été ajoutée. Dans le même temps, les rues ont été nettoyées, les carcasses de voitures ont été enlevées, les éclairages publics ont été améliorés et des caméras de sécurité ont été installées. Trois ans plus tard, la communauté était réunie autour d'un projet artistique et d'une même vision. La violence avait baissé de 35 % et la qualité de vie avait sensiblement augmenté[1]. C'est dans la beauté que nous nous épanouissons.

L'un des meilleurs moyens de soutenir le développement personnel consiste à aider les gens à se connecter à leurs aspirations et à leurs valeurs les plus profondes afin qu'ils alignent en conscience sur celles-ci leur vie et leurs comportements. Plusieurs études montrent que les gens privilégient alors souvent les valeurs les plus élevées[2]. Il en va de même au niveau collectif : toutes ces valeurs sont les étoiles qui guident nos pays et constituent d'ailleurs le champ lexical de la plupart des devises nationales. Quelle meilleure source de légitimité pour la politique de l'être ?

Ces qualités ne font qu'un en essence : elles procèdent de la même réalité ultime, de la même source spirituelle et la reflètent. Gandhi

1. We Demain, 2015.
2. Baer, 2015.

a déclaré : « Pour moi Dieu est vérité et amour ; Dieu est éthique et moralité, Dieu est dépourvu de crainte. Dieu est la source de Lumière et de Vie, et encore, il est plus que tout cela. Dieu est conscience [...] Il est l'essence la plus pure[1]. » Dans leur sens le plus profond, ces qualités ne s'opposent pas les unes aux autres. Elles ne sont pas l'apanage de la droite ou de la gauche : elles sont universelles et attirent toute personne raisonnable et saine. Pourtant, dans la pratique, le siècle qui vient de s'écouler a été façonné par la lutte entre liberté et égalité. Pour s'incarner dans nos sociétés, ces qualités spirituelles sont souvent converties par notre mental dualiste en idéologies unilatérales qui les font apparaître comme irréconciliables. En nous reconnectant à la vérité spirituelle authentique qui sous-tend chacune de ces valeurs, la politique de l'être peut remédier à cela et guérir ainsi la polarisation politique. Les enseignements spirituels peuvent nous guider vers l'expérience de leur équilibre harmonieux en nous-mêmes et nous aider à traduire cette sagesse intérieure dans des formes supérieures d'organisation de nos sociétés.

1. Dans *Young India*, publié le 5 mars 1925 (traduction libre).

III

UN PROGRAMME D'ACTION

« Concevoir des institutions pour forcer (ou "nudger") des individus poursuivant uniquement leurs intérêts propres à produire de meilleurs résultats a été le principal objectif proposé aux gouvernements par les analystes de politiques publiques durant les cinquante dernières années. Un travail approfondi de recherche empirique m'amène à soutenir qu'au contraire, un aspect central de toute politique publique devrait être de faciliter le développement d'institutions faisant ressortir ce qu'il y a de meilleur chez les êtres humains[1]. »

Elinor Ostrom (1933-2012),
politologue et économiste, lauréate du prix Nobel

1. Ostrom, 2009. Nous avons choisi de traduire l'anglais « *institutions that bring out the best in humans* » en « institutions faisant ressortir ce qu'il y a de meilleur chez les humains », ce qui nous semble refléter plus correctement la pensée d'Ostrom que la traduction officielle : « institutions tirant parti de ce qu'il y a de meilleur chez les êtres humains ».

La politique de l'être soutient le développement de nos capacités humaines : l'autonomie et la liberté, la vitalité, le sens esthétique, la capacité à aimer et à éprouver de l'empathie, la joie, la paix, la pleine conscience et la pensée complexe. Il ne s'agit pas d'une vision éthérée : la littérature scientifique qui s'est développée autour de ces valeurs nous permet de comprendre de mieux en mieux comment les cultiver sur le plan individuel et collectif. Des politiques publiques concrètes sont déjà mises en œuvre avec succès un peu partout dans le monde pour cela. Dans de nombreux secteurs (éducation, santé, économie, etc.), des solutions qualifiées d'« intégrales », d'« holistiques », de « régénératives », de « positives », de « compatissantes », de « non violentes » ou de « conscientes » sont déployées. Ensemble, ces stratégies forment le substrat naturel de la politique de l'être.

La littérature analysée dans les chapitres précédents a également exposé plusieurs orientations générales pour la politique de l'être. Elle a souligné la nécessité de réaliser des investissements directs « de deuxième génération » – c'est-à-dire focalisés sur les dimensions intérieures – dans le développement humain, par le biais de stratégies axées sur l'éducation, la santé mentale et le bien-être des enfants. Elle a aussi insisté sur l'importance de transformer la logique de fonctionnement de nos institutions et des hypothèses sur la nature humaine sur lesquelles elles reposent et qu'elles viennent renforcer. Il s'agit ainsi de favoriser l'expression de notre nature supérieure – la motivation intrinsèque, le sens de la responsabilité et la coopération – plutôt que d'appliquer la logique de la carotte et du bâton à des individus qu'on estime fondamentalement égoïstes et compétitifs. D'autres orientations ont été mises en évidence. Elles incluent le besoin de :

- déployer des approches systémiques et intersectorielles permettant d'atteindre les objectifs spécifiques d'un secteur (par exemple, la

santé) grâce à des interventions dans d'autres secteurs (par exemple, l'environnement) ;
- protéger et nourrir la vie en nous-mêmes et en dehors de nous-mêmes, et nous harmoniser avec les lois et principes du vivant ;
- cultiver l'empathie et les relations en consolidant les communautés et le capital social (en plus de l'autonomie individuelle) au lieu de les sacrifier sur l'autel de la croissance économique ;
- développer une culture de paix ainsi qu'une culture de partenariat et de non-violence en favorisant notamment l'équité de genre, l'équité économique, le sentiment de sécurité matérielle et psychologique, le respect des droits humains, la justice et les pratiques démocratiques ;
- approfondir nos connaissances scientifiques et protéger leur intégrité et leur transmission ;
- considérer l'aspect subtil, vibrationnel ou « énergétique » de la réalité.

Nous devrions prendre tout cela en considération lorsque nous définissons des priorités stratégiques et concevons des solutions pour chaque secteur. Ces institutions doivent fournir des résultats tangibles dans leur propre domaine, mais aussi cultiver « ce qu'il y a de meilleur chez les êtres humains » afin de soutenir un authentique progrès global. Si nous nous cantonnons à des « solutions » fondées sur le vieux paradigme qui suppose et génère l'égoïsme, nous ne ferons qu'aggraver la crise systémique.

En fait, même dans leur propre domaine, les analyses sectorielles stratégiques démontrent la pertinence de notre approche. Elles confirment que, pour de nombreux secteurs, l'activation de notre potentiel humain et de notre connexion aux autres et au monde naturel se situe au cœur des changements paradigmatiques nécessaires, de nouvelles priorités stratégiques et de nouveaux leviers d'action. Si des politiques bien connues et plus traditionnelles restent souvent opportunes, elles sont aujourd'hui insuffisantes pour gérer les problèmes de plus en plus inquiétants auxquels nous faisons face. Elles devraient donc être remplacées ou accompagnées par des politiques incarnant le paradigme de l'(inter-)être. Nous en présentons quelques exemples dans cette partie de l'ouvrage sans prétendre à l'exhaustivité.

11

Petite enfance et famille

« Que pouvez-vous faire pour promouvoir la paix dans le monde ?
Rentrer chez vous et aimer votre famille ! »

Mère Teresa (1919-1997), religieuse catholique

Prendre soin de la petite enfance : une priorité pour l'épanouissement individuel et collectif

La science a démontré que l'enfance, et surtout les premières années de la vie, était décisive pour l'épanouissement futur des personnes et leur capacité à contribuer de manière positive à la société[1]. Nos enfants ont besoin pour se développer d'un environnement sûr, sain, aimant, bienveillant et stimulant. C'est un facteur déterminant pour leur bien-être, leur santé, leur performance au travail, leur empathie et leur prosocialité[2]. Comme l'expliquent plusieurs spécialistes : « Vu l'état de nos connaissances à propos de l'impact du début de la vie sur le cerveau et même l'expression génétique, il est assez incroyable que nous disposions d'aussi peu de ressources consacrées au souhait que "chaque enfant grandisse dans un environnement compatissant". Cette incapacité à saisir l'ampleur et la nature des problèmes liés aux "conditions déplorables dans lesquelles certains enfants sont élevés dans le monde entier" constitue sans doute le plus grand manque de compassion de l'humanité[3]. »

C'est par ailleurs un énorme échec social et économique : une étude a ainsi démontré que chaque dollar investi dans le bien-être des jeunes

1. *The Lancet*, 2016 ; The Government Office for Science, 2008.
2. The Government Office for Science, 2008.
3. Gilbert & Mascaro, 2017 (traduction libre).

enfants aux États-Unis était susceptible de générer huit dollars pour la société[1]. Toute politique raisonnable devrait en faire une priorité nationale. C'est d'ailleurs l'approche choisie par Jacinda Arden, alors Première ministre néo-zélandaise, lorsqu'elle a proclamé en 2018 son intention de faire du pays le « meilleur endroit sur Terre pour les enfants[2] ». Cette conscience se diffuse peu à peu dans le monde : alors que 7 pays avaient instauré une politique multisectorielle de développement de la petite enfance en l'an 2000, ils étaient 68 en 2014, et 45 % d'entre eux étaient des pays à revenu faible ou intermédiaire[3]. L'ODD n° 4.2 réclame l'accès universel à des activités de développement et de soins de la petite enfance, et à une éducation préscolaire de qualité d'ici à 2030.

Les efforts des gouvernements pour promouvoir le bien-être des jeunes enfants devraient commencer dès l'étape de la grossesse – voire avant – afin de garantir les meilleures conditions pour l'enfant à venir, en répondant à ses besoins et à ceux de sa mère. Les gouvernements devraient ainsi favoriser le dépistage des troubles du développement et l'accès à une nutrition, une éducation, des soins de santé et une protection sociale de qualité pour tous les enfants. Il s'agit également d'assurer le développement des compétences parentales, ainsi qu'un soutien financier pour les populations à risque – comme les familles pauvres ou monoparentales –, qui peut avoir un impact important sur le développement de l'enfant. De manière générale, on constate une corrélation entre les inégalités sociales et le bien-être des enfants dans les pays riches[4], où la pauvreté des enfants dépend de la générosité des politiques publiques familiales[5].

La pauvreté a de lourdes conséquences sur le développement des enfants[6]. C'est particulièrement le cas dans les pays à revenu faible et intermédiaire, où 43 % des enfants de moins de 5 ans (environ 250 millions d'enfants) risquent un développement sous-optimal en raison de la pauvreté et des retards de croissance[7]. La perte moyenne de revenus à l'âge adulte pour ces enfants serait d'environ 26 %, ce qui enfermerait les familles dans la pauvreté[8]. Au niveau sociétal, les coûts sur le long terme de la négligence envers les enfants – qui entraînent des retards de croissance et de développement pourtant simples à éviter avec des visites

1. Lynch & Vaghul, 2015.
2. Petronzio, 2018 (traduction libre).
3. *The Lancet*, 2016.
4. Tel que mesuré par l'Unicef, selon Wilkinson & Pickett (2013).
5. Lundberg *et al.*, 2007.
6. Griggs & Walker, 2008.
7. *The Lancet*, 2016.
8. *Ibid.*

à domicile, des programmes de nutrition et la création d'établissements préscolaires – sont plusieurs fois supérieurs aux dépenses actuelles de certains pays en matière de santé ou d'éducation[1].

Une étude réalisée par McKinsey & Company en 2018 sur le rôle des États américains dans l'amélioration du bien-être des jeunes enfants a souligné la nécessité de renforcer la transparence et la coordination des services d'aide sociale à l'enfance, qui impliquent de nombreuses agences[2]. Beaucoup d'autres pays rencontrent le même problème[3]. Le développement de systèmes d'information et de suivi communs à toutes les agences peut faciliter la coordination de l'aide apportée aux enfants à risque. Cette solution a déjà été testée dans plusieurs États américains. Il est aussi possible, à l'instar de l'État de Washington, de créer une agence unique chargée de gérer l'ensemble des programmes liés à la petite enfance, depuis la parentalité jusqu'à l'éducation, en passant par la santé.

Soutenir une parentalité consciente pour favoriser l'attachement sécure

La parentalité revêt une importance capitale dans la politique de l'être. Elle devrait permettre à chaque enfant de compter sur la présence, l'amour et le soutien de ses parents, et ainsi cultiver ce que les psychologues appellent un « attachement sécure ». C'est la base du développement des enfants, associé en particulier à la capacité des adultes au bien-être (estime de soi, santé mentale, autonomie, motivation intrinsèque, etc.) et aux relations sociales (empathie, prosocialité, etc.)[4]. La science a également mis en évidence une corrélation entre le manque de soins parentaux reçus dans la petite enfance et la recherche de récompenses extrinsèques, comme l'argent, le pouvoir ou la célébrité, visant à compenser un sentiment d'insécurité[5].

Des politiques en matière de congé maternité, congé paternité (y compris le congé paternité obligatoire[6]) et congé parental de longue durée peuvent contribuer à cet objectif tout en améliorant le bien-être des parents. Il est aussi primordial d'accorder des congés payés aux parents qui prennent soin d'un enfant malade. Sans surprise, les pays nordiques comme la Suède ou la Norvège, qui occupent le haut des classements

1. *The Lancet*, 2016.
2. Sarakatsannis & Winn, 2018.
3. *The Lancet*, 2016.
4. Cherry, 2023.
5. Kasser *et al.*, 1995 ; Cohen & Cohen, 1996.
6. Voir Commission européenne, 2018.

sur le bonheur et la santé sociale, font partie des pays offrant les congés parentaux les plus généreux au monde, alors que les États-Unis restent loin derrière[1]. En Suède, les deux parents ont droit à 480 jours (16 mois) de congé parental payé à environ 80 % du salaire (soumis à un plafond), qu'ils peuvent se partager en dehors d'un droit exclusif de 90 jours pour chaque parent[2]. De leur côté, les États-Unis sont le seul pays à revenu élevé sans politique fédérale de congé payé parental.

Outre le fait de s'assurer de la présence des parents, il est essentiel d'aider ces derniers dans leur apprentissage. Les programmes de parentalité peuvent aborder toutes les questions liées aux soins : santé, nutrition, sécurité, réponse aux besoins de l'enfant, et premiers apprentissages. Ces programmes peuvent s'avérer très bénéfiques et sont souvent axés sur l'ensemble de la famille plutôt que sur l'enfant seul[3]. Il n'est pas facile de devenir parent. Les femmes sont particulièrement mises à l'épreuve : dans le monde, environ 10 % des femmes enceintes et 13 % de femmes venant d'accoucher souffrent de troubles mentaux, principalement de dépression[4]. La santé et le bien-être des parents et des familles jouent un rôle important dans l'épanouissement des enfants et il est essentiel de les promouvoir. Parmi tous les aspects du cadre familial (social, économique, psychologique, etc.), il a été prouvé que la santé émotionnelle de la mère constituait le plus important facteur de satisfaction à l'égard de la vie pour les futurs adultes[5].

En ce qui concerne l'éducation, les programmes d'aide à la parentalité fondés sur les preuves, qui valorisent fréquemment les compétences de communication et d'interaction, l'exigence et l'attention aux besoins de l'enfant, peuvent se révéler efficaces et profiter au bien-être des enfants mais aussi des parents[6]. Ils peuvent réduire les taux de mauvais traitements sur les enfants, ainsi que les coûts nets pour la communauté. L'étude d'un programme spécifique d'aide à la parentalité a montré que chaque dollar investi faisait diminuer le coût des enfants pour le système

1. https://en.wikipedia.org/wiki/Parental_leave, consulté le 4 août 2020.

2. Des jours de congé supplémentaires sont accordés aux parents de jumeaux. En outre, les congés parentaux sont valables jusqu'au huitième anniversaire de l'enfant (Kane, 2018).

3. *The Lancet*, 2016. Parmi les programmes les plus souvent mis en œuvre dans les pays à revenu faible ou intermédiaire, on peut citer le programme Care for Child Development de l'OMS/Unicef et le programme d'aide à la parentalité Reach Up and Learn, testé en Jamaïque pendant vingt ans et étendu aujourd'hui à d'autres régions.

4. https://www.who.int/teams/mental-health-and-substance-use/promotion-prevention/maternal-mental-health, consulté le 29 mars 2023.

5. Layard *et al.*, 2013 ; Johnston *et al.*, 2011.

6. Gray *et al.*, 2018 ; Barlow & Coren, 2018 ; Li, 2023.

de protection sociale de neuf dollars[1]. D'autres travaux universitaires ont prouvé qu'il y avait plus de probabilités que les adultes impliqués dans des quêtes eudémonistes (visant à développer le meilleur de soi) aient eu des parents exigeants et attentifs à leurs besoins[2].

Ces programmes d'aide à la parentalité devraient être soutenus dans le cadre d'une stratégie de santé publique, c'est-à-dire à grande échelle, afin d'éviter toute stigmatisation et de prendre en considération les recherches les plus récentes sur la parentalité, comme celles qui mettent en lumière la compassion, la pleine conscience[3] et les préoccupations civiques. L'allaitement devrait aussi être encouragé pour protéger la santé de la mère et accroître l'attachement sécure[4], la bonne santé et le potentiel de développement des enfants. Selon l'Organisation mondiale de la santé, « les adolescents et les adultes qui ont été allaités à la naissance sont moins susceptibles de souffrir de surpoids ou d'obésité. Ils sont par ailleurs moins susceptibles de souffrir de diabète de type 2 et ont tendance à obtenir de meilleurs résultats lors des tests d'intelligence[5] ». Les gouvernements doivent adopter des lois qui garantissent des équipements adéquats aux mères allaitantes sur leur lieu de travail, y compris du temps pour qu'elles puissent tirer leur lait dans des espaces privés, ailleurs que dans les toilettes.

Être parent, c'est aussi une chance unique de mieux se connaître, de guérir, de grandir et… de pratiquer ! Grâce au soutien d'Esther Montmany, notre conseillère en parentalité, Emelina et moi-même nous efforçons d'accorder une attention particulière à la qualité de notre présence, notamment dans les tâches du quotidien (le bain, l'habillement, le repas, etc.) qui représentent souvent une bonne partie du temps que les parents passent avec leurs enfants. Au lieu d'essayer de les terminer le plus vite possible tout en ayant l'esprit occupé par des questions plus importantes, nous nous sommes rendu compte qu'il était essentiel d'octroyer un temps de qualité à ces tâches pendant lesquelles les enfants peuvent ressentir notre amour pour eux, cultiver une attention pleine au moment présent, et découvrir l'importance de prendre soin de soi.

Par ailleurs, nous avons appris à gérer les émotions de nos enfants. En tant que parents, nous nous sentons naturellement mal à l'aise lorsque nos enfants expriment des émotions « négatives », comme la tristesse,

1. Kirby, 2017.
2. Huta, 2012.
3. Kirby, 2017 ; Mindfulness Initiative, 2015.
4. Gibbs *et al.*, 2018.
5. https://www.who.int/news-room/facts-in-pictures/detail/breastfeeding, consulté le 4 août 2020 (traduction libre).

la colère ou la peur. Nous préférons les empêcher de le faire en attirant leur attention par le biais d'autres stimuli : « Oh ! Regarde cette belle photo… » Quand nous agissons de la sorte, nous enseignons à nos enfants à se déconnecter de leurs propres émotions et nous entravons les mécanismes physiologiques tels que les pleurs, qui permettent aux enfants de traiter et de réguler leurs émotions. Ignorées, ces émotions s'accumulent et transforment la personnalité et les comportements de nos enfants. Sans cet apprentissage de la régulation de leurs émotions, les enfants développent des mécanismes de gestion (ou « béquille ») émotionnelle qui ne sont pas bien adaptés à la vie réelle et qui limitent leur autonomie.

Pour s'endormir, Sonia, notre fille aînée, avait encore besoin de son biberon à l'âge de 2 ans et demi. Il fallait aussi que l'un d'entre nous s'allonge à ses côtés pendant un bon moment. À l'approche de la naissance de sa petite sœur, cela ne pouvait plus durer. Nous avons donc demandé conseil à Esther. Elle nous a expliqué que cette habitude découlait d'une émotion ignorée et que nous pouvions aider Sonia à la libérer. Ce ne serait pas facile et nous devions être prêts à accompagner tout ce qui allait sortir.

Cette nuit-là, Esther et Emelina sont restées avec ma fille, à côté de son lit. Sonia a piqué une crise. Elle hurlait et remuait dans tous les sens. Elle insistait pour que sa mère vienne s'allonger, et elle a même essayé de la frapper dans un accès de colère. Esther et Emelina devaient accompagner la crise de Sonia par leur présence solide et compatissante, tout en maintenant son corps sur le matelas pour éviter qu'elle ne se blesse. Cela a duré plus d'une heure, jusqu'à ce que Sonia finisse par pousser un cri guttural et particulièrement effrayant. Tout était terminé : quelque chose avait été libéré et Sonia a très vite trouvé le sommeil. Depuis lors, notre fille n'a plus jamais demandé de biberon pour la nuit et elle a eu beaucoup plus de facilité à s'endormir toute seule… Être en mesure d'accompagner et de soutenir la vie émotionnelle des enfants est une tâche ardue pour les parents, surtout en raison des réactions émotionnelles que les larmes et les cris des enfants déclenchent chez nous, plus précisément chez notre enfant intérieur dont les blessures réclament notre attention.

Avec Emelina, nous nous sommes aperçus que nos problèmes en tant que parents n'étaient pas tant dus au comportement parfois difficile de nos filles. En fin de compte, le véritable défi se trouve en nous-mêmes : nous devons être réellement présents pour nos enfants et tenter de répondre à leurs besoins avec habileté, attention, compréhension et amour. Les pleurs de notre fille sont devenus notre cloche de pleine conscience, une invitation à nous arrêter, à sortir du mode « pilotage automatique » pour y répondre d'une manière appropriée. D'un point de vue évolutionniste, l'instinct parental a été le facteur déterminant pour permettre aux mammifères, et surtout aux humains, de prospérer. Cet instinct doit aujourd'hui être ravivé et consciemment cultivé.

Prévention, détection et guérison des traumatismes chez les enfants

Il est également vital d'adopter une approche holistique afin de prévenir, de détecter et de guérir les traumatismes des enfants. Cela inclut des visites à domicile, une coordination des soins avec les écoles et les autres institutions, l'apport de soins de santé mentale aux parents et aux enfants, une bonne nutrition et une médication adaptée, ainsi que l'interdiction des châtiments corporels[1]. Les expériences négatives de l'enfance (ENE) sont des événements traumatiques qui peuvent gravement affecter le développement du cerveau et du corps de l'enfant. Il peut s'agir d'abus physiques, émotionnels ou sexuels ; de négligence physique ou émotionnelle ; de dysfonctionnements familiaux dus par exemple à la maladie mentale ou à la toxicomanie de l'un des parents ; de l'incarcération d'un membre de la famille ; de violences conjugales ou d'un divorce.

On n'imagine pas à quel point les ENE sont courantes. Lors d'une étude menée sur 17 000 adultes entre 1995 et 1997 dans l'État de Californie, 63,9 % des participants avaient rapporté une ou plusieurs ENE, et 12,5 % d'entre eux avaient mentionné quatre ENE au moins. Les abus physiques (28,3 %), la toxicomanie d'un membre du foyer (26,9 %) et la séparation ou le divorce des parents (23,3 %) étaient les plus cités. En 2020, un Français sur dix confiait avoir subi l'inceste[2].

Le docteur Robert W. Block, ancien président de l'American Academy of Pediatrics, a déclaré : « Aujourd'hui, l'exposition des enfants aux expériences négatives de l'enfance représente la plus grande menace de santé publique encore ignorée dans notre pays[3]. » Les études montrent que, par rapport à une personne n'ayant vécu aucune ENE, une personne ayant vécu plus de quatre ENE a :

- 2 fois plus de risques de souffrir de surpoids ou d'obésité ;
- 2,2 fois plus de risques de souffrir d'une cardiopathie ischémique ;

1. Burke Harris, 2015.
2. Cordier, 2021.
3. Center for Youth Wellness (s. d.), qui a fourni la plupart des informations pour cette section (traduction libre).

- 2,4 fois plus de risques de faire un AVC ;
- 1,9 fois plus de risques de souffrir d'un cancer ;
- 1,6 fois plus de risques de souffrir de diabète ;
- 12,2 fois plus de risques de faire une tentative de suicide ;
- 10,3 fois plus de risques de consommer des drogues par injection ;
- 7,4 fois plus de risques de devenir alcoolique ;
- 32,6 fois plus de risques de souffrir de troubles de l'apprentissage ou du comportement[1].

Une personne ayant vécu six ENE voit son espérance de vie raccourcie de vingt ans par rapport à une personne n'ayant vécu aucune ENE[2]. Cela découle principalement de l'impact du stress toxique associé aux ENE sur le fonctionnement biologique fondamental du corps, et pour de nombreux enfants, sur le développement de la structure de leur cerveau. Ces effets peuvent être si dévastateurs qu'ils sont observables sur l'imagerie cérébrale. Alors que les ENE favorisent les comportements à risque (tabagisme, alcoolisme, etc.) susceptibles d'expliquer une partie des effets néfastes sur la santé, ces derniers sont en réalité la conséquence du mauvais développement du cerveau et du corps pendant l'enfance.

Le stress toxique désigne l'« activation extrême, fréquente et prolongée de la réponse du corps au stress sans la présence soutenante d'un adulte de confiance[3] ». Cette suractivation du système corporel de réponse au stress entraîne son dérèglement et divers effets délétères sur le cerveau et le corps des enfants, y compris sur leurs systèmes nerveux, hormonal, immunitaire et cardiovasculaire, interférant même dans la lecture et la transcription de l'ADN[4]. Si les capacités cognitives sont particulièrement affectées par l'anxiété et la peur, elles peuvent aussi être impactées dans les domaines de l'attention, de la mémoire, de la prise de décision et de la pensée critique[5]. Au-delà des répercussions des traumatismes de l'enfance sur le développement, la santé et l'éducation, les ENE sont à l'origine d'une kyrielle de problèmes sociaux : depuis la violence et la criminalité – car la violence subie enfant est le meilleur indicateur pour prédire la violence chez les adultes[6] – jusqu'à leurs conséquences sur l'économie au travers de la baisse de la productivité.

1. Burke *et al.*, 2011 ; Felitti *et al.*, 1998.
2. Center for Youth Wellness, s. d.
3. Johnson *et al.*, 2013 (traduction libre).
4. https://centerforyouthwellness.org/the-science/, consulté le 3 août 2020.
5. Center for Youth Wellness, s. d.
6. Wilkinson & Pickett, 2013.

Nous avons la possibilité de prévenir, de détecter et de guérir le stress toxique des enfants. Alors pourquoi ce problème reste-t-il presque sans réponse ? En 2019, Nadine Burke Harris, l'une des pionnières dans ce domaine, est devenue la première directrice du service de santé publique de Californie en exercice à intensifier les travaux sur les ENE à l'échelle de l'État. Dans sa remarquable conférence TED, elle a avoué : « Au début, je pensais que nous marginalisions le problème parce qu'il ne nous concernait pas. C'est un problème pour ces enfants dans ces quartiers [pauvres, non blancs][1]. » Mais elle s'est rendu compte que les données ne confirmaient pas cela. En fait, la plupart des participants à l'étude sur les ENE étaient blancs (74,8 %) et avaient obtenu un diplôme d'études supérieures (75,2 %). C'est donc bien un problème généralisé : aux États-Unis, 74 % des parents déclaraient frapper leurs enfants en 1999[2], tandis que 47 % déclaraient frapper de très jeunes enfants en 2004[3] !

L'expérience de Nadine Burke Harris sur les ENE l'a amenée à considérer les choses sous un jour totalement nouveau. Elle conclut : « Je commence à croire que nous marginalisons le problème parce qu'il nous concerne. Peut-être est-ce plus facile de penser à d'autres codes postaux, parce que nous ne voulons pas voir que cela nous concerne. Nous préférons être plutôt malades. Heureusement, les avancées scientifiques, et, franchement, les réalités économiques, rendent cette option moins viable de jour en jour. » Il est grand temps d'affronter nos traumatismes, souvent transmis de génération en génération, et de prendre conscience de ce qu'ils coûtent aux sociétés et à bon nombre d'entre nous. Il est grand temps de guérir pour que quelque chose de tout à fait nouveau puisse voir le jour. C'est un pan essentiel de la politique de l'être. Nous avons besoin de développer des approches qui tiennent compte de nos traumatismes dans les secteurs de la santé, de l'éducation, des services sociaux, de la justice pénale, etc.

Des couples sains pour des familles saines

Enfin, si la famille doit être reconnue comme l'unité de base sur laquelle la société se construit, nous devons souligner l'importance de couples sains en tant que fondements de familles saines. Jules Michelet, historien français du XIXe siècle, l'explique : « Deux âmes harmonisées, c'est déjà une cité. C'est déjà un monde. L'accord trouvé une fois, c'est le même

1. Burke Harris, 2015.
2. Jackson *et al.*, 1999.
3. Regalado *et al.*, 2004.

d'ici aux étoiles, le même pour la Voie lactée[1]. » Alors que la réalisation de soi de chacun est la condition *sine qua non* d'une bonne relation, cette dernière peut être cultivée par le biais de pratiques spécifiques.

Au Village des Pruniers, nous pratiquons traditionnellement le « Renouveau » pour cultiver des relations saines au travers de l'écoute profonde et de la parole aimante. Cette approche est essentielle pour maintenir une communication saine et authentique au sein des couples : une pratique hebdomadaire réduit l'amoncellement des incompréhensions et des frustrations. Nous nous asseyons l'un en face de l'autre, avec des fleurs placées au centre. La personne qui s'exprime tient le vase rempli de fleurs, tandis que la personne qui écoute doit rester silencieuse et ne pas répondre ni réagir à ce que lui dit son partenaire. Elle doit simplement l'écouter avec attention. Cette pratique comprend quatre étapes[2] :

- exprimer son appréciation des qualités de notre partenaire avec le plus de détails concrets possible. Les bonnes graines doivent être arrosées afin de pousser. Cela permet également de préparer le terrain pour que notre partenaire s'ouvre et nous écoute parler, y compris de nos difficultés. Il faut pour cela communiquer avec authenticité, sans arrière-pensée ;
- exprimer ses regrets et demander pardon pour tout ce que l'on a fait qui a pu blesser notre partenaire ;
- demander plus d'informations afin de mieux comprendre ce que notre partenaire pense et ressent : Est-ce que je t'ai blessé(e) ? Est-ce que je te comprends bien ? ;
- exprimer sa peine ou son désaccord, en mettant l'accent sur notre propre manière de recevoir les agissements ou les mots de notre partenaire et leurs racines psychologiques comme les causes de notre souffrance, plutôt que sur les agissements ou les mots eux-mêmes. Nous pouvons inviter notre partenaire à expliquer ses actes ou ses paroles, en reconnaissant les limites de nos perceptions, et demander son aide.

Il est possible d'instaurer cette pratique au quotidien et de manière plus informelle (sans forcément suivre toutes les étapes) pour cultiver une communication authentique. Cette pratique peut aussi être très utile entre parents et adolescents pour rétablir le dialogue et alimenter un processus de réconciliation en permettant à l'amour et à la souffrance de s'exprimer.

1. Michelet, 1962.
2. Khong, 2014.

12

Éducation

« L'éducation spirituelle n'est pas une discipline distincte.
Elle fait partie intégrante de tous les types et de tous les niveaux d'éducation.
En fait, il s'agit du socle sur lequel un édifice durable peut être bâti. »

Sathya Sai Baba (1926-2011), maître spirituel indien

L'éducation est la pierre angulaire de la transformation d'une nation et se situe au cœur de la politique de l'être, qui vise à créer un environnement social favorable à l'apprentissage et au développement intérieur. Elle a joué un rôle clé dans les processus d'industrialisation et de démocratisation, et son objet doit être maintenant redéfini pour servir l'étape suivante de notre évolution. Notre système éducatif devrait soutenir l'éveil et la réalisation de soi des enfants. Il devrait les aider à devenir des êtres humains authentiques – dans toutes les dimensions : physique, émotionnelle, esthétique, morale, intellectuelle et spirituelle, qui, nous le verrons, semblent se renforcer les unes les autres – et à développer les qualités et la valeur humaines les plus hautes, comme celles que nous avons analysées dans la partie II. Alors que le système éducatif devrait refléter notre société idéale dans vingt ou trente ans[1], l'apprentissage devrait permettre aux enfants de s'ouvrir à des visions du monde plus évoluées[2]. Il devrait les préparer à incarner le changement paradigmatique de l'Histoire de la Séparation vers l'Histoire de l'Inter-être. Or, ceci est aujourd'hui souvent synonyme de désapprentissage !

1. Dalin & Rust, 1996.
2. Laininen, 2019.

L'éducation positive et le développement du caractère pour favoriser l'épanouissement des enfants

En 2014, le World Innovation Summit for Education (Wise)[1] a demandé à 645 experts de l'éducation, représentant l'ensemble de la communauté mondiale, de donner leur avis sur le futur de l'éducation. 75 % des personnes interrogées ont déclaré que les meilleurs atouts des élèves en 2030 seraient les compétences personnelles (capacité d'interagir avec les autres, prise de décisions, bonne gestion du temps, etc.), loin devant le savoir-faire et les compétences pratiques (59 %) ou encore le savoir académique (42 %). Les connaissances sont aujourd'hui accessibles facilement et gratuitement en ligne. De plus, le monde du travail évolue à toute allure, avec notamment le développement de l'intelligence artificielle qui redéfinit le type de valeur ajoutée que les humains peuvent apporter. Au XXIe siècle, la réussite professionnelle pérenne reposera de plus en plus sur les compétences personnelles, qui seront peut-être les seules à accompagner les individus tout au long de leur vie. Ces compétences nous aideront à naviguer dans des environnements complexes et versatiles, à bien travailler en équipe, à contribuer de manière positive à nos communautés respectives et à relever les nombreux défis de la vie.

L'éducation moderne a mis l'accent sur la transmission des connaissances et sur certaines capacités cognitives, au détriment de la sphère émotionnelle, pour nous préparer à la réussite professionnelle. Selon Antonia Damasio, neuroscientifique américano-portugaise, il s'agit de l'une des principales causes du déclin des comportements moraux dans la société moderne, pour lequel les émotions jouent un rôle clé, ce qui a été prouvé sur le plan scientifique. Le concept d'intelligence émotionnelle n'est apparu qu'au début des années 1990 avec les travaux de John Mayer et Peter Salovey, tous deux psychologues, qui visaient à dépasser la vision réductionniste de l'intelligence exprimée sous forme de quotient intellectuel. John Mayer et Peter Salovey ont défini l'intelligence émotionnelle comme « la capacité à être à l'écoute de ses propres sentiments et émotions, mais aussi de ceux d'autrui, ainsi que

1. « Le Wise est la plus grande plateforme internationale dédiée à l'innovation et à la créativité dans le domaine de l'éducation. Elle permet notamment aux décisionnaires de partager leurs idées et leurs opinions avec les professionnels qui exercent sur le terrain » (Wise, 2014, traduction libre). https://www.wise-qatar.org/, consulté le 3 août 2020.

la capacité à les distinguer et à utiliser ces informations pour orienter ses propres pensées et actions[1] ». Selon eux, les émotions sont des événements internes qui coordonnent les réponses physiologiques, la cognition et la conscience. Le concept s'est popularisé après la publication de *L'Intelligence émotionnelle. Comment transformer ses émotions en intelligence*, un ouvrage écrit en 1995 par Daniel Goleman, alors journaliste scientifique au *New York Times*. Daniel Goleman y décrit les cinq composantes principales de l'intelligence émotionnelle : la conscience de soi, la maîtrise de soi, la motivation, l'empathie et les aptitudes sociales[2]. Le concept a été rapidement intégré dans l'éducation par le biais de l'apprentissage social et émotionnel.

De plus en plus d'expériences et de recherches universitaires mettent aujourd'hui en avant les bénéfices individuels et sociaux d'une grande diversité d'approches éducatives centrées sur le développement intégral des enfants, des adolescents et des jeunes adultes. Tirant parfois leur origine de systèmes pédagogiques qualifiés d'« alternatifs » (Montessori, etc.), ces approches s'appuient souvent sur une nouvelle compréhension scientifique de l'apprentissage et du fonctionnement du cerveau. Si on craint traditionnellement que l'attention portée au caractère et aux compétences personnelles ne monopolise le temps requis pour l'apprentissage de contenus, plusieurs études montrent qu'au contraire, ces approches peuvent être très bénéfiques pour le bien-être et le développement du caractère, tout en améliorant les résultats scolaires. Le renforcement des capacités personnelles des enfants leur permet simplement de mieux apprendre.

On emploie souvent le terme générique « éducation positive » pour désigner la démarche qui favorise le bien-être, la résilience, l'épanouissement et le fonctionnement optimal chez les enfants, les adolescents et les élèves, en plus de l'acquisition des compétences traditionnelles[3]. Par-delà les nombreux impacts positifs du bien-être sur le développement individuel mis en évidence par la science, l'éducation positive constitue également une réponse pertinente à la crise de santé mentale qui frappe les enfants et les adolescents. Au niveau mondial, entre 10 et 20 % d'entre eux souffrent à un moment donné de troubles mentaux[4], par exemple de dépression, d'anxiété ou de troubles du comportement. Et cette tendance était déjà à la hausse dans les pays

1. Salovey & Mayer, 1990 (traduction libre).
2. Goleman, 1997.
3. Boniwell, 2013 ; White, 2013.
4. https://www.who.int/mental_health/maternal-child/en/, consulté le 4 août 2020.

occidentaux[1], avant que la pandémie de Covid-19 n'accélère ce mouvement[2].

Les interventions d'éducation positive englobent un large éventail d'approches et d'étiquettes. Citons, entre autres, le programme Social and Emotional Aspects of Learning (SEAL) mis en œuvre dans un grand nombre d'établissements britanniques de cycle secondaire, Kids Matter en Australie, le Penn Resiliency Program instauré dans une multitude de pays, ainsi que le High School Positive Psychology Program[3]. Ces initiatives se focalisent souvent sur le développement de compétences et de capacités variées, comme les compétences émotionnelles, la conscience et la maîtrise de soi, la résolution des problèmes et la prise de décision (flexibilité, jugement, éthique), la conscience sociale et l'empathie, les compétences relationnelles, l'efficacité personnelle et l'optimisme réaliste, les émotions positives (joie, gratitude, intérêt, espoir, etc.), la persévérance, la recherche de sens, etc.[4]. Il a été prouvé que beaucoup de programmes d'éducation positive atteignaient les objectifs fixés, en particulier grâce au renforcement de la connexion, de l'engagement, de la persévérance, de la motivation et de la concentration[5].

Les avantages en termes de santé mentale peuvent être considérables. Par exemple, le programme Life Skills Training déployé aux États-Unis depuis vingt ans a entraîné une baisse de 45 % de la consommation de cannabis, d'alcool et de tabac six ans après sa clôture[6]. Le programme Bullying Prevention Program, lancé en Norvège puis étendu à d'autres pays (Allemagne, Royaume-Uni, États-Unis, etc.), a permis de diviser le nombre d'agressions par deux[7]. Contrairement à beaucoup d'anciens programmes similaires, les programmes actuels peuvent maintenant se targuer des preuves scientifiques de leur impact positif.

La pleine conscience est en train de devenir une ressource primordiale pour l'éducation du caractère ou de la personnalité, étant donné ses avantages concrets en matière d'attention et de compétences d'apprentissage, de bien-être, de résilience, mais aussi de compétences sociales

1. Réseau européen des médiateurs des enfants, 2018 ; Boniwell, 2013. Le rapport intitulé *The State of Mental Health in America 2018* (Nguyen *et al.*, 2017) indique que le taux de dépression sévère chez les jeunes est passé de 5,9 % à 8,2 % entre 2012 et 2015.
2. Prior (2020).
3. Gillham *et al.*, 2013 ; Noble & McGrath, 2013.
4. Gillham *et al.*, 2013 ; Seligman & Adler, 2018 ; Moore, 2020.
5. Helliwell *et al.*, 2018 ; McInerney, 2013 ; Chodkiewicz & Boyle, 2017.
6. Rosier, 2017.
7. *Ibid.*

et émotionnelles[1]. Les programmes de pleine conscience destinés aux enseignants, aux élèves et aux écoles se multiplient à travers le monde. On peut citer le programme Mindful Schools qui a formé plus de 50 000 enseignants, touchant ainsi plus de trois millions d'élèves aux États-Unis et dans plus d'une centaine de pays ; le Mindfulness in Schools Project (MiSP) au Royaume-Uni[2] ; MindUP[3] ; ou encore le mouvement Wake Up Schools[4] qui est enraciné dans l'approche du Village des Pruniers. En calmant les esprits et les corps, élèves et professeurs peuvent accorder plus d'attention à ce qui se passe en eux-mêmes et chez les autres, ainsi qu'aux enseignements dispensés, et tirer le meilleur parti de chaque jour d'école. Il a été démontré que la pleine conscience pouvait contribuer à rendre l'école plus équitable en profitant particulièrement aux enfants qui souffrent de nombreuses difficultés d'apprentissage et arrivent souvent à l'école avec de lourds fardeaux émotionnels[5].

Valeurs, coopération, communauté et service : apprendre à vivre ensemble

Les programmes d'éducation positive intègrent parfois l'apprentissage coopératif. Dans ce cadre, les élèves accomplissent ensemble des tâches et des exercices spécifiques qui nécessitent une collaboration pour atteindre des objectifs pédagogiques définis[6]. Apparu au XIXe siècle, l'apprentissage coopératif s'avère bénéfique pour les résultats scolaires, mais aussi pour l'amélioration de la coopération, de l'empathie, des relations, du bien-être et du sens moral, et pour la baisse de la discrimination, du harcèlement, de la toxicomanie, de la délinquance et de la violence à l'école[7]. Les meilleures retombées éducatives ont été observées dans les groupes les plus hétérogènes au niveau des compétences, du sexe, de la culture et de la motivation[8]. Au lieu de mépriser les élèves en difficulté, les élèves les plus avancés se sentent responsables et soutiennent leurs camarades, ce qui permet à ces derniers d'avoir plus confiance en eux

1. Mindfulness Initiative, 2015. Pour obtenir d'autres références bibliographiques, voir aussi https://www.mindfulschools.org/about-mindfulness/research-on-mindfulness/, consulté le 4 août 2020.
2. https://mindfulnessinschools.org/, consulté le 4 août 2020.
3. https://mindup.org/, consulté le 4 août 2020.
4. https://wakeupschools.org/, consulté le 4 août 2020.
5. Mindfulness Initiative, 2015.
6. Berkowitz, 2011 ; Johnson *et al.*, 2008.
7. Johnson *et al.*, 2006 ; Slavin *et al.*, 2003.
8. Johnson *et al.*, 2000.

et d'être plus motivés[1]. Et tous s'impliquent davantage dans l'apprentissage. Il est essentiel de généraliser l'apprentissage coopératif pour sortir d'une vision du monde fondée sur la compétition et la séparation, et de ses conséquences désastreuses.

Au-delà de la coopération, pour impulser une évolution éthique, la politique de l'être appelle à réfléchir sur les valeurs humaines et à les mettre en pratique dès le plus jeune âge. L'éducation moderne, au cours des dernières décennies, a eu tendance à éluder l'enseignement des valeurs humaines sous prétexte d'une neutralité largement illusoire, puisqu'elle promeut par exemple l'esprit de compétition. Aujourd'hui, beaucoup d'écoles dans le monde mettent en œuvre une éducation aux valeurs pour promouvoir un environnement sain où les élèves apprennent et se développent en tant qu'êtres humains[2]. Les écoles peuvent mettre l'accent sur des valeurs universelles, telles que le respect, la responsabilité, la confiance, la tolérance, l'ouverture d'esprit, la gentillesse, le courage, l'humilité, la générosité, etc., au travers des cours et des discussions organisées entre élèves. Les enfants ne devraient pas être les destinataires passifs d'enseignements abstraits mais devraient, au contraire, pouvoir débattre ouvertement des conflits et des problèmes du quotidien sous l'angle de ces valeurs. Cela leur apprendrait à développer leur réflexion philosophique, à mieux comprendre le point de vue des autres et à bien réagir face à des problèmes moraux[3]. En France, l'association SEVE, présidée par le philosophe Frédéric Lenoir, œuvre à la généralisation de la philosophie et de la pratique de l'attention auprès des enfants et des adolescents (voir encadré 12).

Encadré 12 : Savoir être et vivre ensemble (SEVE) : aider les enfants et les adolescents à grandir en discernement et en humanité[4]

Créée en 2016 par le philosophe Frédéric Lenoir et Martine Roussel-Adam, l'association SEVE (Savoir être et vivre ensemble) s'emploie à généraliser la philosophie auprès des enfants et des adolescents à travers des ateliers dédiés, au cours desquels ils débattent d'une question dans un cadre démocratique et bienveillant.
Ces ateliers commencent toujours par une pratique de l'attention et sont facilités par un éducateur formé à cet effet (4 000 personnes

1. Ricard, 2014.
2. Lovat *et al.*, 2010.
3. Berkowitz, 1985.
4. https://asso.seve.org/, consulté le 4 août 2023.

ont déjà suivi le parcours SEVE). Ils visent le « développement de la pensée réflexive chez les enfants et adolescents, de l'esprit critique et d'aptitudes leur permettant de grandir en discernement et en humanité pour devenir des citoyens conscients, actifs et éclairés ».
L'association est agréée auprès du ministère de l'Éducation nationale en France, où elle est présente un peu partout à travers 14 antennes régionales, et elle est également active au Canada, au Luxembourg, en Belgique, en Suisse et au Maroc.
Ces ateliers sont offerts à travers différents partenariats avec des acteurs locaux et éducatifs (collectivités locales, établissements scolaires, associations, médiathèques, établissements médicaux...) et le soutien de la fondation SEVE.

Il conviendrait de mettre l'accent sur les compétences de communication pour savoir résoudre les conflits et cultiver des relations saines. Des techniques de communication non violente ont été adaptées aux besoins des enfants et des classes dans ce but. Elles incluent entre autres la méthode du « message clair » développée par l'enseignante québécoise Danielle Jasmin et aujourd'hui utilisée dans quantité d'écoles[1]. Danielle Jasmin a aussi instauré des « conseils de coopération » pour favoriser la discussion avec les élèves, notamment dans l'optique de prendre des décisions sur la vie de la classe[2]. Ces conseils facilitent la mise en application de valeurs telles que la coopération, la citoyenneté et la démocratie. Il est prouvé que l'implication des élèves dans la prise de décision au sein de leur classe et de leur école contribue de manière positive au développement de leur personnalité et à leurs résultats scolaires[3].

Le travail communautaire et l'apprentissage par le service (qui intègre le travail communautaire dans le programme scolaire) permettent de faire le lien entre la théorie et la pratique, et ils peuvent enrichir un système éducatif fondé sur les valeurs. Ils présentent de gros avantages sur le plan scolaire et au niveau de la construction de la personnalité[4]. Ils devraient être encouragés à grande échelle, y compris par la réglementation, afin de soutenir une culture de la sensibilisation aux questions sociales, de la compassion et du service. L'instauration de services civils nationaux obligatoires, qui peuvent renforcer la cohésion sociale, pourrait également jouer un rôle. Ils devraient être couplés à des programmes

1. Maradan, 2017.
2. https://ad86.occe.coop/page/le-conseil-de-cooperation, consulté le 10 janvier 2023.
3. Berkowitz, 2011.
4. Berkowitz & Bier, 2005 ; Billig, 2002.

éducatifs, permettant aux jeunes adultes d'acquérir les connaissances, expériences et outils nécessaires à leur épanouissement intérieur, comme ce fut le cas avec le « *Folk-Bildung* » scandinave (voir encadré 14). Cette démarche est d'autant plus importante pour les enfants des familles aisées et les élèves en cycle supérieur. En effet, dans un climat de plus en plus inégalitaire, leur quotidien s'éloigne peu à peu de celui de la plupart des gens. Ils n'ont souvent pas conscience de la dureté de la réalité sociale ni des défis auxquels ils devraient être sensibilisés en tant que futurs leaders.

Selon plusieurs études, au moins aux États-Unis, les individus appartenant aux catégories socioprofessionnelles supérieures montrent moins de compassion que les individus appartenant aux catégories socioprofessionnelles inférieures[1]. Le travail communautaire peut ouvrir les yeux des personnes les plus privilégiées, qui sont alors susceptibles de modifier radicalement leur parcours professionnel et les décisions qu'elles prendront à l'avenir.

Arts et sports sont indispensables au développement intégral des enfants

Les pratiques artistiques sont indispensables à la vitalité de nos cultures et au développement intégral des enfants – en particulier leur créativité, leur imagination, mais aussi leur intelligence émotionnelle et esthétique. Elles éveillent la capacité des enfants à admirer et apprécier la beauté, la grandeur et la profondeur de notre existence et du monde. Sur le long terme, il est prouvé que les expériences artistiques nourrissent la plasticité résiliente du cerveau[2], qui est liée à notre créativité et à notre évolution personnelle. Comme l'indique la Feuille de route de l'Unesco pour l'éducation artistique : « Dans les sociétés du XXIe siècle, on constate une demande croissante d'employés faisant preuve de créativité, de flexibilité, d'adaptabilité et d'innovation. Les systèmes éducatifs doivent donc évoluer en fonction de cette nouvelle donne. L'éducation artistique dote les élèves de toute cette palette d'outils, leur permettant de s'exprimer, de développer leur sens critique dans le monde qui les entoure et de s'engager activement dans les divers aspects de l'existence[3]. »

Il est intrinsèquement essentiel de dispenser l'éducation dans et à travers les arts au sein du programme scolaire. En outre, les recherches

1. Piff & Moskowitz, 2018.
2. Elbert *et al.*, 1995 ; Lin *et al.*, 2013 ; Münte *et al.*, 2002 ; Schlegel *et al.*, 2015.
3. Unesco, 2006.

montrent que les pratiques artistiques améliorent les résultats scolaires, car elles aident par exemple les élèves à assimiler les informations à leur manière[1]. Cette stratégie s'avère très efficace auprès des élèves en difficulté[2]. D'autres avantages individuels et sociaux (santé mentale, confiance en soi, amélioration des relations, fréquentation scolaire, diminution du décrochage scolaire, etc.) sont aussi prouvés[3].

L'activité physique représente un pilier supplémentaire de l'éducation intégrale. Elle est indispensable à la santé, au bien-être, ainsi qu'au développement cognitif, et elle renforce les compétences relationnelles et coopératives, surtout par le biais des sports d'équipe. En 2019, l'Organisation mondiale de la santé a publié une étude portant sur 1,6 million d'adolescents (de 11 à 17 ans) dans 146 pays. Cette étude a conclu qu'environ 80 % d'entre eux ne suivaient pas la recommandation préconisant au moins une heure d'exercice physique par jour[4]. Si les valeurs modernes, notamment en Occident, ont tendance à favoriser de manière disproportionnée les connaissances intellectuelles, notre forme physique est elle aussi essentielle pour renforcer les capacités mentales. Quand leur humeur et le fonctionnement de leur cerveau sont améliorés, les élèves peuvent mieux se concentrer, apprendre, mémoriser, et en fin de compte être plus performants[5]. Les bénéfices sont encore plus importants lorsque les activités sportives sont pratiquées à l'extérieur. L'éducation de l'être passe par un approfondissement de notre relation au corps.

Vers des communautés d'apprentissage

Au lieu de gaver les élèves de connaissances en constante évolution, les éducateurs devraient leur apprendre à rechercher l'information, à analyser de manière critique la masse de données à leur disposition, et à débusquer les erreurs et les illusions les plus courantes sur la voie de la connaissance. Ces écueils sont souvent dus à la simplification – la structure mentale commune à tous les fanatismes – qu'Edgar

1. Scheuler, 2010 ; Rinne *et al.*, 2011 ; Peppler *et al.*, 2014 ; Robinson, 2013 ; Scripp & Paradis, 2014 ; Hardiman *et al.*, 2019.
2. Hardiman *et al.*, 2019 ; Robinson, 2013.
3. Scheuler, 2010 ; Roege & Kim, 2013. Voir aussi https://www.americansforthearts.org/sites/default/files/pdf/2014/by_program/research__studies_and_publications/one_pagers/15.%20ArtsEducation_Drop%20Out.pdf, consulté le 4 août 2020.
4. Guthold *et al.*, 2019.
5. Unesco, 2015 ; Bangsbo *et al.*, 2016 ; Sattelmair & Ratey, 2009.

Morin appelle l'« esprit de guerre[1] ». Les enfants devraient apprendre à envisager les problèmes potentiels de manière systémique, dans toutes leurs dimensions et leurs interconnexions, et à développer une pensée complexe. Les enseignants peuvent aussi encourager le renforcement des capacités de méta-apprentissage des enfants (capacité à réfléchir sur leur apprentissage et à adapter ce dernier), y compris la méta-cognition (conscience et compréhension de leurs propres processus de pensée)[2].

Alvin Toffler (1928-2016), futurologue américain, a écrit : « L'illettré du futur ne sera pas celui qui ne sait pas lire. Ce sera celui qui ne sait pas comment apprendre. » Une formation généraliste, surtout en sciences humaines, devrait toujours accompagner l'acquisition de connaissances spécialisées afin de contextualiser ces connaissances et de développer la capacité à naviguer dans un monde complexe et à aborder constamment de nouveaux apprentissages.

Par ailleurs, l'organisation des programmes scolaires autour de diverses disciplines (mathématiques, histoire, biologie, etc.), qui ne correspond pas aux méthodes naturelles d'apprentissage, peut être complétée par une approche transversale par thèmes. C'est en tout cas la stratégie adoptée par la Finlande depuis 2015[3]. De même, au Costa Rica, l'environnement est une thématique transversale dans l'éducation en cycle primaire et secondaire, au même titre que les droits humains et la paix. Cela implique un contact direct avec la nature, par exemple lors d'excursions dans des zones protégées ou au cours de projets à visée écologique.

Les écoles devraient devenir des communautés d'apprentissage axées sur les questions sociales primordiales de la durabilité et de l'équité[4]. Cette approche peut se matérialiser au travers de l'apprentissage par le service, du travail communautaire et également de la participation à la gestion de l'école dans le cas des écoles dites « démocratiques ». « En fin de compte, les professionnels et les élèves en viennent à considérer l'école comme un projet ciblant la transformation de soi, de l'école et de la société[5]. »

En découvrant l'histoire de l'univers, de la Terre et de l'humanité, mais aussi de leurs propres sociétés et cultures, les élèves peuvent développer une réflexion sur la condition humaine, un sentiment

1. Morin, 2016.
2. Fadel & Groff, 2019.
3. Garner, 2015.
4. Riordan & Caillier, 2019.
5. *Ibid.* (traduction libre).

d'appartenance à la communauté terrestre et à l'aventure de la vie sur Terre, ainsi qu'une compréhension profonde des enjeux de notre époque. Cela doit leur permettre de trouver leur place dans ce processus évolutif et la contribution unique que chacun d'entre eux est appelé à apporter à cette grande transition planétaire. L'école devient alors une ressource pour réaliser sa raison d'être. Alors que j'écris ces mots, dans le monde entier, des élèves font toujours grève contre le changement climatique, nous rappelant qu'une éducation dépourvue de sens n'est pas viable.

Des approches personnalisées pour favoriser l'expression du potentiel unique de chaque enfant

Selon l'étude Wise citée précédemment, 83 % des experts interrogés pensent que les programmes scolaires de 2030 seront plus personnalisés, de façon à satisfaire les besoins de chaque enfant. Cette tendance s'observe déjà dans bon nombre de pays de l'OCDE. D'autres types de pédagogies, comme Montessori, mettent depuis longtemps l'accent sur la nécessité d'adapter le contenu aux intérêts et au rythme des élèves. L'apprentissage s'en trouve facilité, plus naturel et harmonieux, tandis que les élèves développent leur autonomie et leur sens des responsabilités. L'éducation intégrale est un processus organique d'éveil et d'épanouissement du potentiel unique, de l'esprit ou de l'âme de chaque enfant. À l'inverse, une éducation qui s'efforce de faire rentrer tous les élèves dans un même moule peut causer des dommages irrémédiables en déconnectant les enfants de leur être profond.

73 % des experts Wise estiment que le rôle des enseignants évoluera vers l'orientation des élèves tout au long de leur parcours autonome d'apprentissage. Les enseignants sont là pour accompagner ce qui demande à se manifester chez les enfants. Le développement personnel et les compétences des enseignants sont essentiels à la réussite complète de la plupart des stratégies susmentionnées. Leurs bienfaits resteront théoriques si ces stratégies ne sont pas mises en œuvre de manière adéquate et adaptée aux différents contextes. Je connais beaucoup de parents favorables à une éducation alternative, mais leurs convictions idéologiques empêchent certains de reconnaître qu'il est parfois préférable de choisir une bonne éducation conventionnelle plutôt qu'une éducation alternative de mauvaise qualité. Une pédagogie alternative

efficace ne se limite pas à un ensemble de pratiques à mettre en œuvre. Les enseignants doivent en avoir une compréhension profonde pour être fidèles à son esprit et être capables d'intégrer ces pratiques dans un ensemble cohérent.

Par ailleurs, il est important que les enseignants personnifient ces valeurs afin de les insuffler en classe et d'offrir un modèle à leurs élèves. Tout cela implique de changer les critères de recrutement des enseignants – notamment leur expérience, leur âge et leur parcours scolaire en se focalisant sur leur maturité intérieure – ainsi que leur formation (tout au long de la vie), et revaloriser très nettement leur statut et leur salaire.

Par-delà les enseignants, ce sont les écoles entières qui doivent incarner dans leur organisation ces valeurs et ce changement culturel. Des établissements scolaires ont déjà réussi cette transition, comme le Wellington College (Royaume-Uni) ou la Geelong Grammar School (Australie)[1]. L'objectif des organisations éducatives rejoindra de plus en plus celui de Tecmilenio, une université privée en plein essor, qui compte vingt-neuf campus dans tout le Mexique. Elle s'est engagée à être une « université positive » qui instaure « une communauté d'apprentissage cultivant la meilleure version de chaque personne et permettant à tous de s'épanouir, de découvrir le but de leur vie et de contribuer de manière positive à la société »[2]. Enfin, les parents, dont l'implication dans l'éducation des enfants est un facteur bien établi de réussite scolaire[3], devraient participer à ces projets éducatifs au travers de programmes scolaires d'aide à la parentalité alignés sur ces approches pédagogiques.

Nous pouvons maintenant comprendre le succès du système éducatif finlandais, reconnu dans le monde entier comme un exemple, qui intègre bon nombre des orientations stratégiques mentionnées ici, ainsi que d'autres à l'efficacité prouvée.

Encadré 13 : Le système éducatif finlandais

Le principal objectif de l'éducation de base finlandaise (de 7 à 16 ans) consiste à soutenir la croissance personnelle des élèves en tant qu'individus et membres de la société[4]. Ces derniers disposent de beaucoup de liberté pour organiser leur temps à l'école, et de nombreuses pratiques s'inspirent de pédagogies non conventionnelles

1. White, 2013 ; Morris, 2013.
2. Helliwell *et al.*, 2019 (traduction libre).
3. Berkowitz, 2011.
4. Lähdemäki, 2019 ; Korpela, 2017.

(Montessori, etc.). Les lycéens choisissent aussi les cours qu'ils souhaitent suivre[1]. Les élèves ayant des difficultés d'apprentissage sont identifiés et ils bénéficient d'une éducation spéciale à temps plein ou à temps partiel. Cela concerne environ 30 % (22 % à temps partiel, 8 % à temps plein) des élèves en filière générale (de 7 à 16 ans), soit bien plus que dans tous les autres pays de l'OCDE[2]. Très diversifié, l'environnement d'apprentissage finlandais comprend des équipements technologiques, des cours dispensés en extérieur et des visites dans les musées, les entreprises, etc.[3].

Selon le gouvernement finlandais, « le système éducatif national repose sur des enseignants motivés et très compétents[4] ». Tous les enseignants de filière générale sont titulaires d'un master. Ils sont bien payés et reconnus sur le plan social : il y a cinq fois plus de candidats que de postes attribués[5]. Fins pédagogues et capables de s'adapter aux différents styles d'apprentissage, les enseignants peuvent choisir assez librement leurs méthodes de travail. Cela reflète une culture de la confiance et de la délégation de l'autorité, caractéristique du système éducatif finlandais. Un programme scolaire de base est défini à l'échelle nationale[6], mais aucune sanction ne tombe s'il n'est pas respecté. Les enseignants, en collaboration avec l'école – le plus souvent gérée par les autorités locales ou par des consortiums municipaux[7] –, les parents et la communauté, ont carte blanche pour concevoir le reste du programme.

En règle générale, les méthodes d'enseignement incluent l'apprentissage coopératif, la transversalité et un apprentissage par projets, qui font découvrir aux élèves des problèmes concrets sous différents angles. Les enseignants finlandais n'accordent pas d'importance aux notes, car elles incitent souvent à la compétition et peuvent nuire à l'estime de soi des élèves. Les notes deviennent obligatoires seulement lorsque les enfants atteignent environ l'âge de 14 ans[8]. Les observations qualitatives et les encouragements sont favorisés par le biais du dialogue avec les enfants. Ces derniers passent moins de temps à l'école que dans les autres pays (généralement de 9 h ou 9 h 45 jusqu'à 14 heures ou 14 h 45) et ils ont très peu de devoirs à la maison[9].

---

1. Korpela, 2017 ; Varlas, 2011.
2. Sabel *et al.*, 2011.
3. Korpela, 2017.
4. https://www.educationfinland.fi/why-finland, consulté le 4 août 2020 (traduction libre).
5. Korpela, 2017.
6. https://web.archive.org/web/20120109164034/http:/www.minedu.fi/pisa/taustaa.html?lang=en, consulté le 4 août 2020.
7. Agence nationale finlandaise pour l'éducation, s. d.
8. Lähdemäki, 2019.
9. Colagrossi, 2018.

Les enfants finlandais font beaucoup d'exercice physique. Les écoles s'assurent que tous les élèves y consacrent au moins une heure par jour[1]. Le système éducatif finlandais repose sur le principe égalitaire d'une bonne éducation universelle, où presque toutes les institutions sont gratuites et publiques. Des déjeuners gratuits et sains sont proposés à tous les enfants[2]. Dans les écoles finlandaises, l'écart d'apprentissage entre les élèves les plus performants et ceux qui le sont moins figure parmi les plus faibles au monde[3]. Seul 1 % de chaque tranche d'âge quitte le cycle éducatif de base sans diplôme, et plus de la moitié des élèves prolongent leur cursus[4]. L'éducation est une priorité nationale que les Finlandais estiment essentielle à la réussite du pays[5].

90 % des experts Wise pensent qu'il sera nécessaire de s'éduquer tout au long de la vie. C'est peut-être encore plus vrai pour l'éducation de l'être, qui ne saurait attendre. Nous aurions donc besoin d'instaurer un nouveau système éducatif pour les adultes ou de renforcer le système existant. Ce type d'éducation populaire dédiée au développement personnel a été mis en place à grande échelle dans les pays nordiques entre le milieu du XIXe siècle et le XXe siècle pour les jeunes adultes. Cela a certainement joué un rôle important dans la réussite de ces pays jusqu'à aujourd'hui (voir encadré 14). Outre le fait d'aider les gens à ajuster leurs compétences professionnelles, aux évolutions du marché du travail, ce type d'éducation devrait leur permettre d'approfondir tous les aspects décrits dans ce chapitre et cet ouvrage pour s'épanouir en tant qu'individus et professionnels, et améliorer leurs contributions à la société. L'accès à la formation et au conseil pour s'épanouir en tant qu'êtres humains devrait être un droit fondamental.

Encadré 14 : L'« émancipation citoyenne » (« *Folk-Bildung*[6] »), le secret du succès des pays nordiques

Quel est le secret des pays nordiques qui, au début du XIXe siècle, comptaient parmi les plus pauvres d'Europe et caracolent aujourd'hui en tête du classement mondial des pays les plus prospères, stables,

1. Korpela, 2017.
2. Korpela, 2017.
3. https://www.educationfinland.fi/why-finland, consulté le 4 août 2020.
4. https://web.archive.org/web/20120109164034/http:/www.minedu.fi/pisa/taustaa.html?lang=en, consulté le 4 août 2020.
5. Korpela, 2017.
6. Andersen & Björkman, 2017 ; Björkman, 2018.

heureux et culturellement évolués ? Selon Lene Rachel Andersen et Tomas Björkman, cette réussite est due à un effort délibéré, fourni entre le milieu du XIXe siècle et le XXe siècle, pour élever le niveau de développement personnel de la majorité de la population. Les élites de ces pays avaient compris que la transition entre les monarchies féodales reposant sur l'agriculture et les États-nations démocratiques industrialisés devait s'accompagner d'une évolution de la conscience des populations. Des investissements à grande échelle dans le développement personnel étaient nécessaires, pour créer d'abord un sentiment d'appartenance et de responsabilité civique à l'égard des communautés nationales, puis la capacité à réfléchir par soi-même afin que les élèves fassent bon usage de leur pouvoir politique en tant que citoyens de jeunes démocraties.

Le concept philosophique allemand de la *Bildung* (« *Folk-Bildung* » lorsqu'il concerne les populations au sens large) était primordial. La *Bildung* est un concept complexe, qui peut se traduire par « éducation » ou « culture ». Elle fait fondamentalement référence au développement de la personnalité vers plus de conscience, de profondeur, de responsabilité et de liberté. C'était à l'origine un concept religieux, qui s'est par la suite laïcisé tout en conservant une certaine connotation apparentée au développement spirituel, à l'émancipation, à l'éveil ou à l'éducation des esprits et des cœurs.

Des programmes éducatifs et des centres de retraite (« lycées populaires ») ont été créés au sein de la société civile et grâce à des fonds publics afin de favoriser le développement cognitif, moral et émotionnel des jeunes adultes, notamment de la population paysanne, par le biais de séjours d'une durée de quatre à six mois. En 1900, on recensait environ 325 centres au Danemark, en Suède et en Norvège. Outre l'enseignement de nouvelles technologies productives, ces écoles ont dispensé des connaissances qui ont permis aux participants de devenir plus autonomes, en les aidant à comprendre le monde qui change tout en leur apportant des outils pratiques pour s'investir en tant que citoyens. En vivant ensemble, les participants acquéraient un sens accru de la communauté et une plus grande confiance, permettant des discussions de groupe profondes. À travers ces dernières, ils apprenaient à réfléchir par eux-mêmes et à développer leurs propres jugements, sens moral et raison d'être. Poésie et chansons étaient également des sources d'inspiration et de motivation pour les transformations personnelles. Ces écoles ont aidé les participants à élever leurs aspirations, mais aussi à approfondir leurs racines culturelles et leur sentiment d'appartenance à la communauté nationale.

Il y a un siècle, jusqu'à 10 % de chaque génération intégrait un lycée populaire. La philosophie de la *Folk-Bildung* et les valeurs d'émancipation et d'auto-organisation ont imprégné les programmes politiques nationaux pendant la première moitié du XXe siècle, tout comme la création d'organisations telles que des coopératives et des associations sportives. Cela a conduit Andersen et Björkman à conclure que les efforts liés à la *Folk-Bildung* ont affecté directement ou indirectement la grande majorité de la population nordique, aboutissant ainsi à l'extraordinaire réussite de ces pays sur deux générations.

13

Travail et organisation

« Choisissez un travail que vous aimez et vous n'aurez pas à travailler un seul jour de votre vie[1]. »

Sagesse pérenne

« Le travail est l'amour rendu visible. »

Khalil Gibran (1883-1931), auteur et artiste

Nous passons une bonne partie de notre vie à travailler. Cela devrait être l'occasion de développer et d'exprimer nos talents, de cultiver des relations profondes et d'apporter une contribution positive à la communauté. Hélas, c'est rarement le cas. La souffrance au travail est énorme. Chaque jour, nous inventons de nouveaux mots pour la décrire : *burn-out*, *bore-out*[2], *brown-out*[3]... Le malaise ressenti est surtout dû aux modèles organisationnels obsolètes que l'on trouve dans tous les secteurs et types d'organisations – publiques ou privées, à but lucratif ou non.

Un livre entier ne suffirait pas à couvrir l'ensemble des aspects relatifs au travail et aux organisations de la politique de l'être. Les compétences en termes de savoir-être deviennent centrales dans le monde du travail, surtout pour les dirigeants, et de nombreuses entreprises soutiennent le développement personnel de leurs employés, y compris par le biais de pratiques spirituelles telles que la méditation. L'exemple le plus célèbre est l'institut SIYLI (Search Inside Yourself Leadership Institute) qui était à l'origine un programme lancé par Google en 2007. Nous pouvons observer la même tendance dans les

1. Cette citation est souvent, et probablement à tort, attribuée à Confucius (551-479 av. J.-C.). https://quoteinvestigator.com/2014/09/02/job-love/, consulté le 4 août 2020.

2. Trouble psychologique causant des maladies physiques en raison d'un manque de stimulation au travail.

3. Stade précédant le burn-out, pendant lequel les employés se sentent surchargés de travail, perdent leur motivation et ne s'impliquent plus.

écoles de commerce. Les organisations plaçant les valeurs au cœur de leurs cultures et systèmes de management sont aussi en pleine expansion et semblent réaliser des performances bien supérieures à celles de leurs concurrents[1].

Les organisations Opale, un modèle performant, adapté au nouveau stade de développement de l'humanité

Dans ce chapitre, nous allons évoquer le best-seller intitulé *Reinventing organizations* et écrit par Frédéric Laloux, auteur belge spécialisé dans le management, qui a travaillé pendant dix ans au sein du cabinet de conseil McKinsey. La réflexion de Laloux est enracinée dans la théorie intégrale (présentée dans les chapitres 2 et 4, voir notamment le tableau 2) qu'il applique aux organisations. Selon lui, l'évolution de l'humanité à travers différents stades de développement s'est accompagnée d'une démultiplication de notre capacité à collaborer par l'apparition de nouveaux modèles organisationnels. Le tableau 4 ci-après offre un aperçu des modèles organisationnels associés à chaque stade de développement avant l'étape la plus récente, qui constitue le principal sujet abordé dans cet ouvrage.

Tableau 4 : Vue d'ensemble des modèles organisationnels associés à chaque stade de développement[2]

Type d'organisation	Principales caractéristiques	Exemples actuels	Avancées clés	Métaphore de référence
Impulsif – Rouge	Exercice constant du pouvoir par le chef pour tenir ses troupes. La peur est le ciment de l'organisation. Vision à court terme et extrêmement réactive. S'épanouit dans un environnement chaotique	Mafia Gangs des rues Milices tribales	• Division du travail • Autorité commune	• Meute de loups

1. Sisodia *et al.*, 2007 ; Cameron *et al.*, 2004 ; Laloux, 2015.
2. D'après Laloux, 2015.

Conformiste - Ambre	Rôles extrêmement formels au sein d'une pyramide hiérarchique. Maîtrise et contrôle descendants (quoi et comment). Valorisation de la stabilité par-dessus tout, grâce à des processus rigoureux. L'avenir est une répétition du passé	Église catholique Armée La plupart des organismes gouvernementaux Systèmes scolaires publics	• Rôles formels (hiérarchies stables et évolutives) • Processus (perspectives sur le long terme)	• Armée
Réussite - Orange	Le but consiste à battre ses concurrents, faire des profits et se développer. L'innovation est essentielle pour garder une longueur d'avance. Management par objectifs (maîtrise et contrôle sur quoi ; liberté sur comment)	Sociétés multinationales Écoles sous contrat	• Innovation • Responsabilisation • Méritocratie	• Machine
Pluraliste - Vert	Au sein de la structure pyramidale traditionnelle, intérêt porté à la culture et à l'autonomisation pour que les employés soient très motivés	Organisations fondées sur la culture (Southwest Airlines, Ben & Jerry's, etc.)	• Autonomisation • Culture fondée sur les valeurs • Modèle d'intervenant	• Famille

Laloux a sélectionné douze organisations incarnant les caractéristiques du prochain stade de développement qu'il appelle « Évolutif – Opale », et que d'autres désignent sous les termes « intégratif », « intégral » ou « jaune », comme nous l'avons déjà vu. Il les a choisies parmi des organisations de tous types (à but lucratif ou non), secteurs et zones géographiques, en déterminant toutefois une taille (employant au moins une centaine de personnes) et une ancienneté (au moins cinq ans) minimales. En réalité, la plupart des organisations choisies ont été fondées il y a plusieurs décennies et comptent des milliers d'employés. Laloux a étudié leurs spécificités et prodigué des conseils sur la manière de créer une organisation Opale ou de transformer une organisation existante en organisation Opale. Il se demandait s'il arriverait à mettre en évidence un modèle commun pour ce nouveau type d'organisations. Selon lui : « La réponse […] est “oui”. Ces organisations ne se connaissaient pas entre elles et ont chacune mené leurs expériences de leur côté. Elles opèrent dans des secteurs d'activités complètement différents ; certaines emploient des centaines de personnes et d'autres, des dizaines de milliers. Malgré cela, après beaucoup d'essais et d'erreurs, elles ont fini par mettre en place des structures et des modes de fonctionnement souvent étonnamment similaires. [...] Un nouveau modèle d'organisation est apparemment en train d'émerger. [...] Il ne s'agit pas d'un modèle théorique, ou d'une utopie, mais d'une manière très concrète de gérer autrement une organisation. Si nous admettons que l'évolution de l'humanité suit une direction, alors nous disposons ici de quelque chose d'assez extraordinaire : à la fois une esquisse de l'avenir des organisations, et aussi un guide assez concret pour ceux qui veulent adopter ces nouvelles façons de faire et d'être en entreprise dès aujourd'hui[1]. »

Je me garderai bien d'affirmer que l'on peut imposer cette façon de faire à n'importe quelle organisation dans n'importe quel contexte, mais le modèle de Laloux peut nous aider à imaginer ce à quoi le travail et les organisations ressembleraient dans le paradigme de l'être : une opportunité de développement et de réalisation personnels, guidés par notre motivation intrinsèque et par notre raison d'être. Cette approche revêt à coup sûr une importance particulière au stade du développement Opale ou intégral, mais elle peut également inspirer des modes de fonctionnement plus sains pour les organisations qui se trouvent à un autre stade de développement et peuvent aussi progresser vers ces objectifs sans recourir aux systèmes Opale.

Autogouvernance : le principe au cœur des « entreprises libérées »

Selon Laloux, le nouveau paradigme organisationnel Opale s'appuie sur trois avancées majeures qui sont toutes pertinentes du point de vue de la politique de l'être. La première de ces avancées est l'autogouvernance, qui a été aussi popularisée à travers le concept d'« entreprise libérée[2] ». Le pouvoir ne se concentre plus tout en haut : il est réparti de manière uniforme dans l'ensemble de l'entreprise. L'organisation s'articule généralement autour de petites équipes autogouvernées, sans chef, sans encadrement intermédiaire et avec des équipes au siège réduites au minimum – car chaque équipe de travail intègre ses propres fonctions support (RH, communication, planification, etc.). La plupart du temps, il

1. Laloux, 2015.
2. Carney & Getz, 2016.

n'y a pas d'organigramme, pas de fiches de poste, pas d'intitulés de poste. Les gens ne sont pas faits pour rentrer dans des cases prédéfinies, mais pour endosser des rôles et des responsabilités au regard de leurs intérêts personnels, de leurs talents et des besoins de l'organisation. Chaque employé est capable de prendre n'importe quelle décision (y compris sur les investissements et, dans une certaine mesure, sur son propre salaire) à condition qu'il sollicite au préalable les conseils des spécialistes et des parties concernées.

Le non-respect de ce prérequis peut être une cause de renvoi. En règle générale, le décisionnaire est la personne la plus affectée par la question ou bien la personne qui s'est rendu compte du problème ou de l'opportunité. Ce processus ne repose pas sur le consensus, mais certaines entreprises exigent l'absence d'objection. Toutes les informations sont mises à la disposition de l'ensemble des membres de l'organisation, notamment par le biais de l'intranet. Les réunions sont évitées autant que possible et, quand elles s'avèrent nécessaires, elles sont planifiées de façon *ad hoc*. La coordination et les échanges de connaissances entre les équipes se font de manière organique. Laloux présente les principaux processus et pratiques sur lesquels ces entreprises s'appuient pour faciliter l'autogouvernance. Il est impossible de les décrire ici, mais je vous invite à vous plonger dans l'ouvrage fascinant de Frédéric Laloux.

Un exemple d'organisation Opale : Buurtzog

Buurtzog (« soins de proximité » en néerlandais) est une organisation à but non lucratif qui, en l'espace de quelques années, est devenue la plus grande organisation néerlandaise de soins à domicile pour les personnes malades et les personnes âgées. Elle s'articule autour d'équipes autogouvernées comprenant entre 10 et 12 membres du personnel infirmier qui s'organisent par eux-mêmes pour s'occuper de 50 patients dans une zone géographique restreinte et bien définie. Ces professionnels sont collectivement responsables de tous les aspects de leur travail (planification, administration, recrutement, etc.) et prennent toutes les décisions par eux-mêmes. Ils reçoivent un peu de soutien de la part de coachs régionaux – qui aident chacun entre 40 et 50 équipes à trouver leurs propres solutions ainsi qu'à gérer les difficultés et les conflits – et du siège (où 30 personnes épaulent environ 7 000 infirmiers et infirmières).

Le modèle organisationnel de Buurtzog a émergé en réponse au paradigme « Réussite – Orange » (voir tableau 4) qui dominait alors le secteur. Le personnel infirmier de proximité a toujours été un rouage essentiel du système de santé néerlandais. Dans les années 1990, le système d'assurance maladie du pays a commencé à promouvoir le regroupement du personnel infirmier indépendant au sein d'organisations. Ces organisations ont vite fusionné entre elles pour devenir tentaculaires. Les tâches étaient spécialisées et de nouveaux services apparaissaient sans cesse : planification, supervision, communication avec les patients, etc. Au lieu d'être responsable de l'ensemble des traitements de chaque patient, en fonction de son expérience, le personnel infirmier s'est spécialisé dans certains traitements, pour lesquels des temps à ne pas dépasser ont été définis.

« Chacune de ces initiatives est parfaitement logique par rapport à la recherche d'économies d'échelle et de compétences inhérente au paradigme de la Réussite Orange. Mais au final, le résultat s'est révélé affligeant, aussi bien pour les patients que pour les infirmières. Les premiers y ont perdu la relation individuelle qu'ils avaient avec l'infirmière qui les suivait. Jour après jour, ou plusieurs fois par jour si leur situation l'exigeait, c'était un visage inconnu qui pénétrait chez eux. Les patients, qui sont souvent des personnes âgées, parfois désorientées, devaient rassembler leurs forces pour raconter une fois de plus leur histoire médicale à une infirmière inconnue et pressée, à qui l'on n'a pas donné de temps pour les écouter. Elle change le bandage, fait sa piqûre et s'en va. Pour le système, les patients ne sont plus des êtres humains ; ce sont des supports d'application d'un produit. La relation humaine s'est perdue et la qualité médicale a aussi été compromise : en l'absence de continuité du soin, les signaux faibles mais essentiels de l'évolution de la santé du patient ne pouvaient pas être vus par des infirmières qui changeaient tous les jours. Quant aux infirmières, elles trouvaient ces conditions de travail très dégradantes. La plupart avaient choisi ce métier par vocation – on choisit rarement d'être infirmière pour faire fortune –, pour apporter des soins à ceux qui en ont besoin et ces modes de fonctionnement tournent leur vocation en dérision[1]. »

Que ce soit d'un point de vue médical ou économique, les résultats de Buurtzog sont exceptionnels. Les patients restent en soins deux fois moins longtemps, et ils ont en moyenne besoin de 40 % d'heures de soins de moins que les patients des autres organisations. C'est une belle ironie selon Frédéric Laloux, car contrairement aux autres organisations, le personnel infirmier de Buurtzog prend le temps de boire un café et de discuter avec les patients, leurs familles et leurs voisins. On estime que cette méthode de travail réduit d'environ un tiers les admissions aux urgences à l'hôpital, et que, dans les cas où l'hospitalisation est inévitable, le séjour moyen est plus court.

1. Laloux, 2015.

Selon le cabinet Ernst & Young, si les résultats de Buurtzog s'étendaient à toutes les organisations néerlandaises de soins à domicile, le système de sécurité sociale du pays pourrait faire près de 2 milliards d'euros d'économies. Les patients reçoivent le soutien émotionnel et relationnel dont ils ont besoin, et le personnel infirmier retrouve sa vocation. L'organisation est souvent reconnue comme le meilleur employeur des Pays-Bas. Six ans après sa création en 2006, Buurtzog regroupait les deux tiers du personnel infirmier à domicile dans le pays.

Le potentiel humain au cœur du fonctionnement des organisations Opale

Pour que l'autogouvernance fonctionne, les employés de Buurtzog reçoivent une formation approfondie afin d'apprendre à communiquer, écouter, gérer les réunions, coacher et mettre en œuvre d'autres compétences et techniques pratiques dans le but de favoriser une coopération de groupe et une prise de décision saines et efficaces. Les compétences liées à la résolution des conflits sont primordiales, car les employés des organisations Opale se rendent mutuellement des comptes. Des formations spécifiques, par exemple sur la communication non violente, et des pratiques telles que la médiation sont instaurées pour révéler les conflits de manière proactive et pour les régler. La liberté dont bénéficient les employés se double d'un niveau élevé de responsabilité. Pour la plupart des organisations Opale, tous les employés sont tenus d'agir sur n'importe quel problème ou n'importe quelle opportunité qu'ils détectent, même si cela ne relève pas de leurs missions. Il leur faut donc discuter d'un problème avec un collègue qui est partie prenante dans le conflit. Aucun chef n'est là pour résoudre leurs difficultés ou les protéger des dures réalités que doit affronter l'entreprise, car toutes les informations liées à l'entreprise sont ouvertement partagées.

Les organisations autogouvernées traitent leurs employés comme des adultes et elles leur fournissent ce dont ils ont besoin pour accomplir leur travail et exprimer leur plein potentiel. Les hiérarchies de pouvoir ou de domination – où la valeur d'une personne est associée de façon artificielle à une position dans l'organigramme de l'entreprise – sont remplacées par des hiérarchies naturelles reposant sur les compétences, les talents, la personnalité et l'appréciation des collègues. Le pouvoir, les jeux d'egos et les motivations extrinsèques laissent place à la reconnaissance par les pairs, l'émulation et la motivation intrinsèque.

« Dans les entreprises Opale, on ne se bat pas pour arracher des promotions distribuées au compte-gouttes. On élargit l'horizon de son travail et on augmente son salaire si vos collègues sont prêts à vous confier de nouveaux rôles. Ils vous offriront un rôle important si vous avez acquis des compétences nouvelles et si vous avez montré que vous êtes une personne de confiance, prête à rendre service[1]. »

Laloux constate des ressemblances avec le monde d'Internet, où l'influence découle de la contribution et de la réputation plutôt que de la position. Il en conclut que les millenials, si difficiles à gérer pour les dirigeants d'organisations, pourraient avoir du mal à supporter autre chose que l'autogouvernance.

Une vision différente de la nature humaine

Laloux souligne que les organisations Opale parlent de quelque chose de plus fondamental que leurs valeurs ou leurs missions : leurs visions de la nature humaine. Souvent implicites, ces dernières déterminent la nécessité pour les structures hiérarchiques de contrôler leurs employés ou servent de base à la confiance mutuelle dans les organisations Opale. Certaines d'entre elles ont ressenti le besoin d'expliciter ces convictions de manière formelle. Jean-François Zobrist, P.-D.G. de la fonderie française FAVI qui compte environ cinq cents employés, a transformé sa société en « entreprise libérée ». Il a écrit un livre sur les pratiques de management appliquées chez FAVI, sous-titré *L'entreprise qui croit que l'homme est bon*[2]. Un jour, à des fins pédagogiques, il a noté les postulats suivants :

« Dans les années 1980 [alors que FAVI fonctionnait encore comme n'importe quelle entreprise], l'analyse collégiale d'un organigramme classique nous a révélé que l'homme était, à l'évidence, considéré comme :

- voleur, puisque tout était sous clé dans les magasins ;
- fainéant, puisque son temps de travail était contrôlé et tout retard sanctionné par quelqu'un qui souvent ne le connaissait pas, et qui ne s'enquérait même pas de la cause du retard ;
- pas sérieux, puisque tous ses produits étaient contrôlés par quelqu'un lui-même peu fiable puisqu'il existait des contrôles volants, d'efficacité suffisamment douteuse pour imposer un contrôle expédition ;
- inintelligent, puisqu'un service méthode pensait pour lui. »

1. Laloux, 2015.
2. Zobrist, 2018.

Zobrist et ses collègues ont défini d'autres postulats qui, avec le temps, sont devenus les mantras de l'usine :

« • Toute personne est par principe considérée comme bonne : fiable, motivée, digne de confiance, intelligente.
- Une personne malheureuse ne peut pas être performante : pour être heureux, il faut être motivé ; pour être motivé, il faut être responsable ; pour être responsable, il faut savoir pourquoi et pour qui on travaille, et être libre de choisir comment.
- La valeur se crée dans l'usine : ce sont les opérateurs qui fabriquent les produits ; le directeur général et les fonctionnels leur apportent au mieux un soutien et au pire leur créent des obstacles qui se payent cher[1]. »

Comme l'indique Laloux, ces deux listes de postulats évoquent respectivement la théorie X et la théorie Y développées par Douglas McGregor dans les années 1960, tandis qu'il était professeur au MIT. Une question se pose donc tout naturellement : laquelle de ces théories est vraie ? La science a montré que les deux l'étaient. Lorsque les managers pensent que leurs employés n'agissent que dans leur propre intérêt et qu'ils s'en méfient (théorie X), ils les soumettent à des contrôles, des règles, des systèmes de récompense et des sanctions. Les réactions des employés suivent par conséquent la même logique : ils tentent d'optimiser leurs propres intérêts, y compris en se jouant du système si nécessaire. Lorsque les managers supposent que les employés sont intrinsèquement motivés par leur travail, ils utilisent des pratiques fondées sur la confiance, ce à quoi les employés réagissent en adoptant des comportements responsables.

« En termes de psychologie du développement, si l'on crée une structure et une culture très marquées Ambre – Orange, les gens réagiront sur un mode Ambre – Orange. Au contraire, si vous les placez dans un contexte Opale suffisamment marqué, il y a toutes les chances pour qu'ils se comportent en Opale[2]. »

Intelligence collective et motivation intrinsèque pour plus de performances

Comme nous le verrons, ces organisations réalisent souvent des performances exceptionnelles. Qu'est-ce qui, dans l'autogouvernance,

1. Zobrist, 2018, cité dans Laloux, 2015.
2. Laloux, 2015.

explique de tels résultats ? D'un côté, Laloux constate que, même si la centralisation de la planification s'avère moins efficace que les marchés libres d'un point de vue économique, elle est quasi omniprésente au sein des organisations. Dans les structures pyramidales, les informations sont disséminées entre les nombreux services et elles doivent être consolidées aux niveaux supérieurs afin que les décisions soient prises par une poignée d'individus. Au contraire, les organisations Opale font confiance à l'intelligence collective du système et laissent toujours les employés se coordonner et prendre les décisions de manière organique. Cette confiance apporte aux entreprises de sérieuses économies sur tout ce qui a trait à la supervision, au contrôle, au reporting, aux réunions, aux ressources humaines, à la politique interne et aux luttes intestines, et elle réduit sensiblement la complexité et la durée du processus de prise de décision.

D'un autre côté, l'autogouvernance permet aux entreprises d'améliorer drastiquement l'engagement de leurs employés, souvent trop faible dans les organisations actuelles, où seul un tiers des gens se déclarent impliqués dans leur travail[1]. Les personnes qui ont un but significatif et jouissent d'un pouvoir de décision et de ressources suffisantes sont intrinsèquement motivées. Cela fait une grande différence dans les organisations Opale. Leurs employés n'ont pas besoin de pression hiérarchique, mais il leur faut toujours un feedback sur leurs performances. Ces organisations se concentrent sur les résultats de leurs équipes et mettent toutes les informations à disposition, créant ainsi une saine émulation entre collègues. Les équipes les moins efficaces sont encouragées à s'améliorer par esprit de fierté. Elles savent que les informations les concernant ne seront pas utilisées contre elles et que les autres équipes les aideront à progresser. Puisque les organisations Opale valorisent davantage la motivation intrinsèque (liberté, responsabilité, accomplissement, etc.) qu'extrinsèque (statut, pouvoir, argent, etc.), la plupart d'entre elles abandonnent les mesures incitatives individuelles ou collectives, au profit de bonus à l'échelle de toute l'entreprise.

Offrir un environnement favorable à l'« affirmation de soi »

Selon Laloux, la deuxième avancée sur laquelle s'appuient les organisations Opale est l'« affirmation de soi ». L'auteur observe que « pour

1. Frédéric Laloux fait référence aux conclusions d'une étude de Towers Watson datant de 2012 et portant sur la main-d'œuvre mondiale.

l'essentiel, les entreprises sont, au sens plein du mot, des lieux inanimés, incapables d'accueillir notre identité profonde et les aspirations secrètes de notre âme[1] ». En milieu professionnel, nous avons l'habitude de porter un masque, qui est souvent « mental, rationnel, masculin et tourné vers l'ego[2] », par peur du jugement. Pour nous sentir en sécurité, nous prenons nos distances vis-à-vis des autres et de nos émotions, nos intuitions, nos attentes, nos appels et notre âme. L'« affirmation de soi » permet aux organisations Opale de proposer à leurs employés un environnement favorable à l'expression de leur être authentique et du meilleur d'eux-mêmes. L'autogouvernance constitue déjà une étape importante dans cette direction, car elle réduit drastiquement la peur et la politique interne qui empoisonnent la vie au travail, et incite les gens à inventer leur rôle et à apporter leurs contributions uniques à l'organisation. Tandis que notre ego crée un sentiment artificiel de sécurité par la séparation, notre âme est aussi farouche qu'un animal sauvage, un lieu d'intimité absolue et de grande vulnérabilité, qui a besoin de sécurité et de bienveillance pour s'exprimer.

Les organisations Opale ont mis au point des pratiques générales pour proposer un tel espace d'évolution personnelle. Elles formalisent et cultivent leurs valeurs au travers de débats collectifs, puis les transforment en principes de base détaillés, apportant la vision concrète d'un espace de travail sain, ainsi que des lignes directrices sur les comportements recommandés ou inacceptables. Les personnes qui font partie de ces organisations consacrent beaucoup de temps aux discussions de groupe, à la supervision des équipes et au coaching entre pairs dans le but de réfléchir à ces valeurs et principes, et aux meilleures façons de les appliquer. Les principes et pratiques de réunion sont clairement définis, ce qui offre à tout le monde l'occasion de se faire entendre et, par exemple, de proposer une minute de silence au début de chaque réunion pour se reconnecter à soi-même, ou encore un tour de table régulier afin que chacun exprime son ressenti.

Les bureaux reflètent l'âme de ces organisations – décorés par les employés eux-mêmes et chaleureux ; ouverts à la nature, aux animaux domestiques et aux enfants ; sans marques de statut apparentes –, et invitent notre humanité à s'épanouir. Les pratiques réflexives, telles que la méditation ou les promenades dans la nature, permettent d'approfondir les connexions avec soi-même et autrui, tandis que certaines pratiques de storytelling encouragent à se dévoiler et à bâtir une communauté.

---

1. Laloux, 2015.
2. *Ibid.*

Une attention particulière est portée à l'introduction de cette culture dans les processus de ressources humaines. La question phare des procédures d'embauche est alors : « Sommes-nous faits pour voyager ensemble[1] » ? Zappos.com, société de vente de chaussures en ligne, offre un chèque de 3 000 dollars aux nouveaux employés qui décident de démissionner au cours du premier mois. Le processus d'accueil des nouvelles recrues devient essentiel pour qu'elles s'intègrent sans difficulté dans la culture et les équipes de l'entreprise. Une formation poussée, souvent dispensée par des collègues, aide à forger une culture commune et à soutenir le développement personnel. Une organisation Opale[2] propose dix sessions gratuites par an de conseil aux employés et/ou à leurs familles, car elle est convaincue que cela en vaut la peine, même si cela ne concerne pas la sphère professionnelle. Le temps de travail et l'engagement à l'égard de l'entreprise par rapport à d'autres engagements de vie font l'objet de discussions et d'accords ouverts et conscients. Les évaluations deviennent alors une réflexion conjointe sur le parcours d'apprentissage et la vocation, tandis qu'un soutien bienveillant transforme les licenciements en opportunités d'apprentissage.

Une approche consciente de l'affirmation de soi a le pouvoir de métamorphoser les lieux de travail. « Dans un premier temps, nous risquons de nous sentir vulnérables lorsque nous oserons nous montrer parmi nos collègues dans toute la beauté et la fragilité de notre humanité, souligne Laloux. Mais ensuite, c'est comme si la vie était passée du noir et blanc à la couleur : elle devient riche, vibrante et gorgée de sens. Le bénéfice au niveau de l'entreprise est clair aussi. Les entreprises au sein desquelles les collègues osent être pleinement eux-mêmes libèrent une énergie et une créativité surprenantes[3]. »

À l'écoute de la raison d'être évolutive de l'organisation

La troisième avancée caractéristique des organisations Opale est selon Laloux l'« écoute de la raison d'être évolutive ». Ces organisations sont comparées par leurs membres à « un système vivant, une entité douée d'une énergie, d'une identité et d'une créativité propres, et qui sent

1. *Ibid.*

2. Resources for Human Development (RHD), organisation américaine à but non lucratif qui compte 4 000 employés au service des personnes souffrant de handicap, d'addiction ou de précarité économique.

3. Laloux, 2015.

où elle doit aller[1] ». Le but ou la mission d'une organisation Opale n'est pas fixe ou défini de manière stricte dans une déclaration écrite. Cela fait plutôt l'objet de discussions orales et évolue constamment. Par conséquent, « au lieu d'essayer de prévoir et de maîtriser l'avenir, les entreprises Opale invitent leurs collaborateurs à écouter et à comprendre ce qu'elles veulent devenir, et à quelle finalité elles entendent répondre[2] ». Cette approche est particulièrement pertinente dans notre monde interconnecté, où les prédictions perdent de plus en plus leur raison d'être.

Les organisations Opale ne perdent pas trop de temps ni de ressources consacrés au développement de stratégies d'entreprises ou marketing complexes, à la définition d'objectifs, à l'élaboration de budgets sophistiqués ni au suivi des écarts constatés. Les décisions sont prises au niveau organique, à tout moment, par n'importe quel membre de l'organisation. Grâce à l'autogouvernance, tout comme un être vivant, chaque « cellule » de l'organisation scrute en permanence l'environnement et y réagit. Ces organisations ne cherchent pas à concevoir d'en haut des solutions parfaites. Elles souhaitent juste mettre en place des solutions fonctionnelles et utilisables rapidement, qui puissent être révisées et améliorées sur la base de nouvelles informations. Si la gestion des changements fait aujourd'hui l'objet de tous les débats dans le secteur du management, elle ne présente aucun problème dans les organisations Opale. En effet, les changements s'y font de manière assez naturelle et de manière continue. La question importante pour la prise de décision est : qu'est-ce qui semble le plus juste ? Qu'est-ce qui demande à être ? Ce n'est pas un processus purement rationnel. Au contraire, il implique d'écouter les émotions, les intuitions voire la sensibilité esthétique – qui permettent parfois de mieux traiter et répondre à la multitude d'informations et de signes reçus par les membres de l'organisation.

« De nombreuses sagesses traditionnelles affirment que quand on agit de façon profondément intègre et en parfait accord avec ce que nous nous sentons appelés à faire, l'univers entier nous soutient[3] », assure Laloux qui, au travers d'exemples concrets, montre que cette approche paraît aussi s'appliquer aux organisations. Patagonia – société de fabrication de vêtements et d'équipements de plein air estimée à un milliard de dollars et fondée par Yvon Chouinard, grand amoureux de la nature – a l'habitude de prendre des décisions susceptibles de nuire

1. *Ibid.*
2. *Ibid.*
3. *Ibid.*

aux bénéfices commerciaux mais favorables à l'environnement, véritable raison d'être de l'entreprise. Étonnamment, beaucoup de ces choix, qui ont demandé au départ un réel acte de foi, se sont révélés tout à fait profitables pour l'entreprise.

Au milieu des années 1990, Patagonia a décidé de vendre ses sous-vêtements thermiques sans aucun emballage. Alors que l'entreprise craignait que cela ne fasse baisser les ventes, elle a enregistré une hausse due au fait que les consommateurs pouvaient sentir le tissu et la qualité des produits. Puisque les sous-vêtements étaient présentés de la même manière que n'importe quelle autre pièce d'habillement, cela a incité l'entreprise à les faire ressembler à des vêtements classiques. Et les consommateurs ont peu à peu utilisé les maillots de corps comme des tee-shirts normaux, ce qui a permis à Patagonia d'atteindre son objectif de proposer des vêtements multifonctions.

À la même époque, Patagonia a décidé de remplacer tout le coton traditionnel par du coton biologique (trois fois plus onéreux) en moins de deux ans. C'était un pari insensé, mais l'entreprise ne voyait pas d'autre solution quand elle a pris conscience de l'empreinte écologique faramineuse laissée par la production de coton. Contre toute attente, elle a conservé ses clients et ses bénéfices, et l'ensemble du secteur a suivi son exemple.

L'entreprise est également célèbre pour sa campagne publicitaire « N'achetez pas cette veste », dans le cadre du partenariat Common Threads visant à fabriquer des vêtements plus durables et à encourager la réparation, la réutilisation et le recyclage des vêtements Patagonia. Sur le court terme, cela se traduit immanquablement par une baisse des ventes pour l'entreprise, mais plus importante est la raison d'être de l'entreprise. Les organisations Opale ne voient pas la concurrence comme une menace si cela peut les aider à atteindre leur objectif. Au contraire, Buurtzog a documenté et publié sa stratégie de fonctionnement novatrice, et invite tout le monde à l'adopter. Son fondateur conseille même l'un de ses concurrents directs sur sa transition.

Les organisations Opale choisissent des fournisseurs qui partagent des idées similaires et ne redoutent pas d'être scrutés à la loupe par les consommateurs. Avec ses « Footprint Chronicles », Patagonia a opté pour une transparence radicale grâce à la mise à disposition de toutes ses informations, et notamment la diffusion de vidéos de ses usines afin de montrer les étapes de fabrication de ses vêtements et leur impact environnemental. Si l'initiative a rencontré au départ quelques réticences en interne, elle a bénéficié d'un soutien extérieur considérable permettant à l'entreprise d'améliorer ses pratiques, tant et si bien qu'elle s'est vite imposée comme une évidence.

Dans les organisations Opale, les profits et la croissance ne constituent pas une fin en soi, mais résultent de la poursuite de la raison d'être de l'organisation. Ils augmentent naturellement lorsque les membres de l'organisation font ce qui leur semble juste, et aident l'organisation à atteindre son objectif. Les résultats opérationnels et financiers des douze entreprises étudiées par Laloux sont impressionnants. Pourtant, l'auteur reconnaît qu'ils restent anecdotiques et ne représentent pas une preuve statistique, qui serait d'ailleurs très difficile à obtenir sur le plan méthodologique. Il explique ce succès par la manière dont les organisations Opale gèrent « la multitude des maux de la vie professionnelle : politique interne, luttes intestines, bureaucratie, silos, pannes de communication, résistance au changement et ainsi de suite[1] ». Selon lui, l'autogouvernance, la raison d'être et l'affirmation de soi libèrent des « énergies formidables [...] qu'il devient possible d'exploiter et de canaliser avec davantage de clarté et de sagesse à des fins productives[2] ».

Dans les situations d'autogouvernance, le rôle des plus hauts dirigeants des organisations Opale est assez inhabituel : aucun processus de prise de décision ne converge vers eux, et ils doivent abandonner le sentiment de leur propre importance. Comme n'importe quel employé, ils doivent se trouver un rôle qui leur permette d'apporter de la valeur à l'organisation et d'être reconnus par leurs collègues. Ils sont principalement chargés de préserver l'espace où sont appliqués les principes d'exploitation Opale. Ces derniers vont sans conteste à l'encontre de la culture traditionnelle et ils risquent toujours d'être remis en question. À chaque problème, il est tentant, surtout pour les P.-D.G., de revenir à un contrôle éprouvé et d'établir de nouvelles règles et stratégies. Cela peut se produire de façon insidieuse, et les dirigeants Opale doivent avoir conscience de ces inclinations en eux et au sein de leur organisation afin de défendre et de réaffirmer leurs modes de fonctionnement atypiques et fondés sur la confiance.

Dans ce rôle de garant du cadre, leur valeur ne s'appuie donc pas sur la qualité de leurs actions, mais sur la qualité de leur être. S'ils ne disposent pas d'un pouvoir particulier pour prendre ou infirmer des décisions, leurs qualités personnelles, visionnaires et relationnelles leur confèrent souvent une autorité morale exceptionnelle et une influence marquée, qui les aident à tirer le meilleur de chacun. Les dirigeants

1. Laloux, 2015.
2. *Ibid.*

Opale sont ainsi tenus de se comporter de manière exemplaire. Plus que tout autre, ils doivent incarner les valeurs de leur organisation, comme la confiance, l'authenticité, la vulnérabilité ou le courage, afin que les autres employés se montrent eux aussi à la hauteur. Ils doivent faire preuve d'humilité et de discernement pour écouter, reconnaître et servir la raison d'être et l'âme de leur organisation.

Des cadres juridiques adaptés

Les pratiques des organisations Opale ont beaucoup à nous apprendre sur la manière dont nous pouvons concevoir et mettre en œuvre une politique de l'être. Les politiques publiques peuvent s'avérer cruciales pour protéger les travailleurs, et notamment leur santé physique et mentale, pour responsabiliser les entreprises vis-à-vis de leurs parties prenantes et améliorer leurs performances sociales et environnementales, mais il leur est difficile d'influer sur le fonctionnement des organisations. Pour favoriser le développement des organisations Opale, le principal enjeu de politique publique consiste à instaurer des cadres juridiques appropriés. Selon Laloux, seules deux conditions de base sont requises pour le bon développement des organisations Opale : il faut que les plus hauts dirigeants et les propriétaires des organisations aient une vision Opale.

Le risque est qu'un simple changement de dirigeant ou de propriétaire fasse péricliter le mode de fonctionnement unique des organisations Opale. Pour empêcher cela, l'entreprise peut inscrire les principes Opale (autogouvernance, affirmation de soi, raison d'être, etc.) dans ses documents constitutifs ou dans des pactes d'actionnaires. Toutefois, la nature même de l'entreprise et son obligation fiduciaire – qui, en règle générale, oblige à rechercher l'optimisation des profits – peuvent contredire ces prescriptions. Les entreprises Opale doivent instaurer un cadre juridique qui leur permet de définir leur raison d'être. Il n'est pas nécessaire de mentionner un but lucratif. Ce cadre peut spécifier une mission sociale ou environnementale, ou encore privilégier l'épanouissement des employés.

Beaucoup de pays et d'États adoptent des lois reconnaissant ces nouveaux types de sociétés, appelées SPC (*Social Purpose Corporation*, entreprise à vocation sociale) dans certains États américains. La législation reconnaît aussi souvent les entreprises qui sont désignées sous le terme « *Benefit Corporations* » (entreprises d'intérêt public) aux États-Unis et qui recherchent à la fois des profits financiers et des profits sociaux et environnementaux. En France, la loi Pacte de 2019 permet à toute société commerciale d'être reconnue comme société à mission en affirmant publiquement sa raison d'être, ainsi qu'un ou plusieurs objectifs sociaux et environnementaux qu'elle se donne pour mission de poursuivre dans le cadre de son activité. À condition que des cadres institutionnels adaptés garantissent leur contribution au bien public, des mesures fiscales incitatives pourraient être conçues pour permettre à ces entreprises de remplacer progressivement les entreprises traditionnelles qui ne s'intéressent qu'à leurs propres profits. Pourquoi devrions-nous accepter collectivement que des entreprises destructives dominent nos économies ? Dans une perspective historique, il est naïf de croire en la pérennité d'un tel système.

Un revenu universel : des avantages multiples

Une autre solution émergente pourrait bien révolutionner le monde du travail. Le revenu universel, aussi appelé « revenu de base » ou « revenu d'existence », désigne une « somme versée périodiquement à tous sur une base individuelle, sans conditions de ressources ni obligation de travail[1] ». Par définition[2], ce revenu est donc :

- périodique, autrement dit payé à intervalles réguliers, par exemple chaque mois ;
- remis sous la forme d'une somme d'argent que les bénéficiaires peuvent utiliser à leur guise ;
- individuel, et non, par exemple, remis à l'ensemble du ménage ;
- universel, autrement dit versé à tous, et non à une population spécifique ;
- inconditionnel, sans obligation de travail ni obligation de démontrer une volonté de travailler.

Dans la pratique, certaines propositions et certains modèles de revenu universel peuvent différer – y compris des éléments que nous venons d'évoquer –, notamment sur les points suivants :

- le montant : s'il est suffisant pour répondre aux besoins de base d'une personne, et permet de vivre au-dessus du seuil de pauvreté, ce revenu est souvent appelé « revenu de base complet ». Sinon, il s'agit d'un « revenu de base partiel ». Dans les pays à revenu élevé, les sommes souvent proposées, et parfois testées, tournent autour de

1. https://basicincome.org/basic-income/, consulté le 4 août 2020 (traduction libre). De nombreuses informations présentées dans ce chapitre sont issues du site web Basic Income Earth Network.

2. D'autres informations fournies dans ce chapitre proviennent du Basic Income Lab de l'université Stanford : https://basicincome.stanford.edu/, consulté le 4 août 2020.

500 dollars pour le revenu de base partiel et de 1 000 dollars pour le revenu de base complet. Dans certains cas, la somme accordée varie en fonction des ressources des bénéficiaires ;
- l'échelle géographique : mondiale, nationale, régionale ou locale ;
- le ciblage et la conditionnalité : ce revenu est souvent destiné aux populations adultes et pauvres, et requiert parfois une disponibilité pour travailler ;
- la source de financement ;
- la nature et l'ampleur de la baisse des autres transferts sociaux susceptibles de l'accompagner.

Cette idée est née il y a bien longtemps. On en retrouve des traces dès le XVIe siècle, sous diverses formes proposées par plusieurs grandes figures historiques. Citons, entre autres, le philosophe anglais Sir Thomas More (1478-1535), le révolutionnaire américain Thomas Paine (1737-1809), le philosophe socialiste français Charles Fourier (1772-1837), le philosophe britannique Bertrand Russell (1872-1970), ainsi que bon nombre d'économistes contemporains célèbres comme le néolibéral Milton Friedman[1] ou les (néo)keynésiens James Tobin et John Kenneth Galbraith. Ce concept dépasse les clivages politiques traditionnels en rassemblant des conservateurs, des progressistes et les libertariens, qui défendent tous, pour différentes raisons, des variantes de la même idée.

Pour les courants politiques de droite, le revenu universel est avant tout un moyen efficace de surmonter la complexité, la fragmentation et le caractère bureaucratique des systèmes sociaux traditionnels, dont le fonctionnement est souvent coûteux et empêche beaucoup de bénéficiaires potentiels d'accéder au soutien auquel ils peuvent prétendre. Le revenu de base cible alors la plupart du temps les populations pauvres, et son montant est assez faible. Les libertariens considèrent également le revenu universel comme l'occasion de faciliter les démarches administratives par le biais d'un revenu de base partiel, mais ils insistent sur la nécessité d'instaurer un système simple et soutiennent la nature inconditionnelle et universelle de ce type de revenu.

Pour les courants politiques de gauche, le revenu universel n'est pas seulement un outil visant à réduire la pauvreté et les inégalités. Il doit aussi favoriser l'émancipation et une véritable liberté en permettant aux gens de s'impliquer dans des activités plus variées, épanouissantes et utiles sur le plan social. Cette vision est particulièrement adaptée à la

1. Sous la forme d'impôt négatif sur le revenu.

politique de l'être. Par conséquent, les partisans de gauche défendent un revenu universel plus élevé sans condition de travail. Récemment, plusieurs leaders de l'industrie technologique, comme Mark Zuckerberg, ont apporté leur soutien à l'idée d'un revenu universel afin d'équilibrer les répercussions sociales des pertes d'emploi dues à l'automatisation et au modèle économique du vainqueur qui rafle toute la mise (« *winner-takes-all* ») dans le secteur de l'économie numérique.

Il n'existe pas encore de réel modèle national de revenu universel. Cependant, une multitude de pays ont introduit des filets de protection sociale assurant un revenu minimal à chaque adulte, bien qu'ils dépendent souvent des moyens du bénéficiaire et de sa volonté de travailler[1]. Par le passé, deux pays (l'Iran et la Mongolie) ont brièvement instauré un revenu universel national[2]. Sous la présidence de Richard Nixon, les États-Unis ont été sur le point de créer un revenu minimal garanti. La proposition avait été « adoptée en avril 1970 par une grande majorité de la Chambre des représentants, rejetée par la Commission du Sénat chargée de cette question en novembre 1970, et définitivement rejetée en 1972, malgré plusieurs amendements destinés à calmer l'opposition, du fait d'une coalition entre ceux qui trouvaient la démarche trop timide et ceux qui la trouvaient trop ambitieuse[3] », selon le Basic Income Earth Network (BIEN).

À l'heure actuelle, quantité d'expériences sont menées sur des formes « plus pures » de revenu universel (ou « quasi-revenu universel ») dans le monde entier, généralement à l'initiative des gouvernements locaux, régionaux et nationaux. Puisque le revenu universel est un concept très simple et transparent permettant d'aborder des visions et des questions sociales très diverses, il occupe une place de plus en plus centrale dans les débats politiques.

La pandémie de Covid-19 a renforcé cette tendance, avec notamment d'importants transferts d'argent en réponse à la crise socio-économique dans des pays tels que l'Espagne et le Togo, parfois avec le soutien de donateurs dans les pays à revenu faible. Le PNUD a plaidé en faveur d'un revenu de base temporaire afin de protéger les populations les plus pauvres au monde des conséquences de la pandémie[4]. De fait, le revenu universel pourrait aussi jouer un rôle majeur dans l'avenir de l'aide internationale. Une foule de programmes de transfert d'argent

1. En France, on parle de « revenu de solidarité active » (RSA).
2. Gentilini *et al.*, 2020.
3. https://basicincome.org/history/, consulté le 30 avril 2020 (traduction libre).
4. https://www.undp.org/fr/press-releases/un-revenu-minimum-provisoire-pour-proteger-les-plus-pauvres-pourrait-ralentir-covid-19, consulté le 11 février 2021.

dans les pays à revenu faible et intermédiaire ont vu le jour au cours des vingt dernières années. Des chercheurs ont montré qu'ils avaient un impact fort, positif et durable, et qu'ils aboutissaient à de meilleurs résultats que bon nombre d'interventions traditionnelles de développement. En aidant les bénéficiaires à investir dans leurs activités économiques et en soutenant la demande locale de biens et de services (lorsque le programme est universel et profite à chaque individu ou adulte d'un village, par exemple), ces initiatives offrent d'excellentes retombées quelques années plus tard[1]. Les enfants semblent les plus touchés, en particulier sur le plan de la santé, de la scolarisation et du travail[2].

Un changement de paradigme dans notre rapport au travail

Le revenu universel illustre bien la manière dont une politique peut incarner et faciliter le changement de paradigme indispensable dans le monde professionnel. Ses opposants le considèrent comme une hérésie économique, susceptible de détourner les gens de la valeur travail. Bien qu'elles ne reposent pas sur un revenu universel pur, les expériences passées de modèles similaires montrent que cette crainte est, au minimum, exagérée. En effet, la baisse de travail en résultant est très limitée, voire inexistante[3]. Pendant le projet pilote de revenu annuel de base pour le Manitoba (Canada) dans les années 1970, la baisse du travail a été estimée à « environ 1 % pour les hommes, 3 % pour les femmes mariées, et 5 % pour les femmes non mariées[4] ». Les personnes qui travaillaient moins s'impliquaient plus souvent dans des activités à but social, les mères passaient plus de temps avec leurs enfants en bas âge, tandis que les adolescents actifs pouvaient se consacrer davantage à leurs études[5]. En Allemagne, une enquête dévoile nos idées reçues sur

1. Rentabilité située entre 64 et 96 % pour les subventions accordées aux entrepreneurs sri lankais (De Mel *et al.*, 2008) ; rentabilité située entre 30 et 49 % pour les subventions accordées aux jeunes Ougandais en situation de précarité et sans emploi (Blattman *et al.*, 2013). Pour prendre connaissance de références supplémentaires, voir https://www.givedirectly.org/research-on-cash-transfers/, consulté le 30 avril 2020.

2. Pour obtenir des références supplémentaires, voir https://www.givedirectly.org/research-on-cash-transfers/, consulté le 30 avril 2020.

3. Voir par exemple les expériences menées aux États-Unis et au Canada dans les années 1960-1980, en Iran, et au travers de nombreux programmes de transfert d'argent dans les pays à revenu faible (Gentilini *et al.*, 2020). Voir aussi Hivert, 2019 pour la période 2017-2018 en Finlande.

4. Hum & Simpson, 2001 (traduction libre).

5. Belik, 2011.

le plan culturel. Quand on leur demande d'imaginer les conséquences de la création d'un revenu universel, les personnes interrogées ont beaucoup plus tendance à penser que les autres arrêteront de travailler alors qu'elles ne le feraient pas elles-mêmes[1].

Nous pourrions aussi ajouter que le revenu universel réduit ce que les économistes appellent les « trappes à inactivité » – ces situations où la disparition des avantages sociaux lors de la prise d'un emploi (contrairement au revenu universel) incite les chômeurs à ne pas travailler. Mais ce constat ne fait que renforcer l'ancien paradigme de la motivation extrinsèque. Il serait plus sage d'admettre que, la plupart du temps, les gens ne travaillent pas à cause de problèmes liés à la santé mentale, ce que le revenu universel peut contribuer à améliorer. En 2017-2018, l'expérience réalisée par la Finlande a prouvé que le revenu universel pouvait accroître le bien-être des personnes sans emploi et diminuer leur niveau de stress[2].

Comme l'ont décrit Frédéric Laloux et bien d'autres, une vision plus positive et évoluée devrait reconnaître que les gens en bonne santé souhaitent intrinsèquement travailler de manière à s'accomplir et à servir leur communauté. Seuls un système économique malade ou certains traumatismes personnels peuvent étouffer le désir de travailler. En atténuant la contrainte économique qui pèse sur le travail, le revenu universel peut aider les gens à choisir des métiers moins rémunérateurs, voire totalement bénévoles, mais utiles et gratifiants, et sans doute plus bénéfiques pour la société dans son ensemble. Certains préféreraient peut-être mener une vie simple en communauté à la campagne, cultiver leurs légumes, élever leurs animaux et réduire au maximum leur consommation globale ainsi que leur empreinte écologique. D'autres se consacreront davantage aux contributions uniques (artistiques, sociales, environnementales, scientifiques, etc.) qu'ils souhaitent offrir au monde.

Le revenu universel permettrait aussi de réévaluer le travail domestique, comme l'éducation des enfants ou l'accompagnement des proches, souvent effectué par les femmes. Les personnes concernées gagneraient une autonomie financière qui ferait une énorme différence dans leurs choix de vie, par exemple en leur laissant la possibilité de quitter un partenaire violent. Elles pourraient exiger de meilleurs postes et développer

1. Cholet & Lemahieu (2010) citent *Grundeinkommen – Ein Kulturimpuls*, film allemand consacré au revenu universel. Selon cette enquête, alors que 80 % des personnes interrogées pensent que les gens arrêteront de travailler, seules 40 % d'entre elles pensent elles-mêmes arrêter de travailler ou travailler moins.

2. Hivert, 2019.

leur propre entreprise tout en jouissant de plus de liberté pour bâtir des projets de vie correspondant à leurs aspirations et à leurs priorités.

Lorsque nous nous réimpliquerons dans des activités pleines de sens, la surconsommation, qui sert souvent à compenser nos vies emplies de frustrations, chutera, tout comme son impact environnemental. Contrairement à ce que certains redoutent, les programmes de transfert d'argent dans les pays à revenu faible et intermédiaire ont démontré que le revenu universel n'augmentait pas – et parfois diminuait – la consommation de biens tels que l'alcool ou le tabac[1]. Source de sécurité économique, le revenu universel nous offre la possibilité d'exprimer davantage notre être authentique et le meilleur de nous-même.

Les opposants au revenu universel remettent en question la légitimité pour des personnes de recevoir de l'argent sans avoir à travailler. De leur côté, de nombreux défenseurs du revenu universel considèrent qu'il s'agit d'un droit découlant de la propriété commune naturelle de la Terre. Il y a bien longtemps, avant l'invention de l'agriculture, le sol et les autres ressources naturelles n'appartenaient à personne. Nous étions libres de vivre de chasse, de pêche et de cueillette. Avec l'avènement de l'agriculture, les paysans ont commencé à apporter de la valeur en cultivant la terre, mais cette valeur provenait de quelque chose qu'ils n'avaient pas créé : le sol lui-même, sur lequel ils n'avaient pas de droits naturels. Puisqu'il y avait assez de terres pour tout le monde, cela ne posait aucun problème, car cela n'entraînait pas une perte réelle d'accès aux ressources. Mais dans le cas contraire, cette perte pourrait bien justifier une compensation pour les autres, comme un pourcentage de la valeur produite à partir des sols.

De nos jours, en tant que citoyens de la Terre, ne disposons-nous pas des mêmes droits naturels sur les ressources de notre planète, qui sont, d'une manière ou d'une autre, intégrées dans tous les biens ou services produits[2] ? La question gagne en pertinence tandis que notre modèle économique menace les conditions écologiques rendant la vie humaine possible sur Terre.

Certains partisans du revenu universel estiment que ce droit résulte des progrès techniques hérités des générations précédentes. À l'inverse de l'histoire sur laquelle reposent les droits de propriété intellectuelle, ce que nous appelons « innovation » est souvent le dernier maillon d'une longue chaîne d'innovations. Pourquoi les derniers innovateurs

1. Evans & Popova, 2014.

2. La reconnaissance de ce droit a engendré d'autres concepts semblables au revenu universel, comme le dividende citoyen ou le dividende des ressources mondiales.

devraient-ils récolter tous les avantages émanant de cette chaîne ? Mark Zuckerberg mérite-t-il sa fortune évaluée à 85 milliards de dollars[1] pour avoir imaginé Facebook quelques semaines voire quelques mois avant d'autres ? Peut-on sérieusement le croire ?

Enfin, les critiques du revenu universel sont convaincus que les sociétés ne peuvent pas se permettre, d'un point de vue économique, des coûts de cet ordre. Cette question vaut la peine d'être posée dans le cadre d'un transfert social aussi important, mais cela dépend de la forme spécifique du revenu universel : son montant, les économies réalisées en parallèle sur d'autres transferts sociaux ou les hausses d'impôts (par exemple, sur les personnes qui reçoivent un revenu universel mais ne font pas partie des catégories les plus précaires afin de neutraliser ces coûts), ses conditionnalités éventuelles, etc. Le débat doit intégrer tous les aspects du revenu universel, parmi lesquels son financement. La source de justification du revenu universel peut s'orienter vers plusieurs moyens potentiels de financement, y compris le budget général de l'État, la création de monnaie ou des taxes spéciales sur le carbone, les robots, l'intelligence artificielle, ou encore la richesse. Le revenu universel doit soutenir notre transition pour sortir du paradigme de la croissance économique, au lieu de renforcer ce paradigme pour assurer son financement. En d'autres termes, un revenu universel complet ne serait viable que s'il s'accompagnait d'une transformation sociale radicale.

Le revenu universel complet nous aide à repenser notre rapport au travail, notre solidarité sociale et nos systèmes économiques. Cependant, il n'est peut-être pas réalisable sur le court terme au niveau politique. Il pourrait être déployé lors d'une transition culturelle plus vaste, au cours de laquelle son montant augmenterait progressivement et ses conditions seraient levées à mesure que les institutions, les mentalités et les comportements s'adapteraient au nouveau paradigme. Le réseau BIEN le reconnaît : « La lutte pour un revenu de base, ce n'est pas tout ou rien. Ce n'est pas l'affaire des puristes ou des fidèles, mais des bricoleurs et des opportunistes[2]. » Il existe diverses manières d'instaurer un revenu universel, comme l'impôt négatif sur le revenu ou les revenus de base spéciaux en fonction des conditions de revenus, de la volonté de travailler ou de la prise en compte du foyer au lieu des individus. Toutes ces conditions peuvent entraîner des répercussions négatives (honte et

1. https://www.forbes.fr/business/classement-milliardaires-forbes-2023-mark-zuckerberg-ajoute-10-milliards-de-dollars-supplementaires-a-sa-fortune-apres-les-resultats-exceptionnels-de-meta/, consulté le 3 juillet 2023.

2. https://basicincome.org/faqs/#expensiveincome-unconditional, consulté le 29 avril 2020 (traduction libre).

stigmatisation sociale, complexité, coûts, mesures dissuasives, etc.) et ne pas toujours apporter les avantages attendus[1].

Comme expliqué précédemment, l'absence de conditions liées au travail, en particulier, est essentielle pour que le revenu universel accroisse notre motivation intrinsèque à travailler, améliore le pouvoir de négociation des employés et favorise l'offre de postes utiles et épanouissants. Cependant, au lieu d'instaurer une condition liée à la volonté de travailler, il conviendrait sans doute d'établir une condition de contribution sociale plus large qui inclurait le travail indépendant, l'éducation, les tâches domestiques et le bénévolat. Cette solution temporaire serait tout à fait appropriée pendant notre transition vers le paradigme de l'être. L'économiste britannique Anthony Atkinson a proposé une approche de ce type qu'il appelle le « revenu participatif ». La politique de l'être valorise la nature sacrée du travail : chacun d'entre nous devrait avoir le droit d'exprimer son plein potentiel au bénéfice de tous.

1. Pour en savoir plus, voir https://basicincome.org/news/2013/10/basic-income-2013-eu-signature-counter/, consulté le 29 avril 2020.

14

Santé

« La santé est un état de complet bien-être physique, mental et social et ne consiste pas seulement en une absence de maladie ou d'infirmité. »

Organisation mondiale de la santé

Depuis deux siècles, le développement économique a fait sensiblement augmenter l'espérance de vie. Au niveau mondial, l'espérance de vie à la naissance est passée d'environ 31 ans en 1900 (dans les pays les plus riches, elle était encore inférieure à 50 ans) à 72,2 ans en 2017[1]. À l'origine, cette hausse découle de l'amélioration de l'hygiène, de l'habitat, de l'éducation, de la vaccination et de l'utilisation des antibiotiques, ce qui a causé une chute de la mortalité précoce et de la mortalité en milieu de vie, principalement associées aux infections, comme la variole, le choléra, la rougeole, la poliomyélite, la fièvre typhoïde ou l'hépatite virale. Alors que ces maladies infectieuses ont reculé, les maladies longues, progressives et chroniques (comme les maladies cardiovasculaires, les maladies respiratoires chroniques, le cancer ou le diabète) se sont propagées et représentent environ 75 % des dépenses mondiales de santé[2].

La diminution de la mortalité chez les personnes âgées, due à la prévention et au traitement de ces maladies chroniques, est la principale cause de l'augmentation de l'espérance de vie dans les pays riches au cours des dernières décennies. Les maladies chroniques ne se transmettent pas d'un individu à l'autre mais, par-delà nos prédispositions génétiques, elles résultent de notre style de vie (activité physique, alimentation, sommeil, drogues, alcool, tabac, stress, santé mentale, etc.), et de facteurs sociaux et environnementaux.

La pandémie de Covid-19 a éveillé les consciences sur l'importance d'un accès universel à des soins médicaux de qualité. La politique de

1. Prentice, 2008 ; https://donnees.banquemondiale.org/indicateur/SP.DYN.LE00.IN, consulté le 12 août 2020.

2. Forum économique mondial, 2019.

l'être appelle également à un nouveau paradigme pour les soins de santé, plus cohérent avec les propos de l'Organisation mondiale de la santé susmentionnés. Nous devons passer d'une approche de la santé axée sur la maladie, dont la hausse des coûts pour une population vieillissante semble insoutenable[1], à une approche centrée sur la prévention, le bien-être et le renforcement de la capacité des individus à prendre soin d'eux-mêmes. Dans le domaine de la santé comme ailleurs, le potentiel humain est considérable. Son exploitation devrait accompagner les nombreuses avancées technologiques qui sont sur le point de révolutionner le secteur : big data et intelligence artificielle, génie génétique, biologie et médecine régénératives, ingénierie tissulaire, génomique du cancer, immunothérapie ou encore médecine de précision[2].

Encourager des modes de vie sains : alimentation, activité physique et consommation

Du fait de l'évolution de nos régimes alimentaires et de l'augmentation de l'inactivité physique due à notre travail sédentaire, à l'urbanisation et aux nouveaux modes de transport, le nombre de cas d'obésité au niveau mondial a presque triplé depuis 1975. En 2016, plus de 1,9 milliard d'adultes (soit 39 % de la population) étaient en surpoids, et 650 millions d'entre eux étaient obèses (soit 13 % de la population)[3]. Cela constitue un facteur important de développement des maladies chroniques, qui peut être contré par la promotion de l'activité physique et de régimes alimentaires sains (voir chapitre suivant).

L'Organisation mondiale de la santé recommande que chaque adulte fasse au moins deux heures et demie – dans l'idéal, cinq heures – d'activité physique aérobique d'intensité modérée par semaine. Outre le bien-être et la forme physique qu'il procure, le sport réduit la mortalité globale (toutes causes confondues), le risque de maladie chronique (par exemple, maladies coronariennes, hypertension, AVC, diabète de type 2, syndrome métabolique, cancer du côlon, cancer du sein, etc.), la dépression et les fractures vertébrales[4]. L'alcool, le tabac et les drogues ont des effets très néfastes sur la santé des consommateurs. À l'échelle mondiale, ils seraient responsables de 9 % de la perte d'années de vie

1. *Ibid.*

2. *Ibid.*

3. https://www.who.int/fr/news-room/fact-sheets/detail/obesity-and-overweight, consulté le 4 août 2020.

4. https://apps.who.int/iris/bitstream/handle/10665/337001/9789240014886-eng.pdf, consulté le 4 août 2020.

en bonne santé[1]. On estime en effet que 283 millions de personnes souffraient d'alcoolisme en 2016[2] et que 36 millions de personnes souffraient de toxicomanie en 2019[3].

Outre le régime alimentaire, l'exercice physique et la consommation d'alcool et de tabac, qui étaient principalement ciblés dans la prévention des maladies chroniques pendant la seconde moitié du XXe siècle, des recherches récentes pointent de plus en plus les effets néfastes du stress. Le stress est une réaction physiologique saine et protectrice : il permet à notre corps de réagir efficacement face au danger. Mais lorsqu'il devient chronique, il nous épuise. Le besoin constant de mobiliser notre énergie sous forme de glucose peut conduire à l'obésité ou au diabète. La vasoconstriction chronique et une coagulation sanguine excessive ont tendance à favoriser l'hypertension et les maladies cardiaques. Nos systèmes immunitaire, digestif et reproducteur en souffrent, tandis que nos fonctions cognitives déclinent. Nous développons des problèmes de mémoire et de sommeil, ainsi qu'un risque accru de dépression.

Selon le rapport de Gallup sur les émotions dans le monde, réalisé en 2019, plus d'un tiers des gens affirment avoir subi « beaucoup de stress » la veille de l'enquête. Les États-Unis occupent la septième place au palmarès des pays les plus stressés : 55 % des habitants interrogés déclarent avoir enduré beaucoup de stress, alors qu'elles n'étaient que 46 % en 2006[4]. Dans le chapitre 9 (« Pleine conscience »), nous avions évoqué le potentiel de la méditation, en particulier la pleine conscience, dans la diminution du stress ainsi que dans la bonne santé mentale et physique. Cette pratique devrait être rendue accessible au plus grand nombre dans le cadre d'une stratégie de santé publique qui inclut le financement public des coûts associés.

Le cœur et l'esprit, sources de notre santé

Presque toutes les cultures reconnaissent traditionnellement la capacité de l'esprit à influencer notre corps. Elle occupe une place centrale dans certaines médecines telles que l'ayurveda indien – souvent décrit comme un art de vivre ou d'être – ou la médecine chinoise traditionnelle, selon lesquelles les maladies naissent de l'esprit et du cœur. Ces

1. Également appelées années de vie ajustées sur l'incapacité (Rehm *et al.*, 2006).
2. Organisation mondiale de la Santé, 2018. Voir https://apps.who.int/iris/handle/10665/274603, consulté le 25 mars 2023.
3. ONUDC, 2021. Voir https://www.unodc.org/unodc/en/data-and-analysis/wdr2021.html, consulté le 25 mars 2023.
4. Gallup, 2019.

médecines considèrent la manière dont nos états intérieurs affectent nos modes de vie, ainsi que notre relation à nous-mêmes, aux autres et au monde, ce qui peut entraîner des déséquilibres métaboliques et énergétiques, une accumulation des toxines, des symptômes, et enfin des maladies aiguës. Par conséquent, un esprit, un cœur et un mode de vie sains constituent la source de notre santé, ainsi que l'harmonie entre le corps et l'esprit, la personne, la société et la nature.

Les médecines traditionnelles font le lien entre certains déséquilibres émotionnels ou psychologiques et des organes, des fonctions ou des pathologies spécifiques. Elles mettent en lumière l'importance de cultiver notre potentiel de santé et la vie en nous, pour prévenir les maladies avant l'apparition des symptômes et traiter leurs causes fondamentales. En ce sens, il est nécessaire d'adopter une médecine intégrale de l'être : « La santé est un état d'harmonie complète du corps, du mental et de l'esprit », explique le célèbre yogi Iyengar (1918-2014). Véritables manifestations de nos déséquilibres intérieurs, les maladies sont des appels à nous reconnecter à nous-même : à notre corps, nos émotions, nos pensées et notre cheminement en tant qu'âme. Elles représentent une opportunité d'évolution sur le plan personnel, que notre système de santé devrait reconnaître pour mieux faciliter. Cela est aussi vrai sur le plan collectif et nous sommes ainsi en droit d'espérer que la pandémie de Covid-19 participe à la guérison de nos sociétés.

La science moderne a récemment constaté que le stress, la dépression ou l'agressivité – autrement dit, la santé mentale – pouvaient nuire à notre santé physique et causer entre autres des maladies cardiaques, des infections et un vieillissement prématuré[1]. Selon l'Organisation mondiale de la santé, la santé mentale est « un état de bien-être mental qui nous permet d'affronter les sources de stress de la vie, de réaliser notre potentiel, de bien apprendre et de bien travailler, et de contribuer à la vie de la communauté[2] ». Nous avons observé qu'elle était étroitement liée à l'épanouissement humain[3] et qu'elle occupait une place centrale au sein de la politique de l'être.

Plus d'une personne sur trois dans le monde est touchée par un problème grave de santé mentale au cours de sa vie[4], comme la dépression ou la dysthymie – état dépressif chronique – (404 millions de personnes en 2010, soit 6,8 % de la population mondiale),

1. Vitteta *et al.*, 2005.
2. https://www.who.int/fr/news-room/fact-sheets/detail/mental-health-strengthening-our-response, consulté le 4 août 2020.
3. Keyes, 2005 ; Seligman, 2010.
4. Ginn & Horder, 2012 ; Steel *et al.*, 2014.

les troubles de l'anxiété (272 millions de personnes en 2010, soit 4 % de la population mondiale), la schizophrénie ou les troubles bipolaires[1]. Ces chiffres ont explosé durant la pandémie de Covid-19. La santé mentale est responsable d'environ 32 % d'années de vie avec incapacité et constitue la principale cause de perte d'années de vie en bonne santé, avec les maladies cardiovasculaires et les maladies du système circulatoire[2].

Les personnes souffrant de maladie mentale sont 50 % plus susceptibles de mourir que les autres personnes du même âge[3], tandis que les personnes qui ont été hospitalisées pour raisons de santé mentale ont une espérance de vie entre quinze et vingt ans inférieure à celle des personnes qui ne l'ont pas été[4]. La maladie mentale est la principale cause de malheur (devant la maladie physique, le manque de revenus ou le chômage)[5]. Elle a aussi d'énormes conséquences sur les familles et sur la société. Les coûts économiques de la mauvaise santé mentale ont été estimés de manière conservatrice à 3-4 % du PIB de l'Union européenne, sachant que la majorité des coûts ne concernent pas directement le secteur de la santé, mais la baisse du travail et de la productivité, ainsi que les allocations d'invalidité[6].

Les maladies mentales et les maladies chroniques sont très liées et vont souvent de pair. Les maladies chroniques accroissent sensiblement la probabilité de maladie mentale, qui elle-même affecte la capacité individuelle à s'impliquer dans le traitement et la guérison[7]. À l'inverse, les troubles mentaux constituent de sérieux facteurs de risque de maladie chronique, par voie directe ou indirecte, au travers de comportements susceptibles de nuire à la santé, comme la consommation de tabac, d'alcool ou de drogues, une mauvaise hygiène alimentaire ou un

1. Vos *et al.*, 2012.
2. Vigo *et al.*, 2016.
3. Layard *et al.*, 2013.
4. Wahlbeck *et al.*, 2011.
5. Layard *et al.*, 2013.
6. OCDE, 2012. Une autre étude (Bloom *et al.*, 2011) a estimé l'impact global cumulé des troubles mentaux en termes de perte de production économique à environ 16 billions de dollars sur vingt ans, soit 25 % du PIB mondial de 2010. Selon Layard *et al.*, 2013, « dans la plupart des pays à revenu élevé, les maladies mentales représentent au moins un tiers des maladies donnant lieu à des allocations d'invalidité – et plus si elles comprennent des troubles psychosomatiques. Les ministères des Finances des pays à revenu élevé doivent généralement renoncer à au moins 1,5 % du produit intérieur brut (PIB) en raison des allocations d'invalidité et de la perte d'impôts du fait des maladies mentales » (traduction libre).
7. Centers for Disease Control and Prevention, 2012 ; Lando *et al.*, 2006.

faible niveau d'activité physique[1]. En réalité, les troubles mentaux ont tellement de points communs avec les maladies chroniques – causes sous-jacentes et conséquences globales, approches intégrées pour une réponse optimale, etc. – que l'Organisation mondiale de la santé a réclamé une transformation des systèmes de santé pour fournir une réponse intégrée et multisectorielle commune[2]. Troubles mentaux et maladies chroniques nécessitent par exemple une gestion tout au long de la vie, la promotion de modes de vie sains, et des soins globaux centrés sur l'individu et engageant activement les patients, ainsi que la coordination et l'intégration entre les différents professionnels qui participent aux soins de santé.

Malgré l'importance considérable de la santé mentale, l'accès aux traitements et aux soins reste très faible. Dans les pays riches, moins d'un tiers des personnes souffrant de maladie mentale en bénéficient[3]. Dans les pays à revenu faible et intermédiaire, la situation est encore pire. Les dépenses moyennes dédiées à la santé mentale plafonnent à 2,8 % des dépenses publiques totales en matière de santé[4], alors qu'elles atteignent 5 % dans les pays riches[5]. Entre 2000 et 2014, seuls 0,4 % des fonds d'aide au développement avaient été consacrés à la santé mentale, qui ne figurait pas dans les Objectifs du millénaire pour le développement[6].

Pourtant, il existe des traitements efficaces et assez peu onéreux, qui devraient être accessibles à tous. Des médicaments et des psychothérapies, notamment les thérapies cognitives comportementales (TCC), ont été mis au point et éprouvés à travers des essais cliniques rigoureux. Des études ont montré que, dans le cas de la dépression et des troubles de l'anxiété, ces traitements aboutissaient à une guérison dans plus de 50 % des cas, et que les taux de rechute étaient bien plus bas après une psychothérapie qu'après un traitement médicamenteux[7]. Les interventions reposant sur la pleine conscience sont elles aussi salutaires et peuvent être associées à ces approches[8]. Les manifestations neuro-

1. Centers for Disease Control and Prevention, 2012 ; Organisation mondiale de la santé & Fondation Calouste-Gulbenkian, 2014.
2. Organisation mondiale de la santé & Fondation Calouste-Gulbenkian, 2014.
3. Layard *et al.*, 2013.
4. Vigo *et al.*, 2016.
5. Layard *et al.*, 2013.
6. Vigo *et al.*, 2016. La santé mentale fait désormais partie des ODD, au travers de l'Objectif n° 3.
7. Layard *et al.*, 2013.
8. Hoffman & Gomez, 2017.

logiques liées aux problèmes de santé mentale sont surtout de mieux en mieux comprises, et leur détection par neuro-imagerie ouvre la voie à une psychiatrie de précision. Outre le fait de rendre les troubles mentaux plus tangibles, cette avancée devrait faciliter une détection et une prévention précoces, mais également améliorer l'efficacité des traitements[1].

Le manque d'accès à ces traitements est incompréhensible au vu du très faible coût de ces thérapies par rapport aux coûts sociaux faramineux engendrés par les problèmes de santé mentale. Au-delà de leur importance pour le bien-être des patients, il est ainsi probable que le financement des traitements de santé mentale entraîne un gain économique net pour la société. Alors pourquoi les maladies mentales sont-elles si discriminées ? Certains affirment que les maladies mentales sont encore souvent perçues comme un problème individuel ou familial dans les pays riches, et que les soins de santé mentale sont un luxe dans les pays à revenu faible ou intermédiaire[2]. Je pense pour ma part que prendre mieux soin de notre santé mentale passe fondamentalement par une évolution culturelle de notre système de santé – dont le fonctionnement a longtemps dépersonnalisé les corps – et de nos sociétés, et par la prise de conscience de l'importance de la vie intérieure des personnes pour l'épanouissement humain et social.

Guérir les traumatismes : à la source de la santé mentale

Les traumatismes psychologiques sont à l'origine de nombreux problèmes de santé mentale. Lors d'une étude internationale réalisée dans des pays riches et des pays pauvres, 70 % des personnes interrogées ont déclaré avoir subi au moins un type d'événement traumatique au cours de leur vie[3]. En fait, à des degrés différents, nous souffrons tous de traumatismes qui nous empêchent de profiter pleinement de notre vie. Bon nombre d'enseignants spirituels nous encouragent aujourd'hui à guérir ces traumatismes pour nous ouvrir à de nouvelles manières d'être sur le plan individuel et collectif. Si nous voulons grandir en tant qu'individus, nous devons avant tout guérir les blessures de notre passé, qui nous contrôlent et nous limitent trop souvent[4].

1. Pfeffer & Williams, 2020.
2. Insel *et al.*, 2015.
3. Kessler *et al.*, 2017.
4. Je peux témoigner à titre personnel que cela inclut potentiellement les traumatismes des vies passées.

Les traumatismes affectent le cerveau et rendent les personnes concernées plus vulnérables face aux émotions négatives, comme la peur ou encore la honte et la colère, ce qui amène fréquemment à adopter des stratégies d'évitement émotionnel. Les traumatismes déforment les perceptions et réduisent l'espace intérieur à partir duquel nous pouvons répondre et pas seulement réagir dans des situations spécifiques. Ils ont tendance à reproduire les situations dont ils découlent. Les traumatismes nous déconnectent de nous-mêmes et d'autrui, et nous maintiennent prisonniers, à un niveau inférieur de développement humain. Ces problèmes sont souvent transmis de génération en génération par le biais de la culture, de l'éducation et, selon plusieurs études récentes, de l'épigénétique. En effet, des études scientifiques récentes montrent que les expériences vécues peuvent modifier l'expression ou la lecture de l'ADN, et que cette modification peut se transmettre de génération en génération (voir encadré 15).

Encadré 15 : Épigénétique et traumatismes intergénérationnels

Si les analyses menées sur les végétaux et les animaux ont pour l'heure fourni des preuves plus solides[1], certaines études sur les êtres humains ont également avancé quelques preuves de la transmission intergénérationnelle des répercussions des traumatismes, bien que les procédés biologiques impliqués ne soient pas encore très clairs. Par exemple, les enfants des survivants de l'Holocauste ont hérité de modifications épigénétiques liées à un gène qui régule l'ensemble du système hormonal du stress. Ils présentent ainsi des taux plus faibles de cortisol (hormone impliquée dans les réactions de stress), ce qui les rend plus susceptibles de développer des troubles de stress post-traumatique, une dépression ou bien des troubles de l'anxiété. Le métabolisme des petits-enfants des survivants a lui aussi changé, ce qui accroît leurs risques d'obésité, d'hypertension et d'insulinorésistance.

Des preuves sur les répercussions des traumatismes sur les générations suivantes par le biais de mécanismes épigénétiques ont également été documentées dans le cas de prisonniers de guerre américains confédérés[2] ou de Suédois ayant vécu la famine de la fin du XIXe siècle[3]. Comme ces répercussions n'apparaissent que chez les descendants mâles, les modifications identifiées semblent concerner le chromosome Y.

1. Horsthemke, 2018.
2. Costa *et al.*, 2018.
3. Kaati *et al.*, 2002.

Ces traumatismes déforment les diverses cultures dans lesquelles nous vivons, et nous avons ainsi l'habitude au niveau collectif de considérer comme normaux leurs symptômes : déconnexion et comportements antisociaux, peur et colère, apathie et déni, addictions de toutes sortes (de l'argent au pouvoir, en passant par le consumérisme et les énergies fossiles), – et les problématiques insurmontables qu'ils génèrent. « En l'absence de reconnaissance et de traitement, l'énergie obscure que nous portons en nous se matérialise dans les problèmes épouvantables de notre époque[1] », alerte l'Autrichien Thomas Hübl, enseignant spirituel et thérapeute spécialisé dans les traumatismes collectifs. La guérison des traumatismes est devenue une nécessité pour mener à bien l'évolution culturelle dont nous avons besoin : c'est la passerelle vers l'être. Selon le docteur Gabor Maté, « [c]haque être humain a un soi authentique. Le traumatisme représente la déconnexion de ce soi authentique, tandis que la guérison représente la reconnexion avec ce dernier[2] ». Cette guérison doit se faire à la fois au niveau individuel et au niveau collectif.

Le traitement des traumatismes ne devrait pas se limiter aux thérapies cognitives comportementales classiques, mais inclure aussi de nouvelles approches thérapeutiques, comme l'EMDR (Eye Movement Desensitization and Reprocessing, intégration neuro-émotionnelle par les mouvements oculaires[3]). Pour faire de la guérison des traumatismes une priorité, il faut accroître les investissements dans la recherche en vue d'améliorer les approches actuelles et soutenir les innovations thérapeutiques reposant sur les récentes découvertes scientifiques, telles que le neurofeedback[4]. Outre la méditation, les traditions spirituelles peuvent apporter une kyrielle de pratiques et d'éclairages pertinents. Il serait souhaitable d'y porter un regard scientifique à des fins de validation, comme cela a déjà été le cas pour les psychotropes que plusieurs cultures traditionnelles utilisent dans le traitement des traumatismes (voir encadré 16).

1. Hübl, 2020 (traduction libre).
2. Benazzo & Benazzo, 2021 (traduction libre).
3. Brown & Courtois, 2019.
4. Fischer, 2014. Le neurofeedback est un type de biofeedback qui mesure les ondes cérébrales afin de produire un signal utilisable comme feedback pour apprendre au patient à autoréguler ses fonctions cérébrales.

Encadré 16 : De l'ecstasy pour traiter les troubles de stress post-traumatique ?

En 2017, la US Food and Drug Administration (FDA) a officiellement reconnu que la MDMA (substance psychotrope qui entre dans la fabrication de l'ecstasy) représentait un « traitement révolutionnaire » potentiel pour les troubles de stress post-traumatique (TSPT), et lancé la phase III d'essais cliniques[1]. Les résultats de ces premiers essais, publiés dans le journal *Nature*, sont édifiants. Ils montrent que les symptômes de TSPT avaient disparu pour 67 % des patients ayant reçu ce traitement de trois mois combinant MDMA et psychothérapie – trois séances de prise de MDMA précédées chacune par une séance de préparation et une séance d'intégration – et avaient connu une réduction significative pour 88 % des patients[2]. Selon le docteur Matthew Johnson, professeur agrégé de psychiatrie à la John Hopkins University School of Medicine, et auteur de plusieurs études sur les psychotropes, « même si des essais cliniques à plus grande échelle démontraient des taux d'efficacité inférieurs de moitié, ce serait toujours mieux que n'importe quel traitement disponible sur le marché actuel[3] ». Ces résultats paraissent si prometteurs qu'en 2020, un article publié dans le magazine *Fortune* était intitulé : « Business gets Ready to trip: How Psychedelic Drugs may Revolutionize Mental Health Care[4] ». LA FDA pourrait ainsi autoriser dès 2023 ce type de traitement. D'autres pays comme Israël mènent des essais cliniques similaires[5], tandis que l'Australie en 2023 a légalisé et encadré de manière restrictive l'utilisation du MDMA pour le traitement des TSPT[6].

Enfin, nous devons arrêter de considérer les traumatismes sous le seul angle individuel, car bon nombre d'entre eux ont des causes communes (par exemple, les agressions sexuelles) ou sont enracinés dans notre histoire (par exemple, les injustices subies par les populations indigènes à travers le monde). Ce sont des questions sociales et culturelles que nous devons examiner collectivement. Les audiences publiques de témoignages, les cercles de parole, les cérémonies et les efforts de réconciliation, y compris par le biais de réparations symboliques et matérielles, peuvent nous aider à guérir. Ce qui importe est d'être

1. Health Europa, 2020.
2. Mitchell, 2021.
3. Marglin, 2020 (traduction libre).
4. O'Brien, 2020. En français : « Le monde des affaires bientôt accro ? Les substances psychotropes pourraient prochainement révolutionner les soins de santé mentale » (traduction libre).
5. Health Europa, 2020.
6. Steinberg, 2023.

pleinement présent, de tout notre être, dans le processus de guérison afin de ressentir et de reconnaître réellement ce qui s'est passé, ce que nous avons fait, et ce qui résonne encore en chacun de nous et au sein de nos cultures. Il s'agit d'une étape nécessaire pour intégrer, guérir et transcender notre passé, afin de construire librement notre avenir.

Renforcer les capacités humaines du personnel soignant

Les investissements visant à renforcer les capacités humaines du personnel soignant sont aussi une priorité de la politique de l'être. La plupart des experts constatent que les relations entre médecin et patient sont de plus en plus tendues en raison de l'hypermédicalisation et de l'hyperspécialisation, du manque de temps et de l'importance accordée aux profits financiers, mais aussi de la méfiance et des manquements éthiques[1]. Ces relations prennent souvent la forme d'une transaction technique, sans grande dimension humaine, et où les corps sont traités comme s'ils étaient inanimés. Les patients sont implicitement invités à confier leur santé à des médecins, ce qui favorise la déconnexion avec leur propre corps au lieu de les rendre plus responsables vis-à-vis de leur santé. Cette situation est tout à fait regrettable, car la capacité des médecins à faire preuve d'empathie, à écouter et à communiquer est depuis toujours considérée comme un facteur important de l'efficacité de la médecine, avant même que des études scientifiques ne le confirment[2]. Une telle capacité influence l'accès aux informations pertinentes fournies par les patients ainsi que le respect des traitements, et s'avère même thérapeutique en elle-même[3]. Elle est essentielle dans l'activation du potentiel d'autoguérison des patients, couramment appelé « effet placebo ».

Selon Hippocrate, « la force qui est en chacun de nous est notre plus grand médecin ». Une écoute profonde peut en réalité avoir un énorme pouvoir de guérison : elle permet aux gens d'exprimer leurs souffrances, de les externaliser et de réduire leur stress. En tant que thérapeute énergétique, je sens souvent physiquement, dans mes mains, les répercussions de mes conversations avec les patients. Une phrase chargée émotionnellement peut soudain libérer des énergies qui étaient restées bloquées. Les effets placebos reposent aussi sur les attitudes et les croyances des patients vis-à-vis d'un traitement et, d'une manière plus

1. Organisation mondiale de la santé, 2013.
2. Kelley *et al.*, 2014.
3. Turabian, 2018.

générale, des capacités personnelles des soignants. Si on parlait souvent d'« hommes médecine » dans les cultures traditionnelles, c'est parce qu'ils étaient eux-mêmes considérés comme la véritable médecine et devaient cultiver leur propre pouvoir de guérison pour garder toute leur efficacité.

Il est également important de renforcer les capacités des soignants afin de les aider à gérer le stress, les risques de burn-out et la fatigue de compassion, auxquels ils sont particulièrement exposés. Selon un rapport publié en 2019 par l'Académie nationale de médecine aux États-Unis, entre 35 % et 54 % du personnel infirmier et des médecins dans le pays présentent des symptômes notables de burn-out, ce qui bat tous les records antérieurs[1]. Parmi les principales causes, on peut citer la surcharge de travail, les technologies inappropriées (qui perturbent les soins des patients au lieu de les faciliter), la détresse morale associée à une expérience clinique sous-optimale, des normes et des processus qui vont à l'encontre de valeurs personnelles et professionnelles, un trop lourd fardeau administratif et le manque de soutien. Il est possible de combiner des solutions organisationnelles (environnements de travail positifs, allègement du fardeau administratif, amélioration des technologies, etc.) à des formations (notamment à la pleine conscience, comme indiqué dans le chapitre 9), mais aussi à un soutien et à des services personnalisés pour aider les individus concernés à éviter le burn-out, l'atténuer et en guérir.

Une politique sanitaire multisectorielle

En fin de compte, passer d'une approche axée sur la maladie à une approche centrée sur la prévention et la santé conduit à une politique sanitaire multisectorielle. L'enfance et les environnements familiaux, les conditions de travail, l'alimentation et le sport, l'aménagement urbain, le logement, l'aide sociale et l'équité de genre sont tous des éléments cruciaux à prendre en compte dans une telle politique[2]. La liste s'allonge encore si l'on considère l'importance de l'environnement et les secteurs qui l'affectent.

Notre santé est indissociable de la santé de la planète. Le seul impact de la dégradation de l'environnement sur notre santé devrait suffire pour nous faire agir. Selon l'Organisation mondiale de la santé, les facteurs environnementaux représentent 22 % des années de vie en bonne santé perdues

1. National Academies of Sciences, Engineering, and Medicine, 2019. Les chiffres pour les étudiants en médecine et les internes se situent entre 45 % et 60 %.

2. Commission des déterminants sociaux de la santé, 2008.

dans le monde entier[1]. C'est surtout vrai pour les pays à revenu faible et intermédiaire. L'administration publique française estime de manière conservatrice les coûts de santé (coûts des soins, perte de production, perte d'années de vie, perte de bien-être, etc.) liés à la dégradation de l'environnement à environ 7,5 % du PIB[2]. La diminution des habitats naturels contribue à la prolifération des zoonoses – les maladies infectieuses qui se transmettent de l'animal à l'homme – telles que la dengue, le paludisme, la fièvre jaune ou Ebola[3]. Le changement climatique accentue cette tendance et pourrait libérer des bactéries et des virus mortels inconnus piégés dans le permafrost – qui fond actuellement à une vitesse alarmante – depuis des milliers d'années. Le Covid-19 n'est probablement qu'un simple avant-goût des répercussions sur notre santé de la destruction massive de la nature.

Une autre menace sérieuse pèse aujourd'hui sur la santé publique : l'exposition croissante aux champs électromagnétiques de radiofréquences (CEM-RF), comme ceux des réseaux mobiles et du wifi. Des effets biologiques ont été clairement observés dans le cas de très faibles niveaux d'exposition à des champs électromagnétiques et à des rayonnements de radiofréquences[4]. Ces derniers semblent entraîner des répercussions néfastes sur la santé, ainsi que le montrent un grand nombre d'études scientifiques consacrées aux humains, aux animaux et aux végétaux[5]. En 2011, le Centre international de recherche sur le cancer (CIRC), qui n'est autre qu'une agence spécialisée de l'Organisation mondiale de la santé, a conclu que les fréquences CEM situées entre 30 kHz et 300 kHz étaient potentiellement cancérigènes pour l'humain. Des études complémentaires devront être menées pour permettre une meilleure compréhension de ces impacts sur la santé, notamment pour les fréquences des réseaux 5G[6]. Cependant, compte tenu des gigantesques opportunités commerciales et de l'impact potentiel sur la compétitivité des pays – le

1. Prüss-Ustün *et al.*, 2016.

2. Buguet-Degletagne, 2018. Cette estimation tient uniquement compte de la pollution de l'air et de la pollution sonore, ainsi que d'une proportion limitée de dommages quantifiables liés aux perturbateurs endocriniens.

3. Wilcox & Ellis, 2006 ; Programme des Nations unies pour l'environnement & International Livestock Research Institute, 2020.

4. Sage & Carpenter, 2012.

5. Balmori, 2009 ; Belyaev *et al.*, 2016 ; Sage & Carpenter, 2012 ; Nittby *et al.*, 2011 ; Waldmann-Selsam *et al.*, 2016 ; Wyde *et al.*, 2018.

6. La technologie 5G utilise une plage de radiofréquences inférieure à 6 GHz et une bande d'ondes millimétriques supérieure ou égale à 24,25 GHz. En France, les premières fréquences attribuées étaient en moyenne de 3,5 GHz. Or, nous disposons à l'heure actuelle de très peu de données concernant les effets de ces fréquences sur la santé (Anses, 2019).

marché mondial de la 5G devrait atteindre 277 milliards de dollars d'ici à 2025[1] et ouvrir au développement de nouveaux services numériques, comme l'Internet des objets[2] –, de nombreux gouvernements déploient déjà les réseaux 5G, aux dépens du principe de précaution[3]. En France, l'attribution des fréquences a été planifiée avant même que l'agence publique chargée de l'évaluation des risques sanitaires associés ne finalise son rapport[4].

Le déploiement de la 5G augmente de manière notable l'exposition aux CEM-RF (et la consommation électrique en découlant[5]), ce qui pourrait entraîner des conséquences dramatiques sur la santé publique. Le développement de services numériques dont les effets sur le bien-être sont incertains illustre parfaitement le choix de la croissance économique au détriment des besoins de base (santé). D'un autre côté, dès le milieu de l'année 2020, de nombreux gouvernements locaux, y compris en Europe (Suisse, Bruxelles, Rome, etc.), ont interrompu le déploiement de la 5G en raison de préoccupations d'ordre sanitaire[6]. Outre ce moratoire, les efforts actuels pour limiter l'exposition aux champs électromagnétiques de radiofréquences devraient être intensifiés[7]. Lesdits efforts peuvent inclure :

- une diminution drastique des « valeurs limites d'exposition globale », étant donné que beaucoup d'études ont rapporté des effets biologiques et des conséquences néfastes sur la santé avec des niveaux d'exposition bien plus faibles : dans le cas des radiofréquences des antennes-relais de téléphonie mobile, des effets

1. Netscribes, 2019.

2. « Interconnexion d'appareils informatiques intégrés dans les objets du quotidien par le biais d'Internet, ce qui leur permet d'envoyer et de recevoir des données » (Oxford Languages, traduction libre).

3. Selon le principe de précaution, « [l]orsque des activités humaines risquent de causer un dommage moralement inacceptable qui est scientifiquement plausible mais incertain, des mesures doivent être prises pour éviter ou réduire ce dommage » (Unesco, 2005).

4. Fagot, 2020. Cette agence a déjà mentionné, dans un rapport préliminaire, le manque d'études scientifiques sur les fréquences à utiliser pour la 5G (Anses, 2019).

5. Les experts français Jean-Marc Jancovici et Hugues Ferrebœuf estiment que le déploiement de la 5G multiplierait la consommation électrique des opérateurs par 2,5 ou 3 au cours des cinq prochaines années, ce qui représenterait une hausse de 2 % de la consommation électrique du pays. Ces estimations ne tiennent pas compte de l'énergie utilisée pour fabriquer les infrastructures des réseaux et les nouveaux appareils connectés qui seront nécessaires (Ferrebœuf & Jancovici, 2020).

6. https://smombiegate.org/list-of-cities-towns-councils-and-countries-that-have-banned-5g/, consulté le 8 juillet 2020.

7. Voir l'appel lancé à l'encontre de la 5G en Europe. http://www.5gappeal.eu/scientists-and-doctors-warn-of-potential-serious-health-effects-of-5g/, consulté le 8 juillet 2020.

néfastes ont été démontrés à des niveaux d'exposition 1 000 à 10 000 fois plus faibles que les normes actuelles[1] ;
- la révision de la composition des panels scientifiques chargés de définir ces valeurs afin de vérifier qu'ils disposent des compétences appropriées et n'ont pas de conflits d'intérêts[2] ;
- des campagnes d'information publiques sur les risques liés aux CEM-RF, et sur les comportements à adopter pour limiter ces risques ;
- la promotion d'une communication numérique filaire.

Cependant, le principal déterminant social de la santé, au moins dans les pays riches, est sans conteste l'inégalité des revenus[3]. Dans une certaine mesure, cela nous affecte tous, des plus riches aux plus pauvres, en particulier au travers de la perte de capital social et d'un plus grand stress en rapport avec l'importance accordée au statut social. Dans les pays riches, l'espérance de vie moyenne n'est pas liée aux dépenses de santé. Les Américains dépensent en moyenne cinq fois plus d'argent par personne pour les soins de santé que les Estoniens, mais leur espérance de vie reste inférieure[4].

En nous focalisant sur la prévention, le bien-être, un environnement sain et une baisse des inégalités de revenu, nous pourrions considérablement améliorer notre santé. Le principal obstacle pour cela est que le système actuel de santé centré sur la maladie est lui-même le reflet de notre modèle de développement reposant sur la croissance économique (et sur une mentalité réductionniste). Dans ce modèle obsolète, la recherche de croissance économique génère à la fois des problèmes de santé (en raison de la pollution, des inégalités, du stress, etc.) et des traitements qui sont aussi comptabilisés en tant que production économique. Un modèle de santé centré sur la prévention et le bien-être mènerait à de nouvelles opportunités commerciales, par exemple dans la gestion des données personnelles de santé, mais il nécessiterait aussi d'abandonner d'autres activités économiques qui font plus de mal que de bien à nos sociétés.

---

1. Sage & Carpenter, 2012.
2. En Europe, plusieurs voix se sont élevées afin de dénoncer des conflits d'intérêts pour les 42 membres de la Commission internationale de protection contre le rayonnement non ionisant (ICNIRP) qui éclaire la prise de décision de l'Union européenne sur le sujet, ainsi que l'absence relative d'experts médicaux (seulement deux membres) au sein de cette commission (Mandard, 2020).
3. Wilkinson & Pickett, 2013, qui fournissent une vaste bibliographie à ce sujet.
4. Forum économique mondial, 2019.

Le nouveau paradigme de la médecine intégrative

Le programme politique que nous avons présenté jusqu'ici propose une médecine intégrative qui privilégie la prévention et le bien-être, l'autonomisation des patients et la prise en considération de tous les facteurs physiques, émotionnels, mentaux, sociaux, spirituels et environnementaux qui influencent la santé humaine[1]. La médecine intégrative est aussi centrée sur le patient (et non sur la maladie). Elle favorise les traitements personnalisés, et considère les patients et les professionnels de santé comme des partenaires dans le processus de guérison. Informée par la science, elle utilise de manière appropriée les méthodes conventionnelles et complémentaires (également appelées « non conventionnelles », à l'instar de la médecine chinoise traditionnelle, l'ayurveda, la naturopathie, la chiropraxie, etc., qui sont souvent plus économiques que les traitements conventionnels[2]). Ces méthodes prônent, dans la mesure du possible, des interventions naturelles et moins invasives, capables de stimuler les propres capacités de guérison du corps. La promotion de la médecine intégrative passe par un renforcement de la recherche, de nouvelles stratégies éducatives et de remboursement, ainsi que par une meilleure coordination des traitements et des politiques publiques, bien au-delà du champ d'action habituel des soins de santé.

1. https://integrativemedicine.arizona.edu/about/definition.html, consulté le 22 juillet 2020.

2. Herman *et al.*, 2005.

15

Agriculture et alimentation

« Nous sommes ce que nous mangeons. »

Sagesse pérenne

L'alimentation façonne les individus – non seulement leur corps, mais aussi leurs gènes[1], leur cerveau[2], leur état émotionnel[3], leur santé mentale[4] et leurs capacités cognitives[5] –, les sociétés et les paysages. À travers elle, nous interagissons avec nous-mêmes, la Terre et les autres. Un rapport conscient à la nourriture, guidé par un cadre éthique, est donc nécessaire. Presque toutes les religions ont établi des règles sur ce qu'il faut manger ou non, qui soulignent le caractère sacré de la nourriture, l'importance de la gratitude, du respect, de la compassion vis-à-vis des animaux que nous mangeons, ainsi que des considérations d'hygiène et de santé. Si les religions nous rappellent ces idéaux, les manières par lesquelles elles les traduisent en pratique ne semble hélas souvent plus en phase avec les contextes et problèmes actuels.

Un régime alimentaire conscient, bon pour les individus et la planète

De manière globale, un changement de régime alimentaire passant par la diminution ou la suppression de la viande constitue l'action la plus efficace qu'un individu puisse entreprendre pour lutter contre le changement climatique. Notre système alimentaire génère environ un tiers des émissions de gaz à effet de serre et utilise approximativement 70 % de

1. Seward & Kelly, 2016.
2. Jacka *et al.*, 2013.
3. Bellisle, 2004.
4. Jacka *et al.*, 2013 ; O'Neil *et al.*, 2014.
5. Bellisle, 2004 ; Jacka *et al.*, 2015 ; Psaltopoulou, 2013.

l'eau douce mondiale[1]. La viande, et en particulier la viande rouge, ainsi que les produits laitiers sont les principaux secteurs qui contribuent au changement climatique, en raison de la déforestation des terres attribuées à l'alimentation ou à l'élevage du bétail, et des émissions de méthane.

Selon le Groupe d'experts intergouvernemental sur l'évolution du climat (Giec)[2], « la viande [...] est systématiquement identifiée comme le type d'aliment affichant le plus fort impact environnemental ». Aux États-Unis, la viande de bœuf représente 4 % du poids total des aliments vendus, mais 36 % des émissions de gaz à effet de serre du secteur alimentaire[3]. Alors que la viande et les produits laitiers fournissent seulement 18 % des calories et 37 % des protéines consommées dans le monde, ils accaparent 83 % des terres agricoles[4]. Manger moins de viande aurait d'immenses répercussions : si le monde devenait végane et ne consommait plus ni viande ni produits laitiers, les émissions nettes de gaz à effet de serre du secteur agricole chuteraient de plus de 50 %[5]. Elles baisseraient de 39 % si nous étions tous végétariens, et de 35 % si l'humanité optait pour le flexitarisme et ne consommait plus qu'une quantité limitée de viande (une seule portion par semaine) et de produits laitiers.

Par ailleurs, une moindre consommation de viande dans les pays à revenu élevé entraînerait une nette amélioration de la santé publique. D'après une étude récente qui recoupe bon nombre de travaux de recherche, le choix d'un régime alimentaire plus sain (avec diminution de la consommation de viande rouge et transformée) pourrait faire baisser de 20 à 45 % les risques de maladies cardiovasculaires, de cancer colorectal et de diabète de type 2, tout en réduisant les dépenses de santé de 77 à 93 milliards de dollars par an aux États-Unis[6]. Dans la plupart des régions du globe, ce genre de régime alimentaire ne coûte pas nécessairement plus cher. Au contraire, les produits sains affichent souvent un prix inférieur ou équivalent à celui des produits préjudiciables à la santé[7].

---

1. Entre 21 et 37 % selon le rapport spécial sur le changement climatique et les terres émergées, publié par le Groupe d'experts intergouvernemental sur l'évolution du climat (Giec, 2019).
2. Giec, 2019 (traduction libre).
3. Heller & Keoleian, 2015.
4. Poore & Nemecek, 2018.
5. Elles baisseraient de 53 % selon les calculs s'appuyant sur les chiffres présentés par le Giec en 2019.
6. Hallström *et al.*, 2017.
7. Snowdon, 2017.

Une autre étude d'envergure montre que l'adoption d'un « régime alimentaire santé planétaire » permettrait, à l'horizon 2050, de nourrir correctement l'ensemble de l'humanité tout en respectant les limites de notre planète[1]. Ce régime serait constitué pour moitié de fruits, de légumes et de noix, tandis que l'autre moitié de l'assiette contiendrait des grains entiers, des protéines végétales (haricots, lentilles et autres légumineuses), des huiles végétales non saturées, une quantité modérée de viande[2] et de produits laitiers, ainsi qu'une faible proportion de sucres ajoutés et de féculents. Les gouvernements devraient promouvoir activement ce type d'alimentation au travers, entre autres, de campagnes d'information (par exemple, étiquetage nutritionnel normalisé répondant à un code couleur), d'une éducation adaptée pour les ménages, de services de restauration publics (dans lesquels des repas végétariens permettraient en France de clôturer les débats toxiques sur la mise en place de menus de substitution pour des motifs religieux), mais aussi de réglementations et de taxes (sur la malbouffe, sur la viande, etc.)[3]. Un régime alimentaire sain ne s'arrête pas à la diminution de consommation de viande et de produits laitiers. Il implique également de manger plus de produits non transformés et non emballés, ce qui est aussi bénéfique pour l'environnement[4].

Le régime alimentaire est un facteur clé pour notre santé physique, mais aussi pour notre santé mentale[5]. Ce constat a été très bien documenté pour les troubles émotionnels, cognitifs et comportementaux des enfants et des adolescents[6], et pour la dépression[7], la violence[8] et le déclin cognitif des adultes[9], par exemple. L'alimentation affecte le cerveau, comme le confirment les examens IRM. Lorsque le régime alimentaire est de type occidental – caractérisé par des apports plus faibles d'aliments nutritifs et des apports plus élevés d'aliments transformés

1. Commission EAT-Lancet, 2019.

2. Par semaine : 100 grammes de bœuf, d'agneau ou de porc, 200 grammes de poisson et 200 grammes de poulet.

3. Rogissart *et al.*, 2019.

4. *Ibid.*

5. Jacka *et al.*, 2013 ; O'Neil *et al.*, 2014.

6. Bellisle, 2004.

7. Jacka *et al.*, 2010 ; 2011 et 2014. Des études comparant les régimes alimentaires « traditionnels » tels que le régime méditerranéen et le régime japonais traditionnel avec un régime alimentaire « occidental » type ont montré que les risques de dépression étaient de 5 % à 25 % plus faibles pour les personnes suivant un régime alimentaire traditionnel (Selhub, 2020).

8. Brown, 2020.

9. Psaltopoulou, 2013.

préjudiciables à la santé –, l'hippocampe est de taille réduite[1]. Or, il s'agit de la partie du cerveau impliquée dans l'apprentissage, la mémoire et la régulation de l'humeur, qui elle-même est étroitement liée à la dépression. Réciproquement, le stress et une mauvaise santé mentale (par exemple, dans le cas de troubles alimentaires) peuvent influer sur nos comportements alimentaires[2], tandis que des interventions fondées sur la pleine conscience encouragent une alimentation saine et facilitent le traitement des troubles alimentaires[3].

En dehors des préoccupations environnementales et sanitaires, mon propre engagement à ne pas consommer du tout de viande est avant tout éthique. Il repose sur le respect de la vie qui est, en règle générale, absent du secteur de l'élevage industriel. Si l'humanité consomme de la viande depuis la nuit des temps, l'élevage traditionnel n'a rien à voir avec le système de production industrielle, dans lequel la sensibilité des animaux – leur condition même d'êtres vivants – est tout simplement niée. C'est l'un des piliers du mouvement végane, aujourd'hui en plein essor, et des préoccupations plus générales à l'égard du bien-être animal, qui appellent à une meilleure réglementation, y compris à la reconnaissance de certains droits animaux. Il peut suffire de regarder la vidéo d'un abattoir pour devenir aussitôt végane. Le plus souvent, nous refusons de faire le grand saut, car nous ne voulons pas voir la vérité en face et prendre nos responsabilités. Chaque année, 100 milliards d'animaux sont tués pour nourrir les humains[4], et la plupart d'entre eux sont élevés dans des conditions atroces.

La souffrance de ces animaux n'est pas séparée de notre propre souffrance, comme l'illustre le cas des employés des abattoirs. De nombreux témoignages suggèrent que ces derniers sont particulièrement enclins à développer des pathologies mentales. Au-delà de la déconnexion de soi ou du « dédoublement » et des troubles de stress post-traumatique, il a été prouvé que la violence présente dans les abattoirs s'infiltrait dans les communautés environnantes. Aux États-Unis, une corrélation a ainsi été établie entre les employés d'abattoirs et une grande partie des arrestations pour crimes violents, viols et autres agressions sexuelles à l'échelle des comtés[5]. La violence exercée à l'encontre des animaux

1. Jacka *et al.*, 2015.
2. Torres & Nowson, 2007.
3. Beshara *et al.*, 2013 ; Kristeller *et al.*, 2014.
4. Ricard, 2014. Pour les poissons, les crustacés et les fruits de mer, les chiffres estimés s'élèvent à un billion.
5. Après le contrôle des effets d'autres variables explicatives potentielles (Fitzgerald *et al.*, 2009).

peut vite se tourner vers les humains. Le chef Luther Standing Bear (1868-1939) de la tribu des Lakotas nous l'a bien rappelé : « Les anciens étaient sages. Ils savaient que le cœur de l'homme éloigné de la nature devient dur ; ils savaient que l'oubli du respect dû à ce qui pousse et à ce qui vit amène également à ne plus respecter l'homme. »

Un autre problème éthique entraîne de graves conséquences sociales et environnementales : la perte et le gaspillage alimentaires qui s'élèvent à un tiers de la production mondiale et sont étroitement liés à l'organisation de notre système agroalimentaire mondial. La nourriture est sacrée. Dans bon nombre de familles, le gaspillage est inacceptable. Pourquoi, en tant que sociétés, acceptons-nous cette situation ? L'ODD n° 12.3 vise à réduire ces pertes et ce gaspillage de moitié d'ici à 2030. Cela pourrait représenter une baisse d'environ 5 % des émissions totales de gaz à effet de serre[1].

Agriculture industrielle : un modèle obsolète

La transformation de nos systèmes agricoles est emblématique de la transformation plus générale à mettre en œuvre. Plus que tout autre, ce secteur reflète les schémas et les dysfonctionnements de notre modèle actuel de développement fondé sur la croissance. Au cours des dernières décennies, l'agriculture industrielle s'est imposée comme le modèle dominant. La concentration grandissante du pouvoir dans les mains de quelques sociétés multinationales leur a permis de modeler l'organisation et le fonctionnement du système alimentaire mondial à leur avantage[2]. Ces sociétés s'approprient une part de plus en plus importante de la valeur ajoutée du secteur à travers la commercialisation de solutions technologiques. Leurs affaires sont florissantes, car elles fournissent des solutions temporaires aux problèmes créés par leur propre modèle. Pour lutter contre l'épuisement des sols, elles répondent avec davantage d'engrais ; pour lutter contre les nuisibles et les maladies, elles proposent plus de pesticides ; et même aujourd'hui, pour lutter contre le changement climatique, elles suggèrent l'utilisation d'OGM capables de supporter la sécheresse et de stocker plus de carbone.

Le mode de fonctionnement de l'agriculture industrielle est réductionniste. Il considère les terres agricoles comme un simple facteur de production et non comme un écosystème intégré dans un paysage. La production s'appuie sur la monoculture d'un nombre restreint de

1. Giec, 2019.
2. Clapp, 2021.

cultures et de variétés, et sur l'application de packages technologiques standards et d'intrants externes à une seule fin : le profit.

La production et les profits ont énormément augmenté, mais à un coût terrible pour l'environnement (perte de la biodiversité, pollution de l'eau, changement climatique, etc.), la santé publique, et même la productivité agricole sur le long terme[1]. En effet, les sols se dégradent, l'agrobiodiversité disparaît (environ 75 % de la diversité agricole mondiale a été perdue au cours des cent dernières années[2]), et la résistance aux antimicrobiens s'accroît. En outre, depuis quarante ans, ce modèle d'agriculture industrielle ne nous a pas permis de réduire de façon significative le nombre de personnes touchées par la famine (821 millions de personnes en 2018) qui sont pour la plupart de petits exploitants agricoles. Il est aussi associé à de nouvelles formes de malnutrition (carences, surpoids, obésité) qui affectent de plus en plus le monde entier[3].

Compte tenu de la dégradation des sols et de la manière dont ils sont produits, les aliments industriels – et particulièrement ceux ultra-transformés – fournissent moins de micronutriments (vitamines et minéraux), essentiels au bon fonctionnement de notre système nerveux et donc de notre développement humain général. Les carences en micronutriments modifient notre épigénétique et peuvent entraîner une dégénérescence physique (maladies chroniques, altération du squelette, comme l'endommagement de la structure osseuse du visage, caries dentaires, etc.)[4]. Par ailleurs, l'agriculture est sans doute le secteur professionnel affichant le plus fort taux de suicide[5], avant tout parce que le modèle actuel de production pousse les exploitants agricoles à contracter toujours plus de dettes afin d'acheter les intrants et les équipements vendus par ces sociétés. À l'évidence, il nous faut totalement repenser le système agricole industriel pour relever les nouveaux défis liés à la durabilité, la résilience et la sécurité alimentaire dans un climat en pleine mutation.

---

1. Union of Concerned Scientists, 2015.
2. Norberg-Hodge, 2016.
3. Groupe d'experts de haut niveau sur la sécurité alimentaire et la nutrition, 2019.
4. Graham *et al.*, 2011 ; Pottenger, 1983 ; Price, 2021.
5. Behere & Bhise, 2009.

Le nouveau paradigme de l'agroécologie ou comment travailler *avec* plutôt que *contre* la nature

Dans le domaine de l'agronomie, le changement de paradigme tend vers l'agroécologie, qui apparaît de plus en plus comme la solution aux problèmes actuels et aux défis posés par notre système alimentaire mondial. Bien que le terme ne soit né que dans les années 1930, les méthodes agricoles traditionnelles ont toujours inclus des pratiques agroécologiques[1]. S'il n'existe pas de définition unique, l'agroécologie vise surtout à « maximiser l'usage des processus écologiques dans le fonctionnement des agroécosystèmes, en vue d'atteindre une alimentation durable[2] ».

En tant que discipline, l'agroécologie se trouve « au carrefour entre l'agronomie, l'écologie et les sciences sociales, avec une préférence pour les approches systémiques[3] ». Elle est aussi souvent associée aux problèmes d'équité sociale comme la répartition du pouvoir, la dépendance technique et financière des exploitants agricoles, la sécurité alimentaire, les choix des consommateurs, etc. Si de puissants intérêts économiques – étroitement liés aux gouvernements, aux médias et aux établissements universitaires qu'ils financent – prétendent répondre à la crise existante par le biais de plus de technologies, de marchés et de modèles agricoles centrés sur l'exportation, un mouvement scientifique international et populaire pour l'alimentation réclame aujourd'hui une transformation du système alimentaire mondial afin de soutenir le développement de systèmes agroécologiques à petite échelle[4]. Ce mouvement est notamment soutenu par de grandes agences internationales de recherche, les panels d'experts internationaux et les agences des Nations unies, ainsi que par les organisations sociales, environnementales et de défense des consommateurs[5].

La transition agroécologique représente un processus évolutif vers des modèles agricoles plus intelligents et plus complexes, mieux adaptés à l'hétérogénéité des circonstances locales, qui incarnent certaines des

1. Schaller, 2013 ; Altieri, 2018.
2. Poux & Aubert, 2018.
3. Schaller, 2013 (traduction libre).
4. Valenzuela, 2016.
5. Appel à l'action pour la transition agroécologique des systèmes agroalimentaires (https://www.cirad.fr/Media/actualites/actualite/documents/call-for-action-for-agroecological-transition-vf, consulté le 17 janvier 2023). Groupe d'experts de haut niveau sur la sécurité alimentaire et la nutrition, 2019 ; Panel international d'experts sur les systèmes alimentaires durables, 2016 ; McIntyre *et al.*, 2009 ; Cnuced, 2013.

valeurs les plus élevées introduites dans la partie II du présent ouvrage pour caractériser le changement de conscience que nous appelons de nos vœux. Cette transition tend en effet notamment vers l'écologisation de nos systèmes agricoles, pour que ceux-ci puissent travailler avec la nature et non contre elle, mais aussi vers des approches plus systémiques traitant de manière intégrée l'ensemble des problématiques (alimentation, eau, santé, environnement, pauvreté...) liées à l'agriculture.

Dans la pratique, l'agroécologie s'oppose à la domination d'une poignée de sociétés internationales en favorisant l'autonomie des exploitants agricoles vis-à-vis du système agroalimentaire mondial. Elle encourage effectivement le contrôle des agriculteurs sur leurs semences et une gestion des écosystèmes agricoles s'appuyant sur la diversité biologique et sur l'optimisation des interactions biologiques[1] (plutôt que sur des intrants externes) pour améliorer leur productivité et leur résilience. La préservation de la santé des sols, les synergies entre les différentes composantes des systèmes de production (couverture des sols, association et rotation des cultures, engrais biologiques, intégration culture-élevage, agroforesterie, etc.) et la maîtrise biologique des nuisibles et des maladies figurent parmi les stratégies les plus pertinentes. L'agroécologie remet aussi en question les hiérarchies et les pratiques scientifiques conventionnelles, car elle reconnaît la nécessité pour les exploitants agricoles et les scientifiques de cocréer les connaissances.

Alors que le terme « agriculture régénératrice » désigne parfois l'agroécologie et attire l'attention sur la régénération des sols, la permaculture est une forme populaire d'agroécologie ancrée dans les cosmovisions indigènes. Elle repose sur une philosophie et sur une éthique fondées sur le respect de la Terre, des personnes et l'équité, définissant des principes applicables à bien d'autres domaines que l'agriculture[2]. L'agriculture biologique a certains points communs avec l'agroécologie – rejet des intrants synthétiques tels que les engrais, les pesticides, les additifs dans l'alimentation animale ou encore les hormones au profit de solutions biologiques – mais elle diffère sur d'autres aspects. Les pratiques de l'agriculture biologique sont soumises à des certifications et n'excluent pas l'entièreté des pratiques associées à l'agriculture conventionnelle, comme la monoculture, l'intégration dans des chaînes de valeur internationales et un plus grand recours aux intrants externes. En 2017, l'agriculture biologique représentait environ 69,8 millions d'hectares (1,4 % des terres

1. Schaller, 2013.
2. Hathaway, 2015 ; Holmgren, 2017.

agricoles mondiales) et 2,9 millions d'exploitants agricoles[1]. Mais le marché se développe très vite[2]. Ce type de données n'est pas disponible pour l'agroécologie, car les critères ne sont pas clairement définis et l'agroécologie englobe des pratiques susceptibles d'être mises en œuvre à différents degrés.

De plus en plus de chercheurs montrent que l'agroécologie peut, dans certains cas, concurrencer les résultats de l'agriculture industrielle, tout en étant plus durable sur le plan écologique et social, et plus résiliente[3]. Une étude récente a prouvé qu'un système européen de production entièrement agroécologique pouvait répondre aux besoins en termes d'alimentation équilibrée de 530 millions de personnes d'ici à 2050, tout en offrant une multitude d'avantages[4]. Ces derniers incluent une meilleure santé publique (grâce à un meilleur régime alimentaire et à une diminution de la pollution), des bénéfices environnementaux (y compris par le biais de la diminution de la pollution, d'une baisse de 45 % des émissions nettes de gaz à effet de serre par rapport à 2010, et du développement d'infrastructures agroécologiques[5] favorables à la biodiversité sur 10 % des terres cultivées) et une résilience accrue (adaptation du secteur en fonction du changement climatique et renforcement de la souveraineté alimentaire).

Afin de soutenir cette transition agroécologique, les gouvernements devraient[6] :

- orienter les aides et les marchés publics vers une production agroécologique diversifiée, tenant compte des vrais coûts et bénéficies sociaux des différents systèmes de production (en considérant l'environnement, la santé publique et la résilience) ;
- développer de nouvelles stratégies et indicateurs holistiques pour des systèmes alimentaires durables ;
- soutenir les circuits courts et les infrastructures non conventionnelles de vente au détail ;
- renforcer les mouvements rassemblant différents acteurs (exploitants agricoles, chercheurs, consommateurs, écologistes, etc.) autour de l'agroécologie pour mieux peser sur les décisions politiques ;
- intégrer l'agroécologie dans l'éducation et la recherche, actuellement dominées par des intérêts privés favorisant les solutions

1. Willer & Lernoud, 2019.
2. Stratistics (2019) estime que ce marché enregistrera une croissance moyenne de 10,4 % par an entre 2017 et 2026.
3. Valenzuela, 2016.
4. Poux & Aubert, 2018.
5. Haies, arbres, étangs, habitats rocheux favorables aux insectes.
6. Panel international d'experts sur les systèmes alimentaires durables, 2016.

technologiques marchandes au détriment de solutions fondées sur la nature. Puisque ces dernières sont moins profitables d'un point de vue commercial, les institutions publiques doivent s'impliquer dans leur développement et leur promotion.

La souveraineté alimentaire pour régénérer les territoires, les communautés et les personnes

Comme nous l'avons vu, l'agroécologie va souvent de pair avec l'alimentation locale. La relocalisation de notre production alimentaire n'entraînera peut-être pas, en soi, une diminution des émissions de gaz à effet de serre par la baisse des transports[1] (à l'exception des produits importés par avion[2]), mais elle reste indispensable pour garantir la sécurité alimentaire et, de manière générale, notre résilience, ainsi que nous l'a rappelé la pandémie de Covid-19. Les réseaux alimentaires locaux et les initiatives d'agriculture urbaine – les potagers collectifs, par exemple – peuvent renforcer les liens sociaux et la résilience des communautés[3]. Le mouvement Les Incroyables comestibles, créé au Royaume-Uni en 2008 avant de s'étendre à plus de sept cents lieux à travers le monde, a prouvé que c'était faisable : il a transformé les espaces publics urbains en potagers ouverts à tous. En permettant à chacun de cultiver et de récolter fruits et légumes, il a ravivé la confiance, l'abondance et la convivialité. D'ailleurs, pourquoi n'y a-t-il pas d'arbres fruitiers dans nos villes ?

Les réseaux alimentaires locaux peuvent aussi nous reconnecter à nos terroirs. Tout le monde, dans les zones rurales et urbaines, devrait avoir la possibilité de s'impliquer dans l'agriculture à petite échelle, car les avantages au niveau du bien-être, de la santé physique et de la santé mentale sont démontrés[4]. Cela permettrait aussi de nourrir notre connexion à la Terre et à sa sagesse – ses lois et ses dynamiques, ses saisons et ses équilibres subtils –, et de respecter davantage le miracle de la vie.

1. Avetisyan *et al.*, 2014.
2. Rogissart *et al.*, 2019.
3. Federation of City Farms and Community Gardens, s. d.
4. *Ibid.*

16

Nature

« La Terre Mère est un être vivant. La Terre Mère est une communauté unique, indivisible et autorégulée d'êtres intimement liés entre eux, qui nourrit, contient et renouvelle tous les êtres. »

Déclaration universelle des droits de la Terre Mère (2010)

La majorité des politiques requises pour relever les immenses défis environnementaux sont bien connues. Rapport après rapport, elles sont énoncées par des plateformes légitimes, comme le Groupe d'experts intergouvernemental sur l'évolution du climat (Giec), mais largement ignorées par les gouvernements qui ne prennent que des mesurettes. La plupart de ces politiques concernent des secteurs spécifiques, et nous avons déjà eu l'occasion de discuter de certaines d'entre elles (voir les chapitres sur l'éducation, l'alimentation et l'agriculture, ou encore le chapitre 18, « Économie »). Elles induisent essentiellement un changement de paradigme, raison pour laquelle elles semblent si difficiles à mettre en œuvre. Dans ce chapitre, nous aborderons plutôt quelques politiques qui incarnent pleinement ce changement de paradigme dans la manière dont nous considérons notre planète : comme une entité vivante sacrée dont nous faisons partie.

Reconnaître les droits de la nature pour une coexistence harmonieuse entre tous les êtres

Il s'agit de reconnaître que la Terre, ses écosystèmes et les êtres vivants non humains ont aussi des droits. Nous devrions faire preuve d'assez de sagesse pour convenir de ces droits et les appliquer, afin de nous protéger de notre propre folie. Le mouvement est déjà en marche. Les jugements des tribunaux et les législations d'un nombre croissant de pays reconnaissent aujourd'hui les droits de la Terre

Mère[1], des rivières[2], des forêts[3], des montagnes[4], des animaux[5] – notamment les grands singes[6] et les dauphins[7] –, qui sont traditionnellement considérés d'un point de vue juridique comme des objets. En France, le Parlement de Loire[8] défend l'idée de reconnaître le fleuve comme un sujet de droit. Démarche territoriale issue d'un cycle d'auditions publiques conduites en 2019-2020, elle fédère de nombreux acteurs engagés dans la protection du fleuve à travers des activités culturelles, artistiques, scientifiques et d'éducation populaire. Dans cet ouvrage, nous avons déjà évoqué deux pays pionniers : l'Équateur et la Bolivie.

En 2017, après avoir accordé une personnalité juridique à un parc naturel et avant de reconnaître les droits d'une montagne, le gouvernement néo-zélandais a accordé une personnalité juridique au fleuve Whanganui par le biais du « Te Awa Tupua Act » (en référence au nom indigène du fleuve). Il a reconnu le fleuve comme une personne légale avec tous les droits, tous les pouvoirs et toutes les responsabilités afférents[9]. Cette décision avait pour but de mettre fin à un vieux litige avec une communauté maorie sur l'interprétation du traité de Waitangi. Proclamant la souveraineté britannique en 1840 et définissant la propriété des terres maories, ce document juridique est habituellement considéré comme le texte fondateur de la nation néo-zélandaise. Il établit la connexion spirituelle de la tribu des Maoris avec le fleuve,

1. En Équateur, en Bolivie, dans la Constitution de Mexico et dans de nombreuses villes des États-Unis (Pecharroman, 2018).

2. Cela inclut le fleuve Yarra en Australie ; le Gange et son principal affluent, la Yamuna en Inde (décision annulée par la Cour suprême indienne) ; la rivière Vilcabamba en Équateur ; et le fleuve Atrato en Colombie (Pecharroman, 2018). Voir aussi Gleeson-White, 2018.

3. Par exemple, la Nouvelle-Zélande a accordé une personnalité juridique au parc national Te Urewera en 2014 (Secrétaire général des Nations unies, 2016).

4. La Nouvelle-Zélande a accordé une personnalité juridique au mont Taranaki en 2017 (Roy, 2017).

5. En 2002, l'Allemagne a accordé des droits aux animaux dans un amendement de sa Constitution. Elle est ainsi devenue le premier membre de l'Union européenne à le faire. La Haute Cour d'Uttarakhand en Inde a déclaré que l'intégralité du règne animal était une entité juridique, à laquelle incombaient donc les droits, les devoirs et les responsabilités d'une personne vivante (Chapron *et al.*, 2019).

6. En Nouvelle-Zélande, les grands singes sont reconnus comme des « êtres humains » depuis 1999 (Cabanes, 2017).

7. En Inde, les dauphins ont acquis le statut de « personne non humaine » et les delphinariums sont interdits (Cabanes, 2017).

8. https://polau.org/incubations/demarche-du-parlement-de-loire/, consulté le 4 août 2023.

9. Pecharroman, 2018 ; Chapron *et al.*, 2019.

exprimée dans le dicton « *Ko au te awa, ko te awa ko au* » (« Je suis la rivière et la rivière est moi »), et donne aux Maoris la capacité juridique de représenter le Whanganui devant le tribunal. Les Maoris voient ce fleuve comme leur ancêtre, et ils pensent qu'ils ont la responsabilité et le privilège, en tant que membres de la famille, de prendre soin de lui.

Alors que, dans le monde entier, les tribus indigènes reconnaissent le droit coutumier de la nature depuis des siècles, l'idée de le figer dans les systèmes juridiques modernes a été introduite en 1972 par Christopher Stone, professeur à l'université de Californie du Sud, dans son célèbre essai intitulé *Les arbres doivent-ils pouvoir plaider*[1] *?* L'article de Christopher Stone et sa défense des droits de la nature étaient une réponse à la Cour suprême de Californie, qui venait de refuser au Sierra Club, une ONG environnementale, le droit de s'opposer à la construction d'une station de ski par la société Walt Disney dans la Mineral King Valley (au cœur du massif de la Sierra Nevada), au motif que l'ONG n'avait pas été elle-même affectée par le projet. Christopher Stone a admis que sa proposition pouvait sembler « effrayante ou risible[2] », comme toutes les tentatives antérieures d'attribuer des droits à des entités similaires.

Autrefois, les femmes, les enfants et les esclaves étaient eux aussi considérés comme des objets d'un point de vue juridique : ils n'avaient pas le droit de se présenter devant le tribunal. Avant que leurs droits ne soient enfin reconnus, leurs plaintes étaient systématiquement rejetées. L'extension des droits à la nature symbolise donc la simple continuation d'un processus historique – celui de l'élargissement de notre « cercle de préoccupation ». Avec l'écologisme radical, qui prône la valeur inhérente de tous les êtres vivants, le concept de jurisprudence de la Terre, imaginé par le théologien catholique américain Thomas Berry (1914-2009), a beaucoup influencé la démarche d'intégration des droits de la nature dans la législation. D'après ce concept, les humains ne constituent qu'une partie de la communauté terrestre, où le bien-être de chaque membre dépend de celui de la Terre dans son ensemble. Il considère la Terre comme la principale source de droit et affirme que les systèmes de gouvernance humaine devraient découler des lois naturelles qui régissent la vie, et s'y conformer[3].

Avec bon nombre de philosophies et de spiritualités indigènes, le concept formulé par Thomas Berry sert de fondement à la Déclaration universelle des droits de la Terre Mère. Cette déclaration a été rédigée

1. Stone, 2022 ; Pecharroman, 2018.
2. Stone, 2022.
3. Secrétaire général des Nations unies, 2016.

en 2010 à l'occasion de la Conférence mondiale des peuples sur le changement climatique et les droits de la Terre Mère, qui s'est déroulée à Cochabamba (Bolivie) et à laquelle 35 000 personnes et délégations issues de plus d'une centaine de pays ont participé. Selon cette dernière, « nous faisons tous partie de la Terre Mère, communauté de vie indivisible composée d'êtres interdépendants et intimement liés entre eux par un destin commun ». Elle stipule que : « Les droits intrinsèques de la Terre Mère sont inaliénables puisqu'ils découlent de la même source que l'existence même. [...] Tout comme les êtres humains jouissent de droits humains, tous les autres êtres ont des droits propres à leur espèce ou à leur type et adaptés au rôle et à la fonction qu'ils exercent au sein des communautés dans lesquelles ils existent. Les droits de chaque être sont limités par ceux des autres êtres, et tout conflit entre leurs droits respectifs doit être résolu d'une façon qui préserve l'intégrité, l'équilibre et la santé de la Terre Mère[1]. »

Ces droits incluent le « droit de vivre et d'exister », le « droit de conserver leur identité et leur intégrité comme êtres distincts, autorégulés et intimement liés entre eux », le « droit à la pleine santé » et le « droit au bien-être ». Si le texte appelle l'Assemblée générale des Nations unies à l'adopter, ce n'est pas encore fait. Cependant, il a été entériné par l'État plurinational de Bolivie sous l'article 71 de sa Constitution.

Cette « révolution des droits » et son déploiement soulèvent toujours de nombreuses questions et de nombreuses failles, parmi lesquelles la définition du détenteur des droits (nature, espèce, écosystème, etc.), les droits du détenteur, et la manière de trouver un équilibre entre les droits des différents êtres, y compris les humains[2]. En outre, certains détracteurs pensent qu'il n'est pas nécessaire d'attribuer des droits à la nature, car « la législation environnementale moderne se dirige vers une reconnaissance de la valeur intrinsèque de la nature, pose des limites aux droits de propriété, propose des actions correctives en réponse aux purs dommages environnementaux et permet de plus en plus aux ONG environnementales d'accéder aux tribunaux[3] ». Ces mêmes personnes soulignent le fait que les résultats des politiques sur la préservation de la nature en Équateur, et dans une plus large mesure, en Bolivie, ne sont guère convaincants. En réalité, l'application de ces droits s'appuie

1. Conférence mondiale des peuples sur le changement climatique et les droits de la Terre Mère, 2010.

2. Chapron *et al.*, 2019.

3. Bétaille, 2019 (traduction libre).

en grande partie sur la bonne volonté de ces gouvernements qui ont jusqu'à présent continué à privilégier la croissance économique au travers de modèles de développement extractifs[1].

Cependant, accorder des droits à la nature semble une solution écocentrique de plus en plus attractive pour remplacer le paradigme anthropocentrique actuel. Des acteurs de poids tels que l'Union internationale pour la conservation de la nature (UICN)[2] ou le pape François[3] ont d'ailleurs apporté leur soutien. Comme l'indique la Déclaration universelle des droits de la Terre Mère, « dans une communauté de vie impliquant des relations d'interdépendance, il est impossible de reconnaître des droits aux seuls êtres humains sans provoquer de déséquilibre au sein de la Terre Mère ». On peut ainsi espérer que la reconnaissance des droits de la nature permette de trouver un équilibre entre ceux-ci, les droits humains et ceux des entreprises, afin de faciliter une coexistence harmonieuse entre tous les êtres vivants.

Les décisions visant à faire respecter cet équilibre seraient sans doute controversées, mais nos systèmes juridiques servent à statuer sur des conflits entre différents droits, comme les droits humains à la libre expression et à la non-discrimination[4]. La reconnaissance des droits de la nature a le mérite de remettre en cause nos droits illimités d'exploitation de la Terre, ainsi que leur légitimité. Cela invite nos systèmes juridiques à s'interroger : de quoi avons-nous réellement besoin, en tant qu'êtres humains, pour nous épanouir ? Comment pouvons-nous satisfaire nos besoins matériels en minimisant notre impact environnemental ? Reconnaître les droits de la nature est la manière pour les êtres humains de devenir des membres responsables de la communauté terrestre.

Cela pourrait s'accompagner de la reconnaissance juridique du crime de destruction massive de l'environnement. La responsabilisation des dirigeants économiques et politiques vis-à-vis de ces crimes constituerait un puissant levier pour les empêcher. Tout comme les crimes contre l'humanité, les crimes contre la nature sont de plus en plus reconnus

1. La Bolivie a créé un poste de défenseur de la Terre Mère (Defensoría de la Madre Tierra) afin de s'assurer du respect et de l'application de ces droits, mais la mesure n'a pas encore été mise en place. En Équateur, la Constitution n'inclut pas de procédures d'application de ces droits, mais elle offre à l'État la possibilité d'interpréter ces réglementations en faveur des intérêts nationaux (Solón, 2014).

2. Au travers d'une résolution datant de 2012 sur l'« intégr[ation des] droits de la nature comme pierre angulaire du processus décisionnel de l'UICN ». Voir https://portals.iucn.org/library/sites/library/files/resrecfiles/WCC_2012_RES_100_FR.pdf, consulté le 4 août 2020.

3. Goldenberg & Kirchgaessner, 2015.

4. Chapron *et al.*, 2019.

sur le plan juridique au travers de la notion d'écocide[1]. C'est déjà le cas dans une dizaine de pays, parmi lesquels la Russie, l'Équateur, le Vietnam ou la Belgique. Cependant, l'écocide n'est pas encore considéré comme un crime par la Cour internationale de justice, malgré plusieurs tentatives, dont les plus récentes ont été entreprises en 2019 par le Vanuatu et les Maldives. Pourtant, la grave crise environnementale appelle à inscrire l'écocide dans les textes de la Cour internationale de justice, aux côtés du génocide, des crimes contre l'humanité, des crimes de guerre et des crimes d'agression.

Une médecine subtile pour la Terre

La reconnaissance de la Terre Mère en tant qu'être vivant nous conduirait également à estimer que son corps – dont le nôtre est d'une certaine manière une extension – a besoin de guérir et d'être nourri. Il a besoin de notre amour et de notre attention. Ce corps n'a pas seulement une dimension matérielle. Il a aussi une dimension plus subtile, comprenant des centres et des canaux énergétiques (dont certains sont appelés « ligne de Ley ») semblables à ce que la médecine ayurvédique nomme « chakras » et « nadis » dans le corps humain. Cette dimension subtile mérite notre attention dans le cadre d'une médecine terrestre intégrale, comme le savent nombre de cultures indigènes dont les sites sacrés correspondent souvent à des centres énergétiques.

Beaucoup de cultures traditionnelles font des offrandes ou des « paiements[2] » à la Terre (nourriture, fleurs, rituels, etc.) afin d'exprimer leur gratitude, mais aussi de nourrir et de soutenir énergétiquement les divinités de ces sites, que les Romains appelaient « *genii locorum* » (« *genius loci* » au singulier). Elles ont bien conscience de l'importance de prendre soin de ces sites sacrés, qui sont comme des points d'acupuncture de la Terre, pour préserver l'équilibre de leurs territoires et de la planète elle-même. Les cultures traditionnelles connaissent intimement ces lieux et elles savent comment les gérer sur le plan physique et spirituel. Les Kogis de Colombie, sont très respectés pour avoir su conserver ces connaissances et ces pratiques. Ils désignent le réseau énergétique terrestre sous le nom de « *shikwakala* » et expliquent : « Shikwa est un fil

1. Cette notion est définie comme « la dégradation partielle ou totale d'un écosystème, provoquée par l'homme ou par d'autres causes, et qui diminue de façon importante la jouissance d'un territoire pour ses habitants » (Higgins *et al.*, 2013).

2. « Pagamentos » en espagnol. Je remercie mes amis Mindahi Bastida du peuple Otomi Toltèque (Mexique) et Jorge Dibs, qui a travaillé avec les Kogis (Colombie), pour m'avoir communiqué ces informations.

invisible, créé dans le monde spirituel, qui entoure complètement la terre d'est en ouest, formant un tissu de connexion de la terre avec le soleil et le reste de l'Univers. [...] C'est ça que nous appelons Shikwakala. Ce sont tous les fils qui, connectés, aident à soutenir l'Univers et qui, sous forme de chemins, sillonnent la terre[1]. »

Les chamans kogis sortent aujourd'hui de leurs territoires pour effectuer leurs rituels sur d'autres sites. Ils ont même commencé à participer, avec des scientifiques modernes, à des diagnostics territoriaux – par exemple en 2018, dans la région de la Drôme (France) – au cours desquels ils peuvent identifier des points énergétiques clés, leurs fonctions (« missions ») et la manière dont ils devraient être gérés[2].

Je suis parti un jour faire une randonnée avec un ami et deux guides dans le parc national d'Andohahela, au sud-est de Madagascar, où ces croyances font partie intégrante de la culture locale. Arrivé à bout de souffle en haut de la colline avec mes 22 kilos sur le dos, je suis tombé sur un arbre plein de billets de banque. Fatigué et étourdi après une telle ascension, j'ai eu une réaction stupide. J'ai éclaté de rire devant cet arbre sur lequel semblait pousser de l'argent et j'ai commencé à prendre quelques billets accrochés aux branches, entre deux blagues douteuses. L'un de mes guides me les a sévèrement repris des mains et les a replacés sur l'arbre. Il paraissait préoccupé et a commencé à réciter une prière afin de demander à l'esprit des lieux de pardonner mon offense. J'ai compris mon manque de respect et je me suis excusé.

Nous avons passé tout l'après-midi à descendre plusieurs collines le long de cours d'eau, sous l'ombre protectrice de cette magnifique forêt, jusqu'à la nuit. Nous avons planté notre tente à proximité d'une rivière, avec ses piscines naturelles et ses cascades. Nos deux guides nous ont laissés là, après nous avoir montré le chemin que nous devions emprunter pour notre retour le lendemain. Passer une nuit seul au beau milieu d'une forêt malgache présente un point rassurant : il n'y a presque aucun animal sauvage dangereux. Le plus gros prédateur terrestre est le fossa, sorte d'hybride entre le chat et la mangouste. Quant aux serpents, aux araignées et aux scorpions, ils sont, au pire, légèrement venimeux. C'est avec ces pensées que je me suis endormi l'esprit tranquille.

Mais un cauchemar m'a réveillé en pleine nuit. Dans mon rêve, quelqu'un donnait des coups sur la tente, juste au-dessus de ma tête.

1. Rawitscher & Mestre, 2018, cité dans Tchendukua, 2020.

2. Tchendukua, 2020. Un exercice similaire a eu lieu pour le bassin versant de Genève en 2021.

Inquiet, j'ai compris qu'il s'agissait sans doute de l'esprit de l'arbre à billets que j'avais contrarié un peu plus tôt dans la journée. Mon corps était si fatigué qu'il avait besoin de sommeil. Mais je craignais qu'en m'endormant, cet esprit ne revienne me tourmenter. J'ai donc rassemblé toute l'énergie qu'il me restait pour me préparer au combat, le cas échéant, tout en me laissant glisser de nouveau vers le sommeil. Je me suis réveillé pleinement conscient dans mon rêve. J'étais assis dans un bus. Sur mes gardes, je scrutais les gens qui m'entouraient. Je me suis rapidement levé et je suis allé secouer deux personnes assises devant qui m'ont regardé comme si j'étais fou avant de descendre du bus. Au moment où j'ai touché le sol, quelqu'un m'a attrapé par l'épaule et m'a dit de ne pas avoir peur. Un homme chauve et baraqué, à la peau brune et entièrement vêtu de rouge – la couleur des sorciers à Madagascar –, m'a lancé : « Je connais un sage. Je vais essayer de te mettre en contact avec lui », et plusieurs autres paroles dont je ne me souviens pas.

Tandis que mon niveau d'énergie diminuait, j'avais l'impression que je rapetissais et que lui grandissait, et j'avais de plus en plus de mal à comprendre ce qu'il me racontait. À un moment, son corps s'est élevé dans les airs et a fait un looping avant de plonger vers l'étagère qui se trouvait devant moi – un vrai génie de la lampe d'Aladdin ! Mais au lieu d'une lampe, lorsque j'y ai regardé de plus près, j'ai vu un petit dinosaure en plastique, puis je me suis réveillé.

Le lendemain matin, avant de partir, j'ai prié pour la rivière. Un mois plus tard, j'ai partagé un taxi à Antananarivo, la capitale de Madagascar. Après quelques minutes, j'ai découvert que l'homme grand et fort assis à côté de moi était en fait un sorcier malgache. Cela m'a rappelé la prédiction du « génie » de la forêt. Nous avons pris un café ensemble, au cours duquel il a partagé avec moi un peu de la sagesse de sa tradition.

Cette expérience, parmi bien d'autres, m'a incité à respecter encore plus les sites sacrés et les esprits qui les habitent, ainsi que le travail de nombreux gardiens autochtones de ces sites dans le monde entier. Pour que leur activité soit possible, nous devrions nous assurer que les gardiens traditionnels des sites sacrés disposent de droits de propriété et de gestion, ce que réclament de nombreux peuples indigènes. Là où ces peuples ont disparu, des personnes ayant préservé ces connaissances ancestrales pourraient recevoir les mêmes droits et responsabilités. Et elles pourraient être formées et informées par d'autres peuples indigènes, comme les Kogis, afin de redécouvrir la nature sacrée des paysages.

Il est aussi très important de protéger la nature présente sur ces sites et, si nécessaire, de la restaurer. C'est en tout cas ce dont je me suis rendu compte quand j'ai participé à un film documentaire consacré aux travaux de Don José Carmen Garcia Martinez. Don José Carmen est un vieil agriculteur indigène du centre du Mexique. Alors qu'il n'a pas dépassé l'école primaire, il est célèbre pour faire pousser des légumes gigantesques et obtenir des rendements élevés grâce à des techniques agricoles propres et singulières, fondées notamment sur la mobilisation des énergies cosmotelluriques[1]. Outre des photos de légumes d'une taille impressionnante – des choux pesant jusqu'à 45 kilos, des plants de maïs de plus de 5 mètres de haut, des blettes avec des feuilles de 2 mètres d'envergure, etc. – qui ont circulé sur Internet, ses résultats ont été confirmés par l'université autonome mexicaine de Chapingo.

Mon ami Yvo Perez Barreto a tourné deux films documentaires sur les travaux de Don José Carmen[2], et notamment un film sur ses techniques agricoles[3] accompagné d'un livre[4]. En 2015, j'ai participé à la réalisation d'un deuxième documentaire intitulé *Pluie maya sur l'Andalousie*[5]. À cette occasion, j'ai effectué diverses recherches et pu accéder à des ressources non publiées. Ce documentaire retrace la venue de Don José Carmen en Andalousie (Espagne) pendant l'année 1995 afin d'apporter la pluie dans cette région aride qui souffrait de sécheresse depuis cinq ans. La mission de Don José Carmen a été couronnée de succès : comme annoncé dans un acte antérieur notarié[6], des pluies importantes ont commencé à tomber le lendemain de la dernière action menée, ce qui a entraîné des répercussions exceptionnelles sur l'économie et la population[7].

En étudiant d'anciennes connaissances et d'anciens écrits mayas (codex) qu'il a su déchiffrer, Don José Carmen a appris à faire tomber la pluie « par induction » et à réguler le cycle pluviométrique. Cette faculté a été démontrée à plusieurs reprises, sur de grandes échelles, dans

1. Perez Barreto, 2012. Les énergies cosmotelluriques créent un champ électromagnétique grâce à de grands disques métalliques enterrés dans le sol et connectés à des antennes en surface. Don José Carmen explique qu'il a recours à cette image très puissante pour attirer l'attention sur ses techniques agricoles propres, moins difficiles à mettre en œuvre.

2. Les deux films documentaires sont disponibles à l'achat sur http://www.magique-trotter.com/Lhomme_qui_parle_avec_les_plantes.html, consulté le 4 août 2020.

3. Perez Barreto, 2011.

4. Perez Barreto, 2012.

5. Perez Barreto, 2016.

6. Voir https://www.hortalizas-gigantes.com/anexos, consulté le 4 août 2020.

7. Les articles du journal espagnol *El País* en date du 7 janvier 1996, intitulés « Agua en el grifo » (« De l'eau dans les robinets ») et « La naturaleza más valiosa del sur español se recobra con el agua, tras agontzar seis años » (« L'eau tombe enfin sur le trésor naturel du sud de l'Espagne, qui a bien failli disparaître ») démontrent l'importance de la pluie et ses répercussions écologiques, économiques et sociales majeures.

différents pays, y compris dans des régions désertiques. Au Mexique, les pouvoirs publics locaux et nationaux ont discuté sérieusement de certains projets qui ont ensuite été mis en place dans plusieurs États, comme San Luis Potosí ou Zacatecas. Les techniques employées reposent sur la plantation d'arbres à des endroits spécifiques, ou si c'est impossible, sur l'utilisation précise de certains produits chimiques afin de recréer artificiellement, pour un temps limité, les effets provoqués par les arbres, comme cela a été le cas en Andalousie.

Don José Carmen explique que les arbres envoient des informations à la mer et aux nuages et « leur demandent » d'apporter la pluie. Il pense que les arbres et les réactions chimiques déclenchées sont des « générateurs d'ions » qui, associés à des agents de nucléation, facilitent la formation des nuages. Les arbres doivent être plantés à l'emplacement exact de centres énergétiques (aux conditions électromagnétiques spécifiques), qui forment ensemble un réseau interconnecté se terminant sur le littoral. Ces réseaux permettent aux forêts – autrement dit, aux centres énergétiques – de communiquer entre elles jusqu'à la mer.

La science comprend de mieux en mieux le rôle des arbres et des forêts dans les précipitations. L'évapotranspiration est aujourd'hui un phénomène bien connu et elle peut représenter environ 40 % de la formation de pluie dans le monde entier[1]. Les arbres capturent l'eau du sol et la libèrent dans l'atmosphère sous forme de vapeur. Leurs feuilles capturent aussi les précipitations, qui s'évaporent par la suite. Mais des recherches récentes ont également commencé à décrire le rôle des arbres dans la formation des nuages, ce qui explique entre autres pourquoi la pluie a davantage tendance à tomber sur les forêts plutôt qu'ailleurs. Une étude publiée en 2016 dans la revue *Nature* a démontré que les terpènes – une classe de composés organiques produits par les arbres – combinés à l'ozone pouvaient générer des aérosols autour desquels la vapeur se condense pour créer des nuages[2]. Ces nouvelles données scientifiques peuvent constituer la première étape vers le décryptage des résultats extraordinaires de Don José Carmen.

À l'heure où le changement climatique menace sérieusement les écosystèmes et notre propre survie sur la planète, en particulier au travers du dérèglement du cycle pluviométrique, les connaissances mayas et l'expérience de Don José Carmen sont plus qu'indispensables. Elles illustrent à merveille la pertinence des connaissances écologiques et

1. Evans, 2012 ; Wright *et al.*, 2017 ; Loomis, 2017 ; Kilvert, 2018.
2. Kirkby *et al.*, 2016. Pour obtenir des explications plus accessibles, voir Skolnick, 2016 et Nobre, 2014.

spirituelles indigènes traditionnelles pour faire face au changement climatique[1]. Nous devons nous intéresser à ces pratiques, mais aussi faciliter et déployer leur mise en œuvre. L'expérience de Don José Carmen souligne de nouveau à quel point il est vital de prendre soin des sites sacrés – ce qui implique bien souvent une restauration écologique –, qui sont, selon les savoirs ancestraux, des centres énergétiques. Parmi les documents de Don José Carmen et de son équipe auxquels j'ai eu accès figurent des informations sur tous les sites du nord du Mexique qui devraient être reboisés (de la manière appropriée) afin de rétablir les cycles pluviométriques. Or, certains des sites mentionnés se trouvent sur des propriétés privées, ce qui complique les choses.

Ces techniques traditionnelles représentent des solutions alternatives nécessaires aux technologies de géo-ingénierie (par exemple, l'ensemencement des nuages, qui requiert la projection de produits chimiques dans les nuages – le plus souvent à partir d'un petit avion – pour provoquer des chutes de pluie ou de neige[2]) qui tentent de remédier au changement climatique. En règle générale, les technologies de géo-ingénierie s'appuient sur une compréhension très limitée et réductionniste de la biosphère, et elles peuvent causer des changements environnementaux ultradestructeurs, comme le passé nous l'a déjà démontré. Elles sont conçues pour contrôler les symptômes (dans ce cas, faire pleuvoir) d'une maladie (perturbation du cycle pluviométrique en raison du changement climatique, lui-même dû à notre modèle de développement), et non pour fournir des solutions durables.

À l'inverse, les connaissances traditionnelles permettent d'agir avec un profond respect et une fine compréhension du cosmos et de la Terre, pour rétablir l'harmonie. Contrairement aux produits chimiques employés pour ensemencer les nuages, les arbres augmentent la vapeur d'eau dans l'atmosphère et rééquilibrent des cycles schémas naturels. Les arbres séquestrent aussi du carbone, protègent souvent la biodiversité, empêchent l'érosion des sols, régulent le flux d'eau… Comment les techniques de géo-ingénierie pourraient-elles rivaliser avec la puissance de ces solutions véritablement fondées sur la nature[3] ?

1. Il existe d'autres exemples concrets, comme le brûlage pratiqué par les Aborigènes australiens pour empêcher les feux de forêt ou encore la construction de glaciers artificiels dans l'Himalaya.

2. Solón, 2018.

3. Selon Don José Carmen, le rôle des arbres est encore plus important, car la fonction de la Terre au sein du cosmos consiste principalement à apporter l'« essence

Conservation bioculturelle et promotion de la conscience écologique

La politique de l'être, à travers les politiques présentées ci-avant, met l'accent sur un changement de paradigme dans notre relation avec la nature et donc sur une transformation culturelle. Nous avons observé que les diversités culturelles et biologiques tendent à coïncider sur les mêmes territoires. Leur défense devrait donc être synergétique, conformément à une approche nommée « conservation bioculturelle ». Les cultures traditionnelles ont longtemps incarné des manières spécifiques d'être et de vivre en harmonie avec la nature. Elles sont étroitement liées aux politiques mentionnées ici : droits de la nature, gestion appropriée des sites sacrés et recours aux techniques traditionnelles de gestion écologique, y compris celles reposant sur des champs énergétiques naturels. Par conséquent, nous devrions soutenir les efforts des communautés traditionnelles afin que leurs droits collectifs soient reconnus, mais aussi que leurs institutions culturelles – langues, systèmes d'organisation et de gouvernance, connaissances, spiritualités, célébrations, etc. – soient restaurées, préservées et adaptées.

De leur côté, les sociétés modernes ont besoin d'une transformation culturelle radicale. Nous sommes tous autochtones sur cette Terre : nous sommes tous les enfants de la Terre Mère. Les politiques publiques peuvent promouvoir un sentiment d'identité et d'appartenance à un territoire et à une communauté, ainsi que de fierté à s'engager dans leur régénération. C'est le cas, par exemple, du programme Bandera Azul (« Drapeau bleu ») au Costa Rica, l'un des pays les plus avancés en termes de conscience environnementale. Géré par un groupe d'entités publiques et privées, ce programme favorise l'organisation de différents secteurs de la société civile et leurs efforts volontaires dans le domaine de la conservation des ressources naturelles, du changement climatique, de l'assainissement, de l'hygiène et de la santé publique, en reconnaissant symboliquement leurs résultats selon un ensemble de critères définis. Il promeut la qualité de vie et la prise de conscience environnementale par le biais de l'éducation et de l'organisation communautaire.

L'initiative repose sur la création de comités locaux qui poussent à l'action, préparent des rapports soumis à l'examen des autorités chargées du programme, qui délivrent gratuitement les certificats écologiques

arbre » en échange de l'« essence eau ». Voir https://www.hortalizas-gigantes.com/lluvia-como-provocarla, consulté le 4 août 2020.

« Drapeau bleu ». Lancé en 1996 pour protéger les plages, le programme a étendu son champ d'action à quinze catégories, y compris les communautés, les municipalités, les églises, les centres de soins, les foyers, les projets immobiliers, les exploitations agricoles, les systèmes de transport, les micro-bassins versants, les zones protégées, etc.[1]. En fonction des résultats, les participants peuvent recevoir une certification sur une échelle d'une à six étoiles. Il existe aussi des étoiles spéciales pour des sujets particuliers : gestion des déchets, recyclage, gestion des sources de pollution sur les plages, sécurité côtière, etc.[2]. Les lauréats reçoivent un prix symbolique – sous la forme d'un drapeau bleu contenant le nombre d'étoiles remportées – lors de cérémonies formelles. Entre 1996 et 2018, 21 337 comités locaux ont décroché le drapeau bleu[3].

Le programme écologique Bandera Azul costaricain a encouragé la prise de conscience écologique et l'engagement de la société civile sur ces questions. Au travers d'une saine compétition, il a contribué à transformer les performances écologiques en une source de fierté et en un but commun pour différents groupes de personnes, tout en renforçant le sentiment d'appartenance à la communauté et au territoire. Les communautés récompensées attirent davantage d'investisseurs dans le secteur touristique[4], mais aussi des personnes de même sensibilité qui souhaitent profiter de cette dynamique locale positive et en faire partie. D'autres pays, comme le Panama et le Honduras, ont créé des programmes similaires.

---

1. Les autres catégories sont le changement climatique, la communauté climatiquement neutre, le bien-être animal, les ambassades et les consulats.
2. Ainsi que le bien-être animal et la gestion des déchets alimentaires.
3. Comisión Nacional – Programa Bandera Azul Ecológica, 2018.
4. Blackman *et al.*, 2014.

17

Justice

« Il est possible de réconcilier justice et compassion et de prouver que la justice véritable doit être empreinte à la fois de compassion et de compréhension. »

Maître Zen Thich Nhat Hanh[1]

La justice rétributive : un paradigme dans l'impasse

Le système de justice pénale, que nous aborderons dans ce chapitre, est souvent décrit comme principalement « rétributif ». Il repose sur l'idée selon laquelle la justice est rendue lorsque toute personne ayant violé la loi reçoit une punition proportionnelle à la faute commise en retour. De manière générale, on estime que cela peut aussi décourager la récidive ou inciter à la réhabilitation des délinquants et des criminels. Ce paradigme est à l'origine de la crise actuelle du système de justice pénale dans de nombreux pays, qui se caractérise par la hausse des délais et des coûts, une incarcération massive, le récidivisme et l'insatisfaction des besoins des victimes et des coupables[2].

Avec 2,3 millions de détenus (soit 0,7 % de la population) et environ 7 millions de personnes sous contrôle judiciaire[3], les États-Unis affichent le plus fort taux d'incarcération[4] au monde. Le nombre de détenus y a quintuplé au cours des quarante dernières années. Selon une étude, entre 1980 et 1996, 12 % de cette hausse était due à l'augmentation de la criminalité, tandis que les 88 % restants étaient dus à l'augmentation

1. Nhat Hanh, 2017.
2. Cayly, 1998 ; Penal Reform International, 2016.
3. 3,6 millions de ces personnes étaient en période probatoire et 840 000 personnes étaient en liberté conditionnelle (Sawyer & Wagner, 2019).
4. https://worldpopulationreview.com/country-rankings/incarceration-rates-by-country, consulté le 4 août 2020.

de la proportion de criminels reconnus coupables et envoyés en prison, ainsi qu'à l'augmentation de la durée des peines prononcées[1]. Les experts du monde entier s'accordent sur le fait que la prison n'est de manière générale pas très efficace pour prévenir la criminalité[2], surtout lorsque les conditions d'incarcération sont difficiles[3] et rendent donc les gens plus violents[4], plus susceptibles de développer des maladies mentales[5], et moins aptes à se réintégrer dans la société[6]. Comme le résume si bien Douglas Hurd, membre du Parti conservateur britannique : « La prison est un moyen onéreux de rendre les mauvaises personnes encore plus mauvaises[7]. »

Plus qu'une solution, les taux élevés d'incarcération représentent une réponse politique à la demande publique de sécurité, encouragée par les médias, dans les cultures de domination. *A contrario*, les cultures de partenariat, aux valeurs plus compassionnelles et présentant des niveaux moindres de violence, s'appuient davantage sur la médiation pour résoudre les conflits[8]. Dans ce cas, un médiateur impartial aide les gens à régler leurs différends en favorisant un accord entre les deux parties[9]. La légitimité de la justice rétributive est de plus en plus contestée du fait de son potentiel manque d'efficacité, mais également de sa supposée iniquité. En réalité, les recherches ne cessent de mettre en avant les déterminants sociaux de la criminalité ainsi que la nature discriminatoire de la justice pénale, tandis que les avancées dans les neurosciences et les domaines associés soulignent l'influence biologique, neurologique et environnementale sur les comportements[10].

---

1. Blumstein & Beck, 1999.
2. Aucun rapport n'a été clairement établi entre les taux de criminalité et les taux d'incarcération. La prison ne fait pas baisser les taux de récidive (Gendreau *et al.*, 1999 ; Harding *et al.*, 2019), qui sont supérieurs dans les systèmes plus punitifs (Wilkinson & Pickett, 2013).
3. Wilkinson & Pickett, 2013.
4. Gilligan, 2001.
5. Au moins la moitié des détenus souffrent de troubles de la santé mentale. Aux États-Unis, environ 10 à 25 % des détenus sont touchés par des maladies mentales graves, comme des troubles affectifs sérieux ou une schizophrénie, alors que ces mêmes maladies affectent 5 % de la population globale aux États-Unis. https://www.apa.org/monitor/2014/10/incarceration, consulté le 13 août 2020.
6. Haney, 2002.
7. Traduction libre.
8. Eisler & Fry, 2019.
9. Brookes & McDonough, 2006.
10. Mammarella, 2016.

La violence[1] et les abus[2] exercés sur les enfants, les foyers sans présence paternelle[3], la pauvreté[4] et l'identité ethnique[5] sont tous des indicateurs puissants de la criminalité ou de l'incarcération. Peut-on alors attribuer aux individus arrêtés un libre arbitre et une responsabilité pleine ? Les criminels d'aujourd'hui sont bien souvent les victimes de décennies de violence personnelle et structurelle, qui trouvent un nouveau moyen de s'exprimer à travers leurs actes. Les enfants battus d'hier commettent des actes de violence, et notre système judiciaire les met une nouvelle fois à terre. Comment rompre ce cercle vicieux ?

Le paradigme alternatif de la justice restaurative

La justice restaurative (ou « réparatrice ») fait depuis peu l'objet de toutes les attentions, en tant qu'alternative au paradigme de la justice rétributive. Tournée vers l'avenir et le traitement ou la réparation du mal qui a été fait, ce type de justice constitue le socle d'un grand nombre de systèmes judiciaires communautaires traditionnels qui sont petit à petit réactivés. Il se répand très vite[6] et est déjà présent à différents niveaux dans plus d'une centaine de pays[7]. Beaucoup utilisent la justice restaurative auprès des délinquants juvéniles, car elle permet de leur enseigner des valeurs. En Nouvelle-Zélande, par exemple, la loi stipule que la police ou le procureur doit présenter les jeunes délinquants devant un médiateur ou leur faire intégrer un autre programme de déjudiciarisation.

La justice restaurative repose sur une procédure à l'amiable pendant laquelle tous les acteurs impliqués d'une manière ou d'une autre dans un délit ou un crime (le coupable, la victime et les membres de la communauté) participent activement à résoudre les problèmes découlant de l'acte commis. Par un dialogue facilité, ils s'accordent sur les réponses et les programmes appropriés aux besoins et aux responsabilités individuels et collectifs des différents acteurs, tels que la réparation, la restitution et le service communautaire, pour aboutir à la réintégration de la victime

1. Nous avons déjà expliqué que la violence subie par les enfants était le meilleur indicateur de la violence à l'âge adulte (Wilkinson & Pickett, 2013).
2. Mindfulness Initiative, 2015.
3. Aux États-Unis, 72 % des meurtriers juvéniles, 70 % des détenus longue peine et 60 % des violeurs ont grandi dans des foyers sans présence paternelle (Popenoe, 1996).
4. Looney & Turner, 2008.
5. Aux États-Unis, les Afro-Américains représentent 40 % de la population carcérale, mais seulement 13 % de la population totale des États-Unis (Sawyer & Wagner, 2019).
6. Voir par exemple McCold, 2006, cité dans Walgrave, 2011.
7. https://restorativejustice.org/where/, consulté le 4 août 2020.

et du coupable. Contrairement à la justice rétributive, « le modèle restauratif considère le crime comme une atteinte aux personnes et aux relations[1] ». Il se focalise sur la guérison des blessures des victimes, des coupables et des communautés, en aidant les coupables à endosser la responsabilité de leurs actes et en renforçant le rôle de la communauté dans la prévention et la réponse face à la criminalité, ainsi que la restauration de l'harmonie sociale. Plus souple, cette approche aborde tous les cas de manière individuelle, respecte la dignité et l'égalité de chacun, favorise la compréhension, intègre la résolution des problèmes et traite les causes sous-jacentes du conflit. Elle peut donc éclairer et déterminer des stratégies et des actions visant à faire baisser la criminalité.

Prenons « l'exemple d'un jeune de 16 ans en centre urbain, déclaré coupable d'incendie volontaire », décrit par Bria Huculak[2]. Dans les années 1990, cette juge canadienne avait participé à des cercles de conciliation qui tiraient leur origine des cultures indigènes et se focalisaient sur la guérison. L'adolescent « [a] mis le feu à sa chambre au centre pour mineurs dans lequel il avait été envoyé pour divers délits. Ce centre est son "foyer" depuis ses 12 ans. Il a perdu contact avec une grande partie du centre. Même lors du Cercle, il semble étranger à tout ce qui l'entoure. Ce jour-là, 15 personnes sont venues : sa mère, deux sœurs, un Ancien, son avocat, les services sociaux et des membres du personnel pénitentiaire. Ironiquement, le personnel entretenait des relations plus étroites avec l'adolescent que sa propre famille. Le juge et le procureur sont présents. Pendant les trois heures qui suivent, tout le monde parle, écoute et ressent. Il y a beaucoup d'émotion, de douleur et de larmes. L'adolescent dévoile pour la première fois devant sa famille et les autres personnes présentes qu'il a été agressé sexuellement par un proche quand il était petit. Sa sœur aînée prend la parole pour dire qu'elle aussi a subi des agressions et elle propose de participer aux consultations psychologiques à ses côtés afin que tous deux obtiennent de l'aide et surmontent cette tragédie. À la fin de la journée, l'adolescent a resserré les liens avec sa famille et il a été mis en relation avec une structure de soutien. Il est tenu pour responsable de ses actes, mais il ne restera pas dans un centre pour mineurs. Au lieu de cela, il purgera une peine communautaire incluant des travaux d'intérêt général, des consultations psychologiques et des rencontres avec les Anciens. Une communauté est bâtie autour de lui, et il se donne le droit d'espérer pour la première fois de sa vie. L'aide est offerte et acceptée. Le Cercle

1. Hadley, 2011b (traduction libre).
2. Huculak, 2001 (traduction libre).

se termine par une prière, des sourires, des poignées de main et des accolades. La justice est rendue[1]. »

Les programmes de justice restaurative varient considérablement, par exemple dans la manière dont ils sont liés au système de justice pénale et dont ils opèrent (sous la direction de professionnels du secteur public ou de bénévoles formés au sein de la communauté) et en fonction des personnes qui participent au processus. Outre les victimes et les coupables, les approches restauratives peuvent inclure la famille et les amis, les membres de la communauté et les représentants du gouvernement (police ou personnel pénitentiaire, juges, etc.). Les programmes de justice restaurative sont souvent accompagnés de processus et de sanctions classiques sur le plan pénal. Ils peuvent être mis en place à différentes étapes du processus de justice pénale : au niveau de la police (avant l'inculpation), au niveau des poursuites (généralement avant le procès), au niveau du tribunal, ou dans le cadre de l'application de la peine (en remplacement de l'incarcération, durant l'incarcération ou à la sortie de prison).

Les approches restauratives peuvent s'avérer utiles dans des cas très divers, y compris les crimes graves. Elles nécessitent tout de même le respect de certaines conditions de base : les victimes doivent être identifiées ; les preuves doivent être suffisantes pour l'inculpation des coupables ; les coupables et les victimes doivent exprimer le souhait de participer (ce qui se produirait dans 50 % des affaires environ[2]) ; et aucun déséquilibre de pouvoir ni aucune différence culturelle ne doit perturber le processus.

Une approche plus efficace, cultivant les qualités humaines

Il est compliqué et pas toujours concluant de mesurer l'efficacité de la justice restaurative en raison d'obstacles méthodologiques importants. Certains de ces obstacles sont communs aux évaluations des programmes traditionnels de punition, de prévention et de traitement[3], tandis que

1. Traduction libre.
2. Walgrave, 2011.
3. Selon Walgrave, 2011 : « Les méta-analyses dans la tradition de recherche de "ce qui fonctionne", par exemple, répertorient une multitude de défauts méthodologiques dans de nombreuses évaluations, parmi lesquels des indications confuses sur les objectifs mesurables, des outils non valides, l'absence ou l'inadéquation de groupes témoins, une validation externe douteuse, des mesures problématiques concernant la récidive, des

d'autres concernent uniquement les approches restauratives. Ils incluent le large éventail d'approches et de qualités de programme, les biais de sélection (compte tenu du caractère volontaire de la participation aux programmes) et la nécessité de définir des critères d'évaluation conformes à une justice restaurative[1]. Les recherches disponibles nous permettent tout de même de tirer plusieurs conclusions.

En premier lieu, conformément au paradigme restauratif et à l'attention qu'il porte aux victimes, les taux de satisfaction des victimes sont très élevés : entre 75 et 98 %[2]. Cela contraste avec les résultats obtenus dans le cadre de procédures judiciaires conventionnelles[3]. Une méta-analyse a établi que « [l]es avantages que les victimes observent dans un processus de justice restauratrice résident principalement dans la possibilité de communiquer : elles souhaitent exprimer leurs sentiments devant le coupable, attendent des explications, et espèrent avoir une influence sur ce qui devrait être fait. De nombreuses victimes sont aussi motivées par un sentiment de responsabilité publique et elles pensent que ce processus peut contribuer à une meilleure compréhension du coupable et à une baisse de la récidive. Seule une minorité des victimes est véritablement intéressée par des réparations matérielles ou une compensation. […] Par ailleurs, les victimes souffrent moins de stress post-traumatique après une réunion, elles ressentent moins de peur et de colère, et elles sont plus compatissantes à l'égard du coupable[4] ».

Le taux de satisfaction des coupables peut lui aussi être très élevé : une méta-analyse l'a estimé à 87,7 %[5]. Comme indiqué dans l'exemple concret susmentionné, c'est un processus complexe mais potentiellement très bénéfique pour les coupables, car ces derniers s'engagent souvent sur le plan émotionnel en faisant face au tort qu'ils ont causé, en endossant leurs responsabilités et en exprimant leurs propres blessures et vulnérabilités. Selon une autre analyse documentaire, « l'expérience de plusieurs pays européens donne à penser que les programmes de justice restauratrice

---

interprétations trop optimistes réalisées par des partisans surinvestis, et une négligence à l'égard des effets collatéraux indésirables. De manière globale, il serait naïf de se fier aveuglément aux travaux reposant sur des données probantes » (traduction libre).

1. Walgrave, 2011 ; voir aussi ONUDC, 2006.
2. Aertsen, 2004, cité dans Walgrave, 2011.
3. Voir Walgrave, 2011 pour prendre connaissance de références complémentaires.
4. Walgrave, 2011 (traduction libre).
5. Bonta *et al.*, 2006.

peuvent grandement améliorer l'estime de soi des délinquants et les aider à assumer la responsabilité de leur comportement et de ses conséquences[1] ».

La satisfaction des coupables et des victimes se double de la perception d'une équité procédurale élevée, supérieure à celle du système judiciaire conventionnel[2]. Cela peut expliquer les taux importants d'accord et de respect des accords par les coupables dans le cadre de la justice restaurative[3]. Les approches restauratives peuvent aussi réduire les coûts de fonctionnement de la justice et renforcer l'efficacité de la réponse à la criminalité, comme le démontrent certains cas[4].

Enfin, même si cela est difficile à estimer, il semble que la justice restaurative ne soit, en règle générale, pas moins efficace, et même sans doute meilleure que les approches conventionnelles en termes de prévention de la récidive[5]. Ce constat est toutefois un peu décevant au regard de ce qui se passe pendant les processus restauratifs. Il semble que les résultats dépendent en grande partie de la qualité des suivis des réunions (« cercles », « conférences », etc.), notamment de l'accès à un soutien ou à un traitement approprié[6], ce que les démarches restauratives peuvent faciliter[7]. L'ensemble de ces résultats positifs, souvent négligés dans le cadre de la justice pénale conventionnelle, révèle l'extraordinaire potentiel des approches restauratives.

Comme le reconnaissent la plupart des experts, l'efficacité de la justice restaurative tient à la qualité de ces programmes qui s'appuient beaucoup sur celle des êtres humains qui les mettent en œuvre. Cela nous amène à un point essentiel de la politique de l'être. Indépendamment des résultats, il paraît bien plus pertinent d'investir collectivement dans le développement de nos capacités humaines de compréhension, de compassion, de respect, de repentir et de pardon qui sous-tendent la justice restaurative que de se fier à nos instincts primaires de vengeance pour perfectionner des processus institutionnels axés sur la punition.

La justice restaurative constitue un excellent exemple de la manière dont les institutions peuvent nous aider à cultiver le meilleur de nous-mêmes et à renforcer nos communautés. Elle se fonde sur des hypothèses plus positives sur la nature humaine, responsabilise les parties prenantes et favorise la guérison et la réconciliation. Il s'agit plus d'un art que d'une application

1. ONUDC, 2006 (traduction libre).
2. *Ibid.* ; Walgrave, 2011.
3. ONUDC, 2006.
4. *Ibid.*
5. *Ibid.* ; Walgrave, 2011 ; Bonta et *al.*, 2006.
6. Maxwell *et al.*, 2004.
7. Walgrave, 2011.

mécanique de la législation : pour être efficace, elle nécessite certaines qualités humaines, comme l'empathie, le respect, le courage, la présence, la responsabilité, la sensibilité et l'habileté. Ce sont les conditions pour offrir un espace sûr permettant à l'ensemble des participants d'exprimer leurs émotions et leur avis sur le mal qui a été fait, et ainsi à la guérison de s'opérer[1]. Cet espace sécurisé et soutenant est nécessaire pour favoriser la reconnexion profonde à soi-même et aux autres, le pardon et, en fin de compte, le repentir (oui, cela se produit généralement dans cet ordre[2]). La politique de l'être considère toutes ces qualités comme des fins en soi.

Ainsi que nous l'avons vu, beaucoup de cultures utilisent les mêmes concepts (par exemple, le Dharma pour les hindous) afin de décrire à la fois l'ordre cosmique, la loi spirituelle, la justice et le chemin spirituel, montrant de cette manière qu'ils ne forment qu'un par nature. La justice est sacrée, et la justice restaurative est un chemin spirituel inspiré d'une multitude de traditions[3] qui reconnaissent sa valeur intrinsèque. Le Comité interconfessionnel de l'aumônerie du Service correctionnel du Canada, grand défenseur de la justice restaurative, a déclaré : « Notre objectif consiste à rechercher la paix, l'harmonie et la sécurité pour tous, et à remplacer la vengeance et la douleur par la réconciliation et la guérison. Nous pensons que la recherche de la vérité et une justice satisfaisante sont à jamais liées à la croissance spirituelle de toutes les parties concernées. La voie de l'incarcération de masse, d'un esprit vindicatif et d'une mentalité punitive ne peut qu'assécher l'âme de notre pays[4]. »

Historiquement, le développement d'une justice restaurative s'est effectué à travers des programmes locaux mis en place par des ONG et des organisations communautaires. Le Congrès des Nations unies pour la prévention du crime et le traitement des délinquants réclame régulièrement l'emploi plus massif de programmes de justice réparatrice, tandis qu'en 2002, le Conseil économique et social des Nations unies a adopté une résolution définissant les « principes fondamentaux concernant le recours à des programmes de justice réparatrice en matière pénale[5] ». Ces principes recommandent que les États membres « envisage[nt] d'élaborer des stratégies et des politiques nationales visant à développer la justice réparatrice et à promouvoir une culture propice à l'utilisation de

1. Walgrave, 2011.
2. Maples, 2017.
3. Voir Hadley, 2001a.
4. Cité dans Hadley, 2001b (traduction libre).
5. Résolution 2002/12.

cette forme de justice auprès des services de répression, des autorités judiciaires et des services sociaux ainsi que des communautés locales[1] ».

Alors que beaucoup de programmes de justice restaurative ont été mis au point avec succès sans nécessiter de nouvelle législation, les textes juridiques peuvent encourager l'emploi de la justice restaurative (le manque de cas référés par le système judiciaire est la principale faiblesse de nombreux programmes), définir des normes et instaurer toutes les garanties juridiques primordiales pour les participants[2]. Il est important de prendre toutes les précautions requises pour développer l'usage de la justice restaurative et garantir la qualité des programmes par le biais d'une formation spécifique, car « [l]es programmes de justice restaurative ne sont jamais exempts de risques, de défauts ou d'écueils[3] ».

Une approche restaurative et plus compassionnelle de la justice doit inclure la manière dont les prisons sont conçues et fonctionnent. Le film documentaire intitulé *Breaking the Cycle*[4] compare une prison classique aux États-Unis avec une prison norvégienne. En Norvège, les détenus bénéficient de conditions de vie tout à fait normales dans ce qui pourrait ressembler à une maison agréable : ils cuisinent, socialisent avec le personnel pénitentiaire, reçoivent un soutien psychologique et développent des compétences professionnelles ainsi que des projets personnels, comme l'enregistrement de musique ou la création d'un restaurant. Aux États-Unis, les conditions d'incarcération sont très dures : les cellules sont minuscules, les toilettes se trouvent juste à côté du lit et sont à la vue de toute personne passant dans le couloir, la nourriture est souvent insuffisante et de mauvaise qualité, les sanctions sont sévères, et le personnel avait l'habitude de frapper les détenus avant l'installation de caméras.

Force est de constater que les deux systèmes reposent sur des paradigmes opposés, en particulier leurs visions de la nature humaine et de la façon d'obtenir les comportements souhaités. Ces paradigmes à partir desquels ils opèrent sont autoréalisateurs. En traitant les détenus comme des criminels, l'approche punitive américaine rend les individus plus malades, en colère, violents, et finalement inaptes à se réintégrer dans la société après avoir vécu autant d'années dans ces conditions. L'approche norvégienne, plus compatissante, traite les délinquants comme des êtres

1. *Ibid.*, article 20.
2. Dans les systèmes indigènes traditionnels, une attention particulière doit être portée aux droits et aux intérêts des groupes vulnérables, y compris les femmes et les enfants (ONUDC, 2006).
3. ONUDC, 2006.
4. Lindh & Stark, 2017.

humains et permet ainsi aux détenus de se guérir, de développer leur humanité et de devenir de bons voisins après leur libération.

La pleine conscience au service de la justice

L'intégration de la justice réparatrice dans le système de justice pénale dépend de l'appréciation de ses vertus par les juges et les magistrats, les policiers, les procureurs, les agents pénitentiaires et les avocats de la défense. Cela implique souvent un sérieux changement d'état d'esprit et de valeurs vers plus de compassion et de compréhension. Dans certains pays, la logique de la violence, de la colère, de la peur et de la réactivité est enracinée dans le système de justice pénale. Aux États-Unis, on constate ainsi des conditions déshumanisantes en prison, mais aussi l'utilisation massive de l'isolement et de la violence physique par les agents pénitentiaires à l'encontre des détenus, la condamnation des enfants dès l'âge de 13 ans ou de criminels non violents à des peines à perpétuité, le meurtre d'Afro-Américains non armés, ou de nombreuses restrictions légales appliquées aux individus récidivistes, ce qui réduit leurs chances de réintégration[1].

Cette logique est si installée qu'elle imprègne, consciemment ou non, les esprits et les cœurs de chaque professionnel qui participe au système. L'initiative Mindful Justice est fondée sur la reconnaissance que la pratique de la pleine conscience peut aider à construire par le bas une justice pénale plus équitable, compatissante et humaine, en favorisant le développement de l'empathie et des capacités de régulation émotionnelle. Lancé aux États-Unis en 2014, ce programme national vise à introduire la pleine conscience dans l'ensemble du système de justice pénale. Un système pilote de justice pénale intégrant la pleine conscience a été mis en place dans le comté de Santa Clara (Californie), où plus d'un millier de professionnels (shérifs, représentants pénitentiaires, procureurs, avocats commis d'office, juges, etc.) ont déjà été formés à la pleine conscience.

La pleine conscience peut aussi avoir un impact positif sur les troubles mentaux, comme l'anxiété, le stress post-traumatique ou la dépression, dont les acteurs de la justice pénale (détenus, policiers, agents pénitentiaires, avocats pénalistes, etc.) souffrent souvent de manière disproportionnée[2]. C'est particulièrement vrai pour les détenus. Au Royaume-Uni, selon le rapport du Mindfulness All-Party Parliamentary Group, « près

1. Carlin, 2015.
2. Carlin, 2015.

de la moitié de la population carcérale souffre de dépression ou d'anxiété, 25 % des détenus souffrent des deux, et les taux de suicide sont bien plus élevés qu'au sein de la population globale[1] ». Le potentiel de la pleine conscience est reconnu pour le traitement de ces troubles mentaux qui, d'après plusieurs études, sont associés à des risques plus élevés de récidive[2]. De manière générale, la pleine conscience pourrait venir à bout d'autres problèmes psychologiques, comme le manque d'autorégulation, l'affectivité négative et la toxicomanie, qui sont tous des facteurs de récidive[3]. De plus en plus de pays se servent aujourd'hui du potentiel de guérison et de transformation des programmes axés sur la méditation pour les détenus.

Ancienne policière américaine, Cheri Maples (1952-2017) est devenue enseignante dans la tradition du Village des Pruniers. J'ai eu la chance de la rencontrer à l'occasion de l'une de ses conférences, intitulée « Mindfulness and the Police[4] » (disponible en ligne), au Village des Pruniers en 2016. J'ai relu la transcription de sa conférence juste avant d'écrire ces mots, et je n'ai pas pu retenir mes larmes. Dans cette intervention, elle explique qu'en tant qu'officier de police, son travail et sa vie personnelle ont été transformés par la pratique de la pleine conscience. Elle raconte les effets physiologiques du travail de policier dont elle a fait l'expérience et qu'elle a surmontés grâce à la méditation.

« Chez les policiers – vous pouvez sans doute le comprendre –, l'adrénaline explose à cause de l'hypervigilance, car on s'inquiète pour sa propre sécurité et pour celle des autres. On nous dit toujours ce qui peut mal tourner – mais pas tant ce qui peut bien se passer, alors que c'est ce qui arrive le plus souvent. L'adrénaline crève le plafond, puis met vingt-quatre heures pour revenir à la normale. Or, les gens retournent au travail avant la fin de ces vingt-quatre heures. Par conséquent, l'adrénaline fait les montagnes russes, à des niveaux supérieurs et inférieurs à la normale. Lorsqu'elle entre en action, on gagne en rapidité, on peut donner des ordres et on a le sens de l'humour. Puis, quand on rentre chez soi, le taux d'adrénaline dégringole, laissant place à la léthargie, l'apathie et la dépression. Avant 2016, les policiers qui se donnaient la mort étaient environ quatre fois plus nombreux que les policiers tués en service aux États-Unis. Ce phénomène est bien réel. Sur le plan émotionnel, irritation, impatience, colère et dépression commencent à

1. Mindfulness Initiative, 2015 (traduction libre).
2. *Ibid.*
3. *Ibid.*
4. « La pleine conscience dans la police » (traduction libre), Maples, 2017.

se manifester. Une réponse assez cynique s'installe. Sur le plan spirituel, la pratique de ce métier amène à se blinder et à s'insensibiliser. Il est très difficile de témoigner de la compassion quand on vit cela[1]. »

Cheri Maples nous explique à quel point sa première retraite auprès de Thich Nhat Hanh a changé sa vie, et en fin de compte son travail : « Les changements étaient progressifs, mais j'ai arrêté d'exercer mon métier de façon mécanique. J'ai commencé à voir ce qui était sous mes yeux, ce que j'avais l'impression d'avoir manqué jusqu'alors : un être humain en souffrance, qui avait besoin de mon aide et n'avait bien souvent personne d'autre vers qui se tourner. J'ai commencé à prendre mon temps lors des appels auxquels je répondais. Je voulais me connecter avec les gens différemment[2]. »

Un jour, elle a eu affaire à un père qui avait enfermé sa fille à la maison pour que sa mère ne puisse pas venir la chercher : « J'ai frappé à la porte. Il faut savoir que je mesure environ 1,60 mètre. Un homme à l'air furieux, et qui faisait facilement 30 centimètres de plus que moi, m'a ouvert. Tout ce que j'ai vu, c'était de la souffrance. Cela me paraissait si évident. D'une voix posée, je lui ai demandé : "Puis-je entrer ? Je suis juste là pour écouter et apporter mon aide." Je suis entrée et j'ai aperçu sa fille. J'ai alors ajouté : "Vous savez, je vois votre petite fille et je sais que vous l'aimez. Je sais à quel point vous vous souciez d'elle. Je vois qu'elle est effrayée, mais je sais que vous ne voulez pas lui faire peur. Et si nous la laissions sortir retrouver sa maman, et que nous parlions tous les deux ? Qu'en dites-vous ?" Et il l'a laissée sortir.

Plutôt que d'aggraver la situation au point de nécessiter une arrestation, il valait mieux faire preuve de compassion et de pleine conscience. Je suis allée à l'encontre de toutes les règles que doit suivre un policier. Équipée de mon pistolet à la ceinture et de mon gilet pare-balles, je me suis assise sur le canapé, juste à côté de cet homme, chose que l'on n'est jamais censé faire. Il a fondu en larmes dans mes bras. Cela a été une expérience hors du commun. J'ai compris ce qu'un peu de gentillesse et de compassion pouvait apporter, et je me suis rendu compte qu'il existait d'autres moyens de réagir face aux gens. Bien sûr, lorsque vous êtes en colère, énervé et cynique, il vous est difficile d'entrevoir de telles possibilités. J'ai de nouveau rencontré cet homme trois jours plus tard. Je marchais dans la rue et il a surgi derrière moi – et vous savez bien qu'il vaut mieux éviter de surprendre un officier de police. [Rires.] Il

1. Traduction libre.
2. Traduction libre.

m'a soulevée de terre et s'est écrié : "Vous ! Vous ! Vous m'avez sauvé la vie l'autre nuit !" C'était merveilleux[1]. »

Par la suite, Cheri Maples a commencé à partager ses pratiques lors de formations à la pleine conscience et de retraites destinées aux représentants de la justice pénale[2]. Elle s'est beaucoup impliquée dans le mouvement pour une justice consciente. Dès l'année 2008, elle a enseigné le Dharma. Au moment de son ordination, elle a offert à Thich Nhat Hanh ce *gatha* (poème Zen) qui prenait la forme d'une méditation guidée :

> Quand j'inspire, je sais que la pleine conscience est le chemin vers la paix.
> Quand j'expire, je sais que la paix est le chemin vers la pleine conscience.
> Quand j'inspire, je sais que la paix est le chemin vers la justice.
> Quand j'expire, je sais que la justice est le chemin vers la paix.
> Quand j'inspire, je sais que ma mission est d'offrir sécurité et protection à tous les êtres.
> Quand j'expire, je suis humble et honorée par ma mission d'officier de la paix.
> Quand j'inspire, je choisis la pleine conscience comme armure et la compassion comme arme.
> Quand j'expire, j'aspire à offrir de l'amour et de la compassion à tous ceux que je sers.

Trois mois après ce discours, Cheri Maples a été blessée lors d'un accident de vélo. Elle est décédée le 27 juillet 2017 à l'âge de 64 ans à la suite de complications liées à cet accident.

La justice restaurative et les programmes axés sur la pleine conscience ne sont que deux des approches susceptibles d'aider à briser le cycle de la souffrance, de la violence, de l'agressivité et de la vengeance, qui affecte la majorité des systèmes de justice pénale. Au lieu de cela, ils encouragent la compassion, la compréhension, la guérison et, en fin de compte, la véritable justice.

1. Traduction libre.
2. Y compris une retraite laïque en 2003 avec Thich Nhat Hanh et des experts de la justice pénale, ce qui a donné naissance à un livre (Nhat Hanh, 2005).

18

Économie

« Il y a assez de tout dans le monde pour satisfaire aux besoins de l'homme, mais pas assez pour assouvir son avidité. »

Mahatma Gandhi (1869-1948),
leader politique et spirituel

« Lorsqu'une personne manque d'empathie ou de conscience, on dit qu'elle est sociopathe. De la même manière, un système économique fondamentalement amoral – qui ne tient pas compte de l'empathie ou de la conscience dans le choix des actions à entreprendre – est un système économique sociopathe[1]. »

Marianne Williamson, figure spirituelle et activiste politique

L'économie est au cœur de notre modèle actuel de développement, avec tous les bienfaits matériels qu'il a apportés mais aussi les problèmes *a priori* insolubles qui se posent désormais. La redéfinition de notre système économique occupe donc une place centrale dans le changement de paradigme que nous appelons de nos vœux. Seule une transformation radicale remettant en cause l'idéologie économique actuelle défaillante peut nous sortir de l'impasse. Cela peut prendre vingt ans – soit l'équivalent d'une génération – et doit s'appuyer sur les autres réformes institutionnelles décrites dans les chapitres précédents.

Si notre économie peut sembler assez éloignée de la spiritualité, les aspects matériels de notre vie tiennent une place essentielle dans l'accomplissement de tous les êtres. Puisque nous avons créé par nos décisions et politiques un système économique insatiable, nous pouvons très bien le remplacer par une économie de l'être, ou du bien-être. En fait, c'est la seule alternative. Notre système économique a certes apporté des progrès matériels indéniables à nombre d'entre nous, mais nous nous focaliserons dans ce chapitre sur ces échecs patents que nous ne pouvons plus ignorer.

1. Williamson, 2019 (traduction libre).

De la rareté à l'abondance

Notre système économique fonctionne sur le principe de la rareté qu'il génère lui-même. Il détruit nos capacités individuelles et collectives à satisfaire de manière autonome nos besoins matériels, personnels et sociaux, ce qui nous oblige à trouver un travail rémunéré afin d'acheter des biens et des services. Comme la production est de plus en plus souvent contrôlée par une poignée de grands groupes, ces dernières répondent de moins en moins à nos besoins réels et préfèrent les manipuler pour leur propre profit. L'objectif premier des sociétés pharmaceutiques ou d'intrants agricoles (semences, pesticides, engrais...) ne consiste pas à améliorer notre santé ou la production agricole, mais à vendre leurs produits. Dans cette optique, elles peuvent entretenir notre dépendance, par exemple en concevant des semences stériles ou en favorisant les traitements symptomatiques tout au long de la vie à la place de véritables remèdes et de solutions préventives.

Outre la spécialisation du travail, la destruction de nos communautés, de nos cultures et de notre environnement nous fait perdre nos principales sources de subsistance, de soutien et d'accomplissement, qui étaient autrefois disponibles gratuitement. Notre système économique a fragilisé nos moyens d'existence, notre estime de soi et notre santé mentale. L'argent a désormais le pouvoir de définir notre statut social et notre valeur personnelle, mais aussi d'autoriser ou d'empêcher l'accès à une variété infinie de produits et d'expériences. Nous consommons pour tenter de satisfaire nos besoins, mais nous n'en avons jamais assez. Nous sommes conditionnés à avoir besoin de toujours plus et à désirer toujours plus. Or, la consommation ne peut pas répondre à nos besoins réels d'« être », de connexion, de réalisation personnelle et de sens.

Nous sommes condamnés à vivre dans la rareté ; à produire et à acheter toujours plus pour tenter de compenser la dégradation de notre richesse humaine, sociale, culturelle et environnementale ; à nous faire concurrence dans l'espoir d'atteindre une sécurité psychologique et matérielle. La rareté est consubstantielle à notre système économique, elle en est même le moteur. Elle prend différents noms : « obsolescence programmée », « droits de propriété intellectuelle », « monopoles » ou encore « accumulation compulsive ». La peur de manquer contrôle nos vies.

Pendant l'âge de pierre, les chasseurs-cueilleurs consacraient moins de temps à leurs besoins matériels[1]. Nous pensions autrefois que le

1. Sahlins, 2017.

progrès technologique nous libérerait des nécessités matérielles et nous permettrait de nous réaliser dans une vie pleine de sens. Mais cela ne s'est pas encore produit. L'un de mes amis m'a parlé d'un discours qu'un ministre cambodgien de l'Agriculture avait prononcé dans les années 1960. Les États-Unis venaient de fournir à son pays de nouvelles semences qui devaient permettre de doubler les rendements agricoles. Le ministre en avait conclu « logiquement » que les agriculteurs pourraient travailler deux fois moins. Mais cela n'a pas été le cas. Le travail a été réaffecté à d'autres productions afin de ne pas perdre le fil des nouvelles opportunités économiques, ou plutôt de joindre les deux bouts dans un contexte socioculturel bouleversé. Malgré de nombreuses contraintes, les populations précapitalistes vivaient dans une certaine forme d'abondance, avec émerveillement et gratitude. Ce monde était riche en relations au sein de communautés soudées et d'une nature florissante.

Nous ne sommes pas condamnés à servir notre système économique actuel. Nous pouvons concevoir un nouveau système opérant sur un principe d'abondance et permettant à tous les êtres de s'accomplir. L'abondance concerne ici l'« être », mais elle va de pair avec la satisfaction des besoins matériels fondamentaux de tous. En reprenant le contrôle sur notre système économique, nos besoins, nos désirs et nos priorités, nous pouvons avoir plus qu'il ne nous en faut et nous épanouir davantage. Redécouvrir les valeurs spirituelles de la modération et du contentement est une nécessité vitale. Nous pouvons nous affranchir du gaspillage et de la surconsommation : produits jetables, biens de consommation ostentatoires, produits toxiques (énergies fossiles, malbouffe, substances psychotropes, alcool, publicité, etc.), ou encore biens qui offrent des « solutions » aux problèmes que nous avons nous-mêmes créés (armes[1], services de sécurité, dépollution, médicaments contre les maladies chroniques, moyens de transport pour les longs trajets domicile-travail, etc.).

Nous pouvons réattribuer ces ressources à des activités plus utiles, comme l'a fait le Costa Rica il y a soixante-dix ans en abolissant son armée et en choisissant d'investir dans l'éducation et la santé, ce qui lui permet aujourd'hui de présenter le meilleur indice de progrès social à travers toute l'Amérique latine[2]. Nous avons aussi la possibilité de mieux répondre à bon nombre de nos besoins grâce à des solutions

1. Les dépenses militaires représentent plus de 2 % du PIB mondial. https://donnees.banquemondiale.org/indicateur/MS.MIL.XPND.GD.ZS, consulté le 20 janvier 2023.
2. Social Progress Imperative, 2019.

fondées sur la nature et la communauté, qui ont longtemps été exclues de la sphère commerciale.

Réformer les droits de propriété intellectuelle à l'ère du numérique

Grâce à la technologie, nous pouvons déjà partager une multitude de ressources, et souvent en bénéficier gratuitement : éducation, outils, voitures, maisons, contenus culturels, logiciels, etc. À l'avenir, les avancées technologiques, l'automatisation, l'intelligence artificielle et la digitalisation pourraient minimiser les coûts et ainsi offrir un accès universel à une kyrielle de produits et de services[1]. Afin que ces progrès profitent à l'ensemble de la population, les systèmes de droits de propriété intellectuelle (brevets, droits d'auteur, marques commerciales, etc.[2]) doivent être revus, notamment pour s'adapter à la nouvelle réalité de l'économie digitale. Portés par des coûts de reproduction presque nuls et par les « effets de plateforme » (dans la mesure où la valeur des réseaux dépend de leur taille, il est logique que tout le monde aille là où les gens se trouvent – Facebook, Amazon, Uber et Airbnb, par exemple), les monopoles ont rendu l'économie digitale extrêmement rentable, ce qui a conduit à une incroyable concentration de pouvoir et de richesse.

La production et la gestion des informations constituent le principal secteur d'activité à l'échelle de la planète : 6 ou 7 des 8 plus grandes sociétés internationales sont spécialisées dans les technologies de l'information[3], tandis que 7 des 15 plus grandes fortunes mondiales évoluent dans le domaine des hautes technologies[4]. Mais contrairement aux biens matériels, les informations ne sont pas des biens rivaux : quand je regarde un film en ligne, cela n'empêche personne d'autre de faire la même chose, et le coût supplémentaire lié à mon visionnage est proche de zéro. L'abondance devrait donc être une loi naturelle de l'économie digitale. Au lieu de cela, les droits de propriété intellectuelle ont généré des monopoles lucratifs qui limitent l'accès, l'innovation et la concurrence, créant ainsi une rareté artificielle.

1. Diamandis & Kotler, 2012.
2. Les brevets couvrent les caractéristiques d'une invention au sens large, tandis que les droits d'auteur se focalisent sur la duplication exacte ou quasi exacte d'une invention. Les marques commerciales permettent de faire la distinction entre les biens ou les services d'une entreprise et les biens ou les services de ses concurrents.
3. Voir https://companiesmarketcap.com/, consulté le 5 mai 2023.
4. Hoffower, 2020.

Comme mon ami Rufus Pollock de la communauté du Village des Pruniers l'a si bien expliqué : « Nous avons besoin d'un monde ouvert où chacun est libre d'utiliser et de partager les informations digitales, et où les innovateurs et les créateurs sont reconnus et récompensés[1]. » Dans son brillant ouvrage intitulé *The Open Revolution*, il démontre que nous sommes tout à fait capables de remplacer les systèmes actuels de droits de propriété intellectuelle pour offrir un accès gratuit et universel à l'ensemble des informations digitales non privées, depuis les contenus musicaux jusqu'aux données médicales, en passant par les logiciels et les statistiques. En vue de soutenir l'innovation et dans un souci d'équité, les inventeurs et les auteurs seraient toujours rétribués au travers de droits de rémunération déterminés par le marché, sur la base de l'utilisation réelle de leurs travaux, et des systèmes spécifiques subventionneraient les processus de création. Des accords nationaux et internationaux pourraient fixer les modes de financement de cette révolution ouverte, par exemple au moyen de faibles taxes sur la publicité Internet ou sur les services de données mobiles. En ce qui concerne la musique ou encore le cinéma, l'État pourrait mettre en place un protocole juridique universel d'attribution de licence. Par conséquent, les plateformes telles que Spotify ou Netflix n'endosseraient plus le rôle de distributeurs légaux, mais seulement de distributeurs techniques.

Ce type de système présente d'immenses avantages. Aux Pays-Bas, les revenus totaux de l'industrie musicale sont estimés à 150 millions d'euros par an, mais les créateurs en perçoivent sans doute moins de 60 %. Il a été estimé que la liberté d'accès augmenterait la richesse de la société néerlandaise de plus de 600 millions d'euros par an[2]. Ce chiffre ne tient pas compte de la suppression des coûts aujourd'hui nécessaires pour exclure les personnes qui ne paient pas l'accès à ces services. Selon Pollock, le développement de toute une industrie technologique et juridique, d'une valeur de plusieurs centaines de millions de dollars « pour empêcher ce que le monde digital fait si bien – à savoir fournir des copies gratuites – [...] afin de nous frustrer et de nous exaspérer [...] est une magnifique illustration de perte de temps pour l'humanité[3] ».

Outre un accès gratuit et universel, cette « open revolution » instituerait le droit de réutiliser les innovations existantes et de partager les nouvelles innovations intégrant ces dernières. Ce système remplacerait les brevets

1. Pollock, 2018 (traduction libre).
2. Handke *et al.*, 2016.
3. Pollock, 2018 (traduction libre).

actuels qui entravent la concurrence et l'innovation en offrant aux premiers innovateurs le droit absolu d'interdire la réutilisation de leurs travaux. Au lieu de cela, il accorderait le droit à une rémunération équitable et proportionnelle à la valeur ajoutée réelle. Ces innovations sont souvent bâties sur de longues successions d'inventions – émanant d'entreprises mais aussi de la nature, de communautés humaines ou de programmes publics –, qui sont rarement reconnues à leur juste valeur dans le système en place.

L'« open revolution » peut mettre un terme aux monopoles des plateformes digitales. Par exemple, les protocoles de Facebook pourraient être libres et accessibles à tous (comme Internet) contre une rémunération équitable. Cela pourrait donner naissance à un réseau social ouvert et contrôlé par ses utilisateurs, sur lequel de nouvelles fonctionnalités et de nouveaux réseaux pourraient être développés sans difficulté. Enfin, pour briser le monopole des grandes sociétés Internet, la loi pourrait exiger l'interopérabilité et la portabilité des données.

D'un point de vue technique, financier et juridique, cette « open revolution » est parfaitement envisageable. Elle peut être mise en œuvre de manière progressive par divers moyens et favoriser des modèles de production open source (par exemple, GNU/Linux, Android, Wikipédia, etc.). Elle peut renforcer les valeurs positives associées à l'économie digitale (collaboration, partage et créativité) et soutenir le paradigme de l'être, dans lequel l'effort et donc l'innovation ne sont pas principalement guidés par l'appât du gain, mais par une motivation intrinsèque à contribuer au bien public.

En permettant à l'ensemble des êtres de recevoir tout ce dont ils ont besoin, d'offrir tout ce qu'ils peuvent offrir et de devenir tout ce qu'ils sont, nous pouvons enclencher une dynamique de régénération humaine, sociale et environnementale, et d'enrichissement mutuel authentique[1]. Avec l'être pour objectif, l'ensemble du système change, pour passer de la logique de concurrence et de la rareté à celle de la coopération et de l'abondance ; de la cupidité, la violence et la destruction à la bienveillance, la paix et l'épanouissement.

Un nouveau système de valeurs et de nouveaux indicateurs

Avant tout, il nous faut redéfinir le sens et la mesure de la réussite qu'il s'agit d'appréhender en termes d'être et non plus d'avoir. Comme

1. Je remercie mon amie le docteur Shelley Ostroff pour cet éclairage sur le code de vitalité. Voir https://www.7days-of-rest.org/the-vitality-code, consulté le 4 août 2020.

nous l'avons vu tout au long de cet ouvrage, cela revient simplement à lever le voile sur les mensonges sur lesquels notre système économique se fonde. Lorsque nous reconnaîtrons collectivement que l'argent n'est pas la clé de notre accomplissement, et que son accumulation effrénée est bien souvent pathologique, nous cesserons naturellement de nous y attacher. « Le succès ne se mesure pas à la quantité d'argent que vous gagnez, mais à l'impact que vous avez sur la vie des gens », a déclaré Michelle Obama. Quand nous reconnaîtrons que les personnes les plus admirables et accomplies sont au service de tous, les gens tourneront à nouveau leurs efforts vers le bien commun.

La quête d'argent, à l'instar d'autres récompenses extrinsèques, repose souvent sur l'insécurité et le besoin de reconnaissance, alimentés tous deux par la publicité et le système économique. Quand nous pourrons lire cette compréhension dans le regard compassionnel que nos partenaires, nos amis, nos parents, nos enfants, nos collègues et nos voisins posent sur nous, nous changerons sans doute alors notre mode de vie et nous guérirons. À mesure que l'humanité deviendra plus adulte, il sera moins nécessaire de traiter les gens comme des enfants au moyen de systèmes de récompenses et de sanctions pour encourager les bons comportements. Sur le plan social, bon nombre d'activités destructrices ne seront plus tolérées – ce changement de valeurs pourrait même les rendre un jour impensables. Notre système de valeurs concentre notre attention collective et détermine ce qui est possible.

Au niveau national, cela se traduirait par de nouveaux indicateurs de développement. Plutôt que de vouloir afficher le PIB le plus élevé, les pays se targueraient d'avoir des citoyens heureux et accomplis, prenant soin les uns des autres et respectant la nature. Les écueils du PIB sont bien établis, et on trouve aujourd'hui une multitude d'indicateurs alternatifs. Ils évaluent non seulement la richesse et la production économiques avec plus de précision, mais intègrent aussi les dimensions humaines, sociales et environnementales, et parfois des évaluations subjectives de la satisfaction à l'égard de la vie et du bien-être.

Certains systèmes de mesure réunissent tous ces aspects en un seul indicateur, tandis que d'autres proposent un ensemble de plusieurs indicateurs. Conçu sous la direction technique de Michael Porter (Harvard Business School) et de Scott Stern (MIT), et reposant sur les travaux d'Amartya Sen, Joseph Stiglitz et Douglass North, tous lauréats du prix Nobel d'économie, le Social Progress Index est l'un d'entre eux. Il a notamment été adopté par le Paraguay, l'Union européenne et la Californie. Au lieu de s'intéresser aux moyens économiques, il se focalise sur les résultats obtenus sur les plans humain, social et environnemental.

Dans une certaine mesure, sa définition du progrès social résonne avec notre vision : « [C]apacité d'une société à répondre aux besoins humains fondamentaux de ses citoyens, à mettre en place les éléments qui permettent aux citoyens et aux collectivités d'améliorer et de pérenniser leur qualité de vie, et à créer des conditions idéales pour que tous les individus atteignent leur plein potentiel[1]. »

Comme d'habitude, les pays nordiques occupent le haut du classement, tandis que les États-Unis restent à la traîne (en 26e position en 2019). Un changement de la répartition internationale du pouvoir pourrait faciliter cette redéfinition du développement, à partir d'une nouvelle vision culturelle. Si la Chine, par exemple, était capable de se reconnecter à son âme, elle pourrait puiser dans sa richesse culturelle et dans sa sagesse ancestrale pour promouvoir de nouveaux indicateurs de progrès et un leadership mondial sain.

Cette nouvelle orientation vers l'« être » ne s'applique pas uniquement au secteur public. Les entreprises peuvent aussi redéfinir leur raison d'être et évaluer leurs performances en termes, par exemple, de bonheur ou de bien-être. Pour changer notre système de valeurs, nous avons besoin d'une masse critique de leaders engagés dans tous les secteurs et à tous les niveaux : hommes et femmes d'affaires, banquiers, journalistes, chercheurs, présidents, ministres, gouverneurs, maires, fonctionnaires, etc. Ils doivent tous prendre leurs responsabilités, se mobiliser et se fédérer. Il nous faut une volonté d'agir : des engagements individuels, organisationnels et politiques susceptibles de mener à la réussite de cette transformation en l'espace d'une génération. N'y a-t-il rien de plus palpitant ?

Beaucoup de ceux qui détiennent actuellement du pouvoir et de l'argent craignent cette transition. Or, tôt ou tard, ce système économique devra complètement changer… ou bien il s'effondrera. La peur est une réaction humaine souvent déclenchée par un traumatisme, mais il n'y a pas d'échappatoire. Nous ne pourrons bientôt plus éviter de faire face à nos propres responsabilités dans les tragédies à venir. Certains essaieront encore d'échapper à leur conscience, mais leurs enfants et le monde leur demanderont des comptes. C'est déjà le cas. Pouvez-vous alors imaginer en 2040 ? Sur notre lit de mort, nous aurons tous à répondre de ce que nous avons fait pour la Terre et tous ses enfants.

1. Social Progress Imperative, 2019 (traduction libre). Cependant, une politique de l'être appellerait à des indicateurs qui suivent non seulement l'évolution des conditions positives permettant aux individus d'atteindre leur plein potentiel, mais aussi leur accomplissement réel (voir chapitre suivant).

Un Green New Deal mondial

En plus de favoriser l'émergence d'un nouveau système de valeurs, nous devons en priorité investir dans la transition écologique. La crise environnementale actuelle représente la plus grande menace à laquelle l'humanité ait jamais été confrontée. La survie de notre espèce est en jeu. La fenêtre d'opportunité pour éviter le chaos climatique et un effondrement mondial se rétrécit, car les gaz à effet de serre que nous émettons affecteront le climat pendant une très longue période[1]. À l'échelle de la planète, ces émissions ont augmenté de 1,1 % par an au cours des années 2010, pour atteindre 58 Gt d'équivalent CO_2 en 2022[2]. Les engagements internationaux des pays en termes de réduction de leurs émissions – s'ils sont respectés – permettraient d'enregistrer un niveau global d'émissions compris entre 52 et 55 Gt d'équivalent CO_2 en 2030, pour une augmentation de 2,8 °C[3]. Cependant, si l'on veut limiter la hausse mondiale des températures à 1,5 °C par rapport aux températures de la période préindustrielle, les émissions de gaz à effet de serre ne devront pas dépasser 32 Gt d'équivalent CO_2 en 2030 (40 Gt d'équivalent CO_2 pour une hausse de 2 °C)[4]. Cela équivaut à une diminution annuelle de 7,2 % des émissions entre 2022 et 2030.

Cela requiert un effort d'investissement massif et coordonné, un Green New Deal mondial pour surmonter cette crise environnementale majeure. Dans la seule filière énergétique, nous avons besoin d'environ 2 400 milliards de dollars d'investissements annuels – ce qui représente approximativement 2,5 % de l'économie mondiale (alors que les investissements actuels s'élèvent à 1 %[5]) – pour maintenir la hausse des températures sous la barre de 1,5 °C[6]. L'instauration de filières énergétiques propres, efficaces et décentralisées constitue un élément clé de la décarbonation de nos économies. Tous les pays ont besoin de leur indépendance énergétique et ils en sont capables. C'est une dimension vitale de la souveraineté, qui peut grandement améliorer les relations

1. Les gaz à effet de serre restent dans l'atmosphère pendant des dizaines, des centaines, voire des milliers d'années, selon les gaz concernés et les processus naturels impliqués.

2. https://www.brookings.edu/articles/tracking-emissions-by-country-and-sector/, consulté le 4 août 2023.

3. Programme des Nations unies pour l'environnement, 2022.

4. *Ibid.*

5. Birol, 2020.

6. Giec, 2018.

internationales et aurait permis d'éviter plusieurs guerres et conflits récents en lien avec les ressources énergétiques.

Au-delà de l'énergie, un Green New Deal mondial faciliterait l'évolution de tous les aspects de l'économie : modes de transport, urbanisme, industrie, gestion de l'occupation des sols (y compris l'agriculture), foresterie et conservation de la nature, gestion de l'eau, etc. Dans le même temps, des investissements très importants seront requis pour réaliser les ODD avec un déficit de financement estimé en 2014 entre 2 500 et 3 000 milliards de dollars par an dans les « pays en développement »[1]. Au niveau mondial, les investissements nécessaires dans le domaine des infrastructures (pour l'énergie, le transport, les télécommunications, la gestion de l'eau et des déchets, l'agriculture et la foresterie) ont été estimés à 90 000 milliards de dollars pour la période 2015-2030. Cela impliquait un doublement du niveau des investissements d'alors[2] et dépasserait la valeur de l'ensemble des actifs d'infrastructures mondiaux dont nous disposons aujourd'hui. Un Green New Deal mondial pourrait nous donner les moyens d'atteindre les ODD, car la transition vers des infrastructures peu carbonées ne coûterait que 5 % de plus au départ, ce que la diminution des frais d'exploitation pendant la durée de vie des infrastructures pourrait entièrement compenser[3]. Cette solution pourrait réduire la pauvreté de manière sensible et créer plus de 170 millions d'emplois d'ici à 2030[4].

Après la crise financière de 2008, les appels se sont multipliés. Les Nations unies ont notamment réclamé des investissements pour la relance verte. Mais ces appels ont souvent été ignorés et l'argent investi pour remettre l'économie « sur les rails » ne nous a pas fait progresser sur la voie de la durabilité.

Les investissements publics engagés pour sauver nos systèmes financiers et économiques après les crises de 2008 et 2020 ont démontré qu'il y avait assez d'argent pour financer un Green New Deal mondial. Les aides publiques, par exemple dans les secteurs agricole et énergétique – les aides annuelles accordées pour les énergies fossiles ont été estimées à 447 milliards de dollars, ce qui représente 70 % des aides fournies dans

1. Cnuced, 2014.
2. Commission mondiale sur l'économie et le climat, 2016.
3. *Ibid.*
4. Selon Richard Kozul-Wright, directeur de la Division de la mondialisation et des stratégies de développement à la Conférence des Nations unies sur le commerce et le développement (Cnuced), qui envisage un investissement annuel de 2 % de la production mondiale.

l'ensemble du secteur énergétique[1] –, pourraient être redirigées vers des activités écologiques. Des taxes carbone élevées pourraient envoyer le bon signal prix aux investisseurs et générer des ressources. De nouvelles réglementations pourraient contraindre les institutions financières à financer la transition écologique. Les milliards de dollars et d'euros injectés dans l'économie par les banques centrales (création monétaire sous la forme de « *quantitative easing* ») pour gérer les répercussions de la crise financière de 2008 pourraient, cette fois-ci, être orientés vers des actifs verts.

On pourrait en effet utiliser la création de monnaie afin de lutter contre le changement climatique au niveau international, en utilisant pour cela les droits de tirage spéciaux du FMI[2]. « Les ressources sont là. Il ne nous manque que la volonté politique[3] », a expliqué Richard Kozul-Wright, directeur de la Division de la mondialisation et des stratégies de développement à la Conférence des Nations unies sur le commerce et le développement (Cnuced), lorsqu'il a présenté le rapport 2019 de la Cnuced sur le financement d'un Green New Deal mondial[4].

De fait, si les efforts immédiats de soutien économique durant la crise du Covid-19 ont semblé dans un premier temps ne pas privilégier les investissements verts, ils ont été suivis de l'adoption par l'Europe et les États-Unis de plans d'investissements ambitieux pour décarboner leurs économies. Adopté en 2020, le Green Deal européen ambitionne ainsi de mobiliser 1 000 milliards d'euros sur la décennie pour placer le continent sur la trajectoire de la neutralité climatique en 2050. 30 % du budget et du plan de relance (« Next generation EU ») européen y est alloué. La présidente de la commission Ursula von der Leyen a également personnellement soutenu le « nouveau Bauhaus européen » comme nécessaire volet culturel du Green Deal européen. L'objectif climatique est aussi au cœur de l'« Inflation Reduction Act », un plan d'investissement de 891 milliards de dollars que le président américain Biden a réussi à faire approuver en 2022.

La rapidité avec laquelle nous détruisons les écosystèmes, extrayons les ressources et polluons n'est plus viable, et nous avons de toute urgence besoin d'évoluer vers un système économique qui régénère la nature et fonctionne selon le principe d'une économie circulaire : en boucle fermée avec zéro pollution, zéro déchet et 100 % de recyclage, tout comme le fait la nature. De nombreuses initiatives ont déjà choisi cette

1. Taylor, 2020.
2. Ferron & Morel, 2014.
3. Larson, 2019 (traduction libre).
4. Cnuced, 2019.

voie, comme le démontrent les villes de San Francisco et Seattle qui s'efforcent de réduire leurs déchets, ou l'Union européenne avec son plan d'action pour une économie circulaire. Les contraintes économiques principales proviendront de plus en plus de la limitation des ressources naturelles et, éventuellement pendant un certain temps, de l'énergie.

Il est indispensable de définir et de respecter les limites physiques de notre impact environnemental (voir figure 7). Outre un changement culturel, des investissements publics et une meilleure réglementation, cela implique notamment d'intégrer l'ensemble des coûts et des bénéfices environnementaux dans les systèmes économiques. Mais, dans beaucoup de cas, le remplacement des valeurs économiques par des mesures physiques pour la gestion de l'environnement empêchera les entreprises de compenser financièrement leur destruction de l'environnement. Elles devront donc assumer leur entière responsabilité pour garantir la réutilisation ou le recyclage complet de leurs produits : seule l'existence de systèmes pour cela, qu'elles pourront financer, leur permettra de déléguer leurs responsabilités.

Satisfaire les besoins fondamentaux de tous

Une économie véritablement écologique est le seul moyen de retrouver une nouvelle forme de prospérité. Elle doit rompre avec l'ancien paradigme de la croissance économique. Ne pas le reconnaître n'est que source de confusion : nous nous demandons sans cesse si les niveaux de consommation sont assez élevés pour maintenir l'économie à flot, tout en sachant qu'ils détruisent la planète. La voie de la durabilité et de la régénération est incompatible avec le paradigme de la croissance (non) économique[1]. Il nous faut tourner le dos à la logique de la consommation et des besoins illimités, et ne plus nous accrocher à des activités économiques inutiles et destructrices simplement par volonté d'alimenter le système économique et par peur du chômage. Au lieu de cela, nous devrions revenir aux fondements de l'économie et rechercher les moyens d'allouer au mieux nos ressources limitées, surtout les ressources naturelles et dans une moindre mesure les ressources humaines, en les réorientant vers la satisfaction de nos besoins réels dans un esprit de sobriété.

1. Le concept de « croissance non économique » a été développé par l'économiste écologique américain Herman Daly. Il désigne la croissance économique qui reflète ou provoque une baisse de la qualité de vie.

La Charte de la Terre, déjà mentionnée, indique qu'« une fois les besoins de base satisfaits, l'évolution de l'humanité n'est pas une question d'avoir plus, mais plutôt d'être plus ». D'un côté, une économie de l'être nous aide à accéder à des biens et des services favorisant l'expression de notre plein potentiel, y compris les contenus et les expériences à caractère spirituel, artistique ou culturel, les relations sociales, le contact avec la nature et les activités physiques et liées au bien-être. Il faut pour cela développer une économie tertiaire qui, à des degrés divers, repose sur le partage et l'accès libre, notamment par le biais d'Internet, et sur l'économie du soin. En parfait accord avec notre approche, cette dernière désigne le travail au service des autres, en particulier les plus vulnérables comme les personnes jeunes, malades et âgées, et fait généralement l'objet d'une motivation intrinsèque. Les soins infirmiers et médicaux, l'enseignement, le ménage ou encore la cuisine sont classés dans la catégorie des services à la personne et des services sociaux.

D'un autre côté, cette économie de l'être se concentre sur la satisfaction de nos besoins matériels fondamentaux, que tout un chacun doit combler. En fait, depuis la Déclaration universelle des droits de l'homme adoptée en 1948, la législation et les normes internationales se sont efforcées de reconnaître les droits des individus à satisfaire ces besoins fondamentaux. Avec les ODD, l'humanité s'est engagée à y parvenir pour l'année 2030. Les besoins matériels fondamentaux incluent l'alimentation, l'eau, l'hygiène et le logement, mais aussi l'accès à l'éducation, à la santé, à l'énergie, à l'information et aux technologies de communication. Dans son livre intitulé *La Théorie du donut. L'économie de demain en 7 principes*, publié dans sa version traduite en 2018, l'économiste anglaise Kate Raworth considère ces besoins matériels fondamentaux, ainsi que d'autres besoins – tels que le revenu et le travail, la paix et la justice, la représentation politique, l'équité sociale et l'égalité des sexes –, comme les bases sociales requises afin que « chaque être humain [ait] les capacités nécessaires pour mener une vie de dignité et de possibilités[1] ». Combinées à un plafond écologique reposant sur les neuf limites planétaires identifiées par le Centre de résilience de Stockholm, ces bases sociales définissent « un espace juste et sûr pour l'humanité[2] » (voir figure 7).

1. Raworth, 2012 (traduction libre).
2. Raworth, 2018.

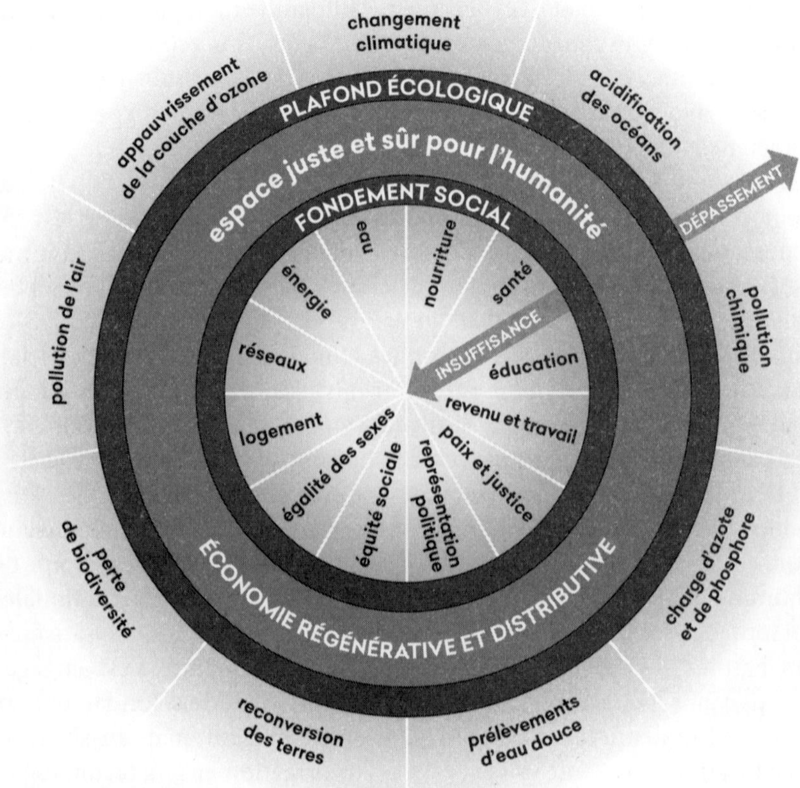

Figure 7. Théorie du donut[1]

Cette attention portée aux besoins fondamentaux se traduit par divers types de politiques. Nos systèmes d'imposition, en particulier la taxe sur la valeur ajoutée, devraient favoriser les produits et les services qui répondent à ces besoins, tandis que les produits de luxe devraient être lourdement taxés ou tout simplement interdits. On peut aussi envisager de fixer un prix maximal pour un produit donné. Comment est-il possible que 95 % du prix d'un sac à main soit dû à son logo ? Le *business model* du secteur du luxe repose en majeure partie sur le fait de permettre à certaines personnes de se sentir supérieures aux autres même si elles doivent toutes pour cela acheter le même sac ! Il ne crée pas mais détruit plutôt de la valeur sociale : la frustration réelle des

1. *Ibid.*

uns est loin d'être compensée par la satisfaction artificielle et précaire des autres. Je ne vois pas quelle place il pourrait trouver dans une économie de l'être.

La publicité – et le consumérisme qu'elle vante – est par ailleurs très toxique sur le plan social, car elle ébranle la confiance en soi, la satisfaction et le bien-être[1]. Dans beaucoup de pays non occidentaux, elle a même provoqué un sentiment de rejet des cultures nationales et traditionnelles. Pour sortir du système économique destructeur qu'elle alimente, nous pouvons la restreindre de manière drastique, comme l'a fait le Bhoutan, et l'utiliser plutôt pour promouvoir une économie de l'être.

Je ne m'érige pas contre la croissance économique en tant que telle. Les activités qui répondent à nos besoins matériels fondamentaux et d'être devront se développer dans les limites écologiques qui s'imposent à nous. Il est juste insensé de tout sacrifier pour alimenter une croissance économique qui ne fait pas la différence entre des activités superflues et destructrices d'une part, et des activités contribuant à notre accomplissement d'autre part.

Réduire les inégalités pour conduire la transition écologique, satisfaire les besoins fondamentaux de tous, et préserver la cohésion sociale

Une baisse considérable des inégalités est nécessaire pour conduire la transition écologique, satisfaire les besoins fondamentaux de tous et préserver la cohésion sociale. Les 10 % les plus riches du monde produisent la moitié des émissions totales de carbone[2]. Certaines personnes émettent plus de carbone en une journée que d'autres en une année, voire en une vie entière. Les taxes environnementales ont un rôle à jouer dans la transition écologique, mais elles doivent s'appliquer de manière différenciée selon qu'il s'agit d'une consommation nécessaire ou superflue. L'économiste français Thomas Piketty propose ainsi d'instaurer une carte carbone individuelle qui définirait la quantité annuelle de gaz à effet de serre que chaque citoyen serait autorisé à émettre, et d'appliquer des taxes importantes au-delà d'un certain seuil[3].

1. Michel *et al.*, 2019 ; Ahuvia & Izberg-Bilgin, 2013.
2. Oxfam, 2015.
3. https://www.parisschoolofeconomics.eu/fr/actualites/la-parole-a-thomas-piketty-chaque-societe-humaine-doit-justifier-ses-inegalites/, consulté le 4 août 2020. Cela

À l'instar de l'énergie dans un écosystème, l'argent – que nous utilisons pour assurer le fonctionnement de nos sociétés humaines – doit circuler, se diffuser et ne pas s'accumuler. La dette mondiale astronomique ne veut pas dire que nous sommes collectivement pauvres. Elle signifie que l'argent ne se trouve pas là où il devrait être, à savoir là où il est nécessaire et dépensé[1]. L'augmentation rapide de la dette ces quarante dernières années est allée de pair avec la concentration des richesses.

Il existe de nombreuses manières de réduire les inégalités. La façon la plus évidente consiste à fixer des seuils de revenus minimaux et maximaux, ainsi qu'une imposition sur la fortune et des droits de succession élevés. Avant que les idées néolibérales ne commencent à se répandre dans les années 1980, les États-Unis avaient établi un très fort taux marginal d'imposition sur le revenu : environ 81 % entre 1930 et 1980[2]. Pour les plus riches, les droits de succession s'élevaient à 74 %. En 1944 et 1945, c'est-à-dire pendant la Seconde Guerre mondiale, le taux marginal d'imposition sur le revenu avait même atteint 94 %. L'économie américaine était bien plus prospère entre 1930 et 1980 que dans les quatre dernières décennies durant lesquelles les niveaux imposition des plus riches ont baissé de manière importante.

Dans son best-seller intitulé *Le Capital au XXIe siècle*, Thomas Piketty suggère un impôt mondial sur le capital d'environ 2 %. À un niveau plus modeste, l'impôt sur la fortune a été adopté par de nombreux pays, y compris les plus performants comme la Norvège, la Suisse et les Pays-Bas. Alors que les inégalités se creusent, l'impôt sur la fortune suscite de plus en plus l'intérêt. Pendant la course aux primaires démocrates américaines de 2020, Elizabeth Warren et Bernie Sanders se sont tous deux appuyés sur les travaux de Thomas Piketty pour proposer un impôt annuel pour les plus riches, s'élevant respectivement à 6 % et 8 % de leur fortune individuelle[3]. Ils ont aussi suggéré une taxe d'expatriation importante – entre 40 et 60 % – sur la fortune des Américains qui souhaitaient quitter le pays. À travers l'histoire, l'impôt sur la fortune a toujours permis de remédier à la dette publique, aux dommages causés par la guerre et aux coûts de la reconstruction : un

---

pourrait soulever des problèmes liés au respect de la vie privée et des libertés, qu'il serait alors nécessaire de régler.

1. Je ne veux pas dire que les dettes sont forcément mauvaises, mais que leur récente augmentation est le symptôme d'un problème grave : la concentration des richesses.

2. Piketty, 2019.

3. Kahloon, 2020.

impôt sur la fortune ponctuel de 40 à 50 % a souvent été appliqué dans des pays tels que le Japon, l'Allemagne, l'Italie ou la France[1]. Il me semble que la situation actuelle et la menace climatique sont tout aussi cruciales et requièrent une augmentation de l'imposition sur le revenu, la fortune et les successions pour les plus riches.

On pourrait permettre aux personnes riches qui utilisent leur argent pour le bien public (même si les conditions devraient être strictement définies et encadrées) de déduire tout ou partie des sommes engagées[2] de l'assiette fiscale calculée dans le cadre de l'impôt sur la fortune. Le principe de curatelle (« *trusteeship* ») collective défendu par Gandhi ou Bahá'u'lláh serait ainsi appliqué. Comme l'a écrit Gandhi : « Aujourd'hui, on demande à ceux qui possèdent l'argent de se comporter comme des curateurs qui détiennent leurs richesses au nom des pauvres. Vous penserez peut-être que la curatelle est une fiction juridique. Mais si les gens méditaient constamment sur ce point et tentaient d'agir en conséquence, l'amour régirait davantage la vie sur Terre. La curatelle absolue est un concept abstrait, comme la définition euclidienne du point, et elle est tout aussi irréalisable. Cependant, si nous nous en donnons la peine, cela devrait plus nous rapprocher d'une situation égalitaire sur Terre que toute autre méthode[3]. »

En incitant financièrement les plus riches à emprunter cette voie, ils pourraient en faire l'expérience et y prendre goût pour choisir alors de la suivre volontairement.

L'argent récolté grâce à ces impôts aiderait à promouvoir les services publics et l'accès gratuit à la santé, à l'éducation, aux transports, à l'eau, à la culture, etc. Un revenu universel de base et/ou une dotation de capital individuelle et unique pourraient être instaurés. Thomas Piketty propose ainsi un système d'« héritage pour tous » : à son vingt-cinquième anniversaire, chaque individu recevrait une dotation de capital équivalente à 60 % du patrimoine net moyen d'un adulte. Cela représenterait 231 000 dollars aux États-Unis et 120 000 euros en France[4]. Aider les gens à s'installer, à acheter un logement et à investir par exemple dans leur propre entreprise améliorerait grandement leur autonomie, mais leur laisserait aussi la liberté de vivre comme ils l'entendent et de suivre leur vocation.

---

1. Piketty, 2019.
2. Même si elle sert au bien commun, la concentration des richesses n'est pas saine et devrait, dans l'idéal, être réduite. Cela pourrait plaider en faveur d'une déduction partielle de ces ressources dans l'assiette fiscale de l'impôt sur la fortune.
3. Gandhi, 1969 (traduction libre).
4. Kahloon, 2020 ; Clifford, 2019.

Relocaliser l'économie[1] pour sortir du moins-disant social et environnemental et renforcer les communautés locales

Certains d'entre vous pensent peut-être que ces mesures ne sont pas réalistes, car elles vont à l'encontre de la compétitivité nationale qui doit prévaloir dans une économie mondialisée. De fait, la mondialisation de l'économie a entraîné une course vers le bas en termes de réglementations et de normes environnementales et sociales de production. Avec la déréglementation internationale du commerce et de la finance, les pays ont commencé à se faire concurrence pour attirer les investissements, y compris par le biais d'allégements fiscaux et de subventions. Aux États-Unis, outre l'aide fédérale, *The New York Times* a constaté qu'en 2012, « le gouvernement fédéral et les gouvernements d'État octroy[aient] 80 milliards de dollars par an sous la forme d'allégements fiscaux et autres subventions dans une course inconsidérée et sans avenir pour appâter les entreprises[2] ». Le capital peut aujourd'hui s'établir là où la production s'avère la plus rentable, ce qui se traduit par une concentration des richesses et par la fuite des bénéfices dans les paradis fiscaux. Selon la Cnuced, « depuis les années 1980, dans toutes les régions et presque tous les pays, la part du revenu national récupérée par les travailleurs a baissé[3] » de 7 % en moyenne dans les « pays développés » (passant de 61,5 % à 54,5 %) et de 2 % dans les « pays en développement » (passant de 52,5 % à 50,5 %).

La libre circulation des capitaux, en particulier des fonds spéculatifs et à court terme, a accru de manière considérable les risques de crise financière tout en augmentant les niveaux d'inégalité, ainsi que le reconnaissent les économistes du FMI[4]. Le libre-échange a durement affecté notre résilience économique, et la crise du Covid-19 a révélé au grand jour les vulnérabilités des chaînes logistiques mondiales, mais aussi les risques liés à la concentration de la production des biens essentiels, comme les médicaments, dans un nombre très restreint de lieux tels que l'Inde et la Chine[5].

Les marchés financiers et les grandes entreprises transnationales dominent de plus en plus le système économique mondial. En 2016,

1. Korten, 2016 ; Norberg-Hodge, 2016.
2. *The New York Times*, 2012 (traduction libre).
3. Cnuced, 2019 (traduction libre).
4. Ostry *et al.*, 2016.
5. Tucker & Daskin, 2020.

parmi les 100 entités économiques les plus riches de la planète, seules 29 étaient des États. Les 71 restantes étaient des entreprises[1]. Selon Paul Hellyer, ancien vice-Premier ministre du Canada : « La mondialisation est le nom de code de la privatisation. Elle désigne les efforts des plus grandes entreprises internationales et des plus grandes banques mondiales pour réinventer le monde de sorte qu'elles n'aient pas à rémunérer leurs employés de manière décente, ni payer des impôts pour entretenir les routes et les parcs, ou encore accorder des indemnités aux personnes âgées et aux personnes handicapées[2]. »

Sur le long terme, il n'est pas très stratégique d'abaisser les normes sociales et environnementales. Les investisseurs recherchent aussi de bonnes infrastructures, un accès aux marchés, des ressources humaines correctement formées et une qualité de vie agréable. Si les pays sont sous pression pour assouplir leurs normes de production et diminuer les impôts et les dépenses publiques, cela peut aussi affecter leur compétitivité sur le long terme. Notre système économique ne peut littéralement pas s'empêcher de détruire ses propres fondations.

Comme l'a constaté l'anthropologue suédoise Helena Norberg-Hodge : « La mondialisation est souvent décrite comme le produit de forces naturelles et évolutives au-delà de tout contrôle. Sur son site web, la Banque mondiale affirme que "la mondialisation est un phénomène inévitable dans l'histoire de l'humanité". Un peu plus loin, elle reconnaît cependant que "[ce phénomène] se produit lorsque les pays réduisent les contraintes telles que les droits à l'importation et ouvrent leurs économies aux investissements et au commerce avec le reste du monde". »

En d'autres termes, il n'y aurait pas de mondialisation si les gouvernements n'avaient pas changé les règles du jeu afin de l'encourager[3].

Nous pouvons nous défaire de la mondialisation telle que nous la connaissons et relocaliser l'économie. La transition a même déjà commencé. En effet, la part du commerce international dans la production mondiale a légèrement baissé au cours des années qui ont précédé la pandémie de Covid-19, qui semble par ailleurs avoir accéléré la tendance[4]. La mondialisation des marchés financiers montre des signes de faiblesse depuis la crise de 2008, avec par exemple une baisse de 35 %

1. Babic *et al.*, 2017.
2. Cité dans Norberg-Hodge, 2016 (traduction libre).
3. Norberg-Hodge, 2016.
4. OMC, 2020.

du volume des prêts interbancaires internationaux entre 2008 et 2019, et une diminution notable de la part de la dette publique détenue par les non-résidents dans de nombreux pays comme les États-Unis ou la France[1]. En rétablissant la réglementation commerciale et financière et en modifiant les systèmes de subvention, nous pouvons reprendre le contrôle de notre système économique et le mettre au service de notre bien-être. De fait, la relocalisation de l'économie réduirait la pollution et l'énergie utilisée pour les transports, ainsi que les inégalités. Elle renforcerait les souverainetés nationales, offrirait bien plus d'autonomie aux nations, favorisant alors le dynamisme de la démocratie et l'épanouissement de la diversité culturelle.

« Un lien structurel unit la mondialisation et la monoculture : les grandes entreprises ne réussissent que si elles peuvent commercialiser leurs produits et leurs services à grande échelle pour un nombre considérable de consommateurs homogénéisés[2] », explique Helena Norberg-Hodge. La relocalisation de l'économie peut en outre renforcer nos communautés, notre connexion aux terroirs, la durabilité environnementale (y compris en rendant perceptible l'impact de nos comportements sur notre environnement direct), ainsi que la résilience économique. De manière générale, dans la mesure où les conditions le permettent, nos besoins essentiels devraient être satisfaits par la production locale. Le commerce international ne devrait fournir que le reste. Si les nations retrouvaient un certain degré d'autonomie et étaient moins en concurrence sur le marché mondial, il serait plus facile de promouvoir des normes sociales et environnementales mondiales minimales (par exemple, salaire minimal) et une coopération internationale, surtout entre les petites structures.

Dans un monde proche de l'effondrement et du chaos climatique, l'objectif est de construire autant que possible des économies décentralisées, autonomes et à échelle humaine, adaptées à différents lieux et différentes populations, ce qui éviterait de faire de la localisation « une prescription rigide[3] ».

Helena Norberg-Hodge a observé à quel point, en une seule génération, l'intégration à l'économie mondiale avait désorganisé la communauté

1. Chavagneux, 2020. De 70 % en 2010 à 54 % en 2019 pour la France, et de près de 50 % en 2008 à 40 % en 2019 pour les États-Unis. La proportion des investissements étrangers directs dans le PIB a aussi baissé entre 2015 et 2019 pour atteindre son plus bas niveau en vingt ans (données de la Banque mondiale). https://donnees.banquemondiale.org/indicateur/BX.KLT.DINV.WD. GD.ZS, consulté le 14 juillet 2020.

2. Norberg-Hodge, 2016 (traduction libre).

3. *Ibid.*

indienne des Ladakhis dans l'Himalaya et lui avait nui. Les cultures traditionnelles offrent des modes d'existence – des pratiques culturelles, politiques, sociales, économiques et environnementales intégrées – qui permettent aux gens de vivre de façon durable dans leur environnement et souvent de manière plus épanouissante. La relocalisation des économies et leur réintégration dans nos sociétés peuvent nous aider à retrouver cet équilibre. Les écolieux et les communautés intentionnelles tentent de réinventer des modes de vie collectifs et d'élargir notre sens de la communauté au monde naturel, en renforçant notre connexion au paysage[1]. Leurs valeurs et leurs pratiques s'inscrivent généralement dans le paradigme de l'être ou du bien-être, en se concentrant sur la régénération humaine, sociale et environnementale plutôt que sur le capital financier. Elles comprennent une économie du partage, le travail collectif, un bon équilibre entre vie personnelle et vie professionnelle, des prises de décision inclusives, la résolution des conflits, une hiérarchie limitée, des groupes à taille humaine, des célébrations, des contacts physiques, une proximité entre parents et enfants, des pratiques liées au développement personnel et à la spiritualité, une approche inclusive, une attention spécifique portée aux arts et à la culture, une alimentation saine, de l'activité physique, une proximité avec la nature, un activisme environnemental et des comportements écologiquement responsables[2].

S'il semble peu probable que la majorité de la population vive dans des communautés intentionnelles et des écolieux (bien que l'essor du télétravail puisse considérablement faciliter ce mode de vie à l'avenir), il est possible de mettre en place des projets pilotes, de les expérimenter et de fournir une base de connaissances pour déployer la politique de l'être. Leur développement devrait être simplifié, notamment avec l'instauration d'un statut juridique avec des normes et des politiques spécifiques[3]. De manière plus globale, les communautés locales devraient être renforcées par le biais de nombreuses politiques, y compris la décentralisation, la création de budgets participatifs, les monnaies locales, les entreprises communautaires (en particulier dans le domaine de la production d'énergie renouvelable et le secteur bancaire), le cohabitat et le travail communautaire obligatoire pour toutes les personnes de plus de 15 ans.

Les plateformes collaboratives (technologie civique, financement participatif, économie collaborative, etc.) sont aussi très utiles pour améliorer

1. Kasser, 2008.
2. Hall, 2015.
3. Par exemple, pour les bâtiments, l'occupation des sols et l'énergie.

les capacités de gestion communautaire. Fondée sur la coopération et la réciprocité, la gestion communautaire est l'un des trois grands types de structures de gouvernance, avec les marchés (reposant sur les échanges volontaires et la concurrence) et les hiérarchies (systèmes de commandement des entreprises ou du gouvernement)[1]. D'un point de vue théorique, la politique de l'être souligne l'importance de favoriser la gestion communautaire et d'éviter la concentration des pouvoirs. Elle se sert des capacités du gouvernement pour favoriser l'organisation autonome des communautés et mieux réguler les marchés.

Des communautés fortes sont nécessaires pour cultiver des individus responsables et le paradigme de l'inter-être. C'est ce que j'ai pu observer au Village des Pruniers, où la coordination quotidienne et le travail de ceux qui y vivent ne reposent pas sur des règles strictes, et encore moins sur des mesures économiques incitatives. La motivation intrinsèque, la responsabilité personnelle, l'autorégulation ainsi que l'amour et le sentiment communautaire sont davantage mis en avant. Cette approche est étayée par les pratiques et les engagements spirituels de chaque individu, et par des pratiques spécifiques visant à garantir une communication saine mais aussi la résolution des conflits (« Renouveau » présenté au chapitre 11), les échanges entre pairs (« éclairage ») et le renforcement des liens communautaires (par exemple, fêtes et jeux). La coordination est très souple et organique. Elle s'adapte en permanence à la manière dont chacun se sent au moment présent afin de favoriser la liberté, le bien-être et l'épanouissement de tous.

Démocratiser le système économique

La relocalisation s'accompagnerait de la démocratisation du système économique, c'est-à-dire de la limitation de la taille et de la puissance des entreprises transnationales et des marchés financiers. Ces derniers devraient faire l'objet de réglementations plus sévères par le biais de mesures de contrôle des capitaux. À mesure que la mondialisation économique reflue, les paradis fiscaux perdent en utilité, et leur suppression pourrait devenir politiquement plus faisable. Le durcissement des lois antitrust ainsi que l'abandon des accords de libre-échange (l'économiste américain David Korten préfère parler d'« accords sur les droits des sociétés à l'international[2] ») et des subventions apportées aux grandes entreprises aideraient à limiter la taille et la puissance de ces acteurs.

1. Vatn, 2009.
2. Korten, 2016 (traduction libre).

Au lieu d'entreprises transnationales, la relocalisation favoriserait les petites entités économiques locales, généralement plus disposées à assumer des responsabilités vis-à-vis de leurs communautés respectives. Dans cette optique, David Korten propose une stratégie radicale, difficile à mettre en place mais tout à fait pertinente : les entreprises comptant plus de vingt employés ne seraient autorisées que sous forme de coopérative ou d'entreprise publique.

La réglementation devrait également pousser les entreprises à œuvrer pour le bien commun. Comme indiqué dans le chapitre 13, « Travail et organisation », de nouvelles actions incitatives encourageraient des types spécifiques d'entreprises à rechercher l'intérêt général, avec ou sans profits financiers. Au-delà de favoriser les coopératives ou la participation des employés dans le capital social, les règles de prise de décision au sein des entreprises (à l'exception des plus petites structures) pourraient aussi évoluer, et les employés jouiraient d'un droit de vote. C'est par exemple le cas en Allemagne et en Suède, où les modèles de gouvernance, très efficaces, octroient respectivement 50 % et 30 % des droits de vote aux employés[1]. Ces droits pourraient même être étendus à d'autres acteurs, comme des représentants d'organisations sociales et environnementales (ou les représentants des bénéficiaires visés par les entreprises poursuivant un but social).

Les pays ont le droit de déterminer quels types d'entreprises peuvent être autorisés à opérer sous leur juridiction, et de définir les règles du jeu. Un système économique vraiment démocratique ferait bon usage de cette prérogative.

Transformer le système monétaire

« *Money... so they say... is the root of all evil today*[2]... » chantait le groupe Pink Floyd. En effet, la transformation de nos systèmes monétaires à tous les niveaux – international, national et local – est primordiale pour le changement paradigmatique auquel nous appelons et pour instaurer une organisation économique juste et durable favorisant l'abondance. Au niveau international, la création d'une monnaie mondiale pourrait avoir des effets très positifs (voir encadré 17).

1. Thomas Piketty a formulé cette proposition sur la base de ce qui existait déjà en Allemagne et en Suède (Normand, 2019).

2. « L'argent... disent-ils... est la racine de tous les maux d'aujourd'hui... » ; *Money*, chanson interprétée par les Pink Floyd (1973) (traduction libre).

Encadré 17 : Une monnaie mondiale

Bon nombre d'économistes célèbres défendent cette idée, depuis John Maynard Keynes jusqu'à James Tobin, en passant par Joseph Stiglitz. Une monnaie mondiale supprimerait les risques de change et les coûts de transaction, et elle faciliterait un commerce équitable entre les nations, à l'abri de la manipulation des taux de change. Elle soutiendrait aussi la stabilité et la prospérité financières à l'échelle de la planète[1], et encouragerait des relations internationales plus harmonieuses. À l'heure actuelle, le dollar américain est la principale monnaie internationale utilisée, avec 88 % des échanges commerciaux internationaux[2] et 61 % des réserves de devises[3]. Comme ils contrôlent l'émission des dollars, les États-Unis bénéficient d'immenses privilèges en ce qui concerne l'accès au capital et le financement de leur déficit. Cependant, ils doivent endurer des coûts connexes, car cette situation accroît la valeur du dollar, ce qui érode la compétitivité américaine et alimente les déficits commerciaux nationaux financés par les autres pays[4].

Plusieurs nations ont, à de multiples reprises, réclamé un système monétaire international plus équilibré, notamment après la crise financière de 2008. En 2009, une commission d'experts financiers des Nations unies, dirigée par Joseph Stiglitz, a proposé l'émission d'une monnaie de réserve mondiale par le Fonds monétaire international, qui aurait servi d'actifs de réserve à toutes les banques centrales nationales et régionales, mais pas au commerce international[5]. Cette solution semblait plus simple à réaliser sur le plan politique, mais elle n'a jamais été mise en œuvre, car les États-Unis s'y sont opposés.

Une autre priorité consiste à modifier le processus de création monétaire. La monnaie est aujourd'hui souvent créée par les banques sous la forme de dettes. Comme ces dettes sont associées à des intérêts, il y a toujours plus de dettes (intérêts compris) à rembourser que d'argent total disponible. Ainsi commence la rareté. L'injection de l'argent créé se limite aux activités rentables sur le plan financier. Cela participe à la croissance économique, qui en même temps devient nécessaire pour

1. Voir par exemple ONU, 2009, PNUD, 1994. Quelques effets négatifs potentiels sont aussi évoqués dans la littérature, comme la disparition des politiques monétaires nationales et l'impossibilité d'adapter une même politique monétaire internationale à toutes les situations économiques nationales hétérogènes.

2. https://data.imf.org/?sk=E6A5F467-C14B-4AA8-9F6D-5A09EC4E62A4, consulté le 4 août 2020.

3. D'Antona Jr., 2020.

4. Bunker, 2014.

5. ONU, 2009.

rembourser lesdites dettes. Lorsque la croissance économique donne des signes de faiblesse, il faut créer plus de dettes pour maintenir le système à flot. Par conséquent, la sphère financière prend des proportions démesurées par rapport à l'économie réelle, ce qui implique quantité de risques d'instabilité financière, mais aussi des inégalités en raison de l'augmentation des prix des actifs financiers et réels.

De nombreux pays, comme le Canada, la Nouvelle-Zélande, le Japon, l'Allemagne, le Royaume-Uni et les États-Unis se sont longtemps appuyés sur un système différent, en tant que norme ou de manière exceptionnelle[1]. Dans cet autre système, la création de monnaie, qui représente une prérogative souveraine, est réalisée par le gouvernement sans occasionner de dettes (ou d'intérêts, ce qui a le même effet[2]) afin de financer tous types d'activités pour le bien public[3], et pas seulement les activités les plus rentables sur le plan financier. Cette idée a été défendue par de nombreux économistes et experts financiers de renom, comme John Maynard Keynes, Irving Fisher, Milton Friedman, Paul Krugman, Maurice Allais et Ben Bernanke (président de la Réserve fédérale des États-Unis entre 2006 et 2014)[4].

En 2012, une étude du FMI s'est appuyée sur un modèle théorique pour tester les répercussions potentielles du remplacement du système financier des États-Unis par un système reposant sur la création de monnaie publique, et la séparation entre les institutions financières qui gèrent les dépôts et celles proposant des produits de crédit et d'investissement. Cette étude a montré qu'un tel système « pourrait sensiblement réduire la volatilité du cycle économique causée par la versatilité des banques vis-à-vis des risques de crédit, qu'il mettrait fin aux paniques bancaires et qu'il entraînerait une diminution importante et immédiate des niveaux de dette publique et privée[5] ». Elle a par ailleurs conclu que cela entraînerait une augmentation de la production de 10 % et une suppression de l'inflation[6].

1. Van Lerven, 2016b. La création de monnaie privée a souvent été assortie de l'obligation pour les banques privées d'utiliser cet argent afin de régler la dette publique, ce qui remet en perspective la nature privée de la création de monnaie dans ces cas précis.

2. Dans la pratique, à condition que la dette ne soit pas accompagnée d'intérêts et que le gouvernement puisse la refinancer aussi longtemps que nécessaire, elle est semblable aux fonds propres. Par conséquent, il importe peu que la création de monnaie publique ne soit pas accompagnée d'une dette ou d'intérêts (Benes & Kumhof, 2012).

3. La production de biens et de services non commercialisables augmente le risque d'inflation.

4. Van Lerven, 2016a.

5. Benes & Kumhof, 2012 (traduction libre).

6. « Les gains de production approchent les 10 %, tandis que le taux d'inflation d'équilibre peut atteindre 0 % sans poser aucun problème dans le cadre de la politique monétaire » (Benes & Kumhof, 2012, traduction libre).

Ce dernier point est essentiel, car la crainte d'aboutir à un système hyperinflationniste est un sérieux contre-argument. Les économistes du FMI l'assurent : « Il n'y a rien dans notre cadre théorique pour soutenir cette affirmation [...] et on retrouve peu d'éléments dans l'histoire monétaire des sociétés anciennes et des nations occidentales pour l'étayer[1]. » Le problème réside dans le fait qu'un tel système affecterait sans doute les intérêts du secteur financier, ce qui peut expliquer pourquoi la plupart des pays ne l'ont pas encore adopté. La création de monnaie publique n'est pas un remède miracle. Elle doit être encadrée pour éviter l'inflation, mais elle présente un potentiel immense pour contribuer à la transformation de nos économies. C'est une question complexe, souvent trop simplifiée, mais importante. Je vous invite à creuser le sujet[2].

Enfin, comme mentionné précédemment, les monnaies locales peuvent favoriser la relocalisation de l'économie, renforcer les communautés locales et encourager des pratiques économiques plus responsables sur le plan social à mesure que les entreprises rendent plus de comptes à l'échelle locale (voir encadré 18). Les monnaies locales font régulièrement leur apparition après une crise économique, car elles permettent la résilience des économies locales en les protégeant de la pénurie de monnaie nationale. Par exemple, à l'image de la période suivant la récession de 1929, leur nombre a doublé dans certains pays européens entre 2008 et 2015[3].

L'usage des monnaies locales est souvent restreint par la nature mondiale de l'économie, mais il peut s'étendre en même temps que la gamme de produits et services locaux. Ces monnaies présentent une foule d'avantages et leur développement peut découler de l'instauration de politiques de relocalisation de l'économie. Elles peuvent aussi voir le jour de manière spontanée lorsque le système économique mondial devient moins inclusif ou s'effondre.

Nos systèmes économiques ont pris diverses formes à travers le temps et l'espace. L'organisation actuelle continuera d'évoluer. Toutes ses institutions devront peu à peu s'aligner sur le paradigme de l'être. Beaucoup d'objectifs, et certaines des recommandations énoncées ici, bénéficient déjà d'un grand soutien, mais les mesures requises vont généralement à l'encontre de notre logiciel économique et se heurtent

1. Benes & Kumhof, 2012 (traduction libre).

2. Voir aussi Sharafeddine (2015) et http://www.fullreservebanking.com/, consulté le 4 août 2020, qui comprend une liste d'organisations soutenant cette vision.

3. Magnen & Fourel, 2015.

à une résistance farouche. En ces temps de disruption et de profonde crise, des opportunités nouvelles et inattendues se manifesteront sans doute pour soutenir cette évolution.

Encadré 18 : Monnaies locales

Les monnaies locales constituent un outil précieux pour les individus, les entreprises et les gouvernements locaux qui les acceptent en échange de produits et de services, mais aussi pour le paiement des impôts. On estime qu'il existe environ 5 000 monnaies locales à travers le monde, mais elles ne représentent qu'une part infime des transactions économiques[1]. La monnaie complémentaire créée par la banque suisse WIR en 1934 est l'un des exemples les plus célèbres : elle a permis à plus de 60 000 entreprises membres d'accéder à un crédit initial, puis d'effectuer des transactions commerciales entre elles par le biais d'un centre d'échange.

Les monnaies locales peuvent prendre des formes variées. Les monnaies fondées sur le temps facilitent les échanges de services, dont la valeur est définie en fonction du temps passé avec les gens. Des monnaies complémentaires plus classiques permettent d'échanger des biens et des services conformément à une valeur qui reflète souvent le système de prix des monnaies nationales, et de bénéficier de quelques remises pour inciter à leur utilisation.

Trois aspects des monnaies complémentaires sont très importants. Tout d'abord, ces monnaies peuvent être associées, ou non, à un taux de surestaries (conçu pour perdre de sa valeur au fil du temps) afin d'encourager la circulation de la monnaie. Ensuite, elles peuvent, ou non, être converties, généralement avec une pénalité pour inciter aux dépenses locales, vers la monnaie nationale (ce n'est pas le cas du franc WIR). Enfin, elles peuvent, ou non, être une monnaie fiat, autrement dit une monnaie créée *ex nihilo* sans valeur intrinsèque. Dans ce cas, au lieu de remplacer une monnaie par une autre au travers du change, elles accroissent la masse monétaire locale, ce qui peut présenter bon nombre d'avantages.

En période de crise économique, beaucoup de personnes ont du travail à proposer, et les communautés ont des besoins à pourvoir, mais le manque d'argent empêche une négociation correcte de la transaction. L'émission de monnaie fiat peut résoudre le problème tout en alimentant les activités économiques locales, car l'argent reçu en paiement sera dépensé au niveau local. Les gouvernements locaux ont souvent l'interdiction d'émettre de la monnaie fiat. Cette interdiction devrait être levée pour favoriser la décentralisation et l'autonomie locale.

1. Magnen & Fourel, 2015.

19

Gouvernance

« Seule la science de la non-violence
peut engendrer une démocratie pure[1]. »

Mahatma Gandhi (1869-1948),
leader politique et spirituel

Pendant des décennies, la démocratie libérale était pour beaucoup le meilleur système politique. Elle repose sur des élections libres, le principe du multipartisme, la séparation des pouvoirs, l'État de droit, la liberté de la presse, la protection des droits humains, des droits et libertés civiques, et la liberté politique pour tous. Mais elle est de plus en plus contestée en raison de son incapacité à prendre en compte le long terme et le bien commun dans la résolution des problèmes de nos sociétés pluralistes en constante évolution. Comme l'indique une étude de l'Institut Berggruen réalisée en 2020 (à laquelle je ferai souvent référence dans ce chapitre) : « Un cercle vicieux de paralysie politique sans cesse croissante se dessine : l'incapacité des démocraties à résoudre des problèmes toujours plus inextricables a exacerbé les fractures sociales, et ces clivages sociétaux, à leur tour, empêchent le processus démocratique de déboucher sur un consensus et sur des mesures concrètes[2]. »

La polarisation, les crises de la représentation, la corruption et l'influence des lobbies ont fragilisé la confiance et la participation des citoyens vis-à-vis des démocraties libérales. Dans le même temps, le contrecoup culturel et le retour récent aux valeurs de survie mis en évidence par Ronald Inglehart ont réveillé l'attrait pour une gouvernance autoritaire susceptible d'apporter une plus grande efficacité décisionnelle.

1. Traduction libre.

2. Institut Berggruen (2020). Ce rapport est le résultat de trois années de recherche sur l'avenir de la démocratie. Des experts de renom et plusieurs consultations multipartites issus de nombreux pays occidentaux y ont pris part. Voir https://www.berggruen.org/work/the-future-of-democracy/future-of-democracy-project/, consulté le 5 août 2020.

La démocratie libérale est attaquée de toutes parts : les libertés civiques et la liberté politique s'amenuisent au niveau mondial depuis le milieu des années 2000[1], et les régimes autocratiques s'imposent de plus en plus comme de nouveaux modèles à suivre.

Les leaders populistes jouent sur le désir légitime du peuple de reprendre aux élites le contrôle de l'action politique. Cependant, dans la pratique, ils transgressent les valeurs fondamentales de la démocratie, à savoir la recherche de la vérité, la délibération collective, le pluralisme et la séparation des pouvoirs. Pour que la démocratie libérale puisse avoir un avenir, elle doit rapidement se réinventer.

Un nouveau paradigme pour la démocratie fondé sur une participation accrue des citoyens

« La démocratie doit naître de nouveau à chaque génération », affirmait le philosophe américain John Dewey (1859-1952). Le mécontentement à l'égard de la démocratie concerne davantage ses dysfonctionnements pratiques que son principe central d'autogouvernance défendu par la majorité. L'évolution des valeurs sur le long terme met clairement en évidence une volonté publique accrue de participer aux processus décisionnels[2]. Le développement d'Internet et des réseaux sociaux a bouleversé la répartition du pouvoir et fait naître de nouvelles possibilités et de nouvelles attentes vis-à-vis de cette participation. Comme cela a souvent été le cas tout au long de l'histoire, la démocratie doit s'adapter à ce nouveau contexte sans compromettre ses idéaux, mais en les approfondissant dans la pratique. Il s'agit maintenant de démocratiser la démocratie en la rendant vraiment participative. L'Institut Berggruen l'affirme : « Nous assistons à l'émergence d'un nouveau paradigme : on passe d'une notion limitée de la démocratie à une conception fondamentalement plus profonde en vertu de laquelle les citoyens veulent et attendent plus de participation et de contrôle. [...] Le processus de sélection des dirigeants politiques à intervalles de quelques années restera sans doute une condition nécessaire, mais il n'est plus une condition suffisante pour qu'un gouvernement puisse se targuer d'être par et pour le peuple. Nos institutions doivent répondre à cette demande en trouvant des moyens d'intégrer les différentes façons dont les citoyens veulent participer à leur propre démocratie[3]. »

1. Repucci, 2020.
2. Institut Berggruen, 2020 ; Inglehart, 2018.
3. Institut Berggruen, 2020.

Une participation citoyenne accrue peut raviver l'efficacité et la légitimité de la démocratie, notamment en réduisant l'emprise que les groupes d'intérêt ont tendance à exercer sur la démocratie représentative.

Ce nouveau paradigme s'aligne sur la politique de l'être, non seulement en réaffirmant des valeurs démocratiques importantes telles que la liberté ou encore la diversité, mais aussi en accordant plus de pouvoir aux citoyens, et en reconnaissant que notre autogouvernance collective commence au niveau individuel. Au-delà des réformes institutionnelles, il souligne la nécessité de former des citoyens plus responsables et raisonnables, de développer les vertus civiques – y compris le sens de l'éthique, du service et du bien public – et les compétences clés de l'(inter-)être. Cela inclut notre capacité à nous exprimer, écouter, garder l'esprit ouvert et discerner la vérité, nous comprendre les uns les autres et résoudre les conflits de façon respectueuse et pacifique. Ces compétences permettent un engagement constructif dans des sociétés pluralistes et elles doivent être inculquées et cultivées au travers de la pratique.

La sagesse spirituelle a une contribution majeure à apporter à cette discussion. Dans ce chapitre, je mentionnerai surtout la tradition bahá'íe qui porte une réflexion unique sur sa propre organisation, son administration et sa gouvernance. Son fondateur, Bahá'u'lláh, avait conscience qu'au fil du temps, les organisations religieuses et le clergé exerçaient de plus en plus leur pouvoir pour leur propre profit, et qu'au cours de l'histoire, ils avaient souvent fait obstacle à l'évolution spirituelle en refusant de reconnaître les nouveaux prophètes annoncés par leurs propres traditions. Ce fut le cas de Jésus ou encore de Báb, le premier prophète bahá'í, qui avait déclaré être le Messie tant attendu dans le chiisme et prédit l'arrivée imminente d'un nouveau prophète qui s'est révélé être Bahá'u'lláh.

Bahá'u'lláh et ses successeurs ont développé un système de gouvernance inédit pour la religion et la communauté bahá'íes. Ce système représente pour eux « un modèle embryonnaire que le monde pourra adopter de plein gré lorsqu'il s'apercevra de ses avantages et reconnaîtra qu'il ne se limite pas à des institutions et des procédures, mais qu'il dépend des valeurs, des normes et des engagements nécessaires[1] ».

Démocratie concurrentielle et polarisation politique

Le premier défi des systèmes démocratiques consiste à surmonter la polarisation politique et à recréer une cohésion sociale, sans laquelle

1. Dahl, 2017 (traduction libre).

rien n'est possible. Les pays nordiques, la Suisse et les Pays-Bas, qui semblent, de l'avis général, connaître les plus grandes réussites, ont tous développé une culture du consensus et des mécanismes constructifs de résolution des conflits, qui imprègnent leurs systèmes politiques. Alors que la polarisation sociale et politique a récemment été exacerbée par d'autres facteurs tels que les inégalités économiques ou encore l'évolution et l'essor des médias traditionnels et des réseaux sociaux (entre autres par le biais de leurs algorithmes qui nous exposent aux types d'informations que nous sommes le plus enclins à croire[1]), la polarisation est dans la logique même de nos démocraties libérales, qui postulent que la gouvernance démocratique résulte d'une compétition des individus et des groupes pour obtenir le pouvoir politique.

Jane Mansbridge, célèbre politologue américaine[2], a appelé ce phénomène la « démocratie adversariale[3] ». Michael Karlberg, de l'université Western Washington parle, lui, de « démocratie concurrentielle[4] » et estime qu'elle repose sur l'idée selon laquelle les individus sont de nature égoïste et ont des conflits d'intérêts que les élections peuvent aider à arbitrer.

Dans ce type de système, la concurrence politique se mue facilement en une lutte entre coalitions, où tous les coups sont permis pour remporter la victoire. L'intérêt général tombe vite aux oubliettes lorsque l'esprit de parti prend le dessus, la politesse se perd, la mesquinerie s'infiltre, et le pouvoir de l'argent est exploité au profit de groupes d'intérêt. Dans ce système dominé par les partis politiques, les oppositions idéologiques l'emportent sur la réalité, et les identités politiques artificielles – reposant sur l'agrégation d'intérêts variés au sein de chaque camp – sont réifiées. Les opinions sont mises en opposition et non considérées comme complémentaires ; les problèmes complexes sont réduits à des alternatives binaires ; et les débats politiques ne consistent plus qu'à caricaturer les positions de l'adversaire et à grappiller un capital politique aux dépens des autres.

Plusieurs raisons font qu'il devient impossible de tenir des engagements sur le long terme. Tout d'abord, les entrepreneurs politiques doivent batailler pour gagner des votes au moyen de solutions attrayantes et adaptées aux intérêts immédiats de leurs électeurs, et

1. Birkett, 2020.

2. Elle occupait la chaire Charles F. Adams de leadership politique et valeurs démocratiques à la Kennedy School of Government de l'université Harvard et a remporté le prix Johan-Skytte en sciences politiques (souvent surnommé « le prix Nobel des sciences politiques »).

3. Mansbridge, 1980.

4. Karlberg, 2007 (traduction libre).

fournir des résultats visibles avant la fin de leur mandat, plutôt que risquer de perdre un capital politique en éduquant les électeurs pour qu'ils adoptent des points de vue plus responsables. Ensuite, la nécessité pour les partis de protester contre toutes les actions de leurs opposants politiques les conduit souvent à interrompre ou à démanteler les politiques en place quand ils se retrouvent au pouvoir. Enfin, dans les démocraties concurrentielles, « poursuivre des intérêts matériels devient plus important que cultiver des relations sociales mutualistes[1] ». La politique doit diviser au lieu d'unir, et la coopération devient un piège politique, voire une trahison, car chaque élection produit des vainqueurs et des perdants.

Je trouve toujours naïf de penser que pour améliorer une société, il suffit de s'assurer qu'une majorité d'électeurs votent pour ses idées, surtout lorsqu'elles entraînent une polarisation. Le postulat selon lequel il est normal d'imposer son programme au reste de la société ne résiste pas à l'épreuve du temps : l'histoire montre bien que cela réduit souvent à néant la cohésion sociale et politique ou, pire encore, se termine par une guerre civile, un coup d'État ou l'accession d'un despote au pouvoir. Alors que l'interdépendance s'avère de plus en plus vitale, le paradigme de la démocratie concurrentielle a entraîné une paralysie et définitivement atteint ses limites. Nous ne pouvons pas obtenir de progrès réels et durables sans transformer nos systèmes de gouvernance.

Le système de gouvernance bahá'í : un modèle à adapter

Comme l'explique Michael Karlberg, lui-même bahá'í, « le système électoral bahá'í est totalement non partisan et non concurrentiel[2] ». Les bahá'ís élisent directement leurs représentants au niveau local et régional, et indirectement, par le biais de représentants, au niveau national et mondial. Le vote est considéré comme un acte sacré, essentiel à la bonne santé de la communauté. Les nominations et les campagnes électorales sont interdites, et, à tous les niveaux, l'ensemble des membres adultes de la communauté sont éligibles.

Les électeurs sont invités à ne pas discuter de leur vote avec d'autres personnes, mais à prendre leurs décisions en leur âme et conscience, sur la base des qualités personnelles des délégués potentiels. Un ancien

1. *Ibid.*
2. *Ibid.*

leader de la foi bahá'íe l'a bien expliqué : « L'électeur [...] est appelé à ne voter pour personne d'autre que pour ceux que la prière et la réflexion l'ont poussé à soutenir. [...] Il incombe aux délégués choisis de considérer sans la moindre trace de passion ni de préjugé, et sans tenir compte de la moindre considération matérielle les noms de ceux qui, seuls, peuvent le mieux réunir les qualités nécessaires de loyauté incontestable, de dévouement désintéressé, d'esprit bien formé, de compétence reconnue et de mûre expérience[1]. »

Les électeurs inscrivent neuf noms sur leur bulletin de vote, et les personnes qui recueillent le plus de voix ont le devoir d'assumer la fonction qui leur est confiée. Le travail des délégués est essentiellement un acte de service communautaire et il n'y a donc aucune incitation à solliciter des votes. D'ailleurs, toute sollicitation disqualifierait dans l'immédiat la personne concernée aux yeux de la communauté. Le pouvoir est exercé de manière collective par les neuf membres élus des « Assemblées spirituelles » locales, régionales et nationales, et de la « Maison universelle de justice » internationale, ce qui évite les problèmes et l'influence corruptrice de la concentration du pouvoir dans les mains de personnes seules. Ces membres n'ont pas de fonction déterminée : ils ne représentent pas une circonscription spécifique, mais la totalité de la communauté, et ils prennent leurs décisions par eux-mêmes pour le bien de tous.

En parallèle des institutions élues où la prise de décision et l'autorité sont exercées de façon collective, les bahá'ís disposent d'un ensemble d'institutions dont les membres sont nommés. Ces membres agissent à titre individuel pour diffuser et protéger la foi bahá'íe, et pour aider à la mise en œuvre des plans adoptés par les institutions administratives. Au niveau international, ces « conseillers » sont désignés par la Maison universelle de justice. Ils la soutiennent, tout comme les assemblées nationales. Leur mandat dure cinq ans et ils sont chargés de choisir les membres des corps auxiliaires, dont le rôle consiste à épauler les assemblées locales et régionales. Ces membres nommés, qui inspirent, conseillent et encouragent les bahá'ís, n'ont pas de pouvoir de décision, mais leurs avis sont respectés et doivent être pris en compte. « Il en résulte une séparation judicieuse du leadership charismatique individuel et du pouvoir[2]. »

1. Assemblée spirituelle nationale des Bahá'ís de France, 1968.
2. Dahl, 2017 (traduction libre).

La recherche collective de la vérité est encouragée par le biais de consultations visant à rassembler différents points de vue et à réfléchir ensemble aux principes spirituels et éthiques, tels que la justice, la curatelle (« *trusteeship* ») collective, l'humilité, la diversité et le respect mutuel. La gouvernance est considérée sous l'angle de l'apprentissage. Pour être efficaces, les systèmes de gouvernance doivent évoluer en permanence, ce qui nécessite un esprit d'unité, et non une culture de l'opposition et du sabotage. L'éducation et le développement des capacités sont mis en avant, car les bahá'ís reconnaissent que « l'efficacité des structures et des processus [de gouvernance] dépend, en fin de compte, des valeurs, des qualités et des capacités des individus qui y participent[1] ». Leur philosophie politique non partisane s'applique aussi aux juridictions dans lesquelles vivent les bahá'ís. Si « les bahá'ís témoignent tous loyauté et obéissance au système gouvernemental dans lequel ils vivent », ils « évitent de participer activement à des politiques partisanes, afin de concentrer toute leur énergie sur l'élaboration d'un autre système de gouvernance qu'ils peuvent proposer comme modèle d'étude »[2].

Intégrer l'ensemble des valeurs positives présentes dans le spectre politique

À l'heure actuelle, les luttes politiques et les guerres culturelles rétrécissent les perspectives et les identités politiques, qui à leur tour affectent la cohésion sociale et la gouvernance. La politique de l'être valorise la diversité des points de vue et l'intégration de l'ensemble des valeurs positives présentes dans le spectre politique. Pour se sentir complets, équilibrés et accomplis, les individus doivent apprendre à respecter, valoriser et embrasser toutes les valeurs saines.

Dans son ouvrage intitulé *Sacred America, Sacred World*, Stephen Dinan raconte son histoire, celle d'un jeune progressiste radical, avide de changement social et de nouveauté, qui a appris à accorder de la valeur à la sagesse conservatrice de la discipline, la prudence, la stabilité et la responsabilité personnelle, et à l'intégrer au fil du temps. Son engagement envers la politique transpartisane lui a permis de reconnaître que libéraux et conservateurs devraient se réapproprier certaines valeurs laissées à l'autre camp. Ainsi, les démocrates pourraient entre autres apprendre à accorder de l'importance à la responsabilité

1. Institut d'études sur la prospérité mondiale, 2012 (traduction libre).
2. Karlberg, 2007 (traduction libre).

personnelle, à la compétence et à certaines formes de hiérarchie, ainsi qu'au rôle potentiel de l'argent et de la force pour le bien commun. Les républicains, quant à eux, pourraient admettre l'importance des déterminants sociaux des parcours individuels, la nécessité d'équilibrer le pouvoir de la libre entreprise par la réglementation, et les avantages d'une plus grande ouverture au changement. Par le biais d'exemples concrets, Dinan montre que libéraux et conservateurs sont à même d'apprendre à reconnaître, depuis leurs perspectives respectives, les bienfaits de nombreuses solutions pragmatiques et de convenir de programmes communs.

Dans son livre intitulé *Developmental Politics – How America Can Grow Into a Better Version of Itself*, Steve McIntosh, adepte de la pensée intégrale, affirme que l'hyperpolarisation est essentiellement un problème culturel que l'on peut résoudre en améliorant notre « intelligence culturelle ». Il nous faut pour cela être capables de déceler les valeurs fondamentales des différents groupes culturels derrière les conflits et les désaccords. Nous nous rendrons alors compte que, même si ces groupes paraissent s'opposer, ils peuvent se révéler complémentaires lorsqu'ils sont équilibrés et exempts de comportements pathologiques.

Steve McIntosh fait la distinction entre trois grandes visions du monde courantes aux États-Unis (comme dans la plupart des pays occidentaux) : le traditionalisme, le modernisme et le progressisme, qui représentent l'héritage culturel national. L'intelligence culturelle permet de faire la différence entre leurs aspects positifs et négatifs, détaillés dans le tableau 5. En admettant à la fois ses propres tendances négatives et les tendances positives de l'autre, chaque groupe peut se diriger vers une version plus mûre, plus saine et plus sage de lui-même. Il peut ensuite dialoguer de façon plus constructive et collaborer, ce qui favorise l'évolution et l'essor d'un pays.

Alors que les partis politiques sont les acteurs d'une démocratie concurrentielle, le nouveau paradigme de la « démocratie citoyenne[1] » ou participative semble particulièrement adapté pour venir à bout de la polarisation politique et du populisme, tout en redynamisant la démocratie. Pour accroître la participation citoyenne, il faut tenir compte de deux éléments clés dans le processus démocratique : la délibération et la prise de décision.

1. Institut Berggruen, 2020.

Tableau 5 : Aspects positifs et négatifs des différentes visions du monde aux États-Unis[1]

	Aspects positifs	Aspects négatifs
Traditionalisme	Loyauté envers la famille et le pays Devoir et honneur Sacrifice pour le bien commun	Racisme Sexisme Homophobie Autoritarisme
Modernisme	Liberté individuelle Droits humains Règle de droit Progrès économiques et scientifiques Réussite et prospérité	Dégradation de l'environnement Inégalités économiques Prolifération nucléaire
Progressisme	Écologisme Diversité et inclusion Justice sociale	Antimodernisme Patriotisme inversé Politique identitaire séparatiste Réprimandes moralisatrices Demandes tyranniques

De meilleures délibérations pour une décision politique plus éclairée

« La délibération est le processus par lequel les membres d'une communauté débattent de questions politiques afin de trouver des solutions qui peuvent être acceptées par toutes (ou la plupart) les personnes raisonnables[2]. » Depuis quelques années, une multitude de programmes en ligne ou en présentiel ont émergé dans le but de soutenir les actions et les dialogues transpartisans, comme Braver Angels ou Patriots & Pragmatists aux États-Unis et My Country Talks, une plateforme internationale dédiée au dialogue politique et créée en Allemagne. La volonté des citoyens à délibérer est effectivement plus grande que l'on ne l'imagine. Les forums de délibération ont le pouvoir de redynamiser la participation politique, car ils attirent surtout les personnes les moins susceptibles de s'engager dans la politique partisane traditionnelle[3].

En règle générale, la délibération améliore la qualité de l'opinion publique et son orientation prosociale, la confiance envers le processus politique, ainsi que la tolérance et l'empathie vis-à-vis des points de vue d'autrui. Elle réduit

1. McIntosh, 2020.
2. Institut Berggruen, 2020.
3. Neblo *et al.*, 2020.

la polarisation politique et permet fréquemment aux gens de changer d'avis[1]. Le sondage délibératif, par exemple, utilise le vote à la fin de débats citoyens constructifs et éclairés sur des sujets spécifiques – impliquant des représentants du grand public sélectionnés par échantillonnage – afin d'émettre des recommandations publiques et d'accroître la qualité de l'avis des électeurs.

Le *crowdlaw* se sert de la technologie pour optimiser l'élaboration des lois par le biais de l'engagement citoyen. Selon l'Institut Berggruen, plus d'une centaine de conseils municipaux et de parlements régionaux et nationaux en Islande, en Irlande, en Inde, etc. y ont eu recours pendant l'année 2020. S'appuyant sur l'intelligence collective et sur une plus grande transparence, cette pratique vise à renforcer la qualité et la légitimité des lois et des politiques. L'Institut Berggruen observe : « La clé [...] a été de concevoir le type de plateforme technologique adapté à l'exercice visé, puis d'associer les travaux à des institutions politiques hors ligne. Chaque étape du processus décisionnel, de l'identification à l'évaluation des problèmes, exige des formes distinctes d'information et d'action. Pour identifier correctement un problème, il est judicieux de s'assurer la participation d'un ensemble large et diversifié de membres de la société. La résolution des problèmes, quant à elle, nécessite du temps et des compétences pointues. Les meilleurs projets de *crowdlaw* offrent différentes façons de participer, y compris des consultations, des concours et des activités de budgétisation participative[2]. »

vTaïwan représente à l'heure actuelle le meilleur exemple de la manière dont la technologie peut améliorer la délibération politique et la démocratie, au lieu de les miner (voir encadré 19).

Encadré 19 : Cyberdémocratie à Taïwan

La révolte étudiante taïwanaise de 2014, connue sous le nom de « Mouvement des tournesols », a éclaté en réponse à l'intention du gouvernement de signer un accord commercial avec la Chine, ce qui a révélé l'important manque de dialogue et de considération des demandes du public. À la suite de ces événements, le gouvernement a invité la communauté taïwanaise de technologie civique, qui avait endossé un

1. Voir références dans Quick *et al.*, 2015 et sur https://involve.org.uk/resources/knowledge-base/what-are-effects-deliberation, consulté le 4 août 2020. Voir notamment les travaux de James Fishkin à propos du rôle du sondage délibératif dans les changements d'opinion et la diminution de la polarisation, et de Gastil *et al.*, 2010, à propos des répercussions sur l'orientation prosociale.

2. Institut Berggruen, 2020.

rôle clé pendant les manifestations, à créer une plateforme pour mieux communiquer avec les jeunes.

vTaiwan a été lancée en 2015 afin que les citoyens, les experts, les organisations de la société civile et les représentants du gouvernement puissent élaborer et proposer des lois par le biais du site web, de réunions en présentiel et de hackathons. Contrairement à la plupart des réseaux sociaux qui favorisent la polarisation en jouant avec nos émotions et en braquant les projecteurs sur les positions les plus controversées, la plateforme favorise la recherche de consensus. Les gens émettent des propositions que les utilisateurs de la plateforme peuvent approuver ou non, mais sans possibilité d'ajouter leurs commentaires pour éviter les trolls. Des cartographies regroupant les gens en fonction de leurs opinions et leurs terrains d'entente sont générées de manière continue. Les propositions les plus consensuelles, surtout à travers les différents groupes, sont valorisées.

« Les gens se font concurrence pour apporter les propositions les plus nuancées et les plus susceptibles de remporter l'adhésion populaire. En l'espace de trois ou quatre semaines, nous parvenons toujours à un consensus entre la plupart des gens sur la majorité des points évoqués[1] », assure Audrey Tang, actuelle ministre taïwanaise des Affaires numériques. Les oppositions initiales sont souvent balayées, car le cadre du débat est repensé, les désaccords sont résolus et des solutions sont trouvées pour honorer et satisfaire différents points de vue. Une autorité publique spécifique peut promouvoir chaque idée et s'engager à l'intégrer ou à expliquer pourquoi elle est irréalisable. Une fois que la discussion a suffisamment mûri en ligne, des débats en face à face avec les principaux acteurs sont organisés et diffusés en direct, et les autres participants peuvent contribuer à distance en temps réel. Lorsqu'un consensus définitif s'impose, cela entraîne l'élaboration d'une directive, d'une politique, d'une proposition officielle ou même d'un projet de loi, et sa soumission auprès de l'autorité gouvernementale concernée. Sur une période de cinq ans, vTaiwan a permis à 200 000 personnes[2] de débattre d'une trentaine de questions nationales[3]. Dans 80 % des cas, ces discussions ont conduit à des décisions publiques[4], comme les réglementations portant sur Uber et la vente d'alcool en ligne. L'expérience a été si fructueuse qu'en 2016, le gouvernement a nommé l'une des principales activistes qui se cachaient derrière vTaiwan, Audrey Tang, ministre chargée du Numérique. À 35 ans, elle est devenue le premier membre transgenre du cabinet ministériel. Sans portefeuille, elle avait pour mission d'aider les agences gouvernementales à communiquer et à collaborer avec la population sur les canaux numériques. Elle a créé Join, une plateforme semblable à vTaiwan mais dirigée par le gouvernement, et elle a instauré un réseau

1. Miller, 2019 (traduction libre).
2. Institut Berggruen, 2020.
3. Chang, 2019.
4. Institut Berggruen, 2020.

d'agents participants au sein de chaque ministère. Cette plateforme accueille des pétitions en ligne soumises par les citoyens, et permet d'en débattre. Les ministères concernés doivent répondre publiquement dès lors qu'une pétition atteint 5 000 signatures. Join soutient aussi le « hackathon présidentiel » annuel, pendant lequel les citoyens proposent des solutions créatives à des problèmes prioritaires. Les résultats sont exécutoires : les projets lauréats sont intégrés dans le programme politique national et un budget leur est alloué.
La démocratie naissante taïwanaise (le pays a organisé ses premières élections présidentielles en 1996) est devenue numérique. Cette évolution a été plébiscitée par la population : 10 millions de personnes ont participé à Join[1]. La démarche a été soutenue par un engagement fort en faveur d'un gouvernement ouvert – caractérisé par une grande transparence et des mécanismes performants en matière de contrôle public et de supervision publique –, ce qui a permis à Taïwan de se hisser à la première place du Global Open Data Index[2].
Cette collaboration unique entre les gouvernements locaux, le gouvernement national, les sociétés technologiques et les citoyens a renforcé la cohésion sociale et politique de Taïwan, et elle a été l'un des facteurs essentiels d'exemplarité du pays à l'échelle internationale pour la gestion de la pandémie de Covid-19 en 2020. En effet, des applications ont été développées pour identifier les magasins proposant des masques, commander des masques en ligne, identifier les cas, repérer les risques infectieux et même suivre les gens en quarantaine par le biais de leur smartphone[3].
L'expérience taïwanaise s'est rapidement étendue aux sociétés civiles, aux gouvernements et même aux partis politiques d'autres pays. Ainsi, le Mouvement 5 Étoiles italien permet de proposer des mesures législatives et d'en discuter directement avec les représentants élus sur la plateforme Lex Iscritti.

L'exemple de Taïwan illustre à merveille le rôle que peuvent jouer les réseaux sociaux pour le bien commun, notamment en cultivant les vertus civiques, au lieu d'encourager les pires tendances humaines dans le seul but d'accroître leurs profits. Des études ont effectivement montré que les plateformes traditionnelles propageaient *fake news*[4], pessimisme, anxiété et dépression, division et radicalisation, et qu'elles nous rendaient moins informés, plus sensibles à différents biais, mais aussi

1. Institut Berggruen, 2020.
2. https://index.okfn.org/place/, consulté le 15 novembre 2023. Voir aussi les travaux de l'Open Government Partnership : https://www.opengovpartnership.org/, consulté le 15 novembre 2023.
3. Jaffe, 2020.
4. Vosoughi *et al.*, 2018.

incapables de réfléchir de manière approfondie et sur le long terme[1]. Un plus grand devoir de vigilance[2] devrait incomber aux plateformes de réseaux sociaux. Quelles autres entreprises que ces monopoles ultra-rentables seraient en meilleure position pour réorienter leurs objectifs vers le bien commun ? Le temps presse. Si ces plateformes ne passent pas à l'action, des réglementations externes devront transformer elles-mêmes leurs pratiques dans l'intérêt public. De plus, il est urgent de mieux contrôler l'influence considérable des grandes entreprises technologiques sur les votes (par exemple, au travers de leurs algorithmes qui orientent nos recherches dans le cas de Google[3] ou d'un simple rappel à voter dans le cas de Facebook[4]), que certaines études ont mise en évidence.

Le développement de méga-entreprises numériques a aussi altéré la qualité de l'information et du débat public, et engendré la disparition de nombreux journaux. Ces effets externes négatifs constituent un argumentaire économique clair en faveur de certains types d'imposition, dont les revenus pourraient redynamiser des médias locaux responsables[5] et/ou financer un média indépendant chargé de fournir des informations neutres, objectives et de bonne qualité dans le but d'éclairer le débat public[6].

En tant que quatrième pouvoir essentiel à la démocratie, le bon journalisme devrait être protégé. Outre les codes professionnels de conduite et d'éthique, qui devraient être promus, discutés en permanence et actualisés, la loi devrait limiter la concentration des médias au sein de grands conglomérats, comme c'est le cas en Allemagne. L'arrivée des méga-entreprises numériques a beaucoup affecté le *business model* traditionnel de la presse. En France, plusieurs grandes entreprises se sont emparées d'une large partie des médias. Sachant que le secteur est peu rentable (ou coûte de l'argent), il est clair que ces entreprises achètent de l'influence politique. C'est un phénomène qui ébranle notre démocratie, et même la sécurité internationale, puisque certaines de ces entreprises évoluent dans le secteur de l'armement.

1. Institut Berggruen, 2020.
2. « Le devoir de vigilance désigne la responsabilité juridique d'une personne ou d'une organisation, consistant à éviter tout comportement ou omission qui, sous un angle raisonnable, est susceptible de causer du tort aux autres. » https://legaldictionary.net/duty-of-care/, consulté le 4 août 2020 (traduction libre).
3. Epstein, 2016.
4. Bond *et al.*, 2012.
5. Institut Berggruen, 2020.
6. Berggruen & Gardels, 2013.

Nous nous trouvons face à un problème de taille : l'influence des entreprises sur la politique. Une réglementation très stricte du financement des partis politiques doit venir compléter les réformes des médias pour protéger notre démocratie du pouvoir de l'argent. Elle doit être accompagnée de politiques fortes de lutte contre la corruption et de défense de l'intégrité, surtout en ce qui concerne le lobbying[1], les conflits d'intérêts et les va-et-vient entre l'État et les grandes entreprises, qui épuisent nos démocraties et la confiance publique à l'égard du gouvernement.

Aux États-Unis, où la corruption politique est souvent considérée comme le plus gros problème national[2], environ la moitié des sénateurs sortants et un tiers des membres du Parlement sortants – républicains et démocrates confondus – s'inscrivent en tant que lobbyistes. Dans les années 1970, ils étaient moins de 5 %. Le lobbying représenterait un chiffre d'affaires annuel de 3,2 milliards de dollars dans le pays, et ce montant pourrait doubler si l'on ajoutait les lobbyistes non inscrits[3]. Le lobbying peut être utile pour faciliter la participation des acteurs concernés et améliorer l'élaboration des lois, mais c'est aujourd'hui une grande source de corruption, d'abus d'influence et de captation de la réglementation par des groupes d'intérêt.

On estime qu'aux États-Unis, « pour un dollar dépensé par les groupes d'intérêt public et les syndicats combinés, les entreprises dépensent 34 dollars[4] » et qu'« en moyenne, pour chaque dollar dépensé en vue d'influencer la politique, les entreprises nationales les plus actives ont reçu 760 dollars de la part du gouvernement[5] ». Cela peut expliquer pourquoi d'anciens membres du Congrès gagnent au moins cinq fois plus en tant que lobbyistes que pendant leur mandat politique. Dans certains cas, leur salaire s'élève à plusieurs millions de dollars par an[6]. Reprendre le contrôle sur nos systèmes politiques signifie avant tout les libérer de l'influence corruptrice de l'argent.

Outre les plateformes technologiques civiques, des forums de délibération citoyenne se développent hors ligne et s'inscrivent de plus en plus dans nos systèmes politiques. Par exemple, entre 2016

1. L'OCDE a émis des recommandations sur la lutte contre la corruption ainsi que sur la défense de l'intégrité dans le secteur public. Voir https://www.oecd.org/fr/gov/ethique/, consulté le 4 août 2020.
2. ALG Research & GS Strategy Group, 2019.
3. Drutman, 2016.
4. *Ibid.* (traduction libre). Les chiffres proviennent de Drutman (2015).
5. Allison & Harkins, 2014 (traduction libre).
6. Fang, 2012.

et 2018, l'assemblée citoyenne formée en Irlande a joué un rôle majeur dans la légalisation et la réglementation de l'avortement. Cette assemblée était composée d'une présidente nommée par le gouvernement et de quatre-vingt-dix-neuf citoyens sélectionnés de manière aléatoire dans les registres électoraux, et représentatifs de la société irlandaise en termes d'âge, de genre, de classe sociale, de situation géographique, etc. Les membres de l'assemblée se sont rencontrés douze fois pendant des week-ends complets entre octobre 2016 et avril 2018 (le calendrier initialement prévu a été prolongé deux fois) afin de discuter de plusieurs questions d'intérêt national, en particulier de la modification potentielle de l'interdiction de l'avortement. Leurs réunions incluaient des présentations d'experts, des sessions de questions-réponses ainsi que des discussions et des tables rondes, diffusées en direct et appelant à un débat national sain.

Le public a été invité à soumettre ses idées. En fin de compte, dix-sept organisations ont exprimé leur position devant l'assemblée. Si l'avortement était depuis longtemps un sujet explosif sur le plan politique et clivant sur le plan social dans ce pays très religieux, les discussions tenues au sein de l'assemblée avec le soutien d'experts ont permis aux gens de dépasser leurs revendications idéologiques, de clarifier le débat et de trouver des solutions concrètes et adaptées à de nombreuses circonstances dans lesquelles pourrait se trouver une grande majorité de la population. *In fine*, les recommandations des participants, après examen par un comité mixte regroupant des membres des deux chambres du Parlement, ont donné lieu à un référendum en mai 2018. De manière assez inattendue, une large majorité des électeurs (66,4 %) a choisi de remplacer l'interdiction constitutionnelle par une disposition laissant au Parlement la possibilité de réglementer l'avortement. Quelques mois plus tard, conformément aux recommandations de l'assemblée citoyenne, le « Health (Regulation of Termination of Pregnancy) Act 2018 » a été promulgué : il autorise l'interruption de grossesse sous supervision médicale, généralement jusqu'à douze semaines de grossesse, et en cas de risques graves pour la santé ou d'anomalie mortelle du fœtus.

Bon nombre de pays, comme le Canada, la Belgique, les Pays-Bas ou le Royaume-Uni, ont rapidement instauré des assemblées citoyennes sous différents noms. En France, une Convention citoyenne pour le climat s'est tenue entre les mois d'octobre 2019 et de juin 2020 afin de proposer une série de mesures au gouvernement en vue de réduire d'au moins 40 % les émissions de gaz à effet de serre (par rapport à 1990) d'ici à 2030, dans un esprit de justice sociale. Elle a démontré que de simples citoyens tirés au sort pouvaient se mettre d'accord sur un ensemble de propositions constituant de loin la feuille de route la plus ambitieuse jamais proposée en France sur le sujet. Elle a aussi mis en évidence le besoin de clarté quant aux mécanismes à même de garantir leur adoption et leur mise en œuvre effective. En effet, alors qu'Emmanuel Macron s'était engagé à soumettre « sans filtre soit au vote du Parlement, soit à référendum, soit à application réglementaire directe » les propositions de la convention, cela n'a pas été le cas et la majorité des propositions ont été largement vidées de leur substance ou simplement écartées[1].

Le potentiel de la démocratie directe en complément de la démocratie représentative et délibérative

Outre la hausse de la participation aux délibérations, l'accroissement de la participation citoyenne peut s'effectuer par la promotion de la démocratie directe, où les décisions collectives découlent des votes directs des électeurs. C'est un excellent moyen pour les citoyens de reprendre le contrôle de la décision politique et d'aborder les questions qui sont prioritaires à leurs yeux, et pourtant négligées ou bloquées par des représentants élus mais tenus sous la coupe de groupes d'intérêt. Selon un sondage Pew Poll réalisé en 2017 dans le monde entier, 66 % des personnes interrogées préfèrent ce type de système à une démocratie représentative[2]. La forme la plus pure de démocratie directe existe dans plusieurs cantons suisses où tous les citoyens se réunissent régulièrement pour voter certaines décisions.

Au-delà des référendums gouvernementaux ou législatifs et des référendums révocatoires, à la faveur desquels les électeurs peuvent mettre un terme au mandat d'un représentant, les référendums populaires et les référendums citoyens ont depuis peu le vent en poupe. Ces deux types de votes ont été introduits par la Suisse dès le XIXe siècle. Grâce aux référendums populaires, les citoyens sont en mesure d'exercer un contrôle sur leurs législateurs, car ils peuvent soumettre une loi en vigueur à un vote citoyen par le biais d'une pétition. Le risque de veto peut donc inciter à une consultation en bonne et due forme avant l'adoption de toute loi. Les référendums citoyens offrent aux citoyens la possibilité de présenter leurs propositions à un référendum lorsque leurs pétitions reçoivent un soutien suffisant.

1. D'Allens *et al.*, 2021.
2. Institut Berggruen, 2020.

L'exemple de Taïwan montre que la technologie peut totalement changer la donne dans le cadre de la démocratie directe, pour laquelle l'envergure et la complexité des politiques modernes ont longtemps été un obstacle majeur. On peut imaginer que, dans un avenir proche, les électeurs seront consultés sur de nombreuses questions et qu'ils pourront voter sur leur smartphone. Comme nous n'aurons peut-être ni le temps ni l'expertise pour voter de manière éclairée sur l'ensemble des sujets abordés, nous pourrions déléguer nos votes à des personnes ou à des organisations à qui nous faisons confiance sur des sujets spécifiques, tout en ayant la possibilité, à n'importe quel moment, de modifier ou d'annuler cette délégation, et de voter directement. Cela pourrait renforcer de façon considérable le rôle des organisations et des conseils citoyens spécialisés au sein de notre démocratie. Nous pourrions nommer différents délégués pour nous représenter en fonction des sujets évoqués. Notre choix serait tenu secret, tandis que les votes des délégués seraient publics pour garantir une plus grande responsabilité. C'est le concept de la démocratie « liquide[1] » ou « délégative[2] », qui se situe entre la démocratie directe et la démocratie représentative. Cette approche n'a pas encore été testée de manière poussée, mais elle pourrait fort bien se développer à l'avenir pour redynamiser la démocratie.

L'efficacité de la démocratie directe dépend de la qualité de la délibération et des pouvoirs et contre-pouvoirs institutionnels en place. Les mécanismes institutionnels doivent soutenir une « démocratie de la connaissance[3] » et éviter les écueils du populisme. Ils devraient permettre aux électeurs d'accéder à des informations et à une expertise pertinentes, les protéger de l'influence des groupes d'intérêt, et apporter un équilibre entre le principe d'un vote par personne et le travail de représentants expérimentés et éclairés, qui doivent rendre des comptes mais rester aussi protégés de la pression publique. « [S] i elle n'est pas accompagnée par un médiateur, la démocratie directe à l'ère du numérique ressemblera beaucoup aux médias sociaux en eux-mêmes[4] », prévient l'Institut Berggruen. « Elle englobera le bon, le moins bon et le pire, une plateforme non seulement pour la diffusion d'idées innovantes répondant aux préoccupations des citoyens, mais aussi pour les retours de mouvement d'humeur, les sentiments

1. Institut Berggruen, 2020.
2. Ford, 2002 (traduction libre).
3. Berggruen & Gardels, 2013 (traduction libre).
4. Institut Berggruen, 2020.

haineux, les faits alternatifs, les mensonges purs et simples, les délires utopiques, et pire encore[1]. » L'exemple de la Californie nous montre que la démocratie directe peut affecter négativement la qualité de la gouvernance, avec des votes citoyens fréquemment manipulés par des groupes d'intérêt, et des décisions souvent prises sans tenir compte du bien commun sur le long terme[2].

Il y a quelque temps, des mesures ont été proposées et instaurées pour optimiser le fonctionnement de la démocratie directe en Californie. Pendant l'année 2014, la législation de l'État sur les initiatives citoyennes a été modifiée afin d'introduire une « seconde lecture » permettant au corps législatif d'être informé de toute initiative ayant rassemblé 25 % des signatures requises pour un scrutin. Comme en Suisse, cela offre la possibilité d'entamer un processus de négociation entre les promoteurs de l'initiative et les législateurs dans le but d'améliorer une mesure, avec une audience publique obligatoire sur la question. Le résultat de la négociation peut être adopté par le corps législatif lui-même ou être soumis au référendum. Cette approche contribue à rectifier les défaillances et les conséquences indésirables, et elle garantit le caractère légal des mesures proposées.

L'Institut Berggruen, qui est intervenu dans cette réforme politique, a formulé d'autres propositions. Par exemple, la « seconde lecture » pourrait « emprunter davantage au système suisse en permettant au Parlement d'imposer une contre-mesure sur le scrutin s'il ne parvient pas à se mettre d'accord avec un promoteur dont il estime que la mesure va à l'encontre de l'intérêt public[3] ». En outre, comme dans l'Oregon, des commissions composées de citoyens sélectionnés de manière aléatoire pourraient être instaurées et les résultats de leurs délibérations éclairées pourraient être communiqués aux électeurs sous la forme d'un bref rapport. On peut y voir des similitudes avec les brochures de synthèse envoyées aux électeurs suisses avant tout référendum.

La démocratie directe ne devrait pas se substituer à la démocratie représentative, mais la compléter. Par ailleurs, la démocratie représentative pourrait faire l'objet d'améliorations pour mieux prendre en compte et pondérer les demandes des citoyens (comme nous le verrons plus tard avec la « gouvernance intelligente[4] »). Ainsi, les électeurs pourraient

1. Institut Berggruen, 2020.
2. Berggruen & Gardels, 2013 ; Institut Berggruen, 2020.
3. Institut Berggruen, 2020.
4. Berggruen & Gardels, 2013.

être autorisés à voter pour « aucun des candidats ». Dans l'hypothèse où ce vote serait majoritaire, de nouvelles élections devraient être organisées, ce qui inciterait les candidats à proposer de meilleures solutions. D'autre part, le vote pourrait être rendu obligatoire afin que les élections expriment avec certitude la volonté de l'ensemble de la population.

Institutions politiques pour la politique de l'être : conseil de sagesse et gouvernance intelligente

Enfin, la politique de l'être devra être inscrite dans nos institutions politiques. Les Constitutions nationales pourraient reconnaître ses valeurs et ses principes, en particulier la promotion d'un cadre favorable à l'accomplissement de tous les êtres (humains et non humains), comme principal objectif de nos États et de nos sociétés. La responsabilité de l'État pour donner aux communautés, à la société civile et aux entreprises, les moyens de soutenir cette approche serait mise en exergue. Dans chaque pays, un conseil spécial – le « Conseil de sagesse » ou « Conseil de l'être » – serait créé afin de garantir que les efforts nationaux soient orientés dans ce sens et que les sociétés et les cultures progressent dans cette direction et que les perspectives de long terme soient parfaitement intégrées dans le débat public et dans la prise de décision. Les membres de ce conseil seraient de quatre types :

- un quart du conseil serait constitué de citoyens sélectionnés de manière aléatoire ;
- un quart du conseil serait constitué de représentants de la vie économique, sociale et environnementale extérieure de la nation ;
- un quart du conseil serait constitué de représentants de la vie spirituelle, culturelle et psychologique de la nation ;
- un quart du conseil serait constitué de représentants des membres non humains de la communauté terrestre (écosystèmes, espèces végétales et animales, etc.). Dans les pays où ils sont présents, les peuples indigènes rempliraient ce rôle. Comme l'a exprimé Arvol Looking Horse, chef lakota et leader spirituel, « les gardiens originels de la Terre mère n'ont d'autre choix que de suivre et de défendre la loi originelle, qui assure la continuité de la Vie[1] ». Cela va souvent de pair avec une vision sur le long terme, comme pour le principe des peuples autochtones américains consistant à tenir compte des répercussions des décisions prises sur sept générations. Dans les autres pays, cette responsabilité incomberait aux personnes

1. Looking Horse, 2014 (traduction libre).

qui préservent les connaissances écologiques traditionnelles et sacrées (oui, il y en a dans tous les pays). Pendant les premières décennies, ces représentants seraient épaulés par les autorités scientifiques chargées de l'écologie. Par-delà leurs savoirs écologiques traditionnels, la place particulière des peuples indigènes au sein de leurs communautés nationales devrait être reconnue à travers des quotas spécifiques pour leurs représentants, non seulement au sein du Conseil de sagesse mais aussi au Parlement.

Ces représentants seraient élus par suffrage indirect ou nommés sur la base de leur expérience, de leur savoir-faire et de leur maturité spirituelle. Le conseil comprendrait un nombre important de jeunes (à partir de 15 ou 16 ans) pour représenter les générations futures, ainsi que des personnes âgées qui pourraient partager leur expérience.

Tous les jeunes devraient développer des compétences pertinentes et se préparer dès que possible à leur futur rôle de citoyens. En d'autres termes, ils devraient être peu à peu intégrés dans les processus de prise de décision de leurs familles et de leurs établissements scolaires. Le Conseil de sagesse serait régi par une présidence collective de sept à dix membres représentatifs.

À l'image du Conseil économique, social et environnemental français, le mandat de ce Conseil de sagesse consisterait à examiner les politiques proposées et à formuler des recommandations, à mener les recherches et les débats nécessaires, et à informer le public. En outre, il aurait le pouvoir de s'opposer à une loi adoptée avant sa promulgation : il pourrait obliger le Parlement à en rediscuter et saisir le Tribunal constitutionnel afin de s'assurer de la constitutionnalité des lois[1]. Il serait aussi en mesure de présenter des politiques générales au Parlement pour qu'il en fasse des lois, et de soumettre ces politiques générales ou les politiques venant d'être adoptées par le gouvernement (avant leur promulgation) à un référendum[2].

Enfin, il serait responsable du suivi de l'évolution de la nation et de l'évaluation des politiques publiques, ainsi que des initiatives privées. Au-delà du prisme économique, social et environnemental traditionnel, une attention particulière serait portée à la vie intérieure de la nation par le biais de la considération accordée aux indicateurs d'accomplissement et d'épanouissement personnel, de santé mentale, de valeurs et de

1. À l'instar de l'Assemblée du long terme proposée par Bourg, 2011.
2. À l'instar de l'Assemblée du long terme proposée par Bourg, 2011 et du quatuorvirat proposé par Berggruen & Gardels, 2013.

cohésion sociale. Le conseil jouerait un rôle surtout consultatif, mais il disposerait de ressources importantes – en particulier, un budget pour la recherche et l'expertise, mais aussi une administration dédiée – et il serait habilité à diriger et à orienter les discussions politiques.

Chaque année, le Conseil de sagesse présiderait des discussions nationales avec le gouvernement et le Parlement sur l'évolution de la nation. Il présenterait son évaluation, et le gouvernement devrait expliquer l'utilité de sa politique et sa stratégie de gestion des opportunités et des problèmes actuels vis-à-vis de l'objectif constitutionnel d'offrir à sa population un cadre favorable à l'accomplissement de soi. Le Conseil de sagesse serait intégré dans d'autres institutions politiques, comme le Parlement, avec au moins une « chambre basse » inspirée du modèle bahá'í, que nous allons à présent analyser. Dans ce cas, et en supposant une plus grande maturité politique de cette chambre basse, le conseil pourrait même endosser le rôle d'une « chambre haute », mais sans avoir la possibilité de voter les lois.

Un modèle de gouvernance pour la politique de l'être inclura bon nombre des caractéristiques décrites tout au long de ce chapitre. Idéalement, il s'appuierait sur la sagesse et sur l'expérience accumulées par les différentes civilisations au cours de l'histoire, et s'adapterait aux spécificités culturelles, historiques et politiques de chaque nation. Neutre et non compétitive, l'organisation administrative bahá'íe, qui a été imaginée pour servir d'exemple au monde entier, peut être une formidable source d'inspiration. J'ai été stupéfait de découvrir que Nicolas Berggruen et Nathan Gardels, dans leur recherche d'un modèle de gouvernance intelligente pour le XXIe siècle[1], avaient suggéré un modèle présentant de grandes similitudes avec le système bahá'í.

C'est particulièrement flagrant dans leur vision de la chambre basse du Parlement à différentes échelles, dans l'importance accordée à une prise de décision non partisane et éclairée, ainsi qu'au leadership collectif. Pourtant, ils ne mentionnent jamais les bahá'ís et on ne constate aucune trace d'une quelconque affiliation dans leurs travaux. Berggruen et Gardels ont en réalité cherché à combiner la sagesse et l'expérience du système démocratique des États-Unis et avec celles du système méritocratique de la Chine afin de proposer « la voie du milieu entre l'Est et l'Ouest[2] », un système de gouvernance idéal vers lequel chaque modèle devrait se diriger pour trouver ou retrouver son équilibre. Comme ils l'expliquent, « [c]et équilibre pourrait être baptisé "gouvernance

1. Berggruen & Gardels, 2013.
2. Sous-titre de leur ouvrage.

intelligente" : une gouvernance qui rendrait le pouvoir au peuple et impliquerait réellement les citoyens dans la gestion des questions qui les concernent, tout en renforçant la légitimité et la délégation de certaines compétences à des niveaux plus élevés de complexité. Délégation, implication et division décisionnelle sont les principaux piliers d'une gouvernance intelligente à même de concilier démocratie consciente et méritocratie respectable[1] ».

Cette recherche d'équilibre entre démocratie et méritocratie ne date pas d'hier, y compris dans le monde occidental. Elle est présente déjà chez Platon et, quelques siècles plus tard, chez les pères fondateurs des États-Unis, ainsi que chez les penseurs modernes tels que John Rawls.

S'appuyant sur les travaux de grands intellectuels d'Occident et d'Orient – par exemple, le philosophe politique Bai Tongdong –, Berggruen et Gardels ont découvert que ces deux courants de pensée convergeaient vers un modèle similaire, qu'ils proposent comme « un élan d'imagination politique[2] ». Les deux auteurs recommandent une structure pyramidale très semblable à l'organisation bahá'íe, dans laquelle les représentants élus à une certaine échelle élisent un délégué pour faire entendre leur voix à l'échelle suivante. Ils suggèrent, comme dans le système électoral bahá'í, d'appliquer à l'échelle locale (district) un système de vote transférable unique pour garantir la représentation de l'ensemble de la communauté. Avec ce type de système, utilisé en Australie ou encore en Irlande, les gens votent pour leur candidat n° 1, n° 2, n° 3, etc. Si le candidat préféré d'une personne a déjà reçu un nombre de votes suffisant pour être élu, le deuxième choix de l'électeur est pris en compte. Idem pour le troisième choix, etc. Cela a l'avantage de favoriser les candidats les plus consensuels.

Le système de Berggruen et Gardels comprend quatre échelles ou niveaux de gouvernance : arrondissement, secteur, district et pays. Cette « démocratie communautaire[3] » rapproche les représentants et les électeurs au niveau local, là où c'est le plus pertinent, tout en divisant le système politique en unités à dimension humaine, là où les délibérations peuvent avoir lieu. Ce système peut favoriser l'auto-organisation, la décentralisation de la prise de décision et de la responsabilité, la diversité et l'unité des communautés. En outre, les petites communautés de membres élus, qui sont formées à chaque échelle, leur permettent

1. *Ibid.*
2. *Ibid.*
3. *Ibid.*

d'en savoir plus les uns sur les autres, et d'évaluer leurs compétences, leur maturité et leur sagesse respectives. D'après Berggruen et Gardels, cette organisation offre des conditions propices au choix des meilleurs représentants et à leur contrôle.

La chambre basse serait complétée par une chambre haute au sein du Parlement. Conçue comme un organe neutre, cette chambre haute serait protégée des pressions inutiles et défendrait une vision d'ensemble sur le long terme. Ses membres ne seraient donc pas des élus, mais des citoyens sélectionnés de manière aléatoire (au nombre de dix) afin de représenter les préoccupations du peuple, ainsi que des membres nommés (au nombre de quarante) sur la base de leur expérience et de leur savoir-faire[1]. La chambre haute aurait pour mission de soumettre des projets de loi, d'apporter une seconde lecture à la chambre basse, de négocier des compromis législatifs et de surveiller l'administration publique. Le chef du gouvernement serait élu par la chambre basse, et son cabinet serait approuvé par la chambre haute.

Comme dans le modèle bahá'í, Berggruen et Gardels soulignent l'importance de l'exercice collectif du pouvoir et évoquent une sorte de « "conseil des anciens" [qui] se place au-dessus de la mêlée politicienne[2] », dont les membres seraient nommés par le pouvoir exécutif et approuvés par la chambre basse : « Le quatuorvirat (ou présidence collective composée de quatre membres) est un conseil de grands hommes d'État représentant l'unité de la société, les perspectives de long terme et la continuité de la culture nationale. [...] Leur outil principal est leur influence morale, et leur mission première consiste à guider la société dans son ensemble. [...] Son rôle est avant tout symbolique : [il] renforce le sentiment d'unité et d'harmonie, en particulier dans les sociétés à forte diversité ethnique, religieuse et culturelle[3]. »

Le quatuorvirat serait responsable de la sélection de vingt membres de la chambre haute et de la planification de référendums publics réguliers sur des politiques clés du gouvernement. En parallèle, l'Agence des ressources humaines (ARH) indépendante et l'Office pour l'intégrité gouvernementale (OIG) garantiraient l'excellence, l'honnêteté et la transparence de l'administration publique. Cela pourrait se faire au travers d'évaluations périodiques (y compris par le public qu'ils servent), de promotions méritocratiques et de pratiques gouvernementales ouvertes,

1. Les membres nommés seraient désignés par le « quatuorvirat », le pouvoir exécutif et les dirigeants de la chambre basse, puis approuvés par la chambre basse.

2. Berggruen & Gardels, 2013.

3. *Ibid.*

ce qui permettrait aux citoyens d'accéder à l'ensemble des documents du gouvernement qui ne concernent pas la sécurité. Les fonctionnaires seraient apolitiques et n'auraient aucun intérêt financier actif.

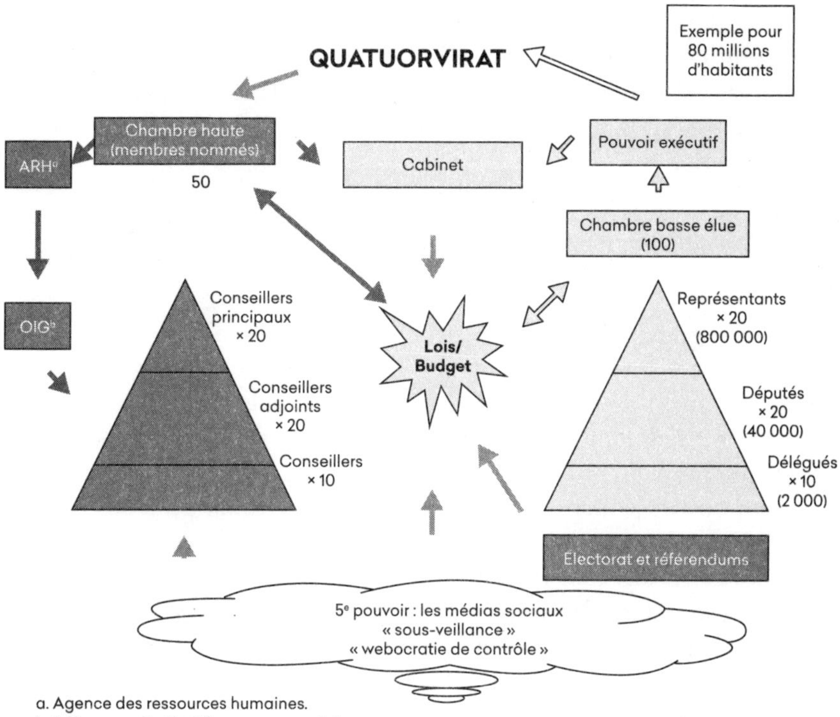

a. Agence des ressources humaines.
b. Office pour l'intégrité gouvernementale.

Figure 8. Les rouages d'une gouvernance intelligente selon Nicolas Berggruen et Nathan Gardels (avec l'aimable autorisation d'Alexander Gardels)[1]

Comme l'observent Berggruen et Gardels, la gouvernance intelligente peut combiner la sagesse de l'Est et de l'Ouest pour « instaurer dans les affaires humaines un équilibre harmonieux entre responsabilité et choix personnel, communautés et individus, liberté et stabilité, bien-être et bien-avoir, humanité et nature, présent et avenir[2] ». Les deux auteurs estiment que nos systèmes de gouvernance actuels sont à la traîne par rapport à notre développement technologique, ce qui engendre de multiples déséquilibres mettant notre avenir en péril. En améliorant la prise

1. *Ibid.*
2. *Ibid.*

de décision et en rendant compatibles nos différents systèmes politiques, la gouvernance intelligente peut favoriser l'émergence d'une civilisation globale. Comme il s'agit de l'« application concrète d'une vision du monde plus évoluée[1] », une gouvernance intelligente deviendrait possible lorsque « notre espèce tournera le dos au mode primitif et compétitif de l'évolution ("la loi du plus fort") pour privilégier un mode moins conflictuel, plus intelligent et plus coopératif ("la loi du plus sage")[2] », concluent Berggruen et Gardels. La politique de l'être vise à faciliter cette transition.

Gouvernance internationale : une transformation des Nations unies

Les enseignements bahá'ís mettent l'accent sur un élément essentiel dans un monde interdépendant : la nécessité de renforcer la gouvernance internationale et de créer une fédération mondiale de nations avec un super-État respectant l'autonomie de ses États membres et les droits de chaque individu. La vision bahá'íe inclut un Parlement mondial élu comme pouvoir principal, un tribunal mondial, et un pouvoir exécutif mondial soutenu par une force internationale afin d'exécuter les décisions des corps législatif et judiciaire. Les dirigeants populistes ont beau le nier, il est maintenant impossible de gérer ou de résoudre une grande partie de nos problèmes les plus sérieux – comme le changement climatique, la pandémie, le terrorisme et la cybersécurité, l'évasion fiscale et la réglementation financière, l'immigration, etc. – au niveau national.

On peut comprendre que l'idée d'un gouvernement mondial se heurte à une violente opposition compte tenu des dysfonctionnements de nos systèmes de gouvernance nationaux et de l'influence corruptrice de puissants groupes d'intérêt. L'une de nos priorités pourrait consister à restaurer d'abord la souveraineté nationale en améliorant la gouvernance, en redynamisant la démocratie et en relocalisant l'économie de manière à pouvoir générer la confiance nécessaire à un transfert partiel de souveraineté vers le plan international dans un deuxième temps. Un tel système fonctionnerait selon le principe de subsidiarité en laissant la responsabilité de l'action publique à l'échelle la plus proche possible des personnes concernées, où elle peut s'exercer correctement.

La politique de l'être appelle à une transformation des Nations unies, qui représentent l'expression institutionnelle de l'unité de l'humanité.

1. *Ibid.*
2. *Ibid.*

Sa Charte est un code d'éthique dédié aux rapports entre les nations et intégrant des idéaux élevés, comme la paix, la justice, la liberté, la non-discrimination et les droits humains. Le système des Nations unies souffre de toutes les limites inhérentes aux grandes organisations et à l'état actuel des relations internationales, mais il a aussi favorisé l'émergence d'une communauté et d'une législation internationales, encouragé la coopération internationale pour résoudre de nombreux problèmes et établi l'une des périodes de paix les plus durables depuis les cinq mille dernières années.

Près de quatre-vingts ans après la création des Nations unies, le contexte, les défis et les priorités ont changé. La colonisation et la guerre froide ont laissé leur place au terrorisme et au retour de la guerre. La globalisation a donné naissance à un monde plus interdépendant où les problèmes sont souvent globaux. Et si le développement économique a amélioré le niveau de vie des individus, il compromet aujourd'hui les conditions propices à la vie humaine sur Terre. Il est temps de revoir les principes fondateurs, la gouvernance, les priorités et le mode de fonctionnement du système des Nations unies pour accomplir des progrès notables en cette nouvelle ère. Le système des Nations unies ne doit pas se cantonner à sa nature intergouvernementale actuelle. Il doit devenir plus démocratique, plus efficace et plus intégré[1].

Une proposition détaillée récente[2], qui repose sur des réflexions accumulées au fil des générations et provenant d'horizons multiples, adapte la vision bahá'íe au contexte présent. Elle suggère entre autres :

- une réforme de l'Assemblée générale des Nations unies introduisant une représentation tenant compte du poids démographique et économique de chaque pays en vue d'améliorer sa légitimité, ainsi que l'introduction d'une seconde chambre représentant la citoyenneté mondiale (un « parlement mondial ») ; cette nouvelle Assemblée détiendrait le pouvoir législatif avec effet direct sur les États membres pour un certain nombre de sujets, y compris le maintien de la paix et de la sécurité, ainsi que la gestion de l'environnement mondial ;
- le remplacement du Conseil de sécurité par un conseil exécutif élu par l'Assemblée générale et fonctionnant sous sa juridiction, qui aurait pour tâche la mise en œuvre, la gestion et l'optimisation du fonctionnement des Nations unies ;

1. Weiss, 2012.
2. Lopez-Claros *et al.*, 2020.

- la création d'une Force de sécurité (ou de paix) internationale des Nations unies sous le contrôle de l'Assemblée générale par le biais du conseil exécutif ;
- l'incitation à favoriser le règlement pacifique des différends internationaux et l'application du droit international, ainsi que l'octroi d'une juridiction obligatoire à la Cour internationale de Justice (CIJ) en ce qui concerne toutes les questions de fond relatives à l'interprétation et/ou à l'application du droit international pour l'ensemble des membres des Nations unies.

La concrétisation de la vision bahá'íe pourrait prendre du temps et rencontrer une forte opposition de la part des puissants qui disposent d'un droit de veto, mais il est possible d'engager des réformes de manière progressive. Tout dépendra de la situation politique qui est susceptible d'évoluer au cours des décennies à venir tandis que le monde s'enfoncera dans la crise. La première étape consistera à organiser une conférence planétaire sur les institutions internationales. Tôt ou tard, la Charte des Nations unies devra être révisée pour que les réformes susmentionnées soient adoptées. À l'origine, il était prévu que cette révision intervienne tous les dix ans, ou dès lors que les deux tiers de la majorité à l'Assemblée générale des Nations unies ou neuf membres du Conseil de sécurité le demanderaient, mais cela ne s'est jamais produit[1].

La révision de la Charte des Nations unies, ou de la charte de l'organisation remplaçant les Nations unies[2], devra reposer sur une nouvelle vision du monde, alors que l'humanité sort de l'adolescence pour entrer dans l'âge adulte. Elle devra reconnaître que nos destins sont liés, que nous partageons cette planète avec d'autres espèces qui ont également le droit de prospérer, que l'environnement n'est pas une limite au développement mais sa condition même[3], que le développement humain est surtout une question d'être plus, et que les valeurs spirituelles constituent les fondements de tout progrès authentique. Un

1. Article 109(3) et Article 109(1) de la Charte des Nations Unies (Lopez-Claros *et al.*, 2020).

2. Si une révision de la Charte des Nations Unies est adoptée mais reçoit un veto de la part de l'un des cinq membres permanents du Conseil de sécurité des Nations Unies, les membres auront, sur le plan juridique, le droit de se retirer des Nations Unies et ils pourront créer une organisation parallèle que les pays restants auront la possibilité de rejoindre par la suite. Dans Lopez-Claros *et al.* (2020), on parle d'« Organisation du monde uni » (traduction libre).

3. À l'heure actuelle, l'environnement fait partie du pilier « Développement » des Nations Unies, alors qu'il devrait exister par lui-même.

comité consultatif spirituel devrait donc être créé dans cette perspective. Il serait formé de membres élus au suffrage indirect ou nommés pour leur développement spirituel et leur sagesse, mais aussi leur capacité à appliquer ces qualités dans la prise de décision politique. La composition du comité consultatif refléterait la diversité des cultures et des traditions spirituelles, y compris les traditions non religieuses. Cependant, ces membres ne seraient nommés par aucune religion ni organisation spirituelle spécifique et ne les représenteraient pas – comme c'est le cas pour les membres du clergé –, ce qui leur éviterait de rendre des comptes et garantirait leur liberté.

Au lieu de simplement réagir à chacune des nombreuses crises qui frappent notre monde, il est temps pour les gouvernements de s'asseoir à la même table et de discuter en toute honnêteté de la manière dont ils pourraient s'attaquer efficacement aux racines communes de ces crises. Plutôt que de se quereller pour des questions de domination militaire, de pouvoir et d'intérêts économiques, les gouvernements feraient mieux de discuter des mesures à prendre d'urgence pour sauvegarder les conditions propices à la vie, et de la manière de constituer une seule et même famille humaine, à la fois fonctionnelle et bienveillante.

IV

LA POLITIQUE DE L'ÊTRE EN PRATIQUE

« [E]lle est la condition essentielle pour que s'accomplisse ce que l'Esprit-du-Temps exige maintenant de l'espèce humaine : qu'elle trouve subjectivement, non seulement dans l'individu mais dans la nation et dans l'unité du genre humain lui-même, son être profond, sa loi intérieure, son vrai moi, et qu'elle vive en accord avec cela et non plus selon des règles artificielles[1]. »

Sri Aurobindo (1872-1950), enseignant spirituel hindou

1. Aurobindo, 1973.

20

Une seule planète

« Je vois un temps de Sept Générations où toutes les couleurs de l'humanité se rassembleront sous l'Arbre Sacré de la Vie et où toute la terre redeviendra à nouveau un seul cercle. [...] Je salue la lumière dans tes yeux où réside l'univers entier. Car lorsque tu es dans ce centre en toi, et que je suis à cet endroit en moi, nous sommes un. »

Crazy Horse (1840-1877), leader lakota

L'humanité est une seule tribu, et la Terre, notre territoire sacré. Nous vivons une époque extraordinaire : la mondialisation réunit aujourd'hui la grande famille de l'humanité (*Homo genus*) qui est apparue il y a 2,3 millions d'années en Afrique. Au fil du temps, nous nous sommes éparpillés par petits groupes sur toute la planète et nous avons évolué en espèces distinctes - *Homo habilis, Homo erectus, Homo neanderthalensis, Homo rhodesiensis*, etc. - pour nous adapter à nos environnements respectifs. Il y a environ 250 000 ans, notre espèce - *Homo sapiens* - est apparue à nouveau en Afrique. Puis, il y a environ 70 000 à 90 000 ans, les humains modernes sont une nouvelle fois partis du continent africain, remplaçant peu à peu - en se métissant parfois avec - les humains archaïques (par exemple, Néandertaliens et Dénisoviens) dans le monde entier[1]. Partout, des cultures spécifiques se sont développées, avec leurs propres expériences, connaissances et sagesse qui leur ont permis de prospérer là où elles se trouvaient.

Alors que la famille humaine se réunit pour la première fois de son histoire, ce patrimoine inestimable nous devient accessible à travers des archives historiques mais aussi des cultures vivantes. Nous bénéficions ainsi d'une opportunité d'évolution unique, si tant est que la famille humaine devienne vraiment fonctionnelle et coopère pour répondre à nos défis collectifs, depuis le changement climatique

1. Voir par exemple Harari, 2015.

jusqu'à la pollution plastique, en passant par la pandémie mondiale et la migration.

Une civilisation de l'universel où chaque nation partage le meilleur d'elle-même

Le 11 septembre 2001 nous a fait craindre un choc des civilisations, selon les termes de Samuel Huntington[1]. Ce dernier estimait que les identités culturelles et religieuses constituaient les principales sources de conflit après la guerre froide, et qu'une telle diversité ne pouvait qu'entraîner des confrontations. Cette vision sombre de la mondialisation contraste nettement avec celle exprimée entre autres par le poète et premier président du Sénégal Léopold Sédar Senghor (1906-2001). Inspiré par les travaux de Pierre Teilhard de Chardin et par sa vision spirituelle de l'histoire se dirigeant vers le « point Oméga », Senghor a appelé à une « civilisation de l'universel » dans laquelle toutes les civilisations partageraient le meilleur d'elles-mêmes. Le poète et président sénégalais considérait que cette civilisation, qui placerait l'humain en son centre, serait « une reconstruction de l'unité humaine à travers sa diversité culturelle[2] » selon les mots d'un de ses commentateurs. De fait, Senghor pensait que chaque pays devait se reconnecter à ses propres racines et à sa propre culture pour contribuer à cette civilisation de l'universel et enrichir notre humanité commune. C'est aussi une condition *sine qua non* pour que chaque culture puisse recevoir et intégrer de manière positive les contributions d'autres cultures sans risque d'assimilation[3].

De nombreux prophètes de l'entrée de l'humanité dans l'âge adulte, tels que Sri Aurobindo et Bahá'u'lláh, ont défendu la même idée. Dans la lignée de son fondateur qui déclare que « la terre est un seul pays et tous les hommes en sont les citoyens[4] », la Communauté internationale bahá'íe affirme : « La citoyenneté mondiale commence par l'acceptation de l'unité de la famille humaine et du fait que les nations de la "Terre, foyer de l'humanité" sont toutes liées entre elles. D'une part, ce concept encourage un patriotisme sensé et légitime, et d'autre part il insiste aussi sur une loyauté à plus grande échelle, sur l'amour pour l'humanité dans son ensemble. Cependant, il n'implique pas l'abandon

1. Huntington, 1993. Samuel Huntington a recensé huit grandes civilisations : occidentale, latino-américaine, orthodoxe, islamique, africaine, chinoise, hindoue et japonaise.
2. Diop, s. d.
3. Mabana, 2011 ; Njoh-Mouelle, s. d.
4. Baha'u'llah, 1983, cité dans Hatcher & Martin, 1998.

de loyautés légitimes, la suppression de la diversité culturelle, l'abolition de l'autonomie nationale ni l'imposition de l'uniformité. Son emblème est "l'unité dans la diversité"[1]. »

Cette vision s'oppose également à celle de la mondialisation en tant qu'occidentalisation ou américanisation, qui a suscité de graves tensions dans beaucoup de pays et provoqué des réactions extrémistes comme le terrorisme islamiste. Senghor a appelé à un dialogue de civilisations, qui s'est maintenant institutionnalisé au niveau international par le biais d'initiatives telles que l'Alliance des civilisations de l'Organisation des Nations unies (UNAOC) lancée en 2005 face à la montée de l'extrémisme et des tensions, notamment entre le monde occidental et le monde islamique. Ce dialogue peut faire de notre diversité culturelle une source réelle d'enrichissement mutuel, comme cela a été souvent le cas dans l'histoire. À l'époque d'Al-Andalus en Espagne (entre le VIIIe et le XIVe siècle après Jésus Christ) par exemple, musulmans, chrétiens et juifs coexistaient et collaboraient dans une paix relative, participant ainsi à l'essor d'un des plus grands centres culturels européens.

L'« unité dans la diversité » est le principe clé permettant de cultiver des relations harmonieuses à toutes les échelles, entre des individus, des groupes et des nations appelés à réaliser leur être véritable. Nous pouvons l'observer dans la nature (la diversité est un indicateur de santé et de résilience des écosystèmes) et dans l'évolution, à travers laquelle les organismes deviennent plus complexes, intégrés et conscients. De nombreuses entités politiques modernes ont fait de cette sagesse ancestrale leur principe fondateur ou leur devise. C'est notamment le cas des États-Unis (« *E pluribus unum*[2] »), de l'Union européenne (« *In varietate concordia*[3] »), de l'Indonésie[4], de la Papouasie-Nouvelle-Guinée[5], de la Jamaïque[6] ou encore de l'Afrique du Sud[7].

Les différences enrichissent les interactions humaines. L'unité ne doit pas être synonyme d'uniformité pour que toutes les parties d'un tout puissent s'exprimer. La diversité ne doit pas être synonyme de fragmentation si l'on veut que chaque partie puisse bénéficier du soutien du tout. Le sentiment d'appartenance à des communautés locales

1. Communauté internationale bahá'íe, 2013.
2. Devise traditionnelle présente sur son sceau.
3. Devise officielle.
4. De l'ancien proverbe javanais, « *Bhinneka Tunggal Ika* ».
5. Devise officielle.
6. Devise officielle.
7. Dans le préambule de la Constitution sud-africaine établie en 1996.

et nationales solides est indispensable à l'avènement d'une civilisation véritablement mondiale.

Dialogue interreligieux et éthique planétaire

Selon Samuel Huntington, les héritages religieux déterminent pour grande partie les différentes civilisations. En 2015, 6,2 milliards de personnes nourrissaient des croyances religieuses, tandis que 1,2 milliard de personnes (16 % de la population mondiale) se déclaraient athées[1]. Les plus grands groupes religieux sont les chrétiens (2,3 milliards), les musulmans (1,8 milliard), les hindous (1,1 milliard) et les bouddhistes (0,5 milliard). Cela peut sembler étonnant, mais le monde devient de plus en plus religieux. Le processus de sécularisation associé à la modernisation et au développement économique est plus que compensé par le fait que les pays les moins avancés sur le plan économique présentent des taux de fertilité bien supérieurs (équivalant au double ou au triple du taux de reproduction) à ceux des pays riches (eux-mêmes inférieurs aux taux de reproduction)[2]. En outre, l'instabilité du monde actuel peut accroître le sentiment d'insécurité existentielle qui est associé à l'appartenance religieuse[3]. 68 % des êtres humains considèrent que la religion est importante dans leur vie quotidienne[4]. Alors que ce chiffre tombe à environ 20 % dans les pays à revenu élevé[5], les cultures des pays riches sont encore profondément façonnées par leurs fondements religieux et philosophiques.

L'importance de la religion conduit à trois conclusions essentielles. Tout d'abord, puisqu'elles constituent la principale source de sens et d'espoir pour la plupart des gens, les religions ont un potentiel immense pour inciter aux changements requis et devraient donc être associées aux efforts mis en œuvre. Ensuite, notre évolution collective s'accompagnera nécessairement d'une transformation des religions, qui ont trop souvent été à l'origine de conflits et d'idées obscurantistes. Je conçois ce processus comme une redécouverte des sagesses et des messages spirituels authentiques au cœur des religions. Enfin, « il n'y aura pas de paix entre les nations sans paix entre les religions ; pas de paix entre les religions sans dialogue entre les religions[6] ».

1. Hackett & McClendon, 2017.
2. Inglehart, 2018.
3. *Ibid.*
4. Diener *et al.*, 2011.
5. Inglehart, 2018.
6. Comme l'a formulé Hans Küng, théologien suisse et président honoraire de la Fondation Weltethos.

Actuellement en plein essor, le mouvement interconfessionnel répond à cet appel. Si le dialogue interreligieux existe depuis longtemps, il s'est intensifié et beaucoup enrichi au cours des dernières décennies. On dit souvent que le mouvement interconfessionnel mondial est né lors de la première réunion du Parlement des religions du monde en 1893 à Chicago. Si elle n'était pas totalement inclusive[1] et n'a pas engendré de mesure de suivi notable, cette réunion a fait le lien entre les religions occidentales et les religions orientales, et elle a suscité un nouvel intérêt pour l'étude comparative des religions[2]. Cependant, le Parlement des religions du monde a dû attendre un siècle pour organiser une deuxième réunion en 1993. En 2023, il a célébré sa huitième réunion.

D'autres organisations interconfessionnelles internationales – comme l'Initiative des religions unies[3], Religions for Peace[4], le Temple of Understanding[5], le World Congress of Faith[6] ou encore l'International Fellowship of Reconciliation[7] – encouragent aujourd'hui la compréhension et l'harmonie entre les religions pour le bien de leurs communautés et du monde. Les religions ont, elles aussi, suivi cette tendance. Par exemple, le IIe concile œcuménique du Vatican (1962-1965) a marqué un nouvel engagement catholique à l'égard du dialogue interreligieux. Les organisations interconfessionnelles sont désormais présentes dans la majorité des grandes villes du monde, nourrissant l'amitié et le sentiment d'appartenance à une même communauté entre leurs membres. Les ministères interconfessionnels se sont également multipliés. Par ailleurs, les Nations unies ont fait écho à ce mouvement en créant la Semaine mondiale de l'harmonie interconfessionnelle qui se déroule chaque première semaine de février depuis 2010[8]. L'idée a été proposée par le roi Abdallah II de Jordanie et son cousin, le prince Ghazi ben Mohamed.

Le mouvement interconfessionnel a joué un rôle clé dans le développement de l'éthique planétaire aujourd'hui nécessaire pour que des personnes issus de différentes cultures, religions et nations puissent vivre ensemble. Le dalaï-lama a défendu avec ardeur cette éthique,

1. Selon Teasdale, 1999 : « Les peuples autochtones américains, les autres peuples indigènes et les Afro-Américains étaient exclus. Seul un musulman, Américain converti, était présent en tant que délégué » (traduction libre).
2. *Ibid.*
3. https://www.uri.org/, consulté le 5 août 2020.
4. https://www.rfp.org/, consulté le 5 août 2020.
5. https://templeofunderstanding.org/, consulté le 5 août 2020.
6. https://worldfaiths.org/, consulté le 5 août 2020.
7. https://www.ifor.org/#mission, consulté le 5 août 2020.
8. Résolution A/65/PV.34 de l'Assemblée générale des Nations unies.

qu'il voit comme la promotion des valeurs humaines universelles[1]. Je suis du même avis que lui : l'éthique devrait être un concept laïque et ne s'appuyer sur aucun dogme religieux. Cela ne signifie pas que l'éthique planétaire s'oppose aux religions, qui peuvent, au contraire, pleinement contribuer à son élaboration.

La « Déclaration pour une éthique planétaire[2] », principalement rédigée par le théologien suisse Hans Küng, est devenue la déclaration officielle du Parlement des religions du monde en 1993. Sans prendre de parti religieux, ce document présente les principes et les valeurs de base partagés par les traditions religieuses, spirituelles et culturelles du monde entier. Reposant sur les préceptes fondamentaux de la dignité humaine et de la Règle d'or de réciprocité, il appelle à un changement de conscience et à un engagement vis-à-vis d'une culture de la non-violence et du respect de la vie, de la justice économique, de la vérité et de la compassion, ainsi que des droits des femmes. Ce document évolue sans cesse : il a été révisé en 2018 afin d'inclure l'engagement à prendre soin de la Terre. Et il a inspiré une foule d'autres documents, parmi lesquels la Charte de la Terre. Selon la déclaration interreligieuse prononcée lors de la conférence Rio+20, « la conscience éthique planétaire est le fondement des trois autres piliers d'un mode de vie durable, car elle implique l'internalisation des valeurs associées au développement humain durable. C'est une source d'inspiration et de motivation pour passer à l'action, mais aussi un guide essentiel sur le chemin d'une durabilité authentique[3] ».

Interspiritualité : vers une culture spirituelle partagée, ouverte sur la science et la diversité des expériences

Par religions, les mystiques et les contemplatifs du monde entier se rassemblent pour définir une nouvelle approche de la spiritualité, une « compréhension pratique, mystique et universelle de la spiritualité[4] » qui peut jeter les bases du changement de conscience requis et de la politique de l'être. En effet, ils se sont rendu compte que toutes les religions reposaient sur la même expérience mystique : un sens

1. Sa Sainteté le dalaï-lama, 2014.
2. Parlement des religions du monde, 1993. Voir https://parliamentofreligions.org/globalethic/, consulté le 5 août 2020.
3. Institut Jacob Soetendorp pour les valeurs humaines, 2012 (traduction libre).
4. Teasdale, 1999 (traduction libre).

profond de l'interconnexion souvent appelé « conscience unitaire » ou « non-dualisme ». Cette expérience peut être générée par différentes pratiques, elle peut prendre diverses formes et être interprétée de multiples façons selon les cultures mais l'expérience reste fondamentalement la même : l'impression de séparation s'évanouit et elle est remplacée par un sentiment d'unicité et d'amour inconditionnel pour tout ce qui est.

En 1999, Wayne Teasdale (1945-2004), moine catholique américain, a été le premier à utiliser le terme « interspiritualité » dans son ouvrage intitulé *The Mystic Heart: Discovering a Universal Spirituality in the World's Religions.* D'après lui : « On peut dire que la spiritualité elle-même est la véritable religion de l'humanité, car la spiritualité mystique est à l'origine de toutes les religions du monde. Dans ce cas, et j'en suis convaincu, nous pourrions très bien dire que l'interspiritualité – qui désigne le partage de l'expérience ultime à travers les traditions – est la religion du troisième millénaire. L'interspiritualité peut préparer la voie vers une culture éclairée à l'échelle de la planète, et une communauté permanente entre les religions qui soit à la fois substantielle, vitale et créative[1]. » Elle « offrira une meilleure compréhension de la vie intérieure par l'assimilation des trésors psychologiques, moraux, esthétiques, spirituels et littéraires des religions du monde[2] ».

Vingt ans plus tard, le concept d'« interspiritualité » est largement reconnu. Le terme anglais « *interspirituality* » renvoie aujourd'hui 22 600 résultats sur Google[3].

En tant qu'approche mature de la vie spirituelle au XXIe siècle, l'interspiritualité peut apporter les fondements de la politique de l'être dans ce domaine. Selon Teasdale, « l'interspiritualité […] cherche la compréhension la plus complète de la spiritualité elle-même et n'acceptera rien d'autre[4] ». Elle reconnaît que la vie spirituelle intègre tous les aspects qui nous composent (corps, tête, âme et esprit) et qui composent notre vie. Elle peut se nourrir de pratiques contemplatives, mais aussi de disciplines physiques comme le hatha yoga et le taï-chi-chuan, l'art ou les pratiques socialement engagées. La science n'est pas considérée comme une menace mais comme une occasion de mieux comprendre notre monde intérieur et extérieur. Elle trouve nécessairement sa place dans le débat interspirituel et nous aide à mieux cerner le rôle actif

1. *Ibid.*
2. *Ibid.*
3. Le 19 avril 2023.
4. Teasdale, 1999 (traduction libre).

de l'esprit dans l'évolution et dans l'histoire. Elle peut nous permettre de mieux nous comprendre en tant qu'êtres humains, et guider notre transformation par le biais de pratiques contemplatives dont les effets sur le cerveau font l'objet de nombreuses recherches.

Alors que ces études sont désormais considérées comme une priorité dans le secteur de la recherche, les grands scientifiques sont nombreux à penser que la prochaine grande frontière consiste à mieux comprendre la conscience. Citons par exemple James Watson (lauréat du prix Nobel et codécouvreur de l'ADN), David Gross (l'un des plus grands spécialistes de la théorie des cordes) ou encore E. O. Wilson (souvent appelé « le père de la sociobiologie » ou « le père de la biodiversité »[1]). Si la science moderne et la spiritualité diffèrent par leur nature et par leur méthodologie, elles ont beaucoup à s'apporter dans la recherche de la vérité universelle. « [I]l est temps pour l'une comme pour l'autre de s'ouvrir à la bonne science et à la spiritualité profonde [...] où elles pourront s'entendre et s'enrichir mutuellement[2] », explique Ken Wilber.

Au cours des derniers siècles, la science s'est développée et, par l'intérêt qu'elle a porté au monde extérieur, elle a amélioré nos conditions matérielles de manière phénoménale. En se tournant vers le monde intérieur et vers les vastes territoires inexplorés de nos psychés, de nos âmes et de nos esprits, elle peut nous offrir les clés de l'épanouissement humain et les bases de notre alphabétisation intérieure collective, sur laquelle doit reposer la politique de l'être.

Les traditions spirituelles s'enrichissent mutuellement et se complètent. Un grand nombre de personnes impliquées dans l'interspiritualité ont constaté que cette ouverture les avait aidées à se reconnecter à l'essence de leur propre tradition et à mieux la comprendre. Être ancrés dans une tradition peut être une bonne chose, mais nous devrions veiller à ne pas nous y enfermer. Selon Teasdale, « il faut se nourrir de nos racines, et non s'y accrocher désespérément au risque d'étouffer la vitalité de la spiritualité. La spiritualité est toujours liée à ce qui nourrit. La tradition est utile tant qu'elle accroît et sert la vie intérieure. Lorsqu'elle devient un obstacle, nous devons repenser l'emprise que notre religion exerce sur nous[3] ».

En portant l'attention des traditions sur les expériences mystiques qui les ont forgées, l'interspiritualité les invite à un grand renouveau, que beaucoup d'institutions religieuses ont du mal à accueillir. Ce renouveau

1. Johnson & Ord, 2013.
2. Wilber, 2014.
3. Teasdale, 1999 (traduction libre).

met l'accent sur la dimension spirituelle – plutôt que culturelle – des religions. Si cette dimension inclut des relations uniques au divin, elle peut rassembler l'humanité. À l'inverse, la dimension culturelle des religions, associée à un sentiment identitaire basique mais confortable et sacralisant certaines institutions socioculturelles, fait régulièrement obstacle à cette unification.

Teasdale prédit que l'« ère interspirituelle » dans laquelle nous entrons verra la formation d'« une civilisation universelle »[1], autrement dit d'une culture mondiale reposant sur des valeurs spirituelles communes. En écho à Léopold Sédar Senghor, le moine américain souligne l'immense diversité des traditions spirituelles qui constituent notre « patrimoine commun[2] », estimant que chacune d'entre elles est « un organisme social vivant capable de grandir à l'infini[3] » et peut apporter sa propre contribution à cette « civilisation du cœur[4] ». Selon lui, « écarter toute expérience spirituelle se résume à appauvrir l'humanité. Tout doit en faire partie, c'est-à-dire tout ce qui est authentique et qui émane du contact avec le divin, quelle que soit la manière dont nous le savons ou le concevons[5] ».

L'interspiritualité permet l'émergence, ou la révélation, de ce que j'aime appeler la « sagesse de la Terre ». Cela comprend toutes les contributions des traditions spirituelles : la nature cosmique, variée et universelle du Sanātana Dharma (hindouisme), la vision bouddhiste du non-soi et de la pratique de la pleine conscience, la non-violence du jaïnisme, la métaphysique et la sagesse naturelle des taoïstes, le sens du sacré et de la communauté de la Terre des peuples indigènes, l'attention que les juifs portent à Dieu et à ses lois, la promesse faite par Jésus d'une transformation individuelle et sociale radicale par l'amour de Dieu et d'autrui comme de soi-même, la foi et la soumission à la volonté de Dieu du peuple musulman, l'enseignement de Bahá'u'lláh sur la nature progressive de la révélation divine[6]… Ces contributions doivent toutes être regroupées dans une civilisation universelle qui les fera apparaître comme les différents aspects de la même vérité, et comme la sagesse unique aux multiples facettes de notre planète. La reconnaissance et l'amour de l'esprit, du divin ou de Dieu dans toutes

1. *Ibid.*
2. *Ibid.*
3. *Ibid.*
4. *Ibid.* « Sur le long terme, chaque tradition de la vie spirituelle se mettra au service de l'ensemble de l'humanité. »
5. *Ibid.*
6. Merci à Hubbard, 2000 pour certaines de ces formulations.

leurs manifestations sont la marque d'une réelle citoyenneté spirituelle mondiale.

Alors que les enseignements spirituels les plus profonds sont aujourd'hui accessibles à beaucoup d'entre nous, j'en suis arrivé à la conclusion qu'une recherche spirituelle authentique nous amène naturellement à l'inter-spiritualité. Dans mon cas, cette recherche m'a guidé vers ce dont j'avais besoin pour grandir, guérir et me réaliser. Mon enfance catholique a éveillé et nourri ma relation au divin. La musique, la littérature, la poésie et le cinéma ont contribué à mon chemin spirituel. Ils m'ont notamment encouragé à avoir confiance dans mon inspiration à l'adolescence et à la suivre. Ma découverte de la spiritualité indigène au Mexique m'a aidé à me reconnecter à la Terre et au guerrier spirituel qui sommeillait en moi. Cela m'a conduit à la pratique des arts martiaux, puis aux disciplines énergétiques (taï-chi-chuan, qi gong, etc.), qui ont permis à certaines capacités sur le plan subtil et thérapeutique de se manifester.

Le taï-chi-chuan, qu'il m'arrive d'enseigner, trouve ses racines dans le taoïsme que je considère comme particulièrement éclairant pour comprendre la manière dont la réalité se manifeste et nous aider à embrasser le mouvement de la vie. Le travail que j'ai effectué pour la forêt m'a amené à mieux comprendre d'où je venais en tant qu'âme. J'ai ressenti la même chose lorsque j'ai découvert les travaux de Sri Aurobindo et de son alter ego féminin, Mirra Alfassa, également connue sous le nom de « la Mère[1] », qu'une mission professionnelle en Inde a placés sur mon chemin de façon assez inattendue. Les thérapeutes non conventionnels m'ont aussi appris à mieux me comprendre et à observer les impacts importants de mon esprit (psychologie, émotions, etc.) sur mon corps.

À un moment donné, j'ai éprouvé le besoin de m'ancrer davantage dans une tradition pour une pratique plus profonde et systématique. J'ai alors trouvé dans les enseignements du maître Zen Thich Nhat Hanh – avec leur accent sur la joie, la simplicité et la transformation de la souffrance – une véritable médecine pour mon âme.

Un jour, à la librairie du Village des Pruniers, j'ai remarqué une phrase sur la couverture d'un livre qu'une autre personne tenait à la main. Elle disait en substance : « Si votre chemin devient une lutte, alors ce n'est pas votre chemin. » Ce fut une grande leçon pour le guerrier en moi !

1. Elle a aussi fondé Auroville, une célèbre communauté regroupant environ 3 000 résidents dans l'État du Tamil Nadu (Inde). https://auroville.org/, consulté le 5 août 2020.

Je me suis rendu compte que la pratique de la pleine conscience s'intégrait très bien dans ma vie très remplie. Je peux (en théorie !) toujours pratiquer : quand je vide le lave-vaisselle, quand je fais la lecture à mes filles au moment du coucher, quand je me rends quelque part à pied… Au niveau professionnel, j'ai renommé ma « liste de choses à faire » en « liste de méditations du travail ». En pratiquant au Village des Pruniers, j'ai appris à prendre soin de moi, et surtout de mon esprit, sur lequel se focalise le bouddhisme. J'apprécie les enseignements qui y sont dispensés sur le bouddhisme engagé ou appliqué, et qui ont nourri cet ouvrage.

Certaines personnes que je côtoie ici préfèrent se considérer comme des pratiquants de la pleine conscience et se méfient un peu des enseignements bouddhistes. Ce n'est pas mon cas. J'ai pleinement embrassé les enseignements bouddhistes en lien avec ma pratique de la pleine conscience. Mais je préfère éviter toute dénomination spirituelle spécifique, car les gens ont tendance à la considérer comme « exclusive ». En réalité, je sens que toutes les traditions spirituelles avec lesquelles j'ai été en contact vivent en moi et me nourrissent. C'est ce qu'explique Rabbi Gliberman, rabbin orthodoxe à New York : « Lorsque l'on explore d'autres traditions et qu'on y adhère, il ne s'agit pas de remplacer – le christianisme par le bouddhisme, ou l'islamisme par le christianisme – mais plutôt d'ajouter – ajouter du christianisme au bouddhisme, ou ajouter de l'islamisme au christianisme[1]. »

La Sagesse de la Terre

Mon engagement interspirituel et son rapport à la politique de l'être ont récemment pris un nouveau tournant. En novembre 2019, mon épouse Emelina a manqué de s'évanouir quand elle a aperçu Jean Fleury (« Ejna ») pendant un déjeuner au Village des Pruniers. Emelina avait le plus grand mal à aligner deux mots, mais elle m'a demandé d'inviter cette femme à notre table. Une fois tous assis, Emelina a raconté à Ejna : « Je vous ai vue en rêve… il y a une trentaine d'années. Je devais avoir 10 ou 11 ans. Vous ressemblez exactement à l'image que j'avais alors, avec ce colibri tatoué sur le visage. »

Ejna, leader indigène lakota septuagénaire, était sidérée. Sur sa demande, Emelina a poursuivi son histoire : « Vers la fin des années 1980, une femme nicaraguayenne juive aux pratiques ésotériques vivait dans ma maison au Costa Rica. Un jour, elle m'a annoncé

1. Cité dans Teasdale, 1999 (traduction libre).

qu'il était temps de me présenter à un conseil et que je le verrais bientôt dans mes rêves. Peu après, j'ai effectivement fait un rêve lucide : j'entrais dans une pièce emplie de lumière. Quatre personnes m'attendaient, toutes vêtues de blanc. Vous étiez l'une d'entre elles. Il y avait aussi une femme chamane mongole qui portait un énorme tambour, un homme noir qui arborait une barbe et des traits blancs sur le visage, et un autre homme d'Asie du Sud-Est. Ils m'ont accueillie. Rien de plus. Je me souviens juste d'avoir alors ressenti une responsabilité envers la planète et l'humanité. »

Les larmes aux yeux, Emelina ne pouvait détacher le regard d'Ejna. Cette dernière n'en revenait pas. Elle a commencé à nous expliquer la raison de sa présence au Village des Pruniers. Elle y était invitée dans le cadre de la retraite de la Terre afin de délivrer son premier appel public à la création du Sacred Earth Council (« Conseil de la Terre Sacrée »), qui reposait sur un rêve qu'elle avait fait en 1987-1988. Nous étions stupéfaits. Il était clair que l'initiative de la création du Sacred Earth Council[1] avait reçu une confirmation troublante et une puissante bénédiction. Nous nous sommes tous les trois mis au travail. Les rêves, les visions et les synchronicités se sont accumulés à mesure que de nouveaux participants nous rejoignaient. J'ai fini par comprendre que ce conseil était voué à devenir ce que j'avais imaginé comme une nécessité pour la politique de l'être : un espace où les représentants de toutes les traditions spirituelles ont la possibilité de partager leur sagesse et leurs méthodes pour favoriser notre évolution collective. Pour l'heure, nous concentrons nos efforts sur un cycle de cérémonies quadriennal dédié à la guérison planétaire (2021-2024).

Comme nous avons pu l'observer au travers de cet ouvrage, toutes les rivières de la sagesse viennent irriguer la politique de l'être. Toutes les cultures ont une contribution à apporter, et leur dialogue peut être fécond. Elles disposent toutes de compréhensions, de philosophies, d'institutions, de modèles et de pratiques dignes d'intérêt. La civilisation occidentale a déjà offert au monde sa vision de la démocratie, des droits humains, de l'autonomie individuelle et de la science. Les cultures scandinaves de partenariat, avec leurs politiques efficaces sur la famille, l'éducation et le genre, ont encore beaucoup à nous apporter. Cependant, les nombreux déséquilibres hérités de la vision occidentale du monde nous entraînent à présent vers le chaos. Alors que la mondialisation devient multipolaire, il est aujourd'hui temps pour les autres civilisations de partager elles aussi leur génie et de nous aider à trouver un nouvel équilibre. Alors que la

1. https://sacredearthcouncil.com/, consulté le 5 août 2020.

civilisation chinoise affirme son leadership, elle pourrait s'appuyer sur ses milliers d'années d'expérience et de sagesse pour offrir un modèle de développement plus éclairé et harmonieux, non idéologique et viable sur le long terme. Il faudrait pour cela qu'elle puisse abandonner le marxisme étranger et se reconnecter à ses racines confucianistes et taoïstes. Nous avons également mentionné l'expérience bhoutanaise du bonheur, la philosophie politique du *buen vivir* des peuples andins, les modèles de justice réparatrice des peuples indigènes et leur reconnaissance des droits de la nature, les politiques costaricaines qui soutiennent la sensibilisation à l'environnement et le sentiment communautaire, l'ayurveda indien, ou encore les pratiques japonaises de bain de forêt.

Nous pouvons nous servir de tout cela et défendre une mondialisation fondée sur l'être plutôt que sur l'avoir. Les leaders spirituels doivent dialoguer afin de tisser, en puisant dans leurs traditions respectives, une vision pour l'évolution culturelle que nous proposons. Ils doivent participer à la conceptualisation et au développement de la politique de l'être, et notamment de solutions politiques concrètes, qui doivent être imprégnées de leur sagesse. Scientifiques et experts devraient diriger ces efforts au moyen de programmes de recherche au service de cette vision, et suivre, analyser et synthétiser les résultats de toutes les expériences et champs d'action concernés, ainsi que leurs implications pour la politique de l'être. Les résultats obtenus devraient être organisés et alimenter des documents de référence disponibles en ligne sur la conceptualisation, la raison d'être, les options et les modèles concrets dans tous les secteurs pour la mise en œuvre de la politique de l'être. Le travail de plaidoyer et de communication permettrait de diffuser cette approche, tandis que des activités de conseil, d'accompagnement et de renforcement des compétences aideraient à la mettre en œuvre.

Ma plus profonde aspiration est d'aider la politique de l'être à voir le jour en soutenant ces travaux, leur coordination et leur intégration dans un cadre commun. Par le biais de ce livre, je propose une première ébauche qui devrait être adaptée en fonction du contexte et évoluer à l'aune de notre délibération collective. Le développement de la politique de l'être pourrait également s'appuyer sur la puissance des technologies collaboratives et civiques. Des plateformes virtuelles dédiées pourraient être créées à l'échelle mondiale, nationale et régionale. Elles faciliteraient le travail de conception, de plaidoyer et de renforcement des compétences susmentionnées, mais permettraient aussi la délibération entre les citoyens et l'organisation de coalitions et de dialogues transpartisans. J'espère que certains d'entre vous répondront à cet appel et mettront leurs talents au service de ce projet.

21

De multiples nations

« La loi première, le dessein fondamental de la vie individuelle est la recherche de son propre développement. […] De même, la loi première, le dessein fondamental de toute société, communauté ou nation, est de chercher son propre accomplissement ; chacune s'efforce, et à bon droit, de se trouver elle-même, de percevoir en elle-même la loi et le pouvoir de son être et de les accomplir aussi parfaitement que possible, de réaliser toutes ses potentialités, de vivre la vie qui la révélera à elle-même[1]. »

Sri Aurobindo (1872-1950),
leader spirituel hindou

La politique de l'être vise à faciliter la réalisation de soi non seulement des individus, mais aussi des nations. Le tout et les parties ne sont pas distincts : l'évolution individuelle et l'évolution collective vont de pair. Les cultures apportent le contexte et imprègnent les trajectoires individuelles, tandis que les individus incarnent les cultures. À l'instar des individus, lorsque les nations s'épanouissent et développent des qualités et des valeurs supérieures, elles expriment en même temps leur nature unique et universelle.

L'importance de l'héritage culturel dans l'évolution sociale

Ronald Inglehart a montré que « le changement socioculturel dépend[ait] du chemin d'évolution emprunté jusqu'alors et [que] les héritages culturels [étaient] tenaces[2] ». Ses travaux mettent en lumière deux aspects majeurs du changement culturel en lien avec la modernisation et le développement économique : « Avec l'industrialisation, les valeurs traditionnelles sont remplacées par des valeurs séculaires-rationnelles, mais l'essor de la société post-industrielle a fait prendre

1. Aurobindo, 1973 (traduction libre).
2. Inglehart, 2018 (traduction libre).

une autre direction au changement culturel. La substitution des valeurs séculaires-rationnelles aux valeurs traditionnelles s'essouffle, tandis que le remplacement des valeurs de survie par des valeurs d'expression individuelle – selon lesquelles les gens accordent plus d'importance au libre choix, à l'autonomie et à la créativité – gagne en puissance. Assez lent pendant la transition entre la société préindustrielle et la société industrielle, ce changement a imposé sa domination lorsque la société industrielle a laissé sa place à la société post-industrielle[1]. »

En outre, « ces changements sont probabilistes et non linéaires[2] ». La cartographie bidimensionnelle des systèmes de valeurs nationaux révèle des zones culturelles bien définies (voir figure 9) qui persistent au fil du temps : si la modernisation oriente plutôt les pays dans la même direction, les différences culturelles demeurent relativement constantes sur plusieurs décennies. Comme l'explique Ronald Inglehart, « cela peut sembler contradictoire, mais il n'en est rien. Si toutes les sociétés du monde allaient dans la même direction et à la même vitesse, les distances entre elles resteraient constantes et elles ne convergeraient jamais[3] ».

Nous imaginons souvent que les gens riches et éduqués du monde entier partagent des valeurs communes, mais ce n'est pas vraiment le cas. Au contraire, les analyses statistiques de Ronald Inglehart ont conduit ce dernier à conclure que « les différences culturelles transnationales [étaient] si importantes qu'elles éclips[aient] les différences au sein des sociétés concernées. […] [M]algré la mondialisation, les nations restent des unités essentielles d'expériences partagées, et le pouvoir prédictif de la nationalité est bien plus fort que celui du revenu, de l'éducation, de la région ou du sexe[4] ». Les valeurs changent, tout en continuant à refléter l'héritage culturel des sociétés.

Les religions, l'histoire et la génétique sont trois aspects fondamentaux de cet héritage culturel. Comme nous pouvons le voir sur la figure 9, et conformément aux idées de beaucoup d'autres sociologues tels que Samuel Huntington, l'héritage religieux est sans doute le plus important. Selon Ronald Inglehart, « le fait qu'une société ait été historiquement forgée par un héritage culturel protestant, confucianiste ou islamique laisse une trace durable et place cette société sur une trajectoire qui

1. Inglehart, 2018 (traduction libre). Pour en savoir plus sur ces valeurs et sur la méthodologie employée dans le cadre de l'enquête intitulée World Values Survey, voir https://www.worldvaluessurvey.org/wvs.jsp, consulté le 27 février 2021.

2. Inglehart, 2018 (traduction libre).

3. *Ibid.*

4. *Ibid.*

continue à influencer son développement – même lorsque l'influence directe des institutions religieuses s'estompe[1] ».

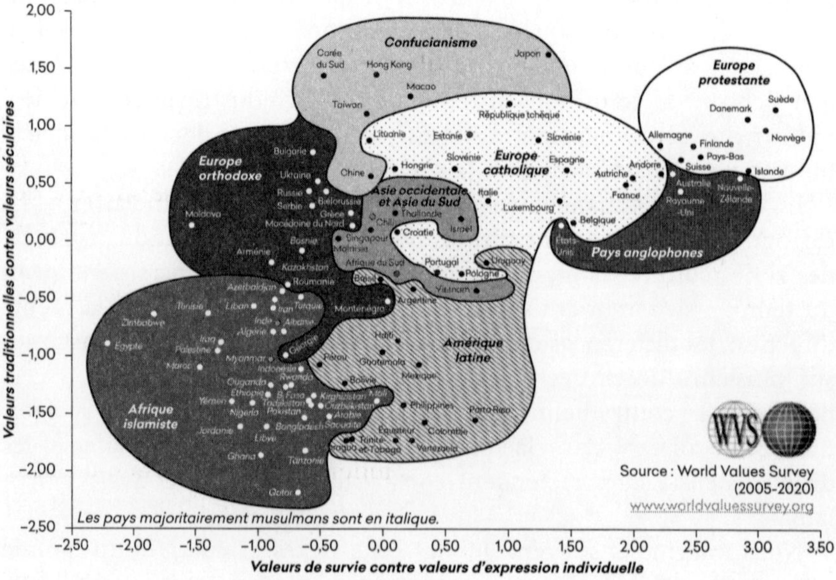

Figure 9. Carte culturelle du monde selon Inglehart-Welzel (2020)[2].

À chaque nation de définir sa propre vision de la politique de l'être

L'expérience historique façonne aussi l'évolution culturelle. Par exemple, Inglehart a observé que les Japonais, les Allemands et les Italiens, qui avaient formé les forces de l'Axe pendant la Seconde Guerre mondiale, affichaient les plus faibles dispositions à se battre pour leur pays[3]. L'histoire détermine notre perception de la réalité et notre imagination. Cela explique entre autres l'attrait des Français pour la révolution, la peur allemande de l'inflation, la mentalité de pionnier des Américains et leur attachement à la liberté religieuse, ou même les considérations raciales qui façonnent l'Afrique du Sud encore aujourd'hui.

Les variations génétiques transnationales semblent aussi avoir un rôle important dans les différences culturelles : certaines études montrent une

1. *Ibid.*

2. Carte culturelle du monde selon Inglehart-Welzel – World Values Survey 7, 2020 [version provisoire]. Source : https://www.worldvaluessurvey.org/wvs.jsp, consulté le 27 février 2021.

3. Parmi les pays pour lesquels des données sont disponibles (*ibid.*).

corrélation entre la génétique et les valeurs, l'économie et les préférences politiques[1]. En fait, les valeurs culturelles reflètent une adaptation aux environnements sociaux et physiques dans lesquels la sélection génétique s'opère. Par exemple : « Certaines populations ont évolué dans des environnements relativement vulnérables aux maladies, ce qui a conféré un avantage de survie à des variations génétiques liées à l'évitement des étrangers et au strict respect des tabous sociaux – tandis que d'autres populations ont évolué dans des environnements moins vulnérables aux maladies, ce qui a conféré un avantage de survie à des variations génétiques liées à une plus grande ouverture aux étrangers et aux normes sociales différentes[2]. »

Au-delà de la génétique, nous avons également vu que l'épigénétique pouvait être une source de transmission intergénérationnelle d'effets traumatiques.

Comme chaque nation suit son propre chemin de développement et peut se situer à différents stades d'évolution, toutes ont besoin d'établir leur propre version de la politique de l'être. Puisque l'héritage culturel national définit l'imaginaire politique, la sagesse traditionnelle constitue la base sur laquelle chaque nation peut déterminer sa vision de la bonne vie. En effet, si certains aspects universels restent cruciaux, la vision et les chemins du bonheur et de la bonne vie semblent beaucoup varier d'une culture à l'autre. Ainsi, les Américains ont une vision hédoniste du bonheur, étroitement liée à des états positifs d'activation forte, comme l'excitation et l'enthousiasme[3], où les résultats personnels[4] et l'estime de soi[5], par exemple, revêtent une grande importance.

La situation est très différente en Orient. Les Chinois de Hong Kong associent le bonheur avec des états positifs de plus faible activation (par exemple, calme et relaxation)[6], tandis que les Japonais ont plus tendance à considérer l'harmonie sociale comme une source de bonheur[7]. Dans

1. Voir par exemple Inglehart, 2018 ; Gelfand *et al.*, 2011, Thornhill *et al.*, 2009 ; Thornhill *et al.*, 2010 ; Chiao & Blizinsky, 2009.

2. Inglehart, 2018 (traduction libre). Il indique que cette approche a été suggérée dans l'étude de Chiao & Blizinsky, 2009, qui a constaté « des liens entre les facteurs génétiques et les attitudes collectivistes ».

3. Tsai & Park, 2014.

4. Uchida & Kitayama, 2009.

5. Les travaux de Diener & Diener, 1995 ont montré un lien plus étroit entre l'estime de soi et la satisfaction à l'égard de la vie dans les cultures individualistes par rapport aux cultures collectivistes.

6. Tsai & Park, 2014.

7. Uchida & Kitayama, 2009.

la vision japonaise du bonheur, les individus sont interdépendants, et le bonheur et le malheur sont assimilés au yin et au yang, qui s'attirent l'un l'autre[1]. Dans les cultures indigènes andines, nous avons pu observer que le « vivre bien » et le « bien vivre » signifiaient avant tout être en harmonie avec la nature et avec autrui. Plusieurs nations indigènes sud-américaines explicitent et défendent leur vision d'une bonne vie dans ce sens.

À l'image des cultures andines, de nombreuses nations ont un mot ou une expression pour résumer une telle vision. Au Costa Rica, « *pura vida* » (« vie pure ») est la réponse la plus courante quand on vous demande comment vous allez. Cette bonne vie est communément associée à la simplicité, à l'humilité, à la nature, à l'abondance, à l'optimisme, à la joie et à la capacité d'apprécier la vie[2]. Dans la plupart des cas, cet art de vivre est indissociable de la sagesse traditionnelle ou de l'éthique de la nation qui, contrairement à l'individualisme occidental, ont tendance à mettre en avant notre nature relationnelle, ainsi que notre appartenance et nos responsabilités vis-à-vis de la communauté. Les sagesses traditionnelles de chaque nation reposent sur leur propre version de l'histoire de l'inter-être. Par exemple, lors de la conférence Rio+20, les peuples indigènes ont affirmé que leurs cultures se fondaient principalement sur la « relation sacrée avec l'autre et avec la Terre mère[3] ». Cette communauté inclut souvent les ancêtres, les êtres spirituels et toutes les formes de vie (y compris des animaux et des plantes spécifiques) sur un territoire donné, ce que nous devrions aussi intégrer dans notre définition du terme « nation ».

Les mots employés par de nombreuses cultures pour désigner leur sagesse traditionnelle portent cette signification, si riche qu'il est difficile de la traduire. Par exemple, « Kapwa » constitue le socle de l'éthique philippine. On peut traduire ce terme par « unité » et « reconnaissance d'une identité partagée, d'un soi intérieur, partagé avec les autres », ce qui implique « l'obligation morale de traiter autrui comme un être humain de même valeur », selon le fondateur de la psychologie philippine moderne, Virgilio Enriquez[4]. Pour les Kogis, peuple indigène colombien, « *Zigoneshi* » – « Je t'aide et tu m'aides » ou « Je te donne et tu me donnes » – est un principe

1. Le bonheur attire le malheur, par exemple au travers de l'envie ou de la jalousie à l'égard des autres, tandis que les événements négatifs peuvent attirer la sympathie des autres et se transformer en opportunité d'amélioration personnelle.

2. Apéstegui, 2012.

3. https://www.forestpeoples.org/sites/default/files/publication/2012/06/final-political-declaration-adopted-rio20-international-conference-indigenous-peoples-self-determina.pdf, consulté le 22 juillet 2020 (traduction libre).

4. Lagdameo-Santillan, 2018.

social clé qui met en lumière l'échange, la solidarité et la réciprocité. Le « *fihavanana* », qui désigne la sagesse traditionnelle malgache, est souvent traduit par « relation », « solidarité » ou tout simplement « sagesse ».

Le « *Botho* » ou l'« *Ubuntu* » est un concept phare des cultures sud-africaines, parfois traduit par « humanité »[1]. Selon certains analystes, « le concept d'*Ubuntu* englobe la compréhension de ce que veut dire être humain et de ce qu'il faut aux êtres humains pour grandir et s'accomplir[2] ». Reposant sur le principe directeur d'« *umuntu ngumuntu ngabantu* » (« une personne est une personne au travers d'autres personnes » ou « Je suis parce que tu es »)[3], ce concept affirme que « notre obligation morale la plus profonde consiste à devenir plus pleinement humain, ce qui signifie entrer de plus en plus profondément dans la communauté avec les autres. Par conséquent, bien que l'objectif soit l'accomplissement personnel, l'égoïsme est exclu[4] ». « C'est un concept éthique qui exprime une vision de ce qui a de la valeur dans la vie[5]. »

À l'instar des cultures dont elles émanent, ces notions ne devraient pas être considérées comme des entités fermées avec un sens figé et un développement purement endogène, mais plutôt comme des concepts vivants liés à des valeurs universelles et dont l'évolution peut bénéficier d'un dialogue interculturel. La réappropriation de cette sagesse traditionnelle et de cette vision d'une bonne vie par de nombreuses nations constitue une étape importante pour guérir les blessures laissées par la colonisation, mais aussi la désorientation et l'aliénation culturelle que cette dernière a engendrées. Elle est vitale pour permettre à l'humanité, et aux multiples nations qui la composent, de surmonter la crise éthique actuelle. Contrairement à la recherche de la croissance économique – qui a apporté une mesure quantitative unique (le PIB) à toutes les nations –, la politique de l'être requiert une approche qualitative, éthique et culturellement appropriée du développement, qui reflète et honore la diversité culturelle. C'est un processus de décolonisation de la théorie et de la pratique du développement.

Pendant très longtemps, la plupart des philosophes et des courants religieux ont assuré qu'une vie vertueuse était la clé de l'épanouissement individuel et de l'harmonie sociale. Cependant, au cours des deux ou trois derniers siècles, cette aspiration a peu à peu été remplacée par le credo de la croissance économique et par sa neutralité revendiquée sur le plan des valeurs. Le fondement philosophique de ce modèle de développement

1. Dolamo, 2013.
2. Shutte, 2001, cité *ibid.* (traduction libre).
3. Brooddryk, 2008, cité *ibid.* (traduction libre).
4. Shutte, 2001, cité *ibid.* (traduction libre).
5. *Ibid.*

trouve son origine dans la période des Lumières en Occident et dans le libéralisme, qui est au départ un mouvement antireligieux. Le libéralisme ambitionnait d'affranchir les individus des diktats religieux et des superstitions, et il a instauré une séparation claire entre l'Église et l'État. Alors que la moralité était associée à un paternalisme religieux, le libéralisme prétend que l'État ne devrait pas promouvoir une vision spécifique de la vie. La liberté individuelle est au cœur des priorités, tandis que les considérations morales sont bannies de la sphère publique : il n'est plus question d'imposer un mode de vie ou de pensée. En outre, la nature pluraliste des sociétés modernes soulève quelques doutes quant à la possibilité d'un consensus éthique.

Pourtant, bien que cela ne soit pas évident, on peut arriver à s'entendre sur des principes éthiques et sur des comportements responsables qui réconcilient la vraie liberté individuelle et l'harmonie sociale, comme l'illustrent l'éthique planétaire ou les politiques des sociétés scandinaves. Pour transcender nos différences et vivre harmonieusement ensemble tant aux niveaux nationaux que sur le plan international, nous devons créer un cadre éthique fondé sur des valeurs assez élevées pour être universelles. Selon le philosophe suisse Alain de Botton, « la vraie liberté ne signifie pas être livré à soi-même ; la liberté devrait être compatible avec le fait d'être encadré et guidé[1] », en particulier si cette orientation n'apparaît pas comme une contrainte découlant de dogmes religieux et que son acceptation est librement consentie.

L'absence de liberté extérieure formelle n'est plus le problème principal dans la plupart des démocraties libérales d'aujourd'hui. On manque plutôt de la sagesse nécessaire pour nous protéger individuellement et collectivement de nos propres failles de caractère, et de leur manipulation par de puissants intérêts commerciaux. « Dans tous les cas, nos espaces publics ne sont même pas vaguement neutres. Ils sont – comme l'indique le moindre coup d'œil dans les centres-villes – couverts de messages commerciaux. Même dans des sociétés théoriquement vouées à nous laisser libres de faire nos propres choix, nos esprits sont sans cesse manipulés dans des directions que nous reconnaissons à peine de manière consciente[2] », observe Alain de Botton.

Aucune société n'est neutre. Dans les sociétés modernes, le libéralisme, l'individualisme et le matérialisme impliquent tous certains jugements sur le bien et le mal, et ils sont à l'origine de l'« hypercommercialisme[3] »

---

1. Botton, 2012 (traduction libre).
2. *Ibid.*
3. J'ai repris ce terme utilisé dans les travaux de Sachs, 2013.

qui a entraîné une crise morale. Chaque nation doit se replonger dans des discussions sérieuses et éclairées par la science, le dialogue interculturel et sa sagesse la plus profonde pour définir ce qu'est réellement une bonne vie. Pourquoi des États ou des institutions indépendantes n'organiseraient-ils pas des débats nationaux intégrant différents niveaux (citoyens, experts et sociologues, représentants politiques, etc.) à ce sujet ?

Les âmes des nations en quête de réalisation

Le chemin de développement des nations vers la bonne vie devrait leur permettre de s'épanouir en préservant et en approfondissant leur approche spécifique de la condition humaine et leurs qualités uniques, ce que bon nombre de penseurs d'antan ont appelé leur « génie » ou « esprit ». Cette notion a été redécouverte et s'est popularisée en Europe, parallèlement au développement des États-nations, pendant les XVIIIe et XIXe siècles[1]. Selon Montesquieu (1689-1755), philosophe politique français, « les lois politiques et civiles de chaque nation [...] doivent être tellement propres au peuple pour lequel elles sont faites, que c'est un très grand hasard si celles d'une nation peuvent convenir à une autre[2] ».

Le concept et l'idée d'« esprit du peuple » ou de « génie du peuple » étaient particulièrement développés en Allemagne : le terme « *Volksgeist* » a été employé pour la première fois en 1774 par le philosophe Johann Gottfried von Herder. Au cours du XIXe siècle, l'unité nationale allemande a été étayée par la quête passionnée de ses philosophes, de ses poètes et de ses artistes (Georg Wilhelm Friedrich Hegel, Johann Gottlieb Fichte, Friedrich Nietzsche, Johann Wolfgang von Goethe, Ludwig Van Beethoven, Richard Wagner, etc.) afin de découvrir l'âme de la nation. Hegel considérait que le divin, qu'il appelait « Esprit absolu » ou « Esprit du monde »[3], était la principale force à l'œuvre dans l'histoire, s'insufflant dans toute chose et orientée vers sa réalisation. Il a écrit : « L'esprit de la nation est par conséquent l'esprit universel sous une forme particulière. [...] L'esprit du monde transcende cette forme particulière, mais il doit l'assumer dans la mesure où il existe, car il

1. En France, voir par exemple *Essai sur les mœurs et l'esprit des nations* de Voltaire (1756) ou *L'Esprit des nations* de François-Ignace d'Espiard (1753).

2. Montesquieu, 1979.

3. Concept qui, nous l'avons vu, est présent dans de nombreuses cultures à des degrés différents, et remonte, dans l'histoire occidentale, à – au moins – l'époque des philosophes grecs tels que Socrate, Platon et Aristote.

revêt un aspect particulier dès lors qu'il a un être réel ou une existence réelle[1]. »

L'unité dans la diversité – que Hegel appelle l'« identité dans la différence » – a un fondement spirituel. Selon le philosophe allemand, l'esprit du monde (« *Weltgeist* ») utilise les nations pour s'exprimer et pour développer une conscience de soi : chaque esprit du peuple (« *Volksgeist* ») « amène un fruit à maturité, car son activité est dirigée vers l'accomplissement de son principe[2] ». Lorsqu'une nation a atteint son but, elle est satisfaite et tombe dans des habitudes bien arrêtées. Sa vitalité décline tandis que l'esprit s'éloigne, et finalement s'éteint. « Le fruit devient la graine, mais la graine d'une autre nation, qui à son tour arrive à maturité[3]. » Ainsi, « nous pouvons observer une progression, une croissance et la succession d'un principe national à un autre[4] ».

Les esprits du peuple sont « eux-mêmes uniquement des moments d'un même esprit universel, qui s'élève à travers eux tout au long de l'histoire jusqu'à son aboutissement dans un ensemble global[5] ». Nous pouvons commencer à nous rendre compte que les esprits ou les âmes des nations ne sont pas seulement des concepts qui nous permettent de mieux comprendre la réalité, mais, selon certains sages, des réalités spirituelles en elles-mêmes. Sri Aurobindo explique ainsi : « La nation ou la société, comme l'individu, possède un corps, une vie organique, un tempérament moral et esthétique, un mental qui se développe, et, derrière tous ces signes et ces pouvoirs, une âme pour laquelle ils existent. Et même, on peut dire que, comme l'individu, elle est essentiellement une âme plutôt qu'elle n'en a une ; c'est une âme collective, une âme de groupe, qui, dès qu'elle parvient à une nette différenciation, doit nécessairement devenir de plus en plus consciente d'elle-même ; et elle se découvrira de plus en plus pleinement à mesure qu'elle développera son action et sa mentalité communes et la vie organique qui l'exprime[6]. »

Selon Sri Aurobindo, une âme de groupe est de la même nature qu'une âme individuelle, mais elle « est beaucoup plus complexe parce que son être physique, au lieu d'une simple association de cellules vitales subconscientes, est constitué d'un grand nombre d'êtres pensants en partie conscients d'eux-mêmes. Pour cette raison même, l'âme de groupe

1. Hegel, 1998, cité dans Tibebu, 2011 (traduction libre).
2. *Ibid.*
3. *Ibid.*
4. *Ibid.*
5. *Ibid.*
6. Aurobindo, 1973.

semble tout d'abord plus fruste, les formes qu'elle revêt, plus primitives et plus artificielles[1]. » C'est aussi la raison pour laquelle sa conscience se focalise avant tout sur ses aspects objectifs et matériels les plus extérieurs, comme le territoire[2] des idiosyncrasies nationales, des habitudes, des préjugés et des tendances mentales marquées. Cela peut être une source de grand danger pour une nation qui s'efforce de se réaliser, comme nous le verrons avec l'exemple de l'Allemagne nazie. Les nations, considérées comme des âmes évoluant vers leur propre réalisation, doivent faire face aux mêmes enjeux et défis que les individus, et elles peuvent donc bénéficier des mêmes types d'enseignements spirituels.

En ce qui concerne la France, l'un des éléments les plus notables est sa capacité intellectuelle à transformer la lumière de l'esprit en idées (universelles). Cette capacité est particulièrement adaptée à l'élaboration de nouveaux paradigmes et de nouvelles idéologies, comme le montre son influence sur le développement de la modernité, de la démocratie, des droits humains et du post-modernisme. Hélas, cela transparaît trop souvent dans la tendance superficielle des Français à « faire de l'esprit » et à mépriser la mise en œuvre matérielle de ces idées au jour le jour, ce qui rend une réelle évolution sociale moins attrayante que la révolution. L'attachement de la France à sa culture, à son authenticité et à sa qualité de vie est aussi célèbre que sa culture politique du conflit (grèves par exemple), son humeur maussade (mesurée par un bien-être subjectif bien inférieur à ce que les conditions matérielles fournies devraient normalement induire), son affection pour sa gloire passée et ses difficultés à affronter le présent (par exemple, avec la mondialisation qui bouscule certaines de ses valeurs les plus chères, comme l'égalité).

Sur la scène internationale, la nature idéaliste de la France l'amène à défendre des ambitions et des valeurs élevées – ce qui fait passer facilement les Français pour prétentieux et donneurs de leçons – tout en ayant des difficultés à reconnaître les zones d'ombre de sa propre histoire (par exemple, la colonisation). Le président Macron a tenté (jusqu'à présent, sans grand succès) de transcender la culture politique française conflictuelle et idéologique en se revendiquant de gauche et de droite, afin de mettre en œuvre de manière pragmatique « ce qui fonctionne ». Il a aussi essayé d'aider le pays à faire face au monde d'aujourd'hui et à regarder l'avenir avec optimisme, mais sa politique

1. *Ibid.*

2. Qui n'est « que l'enveloppe du corps [de l'âme] [encore que ce soit une enveloppe très vivante, en vérité, et qui exerce une influence puissante sur la nation] », *ibid.*

qui a favorisé une minorité riche s'est heurtée à un attachement profond de la nation au principe d'égalité.

Les États-Unis sont une nation jeune et vigoureuse, animée par des idéaux nouveaux et élevés, comme « les droits inaliénables [que sont] la vie, la liberté et la recherche du bonheur » inscrits dans la Déclaration d'indépendance. Ils intègrent le génie de nations plus anciennes, en particulier la Grande-Bretagne, et sa passion pour la liberté. La mission historique des États-Unis, mus par un esprit pionnier, est évidente : piloter une culture planétaire et en jeter les fondements. En tant que jeune nation, ils sont tournés vers l'action, mais sont aussi parfois immatures et naïfs, par exemple lorsqu'ils s'efforcent d'imposer certaines valeurs (démocratie et capitalisme) aux autres. Bien qu'idéalistes, ils affichent une tendance à l'égocentrisme. En témoignent la doctrine de la « destinée manifeste » – selon laquelle les Américains blancs avaient la mission divine de coloniser tout le continent nord-américain –, leur refus d'instaurer une législation et une coopération internationales sur de nombreuses questions, ou leur soutien à une multitude d'entraves à la démocratie, comme en Amérique latine tout au long du xxe siècle. Une reconnexion au but de leur âme les conduira à « étendre leur identité afin d'inclure le reste du monde et de transcender leur intérêt personnel. [...] Les États-Unis doivent se rendre compte que leurs propres besoins peuvent être satisfaits en honorant les besoins d'autres nations[1] ».

En 2020, l'engagement du président Joe Biden dans la « bataille pour l'âme de l'Amérique » a fait écho aux propositions politiques d'un nombre croissant d'auteurs présentant de manière explicite les États-Unis comme une âme en pleine évolution[2]. Dans son ouvrage intitulé *Sacred America, Sacred World*, Stephen Dinan décrit un nouveau rêve américain à l'heure de la mondialisation, où la recherche de l'accomplissement personnel viendrait équilibrer celle de la prospérité matérielle. Observant que, selon une étude de 2008, 71 % des Américains étaient d'accord avec l'affirmation « Je me considère aussi bien comme un citoyen de la planète Terre que comme un Américain[3] », Stephen Dinan appelle ses compatriotes à remplir leur « mission au service de tous ».

Pour évoluer de manière positive, Dinan estime que les États-Unis doivent tout d'abord reconnaître leur part d'ombre, y compris ses aspects

1. Mac Laughlin & Davidson, 1994 (traduction libre).

2. Par exemple, Marianne Williamson dans son ouvrage intitulé *Guérir l'âme de l'Amérique. Mettre nos voix de l'avant en tant que citoyens spirituels*, publié en 2000. Ce livre a-t-il inspiré la campagne de Joe Biden ?

3. Dinan, 2016 (traduction libre).

les plus obscurs, afin de guérir, d'intégrer et d'apprendre du passé. Or, la fierté nationale y oppose souvent une farouche résistance : « En psychologie, l'ombre désigne la partie de nous que nous excluons de notre identité actuelle et que nous sommes donc littéralement incapables de voir[1]. La part d'ombre de l'Amérique embrasse de nombreuses entreprises inachevées [...] qui contrarient et entravent souvent notre action globale. Par conséquent, nous devons examiner avec lucidité nos mauvais usages du pouvoir, ainsi que la manière dont nous avons détruit des vies, et vécu dans des vérités partielles à propos de nous-mêmes ou du monde. Nous devons faire face à la façon dont nous avons marginalisé et victimisé les autres et l'assumer, et effectuer un travail de guérison, de réparation et de réconciliation. Il nous faut aussi analyser notre instrumentalisation de la violence dans la politique étrangère, qui nous a conduits à laisser derrière nous des pays meurtris, comme le Vietnam, l'Afghanistan ou encore l'Irak. Le côté sombre de l'Amérique présente souvent des qualités susceptibles de nous amener à des comportements nobles, mais sous une forme immature et égocentrique. Compte tenu de la puissance que nous exerçons dans le monde, ces espaces d'immaturité ont des effets néfastes sur les autres et, en fin de compte, sur nous-mêmes. Une divulgation de la vérité à la fois rigoureuse et compatissante fait émerger nos qualités de l'ombre afin qu'elles finissent par s'exprimer et allègent toute la souffrance qu'elles causent actuellement[2]. »

Par exemple, l'Allemagne a pu devenir une nation plus sage, plus saine, plus humble et plus responsable quand elle a assumé sa responsabilité collective au cours des deux guerres mondiales et de la Shoah. Dans le cas des États-Unis, Dinan pense que cela implique d'affronter le fait qu'ils soient nés du génocide des peuples autochtones américains. Cette prise de conscience est nécessaire pour « activer nos racines » et établir « une connexion plus profonde avec la terre sur laquelle nous vivons »[3]. L'organisation de cérémonies sacrées en mémoire de ces meurtres de masse, comme celle qui a marqué le 125e anniversaire du massacre de Wounded Knee en 2015, peut aider à guérir des traumatismes psychologiques intergénérationnels associés. Des méthodologies spécifiques centrées sur le *presencing* en groupe, comme le processus d'intégration des traumatismes collectifs (CTIP, Collective Trauma Integration Process) développé par Thomas Hübl, peuvent aussi être

1. *Ibid.*
2. *Ibid.*
3. *Ibid.*

utiles[1]. Il est indispensable d'intensifier ces travaux pour « guérir l'âme de l'Amérique », par exemple – il s'agissait d'ailleurs de l'un des principaux axes de campagne du candidat Joe Biden en 2020 – et celle de chaque nation.

Ce travail de l'ombre sous-entend également la guérison des séquelles de l'esclavagisme par la reconnaissance de la responsabilité des États-Unis et la fin de la marginalisation des Afro-Américains. « La culture africaine est notre culture mère, au sens propre. Or, nous n'honorons pas notre mère[2] », déplore Dinan. Pour accomplir leur mission d'âme, les États-Unis doivent honorer l'héritage de toutes les races et de toutes les cultures. Longtemps dominés par des qualités masculines, comme l'indépendance et l'esprit de compétition, les États-Unis doivent aussi trouver un équilibre entre leurs énergies masculines et féminines afin d'exprimer leur plein potentiel.

Stephen Dinan propose, entre autres, de réserver 50 % de la représentation politique aux femmes pour favoriser un leadership plus compatissant et sage. Il considère la statue de la Liberté, qui a accueilli tant d'ancêtres américains en quête de liberté, comme l'archétype de ce pouvoir féminin qui reste largement inexploité dans la psyché américaine. « Donne-moi tes pauvres, tes exténués, tes masses innombrables aspirant à vivre libres… » semble-t-elle dire d'après le poème d'Emma Lazarus, à présent gravé sur son socle. Enfin, Stephen Dinan appelle bien sûr à plus d'équité socio-économique dans le but de remédier aux multiples divisions qui troublent le pays.

Le piège nationaliste de l'ego collectif

Pour les nations comme pour les individus, le principal piège spirituel consiste à confondre son ego et les nombreux éléments qui le composent (corps, être vital[3] et mental) avec son âme, et à se considérer comme un être séparé. Sri Aurobindo parle à ce titre de « faux subjectivisme[4] ». En politique, ce piège prend la forme d'un nationalisme étroit et égoïste, qui a été cause de terribles malheurs dans l'histoire, par exemple dans le cas de l'Allemagne pendant la première moitié du XXe siècle. La profonde quête de l'Allemagne pour trouver son âme, qui en a fait l'une des nations les plus avancées sur la voie de la réalisation

1. Hübl, 2020.
2. Dinan, 2016 (traduction libre).
3. Force de vie constituée des émotions, des passions, des désirs, des choses aimées et détestées… que les autres systèmes désigneraient sous le terme « être émotionnel ».
4. Aurobindo, 1973.

de soi, a débouché sur le barbarisme nazi. Selon Sri Aurobindo, l'expression active du génie physique/organisationnel (« son application, son assiduité consciencieuse, [...] son esprit de travail [...] laborieux[1] »), artistique et philosophique de l'Allemagne, combinée à « une immense sincérité qui est le secret de sa force[2] », s'est conclue par une réelle abomination. L'Allemagne a commis l'erreur de confondre sa force vitale, ce tempérament qu'elle avait tout au fond d'elle, avec sa véritable âme.

Intérieurement, cela a soumis le peuple allemand au culte de l'État, de la nation ou de la communauté – l'ego collectif –, tandis qu'extérieurement, cela l'a amené à soumettre, voire à tenter d'exterminer, d'autres nations. L'erreur de l'Allemagne portait sur un point bien précis : « [O]ù se situe la véritable individualité de l'homme et de la nation. Or, elle ne se situe pas dans la vie physique ni économique, ni même dans la vie culturelle – car ce sont là seulement des moyens et des accessoires –, mais dans quelque chose de plus profond, dont les racines ne plongent pas dans l'ego mais dans un Moi unique sous toutes les différences, et qui relie sur un pied d'égalité, et non de lutte et de domination, le bien de chacun au bien du reste du monde. [...] [C]et Être est un en tous. [...] Il s'exprime par l'individu et par la collectivité, et [...] c'est seulement en reconnaissant et en réalisant notre unité avec autrui que nous pouvons réaliser intégralement notre être propre, notre vrai moi[3]. »

Sri Aurobindo a été brièvement un leader nationaliste indien. Mais comme beaucoup de grands leaders spirituels indiens qui avaient pris part à la renaissance du pays au cours de la seconde moitié du XIXe siècle puis au mouvement indépendantiste – de Ramakrishna à Gandhi en passant par Vivekanada ou encore par Tagore –, il a reconnu que l'Inde devait obtenir son indépendance, non pour son propre plaisir mais surtout parce qu'elle était investie d'une importante mission au service de l'humanité : partager sa connaissance spirituelle (que sa devise nationale, « Seule la vérité triomphe[4] », célèbre).

L'aspiration saine et naturelle des nations à être elles-mêmes peut s'avérer périlleuse lorsqu'elle est confondue avec l'erreur égoïste nationale « de vivre exclusivement par et pour soi-même[5] ». Cela devrait au contraire aller de pair avec un sentiment d'appartenance à la communauté mondiale. Comme le souligne Sri Aurobindo : « [P]our que l'âge subjectif de l'humanité puisse porter tous ses fruits, il est nécessaire que

1. *Ibid.*
2. *Ibid.*
3. *Ibid.*
4. En sanscrit, « *Satyameva Jayate* ».
5. Aurobindo, 1973.

les nations deviennent conscientes, non seulement de leur âme propre, mais de l'âme des autres, et qu'elles apprennent à se respecter, à s'aider et à profiter l'une de l'autre, pas uniquement sur un plan économique et intellectuel, mais subjectivement aussi et spirituellement[1]. »

Cultiver la conscience de soi des nations

Avant que les nations ne développent leur propre version de la bonne vie et du chemin y conduisant, la mise en œuvre de la politique de l'être devrait commencer par leur prise de conscience de ce qu'elles sont véritablement, en essence et en pratique, en examinant honnêtement leur passé pour mieux comprendre leur présent. Dans le chamanisme toltèque, récapituler son passé est essentiel pour récupérer les parts de nous-mêmes – notre énergie – que nous avons perdues chemin faisant. Cela peut aussi nous permettre d'accéder à une compréhension nouvelle et plus profonde de nous-même, de notre trajectoire et des forces à l'œuvre derrière celle-ci.

Pour réaliser cette récapitulation et cette évaluation psychologique collective, les nations pourraient tout d'abord organiser un processus de consultation, s'appuyant sur des enquêtes scientifiques pertinentes (par exemple, des enquêtes nationales sur les valeurs), avec des gens compétents et bien intentionnés. Il viserait à faciliter la compréhension commune des éléments suivants :

- le caractère national et l'essence profonde qui tente de s'exprimer à travers celui-ci : traits distinctifs, habitudes, tendances, principes, valeurs et passions qui animent durablement une nation tout au long de son histoire. Cela peut servir de point d'entrée pour explorer d'autres dimensions ;
- les racines culturelles et spirituelles d'une nation, ainsi que les liens qu'elle entretient avec ces dernières ;
- la trajectoire de l'évolution historique d'une nation, les événements, circonstances et facteurs clés qui ont façonné son évolution, les leçons qu'elle a tirées ou qu'elle a préféré occulter, les traumatismes non résolus, les influences spirituelles et leurs significations tout au long de son histoire, etc. ;
- les personnalités historiques à travers lesquelles une nation a particulièrement exprimé son essence et sa dimension spirituelle ;
- les contributions positives et négatives d'une nation à l'égard du monde, le rôle, la vocation et la mission de cette nation sur le plan international ;

1. *Ibid.*

- la relation d'une nation avec les principales valeurs spirituelles répertoriées, les forces et les faiblesses actuelles du caractère national, leurs fondements et leurs interrelations, ainsi que la conscience et la reconnaissance par la nation de celles-ci ;
- les possibilités actuelles d'évolution d'une nation et les principaux défis associés.

Comme nous l'avons déjà vu avec Sri Aurobindo, un tel processus devrait empêcher la réification de l'âme de la nation et une quelconque confusion avec l'une de ses manifestations extérieures, que les gouvernements chercheraient à recréer de manière artificielle, finissant ainsi par les fossiliser. Au contraire, en reconnaissant l'essence et la nature évolutive de l'âme des nations, ce processus devrait offrir l'espace nécessaire pour faire émerger leurs manifestations toujours plus authentiques et lumineuses.

En tant que personne, il y a peu de chances que je me rapproche de mon être véritable en définissant une vision de qui je suis avant d'essayer de la réaliser. Au contraire, je peux seulement découvrir qui je suis réellement, en me libérant d'identités prédéfinies et limitantes, en purifiant mes intentions, ma personnalité et mes comportements, et en exprimant les aspirations les plus profondes de mon âme. C'est un processus évolutif et conscient d'émergence, éclairé mais pas limité par la compréhension que j'ai de mon essence, qui est forcément restreinte. Il en va de même pour les nations.

Le processus de consultation que je viens de décrire pourrait prendre la forme d'une initiative citoyenne ou publique. Il articulerait débats populaires locaux et discussions d'experts, et serait largement médiatisée de manière à renforcer son impact sur la conscience collective. Le processus serait aussi soutenu par des plateformes virtuelles, comme celles qui seraient dédiées à la politique de l'être.

Cet exercice pourrait se répéter régulièrement à quelques années d'intervalle et, dans une certaine mesure, se poursuivre de manière continue pour des questions plus précises, qui feraient l'objet de recherches et d'actions sur le long terme. En parallèle, les partis politiques de tous bords pourraient mener le même type d'évaluations psychologiques. Il s'agirait de réaliser une sage introspection et réfléchir sur eux-mêmes, sur leurs valeurs et sur la manière dont elles s'expriment aujourd'hui, ainsi qu'à leur vision de la politique de l'être[1]. Les nations pourraient alors commencer à avancer sur leur propre chemin d'évolution consciente.

1. Voir par exemple Dinan, 2016.

22

Leaders de l'être

« Si tu veux construire un bateau, ne rassemble pas tes hommes et femmes pour leur donner des ordres, pour expliquer chaque détail, pour leur dire où trouver chaque chose... Si tu veux construire un bateau, fais naître dans le cœur de tes hommes et femmes le désir de la mer. »

Antoine de Saint-Exupéry (1900-1944), écrivain français

Les leaders politiques jouent un rôle clé dans l'évolution des valeurs de nos sociétés par leur exemple et la manière dont ils guident notre imagination, dirigent notre attention et façonnent le débat. À l'instar des institutions, ils peuvent tirer parti de ce qu'il y a de pire comme de ce qu'il y a de meilleur chez les gens afin de conquérir et de conserver le pouvoir. « Ici et maintenant, je vous donne ma parole : si vous me confiez la présidence, je m'appuierai sur ce que nous avons de meilleur et non de pire. Je serai un allié de la lumière, et non des ténèbres[1] », a promis Joe Biden avant d'accéder à la présidence des États-Unis. À quoi auraient ressemblé le mouvement indépendantiste indien, la transition sud-africaine vers un régime post-apartheid ou encore le mouvement des droits civiques s'ils n'avaient pas été dirigés respectivement par Gandhi, Nelson Mandela et Martin Luther King Jr. ? Quelle est la responsabilité de personnes telles que Donald Trump ou Jair Bolsonaro dans la montée et la libération de la colère, de la haine et de la discrimination ?

L'intelligence spirituelle : pour un leadership éveillé

La politique de l'être exige un leadership éveillé. Comment des leaders peuvent-ils gouverner un pays ou une organisation s'ils sont incapables de se gouverner eux-mêmes ? Nous avons besoin de leaders sages, animés

1. Discours de Joe Biden lors de la convention nationale démocrate de 2020.

par un esprit de service, capables de se connecter à l'âme de leur nation ou de leur organisation pour la guider et activer son potentiel évolutif. Plus nous grandirons collectivement en sagesse, moins nous tolérerons d'autres types de leadership, et plus nous préparerons nos futurs leaders à développer ce que l'on appelle communément l'« intelligence spirituelle ».

Le concept d'intelligence spirituelle est apparu vers la fin des années 1990, sans qu'aucun cadre de compréhension commun se soit jusqu'à présent imposé. Il englobe les capacités fondamentales dont les individus ont besoin pour réaliser et aider les autres à réaliser les plus hauts niveaux d'accomplissement personnel. Ces capacités nous relient et émanent de notre être véritable ou divin ; elle constitue également la base d'une approche concrète, laïque et universelle de la spiritualité. Ce ne sont ni des conditions ou états (comme la santé ou la joie), ni des manifestation d'états de conscience supérieurs (pouvoirs par exemple), ou des métacapacités (comme la sagesse ou la communication qui s'appuient sur différentes capacités).

L'encadré 20 présente les capacités les plus fondamentales qui caractérisent, selon Emelina Corrales – mon épouse et coach de profession – et moi, l'intelligence spirituelle. Les enseignements et les exercices spirituels issus de toutes les traditions, enrichis par les connaissances scientifiques et par des pratiques laïques, peuvent accompagner les leaders dans le développement de ces capacités. La qualité de notre être imprègne toutes nos pensées, tous nos mots et toutes nos actions. Plus nous avons de pouvoir, plus nos qualités et nos défauts personnels se font jour et plus nous avons besoin de sagesse et de cultiver notre être. Si nous avons déjà mis en avant la nécessité d'un leadership collectif et les dispositifs institutionnels à cet effet, nous allons, au cours de ce chapitre, nous intéresser aux capacités spirituelles que chaque leader, en tant qu'individu, a besoin de développer.

Encadré 20 : Principales capacités caractérisant l'intelligence spirituelle

- **Conscience de soi :** Le fait d'être conscient de la manière dont nous fonctionnons en tant qu'humains, de qui nous sommes en tant qu'individus – y compris de nos forces et de nos faiblesses, de nos tendances et de nos biais – nous aide à adopter les comportements et les décisions les plus appropriés. Cela nous amène aussi à la prise de conscience de notre nature d'inter-être et de notre raison d'être.
- **Acceptation :** Il est important pour notre bien-être individuel et collectif de nous accepter nous-mêmes, d'accepter les autres et

d'accepter les situations auxquelles nous faisons face. C'est souvent une condition nécessaire à la transformation.

- **Maîtrise de soi, alignement et intégrité :** Cela concerne le fait de rassembler toutes les parties de notre être sous le contrôle du soi supérieur ; de nous efforcer d'avoir des pensées, des mots et des actes cohérents, alignés sur ce que nous sommes véritablement.
- **Présence et authenticité :** Nous avons tendance à ruminer le passé et à nous inquiéter du futur, mais ce n'est qu'en restant vraiment dans le moment présent que nous pouvons vivre de manière adéquate. Avoir le courage d'exprimer tout ce que nous sommes réellement et reconnaître nos faiblesses est nécessaire à notre accomplissement. Cela peut aussi inspirer les autres à faire de même et renforcer la confiance.
- **Arrêt :** Être capable de faire une pause, d'interrompre notre dialogue intérieur et de prendre du recul aide à créer l'espace nécessaire pour les pensées, les mots ou les actions les plus pertinents.
- **Liberté et détachement :** En résistant aux pressions extérieures, et en nous libérant de nos propres habitudes et visions limitantes (y compris de nous-mêmes), nous pouvons apprendre à danser nos vies avec grâce et ainsi à exprimer notre plein potentiel.
- **Paix intérieure et sérénité :** En guérissant nos blessures, en apprenant à gérer nos émotions fortes et en nous libérant des jugements et des notions dualistes, nous pouvons éviter de nous laisser entraîner hors de nous-mêmes et ainsi préserver notre quiétude.
- **Amour, empathie et compassion :** Être capable d'aimer et de comprendre les autres, d'expérimenter ce qu'ils ressentent et d'éprouver le besoin d'alléger leur souffrance est indispensable pour notre bien-être individuel et collectif.
- **Largeur d'esprit :** Être conscient de l'interconnexion de toutes choses nous aide à adopter une vision plus large et plus pertinente, mais aussi à gérer la complexité et l'incertitude.
- **Profondeur d'esprit :** En posant des questions essentielles sur le « pourquoi », nous allons au fond des choses.
- **Créativité :** L'expression de notre plein potentiel et la recherche de solutions à des problèmes complexes nécessitent de l'inventivité.
- **Capacité à générer de la joie :** Il s'agit de profiter de la vie, de cultiver des émotions et des comportements positifs, comme la gratitude pour l'ensemble de bonnes conditions dont nous bénéficions.
- **Raison d'être :** Trouver un sens à la vie, même dans l'adversité, est essentiel pour notre bien-être. La prise de conscience de notre but ou mission dans la vie nous aide à développer des intentions et des priorités claires, et nous met sur la voie de l'accomplissement.

- **Force intérieure :** Le chemin vers l'accomplissement est long et difficile. Il requiert de la volonté, de la persévérance et une résistance mentale face au doute et au découragement.
- **Humilité :** Il est essentiel de réduire notre sentiment d'importance personnelle et de comprendre que nous ne sommes qu'une infime partie de l'immense ordre des choses.
- **Foi/espoir :** L'optimisme vis-à-vis de l'avenir et de notre nature humaine profonde ne tire pas forcément son origine d'une quelconque religion.
- **Service et dépassement de soi :** Notre sens de l'inter-être nous amène naturellement à travailler au service du bien commun.
- **Intuition et guidance spirituelle :** C'est notre capacité à comprendre les choses de manière directe, sans raisonnement conscient, et à laisser l'esprit nous guider.

La mise en œuvre de la politique de l'être ne consiste pas seulement à adapter des recommandations politiques aux conditions objectives de la nation. Un leader politique doit aussi comprendre la vie intérieure de la nation, la trajectoire évolutive de son âme et ses potentiels. À l'image d'un enseignant spirituel qui guide ses élèves en partant de l'endroit où ils se trouvent, ou d'un thérapeute énergétique qui doit d'abord traiter ce qui est en surface pour permettre à quelque chose de plus profond d'émerger, les leaders politiques doivent aider à réaliser les transformations qui se présentent aux portes de la vie sociale et politique des nations. Ils doivent non seulement reconnaître ces potentiels d'évolution pour ce qu'ils sont, mais aussi être capables de danser avec la vie de leur nation, qui a ses propres rythme, mélodie et paroles.

En effet, la politique de l'être ne se résume pas à l'exécution d'un plan adéquat. « Si tu veux faire rire Dieu, parle-lui de tes projets », suggère un vieux proverbe yiddish. La réalité sociale est par nature hypercomplexe et, en tant que telle, imprévisible. « On a beau savoir que tout ce qui s'est passé d'important dans l'histoire mondiale ou dans notre vie était totalement inattendu, on continue à agir comme si rien d'inattendu ne devait désormais arriver[1] », nous avertissait Edgar Morin bien avant la crise de la Covid-19.

Ce qui semble *a priori* objectivement impossible se produit souvent parce que les grands leaders, au travers de leur connexion intime avec les états intérieurs et les besoins de leur nation – un sentiment qui va bien au-delà de la puissance de la raison –, sont capables de développer une plus

1. Morin, 2008.

grande vision de ce qu'ils peuvent devenir. Ils invoquent sa manifestation et exploitent chaque opportunité pour donner naissance à cette vision. Une telle connexion à l'âme de leur nation, sous sa forme la plus pure, est une connexion à l'esprit lui-même, qui guide et soutient les leaders éveillés.

La voix intérieure : le guide des grands leaders

De notre point de vue, la capacité la plus caractéristique d'un grand leader est l'aptitude à être guidé par l'esprit, qui se trouve au plus profond de chacun d'entre nous. Gandhi considérait que le vrai leader du mouvement indépendantiste indien était « la petite Voix silencieuse intérieure ». Beaucoup de ses décisions, y compris certains des jeûnes les plus célèbres qu'il s'est imposés dans le cadre de son leadership politique non violent, trouvaient leur origine dans cette petite voix.

« Pour moi, la Voix de Dieu, de la Conscience, de la Vérité ou la "petite Voix silencieuse du dedans" sont une seule et même chose. Je n'ai jamais vu de forme. Je n'ai jamais cherché à en voir, car j'ai toujours cru que Dieu n'avait pas de forme. Mais ce que j'ai entendu était comme une voix venue de loin et pourtant très proche. C'était comme une voix humaine qui me parlait de manière claire et irrésistible. Je n'étais pas en train de rêver lorsque j'ai entendu cette Voix. Juste avant, je ressentais une terrible lutte intérieure. J'ai écouté, je me suis assuré que c'était la Voix, et la lutte a cessé. J'étais calme. La décision était prise en conséquence. La date et l'heure du jeûne étaient fixées[1]... »

Cette voix était « le seul tyran [qu'il] reconnaiss[ait] en ce monde », a-t-il déclaré, car il avait appris à s'y fier dans les situations les plus difficiles. « Il y a des moments dans la vie où vous devez agir, même si vous ne pouvez pas emmener vos meilleurs amis avec vous. La "petite Voix silencieuse du dedans" doit toujours être l'arbitre final des cas de conscience[2]. »

Cette voix lui a apporté une conviction intérieure claire à propos du chemin à suivre. « Parfois dans la vie, nous n'avons pas besoin de preuves extérieures. Une petite voix intérieure nous dit : "Tu es sur la bonne voie, ne déplace pas ton pied à droite ou à gauche. Reste sur ce chemin droit et étroit"[3] », a-t-il expliqué.

Gandhi s'est réjoui de suivre ce chemin, « de même qu'un amour véritable nous pousse à agir de toutes les manières possibles (parfois de

1. *Harijan*, 8 juillet 1933 (traduction libre).
2. *Young India*, 4 août 1920 (traduction libre).
3. *The Leader*, 25 décembre 1916 (traduction libre).

façon inconsciente et sans effort), une personne ayant entendu ne serait-ce qu'un murmure de la voix intérieure ne peut s'empêcher de la suivre[1] ».

Gandhi était convaincu que « la Voix intérieure ne supprim[ait] pas la raison, mais [qu']elle la sanctifi[ait][2] » et il a invité les rationalistes à se conformer à ce qu'ils appelaient « les diktats de la raison ». Par ailleurs, il avait bien conscience que cette voix pouvait être le produit de son imagination ou de certaines influences spirituelles non divines[3], comme c'est souvent le cas. Sa recherche a honoré et largement dépassé les exigences légitimes de sa raison pour englober la transformation de sa personne tout entière et ainsi s'assurer de la nature divine de la voix intérieure.

Gandhi s'était pleinement engagé à se débarrasser de ce qui pouvait interférer avec cette voix intérieure. Il ne laissait rien passer : sa sincérité était totale. « L'humble chercheur que je prétends être doit se montrer très prudent et, pour préserver l'équilibre de son esprit, il doit se réduire à zéro avant que Dieu ne le guide[4]. »

Pour être guidés par l'esprit, les leaders doivent se montrer disposés à servir la nation de manière désintéressée. Selon Gandhi, c'était le prix à payer pour accéder à la voix et être certain que l'on pouvait s'en remettre à elle. Ce qui lui a permis d'affirmer : « Le jugement unanime du monde entier contre moi ne pourrait m'empêcher de penser que j'ai entendu la vraie Voix de Dieu[5]. »

Gandhi a attribué sa modeste capacité à entendre correctement et distinctement la « petite Voix silencieuse du dedans » à ses « efforts incessants vers l'autopurification »[6]. « La Voix de Dieu ne résonne pas dans le cœur de chaque personne. Ce n'est pas une question de droit inhérent. Vous devez suivre un entraînement pour entendre la Voix de Dieu. Certaines règles sont édictées à cet effet. Si vous les suivez, le résultat sera assuré[7] », estimait-il.

Le développement spirituel nous connecte à notre guide intérieur et à notre mission de vie. J'ai souvent entendu des gens se demander comment trouver cette guidance. Selon moi, la voix intérieure devient de plus en plus claire à mesure que vous y prêtez attention et que vous empruntez le chemin qu'elle indique. C'est comme écouter son corps.

1. Morrisson, 2006 (traduction libre).
2. *Ibid.*
3. « Le diable parle parfois avec la voix de Dieu », reconnaît-il. Cité dans Kamath, 2007 (traduction libre).
4. *Harijan*, 8 juillet 1933 (traduction libre).
5. *Ibid.*
6. Pyarelal, 1932 (traduction libre).
7. Cité dans Kamath, 2007 (traduction libre).

La première fois que vous êtes ivre ou que vous fumez, votre corps vous fait ressentir un inconfort, mais si vous continuez à boire ou à fumer, peu à peu, votre corps s'habitue au poison et cesse de manifester ce malaise jusqu'à ce qu'il tombe vraiment malade sur le long terme.

Écouter la voix intérieure et suivre le chemin indiqué rendent les choses, pas à pas, plus claires. Les gens ont souvent du mal à faire le premier pas : ils savent généralement ce qu'ils devraient faire, mais préfèrent souvent feindre de l'ignorer. Certains affirment qu'ils seraient prêts à faire n'importe quoi sauf ce qui se trouve juste devant eux, en plein milieu de leur chemin. Pourtant, ce serait sans doute la meilleure chose à faire, et parfois le seul moyen d'avancer réellement. Cette voix était la source de la puissante volonté de Gandhi, et de son « *satyagraha* » (ou « force de la vérité »), sa philosophie de la résistance non violente. Son extraordinaire pouvoir, qui a touché l'âme profondément spirituelle des Indiens et façonné le cours de l'histoire, est encore aujourd'hui la meilleure preuve de l'authenticité de cette voix.

Instruments de l'esprit : les forces spirituelles à l'œuvre

« Dans la politique aussi, nous devons créer le royaume des cieux[1] », pensait Gandhi. Son pouvoir n'était pas seulement personnel et fait de décisions sages guidées par cette voix. Il mettait aussi à profit les forces spirituelles extraordinaires qui tentent sans arrêt, à partir du monde invisible, d'influencer notre destinée.

Considérant que la recherche d'accomplissement de l'esprit représentait la principale force motrice de l'histoire, Georg Wilhelm Friedrich Hegel estimait que certaines figures historiques étaient des instruments de l'Absolu. Par exemple, il a déclaré que Napoléon était un « grand homme » dont la fonction historique consistait à introduire l'État moderne et les idéaux démocratiques nés de la Révolution française (« un superbe lever de soleil ») dans le reste du monde par le biais de ses conquêtes militaires. En 1806, le philosophe allemand a décrit Napoléon comme l'incarnation de l'esprit du monde, « l'âme du monde à cheval[2] » quand il l'a vu parader après sa victoire à Iéna (dans l'actuelle Allemagne).

1. *Young India*, 18 juin 1925 (traduction libre).
2. « *Die Weltseele zu Pferde* ». On retrouve cette expression dans une lettre datée du 13 octobre 1806, que Georg Wilhelm Friedrich Hegel a adressée à son ami Friedrich Immanuel Niethammer.

Parce que les héros ont conscience des changements historiques qui doivent être accomplis et qu'ils ont l'intention de les réaliser, l'esprit les aide, ou plutôt il les utilise (avec leurs moyens d'action qui incluent souvent des conflits armés) à ses propres fins. Selon Hegel, les héros historiques savent « la vérité de leur temps et de leur monde parce qu'ils ont conscience de la nécessité historique : c'est pourquoi, comme Alexandre et César, Napoléon est un sage parce qu'il sait la nature de son époque ». Ils savent « ce qui est nécessaire et quoi faire le moment venu »[1]. Leur connaissance est très intuitive et « ce qu'ils auraient appris des autres en fait de desseins et de conseils bien intentionnés, aurait été, au contraire, plus borné et plus faux ; car ils savaient le mieux ce dont il s'agissait[2] ». En réalité, le général prussien Carl von Clausewitz (1780-1831), dont la théorie militaire est aujourd'hui encore très influente, considérait Napoléon, qui voguait alors de victoire en victoire, comme « le plus grand chef de guerre des temps modernes[3] ».

Parmi les nombreuses facettes du génie militaire de Napoléon, qui incluait une grande attention aux détails, on peut citer son audace et sa chance, ainsi que sa capacité à tirer le meilleur parti des circonstances les plus inattendues. À Austerlitz, par exemple, il s'est servi d'un banc de brouillard surgi de nulle part pour camoufler ses soldats, leur faisant traverser des marécages réputés infranchissables afin de prendre par surprise un flanc de l'armée impériale laissé à découvert. Napoléon a aussi été l'un des premiers à accorder des promotions militaires en fonction du mérite de ses hommes. Avant de nommer un général, il écoutait les mérites de la personne avant de poser sa fameuse question : « Fort bien, mais a-t-il de la chance[4] ? »

Sa conception de la chance n'avait rien de superficiel. Comme l'a observé l'historien américain Jackson Spielvogel : « Napoléon aimait à se voir comme un homme maître de son destin et de sa chance. Il a dit un jour : "Il n'est pas de grandes actions suivies qui soient l'œuvre du hasard et de la fortune, elles dérivent toujours de la combinaison d'un plan et du génie. Rarement on voit échouer les grands hommes, dans leurs entreprises les plus périlleuses. [...] Est-ce parce qu'ils sont chanceux qu'ils deviennent ainsi de grands hommes ? Non ; mais parce qu'étant de grands hommes, ils ont su maîtriser la chance[5]." »

1. Cité dans Broussard (1995).
2. *Ibid.*
3. *Ibid.*
4. Tulard, 2012.
5. Spielvogel, 2018 (traduction libre).

Jürgen Habermas et Peter Sloterdijk, les deux philosophes allemands les plus influents à l'heure actuelle, ont fait référence à la vision qu'avait Hegel de Napoléon pour exprimer leur espoir que le tout nouveau président français Emmanuel Macron ranime l'esprit européen[1]. Si Napoléon ne connaissait pas les écrits de Hegel, Macron, qui a brièvement occupé le poste d'assistant du célèbre philosophe français Paul Ricœur, les a lus[2]. Il évoque la philosophie hégélienne de l'histoire à l'occasion d'un entretien en 2017 avec le magazine allemand *Der Spiegel*, qui a d'ailleurs repris une phrase du président français en titre de son article : « Nous avons besoin d'héroïsme politique[3] ».

En effet, l'ascension politique éclair de Macron n'est pas due seulement au soutien massif du monde des affaires (et donc des médias), mais aussi à sa compréhension brillante et intuitive de la situation politique en France, alors paralysée par les partis politiques. Macron éveilla mon intérêt durant sa campagne présidentielle de 2016-2017, quand j'ai commencé à remarquer sa chance extraordinaire[4]. Pendant cette campagne, que beaucoup ont qualifiée d'inédite, il a tout d'abord bénéficié de la décision de l'ancien président socialiste François Hollande, dont il avait été un proche conseiller et ministre, de ne pas se présenter pour un second mandat. L'espace politique d'Emmanuel Macron s'est élargi lorsque le Parti socialiste a choisi d'accentuer son orientation vers la gauche au travers de la victoire de Benoît Hamon face à Manuel Valls pendant sa primaire citoyenne.

Enfin et surtout, François Fillon, ancien Premier ministre qui avait triomphé lors de la primaire de la droite et du centre, caracolait en tête des sondages quand il a été rattrapé par une sombre affaire de corruption, qui l'a presque obligé à renoncer. Le génie politique d'Emmanuel Macron, la précision de son diagnostic et son profil sans étiquette expliquent en grande partie sa victoire à l'âge de 39 ans qui a profondément transformé le paysage politique français.

Durant cette campagne, j'ai commencé à percevoir comme une influence spirituelle, dont la perception s'exprimait de manière inconsciente dans de nombreux commentaires politiques. Plusieurs déclarations de Macron ont confirmé cette impression, en particulier au cours d'un entretien accordé au *Journal du dimanche* en février 2017 dans

1. Zizek, 2018.

2. Brinkbäumer *et al.*, 2017.

3. *Ibid.*

4. La nuit du premier tour des élections, l'éditorial de Laurent Joffrin avait pour titre « La baraka de Macron » dans le quotidien *Libération*. Si « baraka » veut dire « chance » en français, elle vient d'un mot arabe qui signifie « bénédiction ».

lequel il évoque l'aspect spirituel de sa démarche dont il « ne renie pas la dimension christique[1] ». Emmanuel Macron reconnaît alors que « la politique, c'est mystique » et qu'elle implique une « transcendance ».

L'article conclut : « Depuis qu'il s'est mis en marche, la voie semble se dégager et les planètes s'aligner dans le ciel au-dessus de sa tête. » « C'est ce que j'appelle la ruse de l'Histoire », a confirmé Emmanuel Macron, démontrant ainsi son inspiration hégélienne. En effet, le philosophe allemand pensait que, pour parvenir à ses fins, l'esprit, ou l'histoire et sa raison, utilisait souvent la « ruse », autrement dit des moyens détournés : l'esprit se sert des aspirations et des passions des acteurs de l'histoire pour aboutir à des résultats inattendus à travers lesquels il progresse.

Au mois de mai 2016, alors qu'il n'était pas candidat et que personne n'imaginait qu'il pouvait se présenter, et encore moins remporter les élections, Macron a prononcé un discours en l'honneur de Jeanne d'Arc à l'occasion de l'événement national officiel qui célébrait la jeune femme et son patriotisme. Jeanne d'Arc figure parmi les neuf patrons secondaires officiels de la France, qui sont considérés comme les défenseurs célestes de la nation. L'extrême droite a tenté depuis quelque temps d'accaparer ce symbole. Dans son discours, Macron a exposé les leçons que Jeanne d'Arc nous avait, selon lui, transmises.

« La vie de Jeanne, c'est avant tout la puissance d'un destin qui démontre que l'ordre des choses ne tient pas si cet ordre est injuste. […] Elle sait qu'elle n'est pas née pour vivre, mais pour tenter l'impossible. Comme une flèche, sa trajectoire est nette. Jeanne fend le système, elle brusque l'injustice qui devait l'enfermer ; Jeanne est bergère, mais elle se fraie un chemin jusqu'au roi. Jeanne est une femme, mais elle prend la tête d'un groupe armé et s'oppose aux chefs de guerre ; Jeanne n'est personne, mais elle porte sur ses épaules la volonté de progrès et de justice de tout un peuple. Elle était un rêve fou, elle s'impose comme une évidence. »

La deuxième leçon est, selon lui, « celle de l'énergie du peuple », que Jeanne d'Arc a éveillée pour délivrer la ville d'Orléans. Cette énergie a la capacité de changer le cours de l'histoire « aux moments les plus sombres ». Macron, dont le leadership a souvent été qualifié de moderne et positif, l'a assuré : « Cette même énergie, je la sens, là, parmi vous, aujourd'hui. » « La troisième leçon de Jeanne, c'est celle du rassemblement et de l'unité de la France », selon Macron, lui qui n'appartenait à aucun parti politique avant de fonder son propre mouvement et a

1. *Le Journal du dimanche*, 2017.

revendiqué, pendant la campagne présidentielle, le fait de transcender les oppositions politiques traditionnelles et d'être « à la fois de gauche et de droite ». Il demandait ainsi à ses partisans de ne pas huer les noms des opposants pendant ses meetings.

Sans surprise, ces leçons faisaient écho à la vision que Macron avait de son ascension naissante et de lui-même. Pourtant, de manière plus déconcertante, elles semblent rétrospectivement présager de sa future victoire à l'élection présidentielle de 2017.

Les proches d'Emmanuel Macron le décrivaient alors comme « habité[1] », son épouse ayant même déclaré : « Ce n'est pas toujours facile de vivre avec Jeanne d'Arc[2]. » Macron, qui est issu d'une famille laïque mais a décidé de se faire baptiser à l'âge de 12 ans, communique peu sur sa vie spirituelle et paraît accorder plus d'importance aux dimensions les plus personnelles de la spiritualité. « Je ne suis pas sûr que Dieu ait jamais parlé. À la fin, ce sont les voix qu'on crée soi-même[3] », explique-t-il. Qu'il soit ou non inspiré par l'esprit, Emmanuel Macron s'est tourné vers la spiritualité pour générer certaines forces qui l'ont amené au pouvoir. Ces forces peuvent être émotionnelles, sociales et/ou spirituelles, personnelles ou collectives. On ne devrait pas les opposer : elles représentent la plupart du temps les différentes manifestations d'une même réalité.

Très souvent, le sentiment d'un appel spirituel et son utilisation en politique peuvent se révéler complètement erronés et dangereux, en particulier lorsqu'ils se traduisent dans les faits par des pratiques indignes. Jair Bolsonaro pense que Dieu lui a accordé la présidence de son pays, tandis que l'homme qui l'a poignardé a clamé qu'il avait agi « sur l'ordre de Dieu[4] ». Mais « le mauvais usage de grands pouvoirs n'est pas un argument contre leur bon usage[5] », a souligné Sri Aurobindo. Parmi les influences spirituelles que l'on peut exploiter, il existe toute une série d'énergies, de la plus lumineuse à la plus sombre, de la plus insignifiante à la plus puissante. Elles affectent chacun de nous en fonction de nos penchants et de notre réceptivité, cette dernière caractérisant souvent les leaders puissants, pour le meilleur ou pour le pire.

Par exemple, Sri Aurobindo estimait qu'Alexandre le Grand, Napoléon, Winston Churchill et le général de Gaulle étaient très réceptifs aux influences spirituelles, tout comme Adolf Hitler et Joseph Staline.

1. Royer & Bonnefous, 2017.
2. *Gala Politique*, 2017.
3. *Le Journal du dimanche*, 2017.
4. BBC News, 2018 (traduction libre).
5. Aurobindo, 1973.

Il considérait que les conflits historiques tels que la Seconde Guerre mondiale symbolisaient la lutte ancestrale du bien contre le mal, présente dans de nombreuses traditions. Les gens ont souvent tendance à percevoir Dieu derrière toutes sortes d'influences spirituelles. La parabole de Jésus sur la mise à l'épreuve d'un prophète offre une sagesse simple et rationnelle permettant d'évaluer les leaders politiques qui, comme chacun d'entre nous, canalisent les énergies spirituelles dans le monde : « Ce n'est pas un bon arbre qui porte du mauvais fruit, ni un mauvais arbre qui porte du bon fruit. Car chaque arbre se connaît à son fruit. On ne cueille pas des figues sur des épines, et l'on ne vendange pas des raisins sur des ronces. L'homme bon tire de bonnes choses du bon trésor de son cœur, et le méchant tire de mauvaises choses de son mauvais trésor ; car c'est de l'abondance du cœur que la bouche parle[1]. »

Dans tous les cas, en raison de la nature dialectique de l'histoire et de sa ruse, les leaders politiques les plus abominables peuvent *in fine* provoquer des résultats qui encouragent le progrès de l'esprit. Le nationalisme et le barbarisme d'Adolf Hitler ont conduit à l'unification de l'Europe. Les présidences de Donald Trump et de Jair Bolsonaro incarnent, plus clairement que jamais, les aspects les plus pathologiques de l'ancien paradigme et nous font prendre conscience que nous avons besoin d'une nouvelle histoire et d'un nouveau modèle de développement. Les pratiquants bouddhistes le savent bien : la souffrance entraîne la prise de conscience qui constitue elle-même le fondement du bonheur. La véritable question est : de combien de souffrance avons-nous besoin pour générer la conscience et les changements nécessaires ?

Au-delà de la reconfiguration de la scène politique française, le leadership inspiré d'Emmanuel Macron a manqué cruellement d'un programme environnemental et social fort, et encore plus d'une politique de l'être. La priorité donnée par Macron à l'économie – qui reflète son parcours professionnel et sa proximité avec les sphères économique et financière – est particulièrement ancrée dans l'ancien paradigme, à l'opposé de la vision présentée dans cet ouvrage. La réceptivité à l'égard des influences spirituelles, dont la nature plus ou moins lumineuse peut être très variable, ne se traduit pas nécessairement par de bons fruits. Il est extrêmement difficile d'empêcher notre ego de se saisir de ces influences et de les manipuler pour son propre bénéfice. L'esprit a aussi besoin de trouver dans le mental des leaders les idées

1. Luc 6, 43-45.

permettant son expression dans la réalité concrète. Mais l'évolution culturelle est un processus complexe, et les voies des nations restent pour partie impénétrables.

Ma propre expérience m'a apporté la ferme conviction que des forces spirituelles sont à l'œuvre dans nos vies privées et collectives, et je m'efforce de toujours faire attention à leurs manifestations, à leurs signes et à leurs indications. Une fois que l'on s'ouvre à cette possibilité et que l'on commence à y prêter attention, il devient beaucoup plus simple d'en devenir conscient et de reconnaître leurs expressions. Vous vous rendez alors compte que, très souvent, alors qu'elles sont pourtant évidentes, elles sont ignorées, car on les tient pour impossibles (ou parce que nous ne savons pas quoi en faire). Une vision du monde rationaliste et limitée empêche aujourd'hui les gens d'entrevoir des possibilités (synchronicités[1], déjà-vu, formes basiques de télépathie où une personne m'appelle quand je pense à elle par exemple, etc.) qui font partie du quotidien de certaines cultures traditionnelles.

Le 15 mai 2012, après une campagne victorieuse dont le slogan « Le changement, c'est maintenant », faisait écho de manière subliminale à la prophétie maya pour cette même année, François Hollande a pris ses fonctions en tant que président de la République française. Pendant la cérémonie matinale des Champs-Élysées, il a tellement plu qu'il a dû changer de costume. La grêle tombée lors d'un autre discours tenu en début d'après-midi a contraint François Hollande à se changer une nouvelle fois. Dans la soirée, tandis qu'il se trouvait à bord d'un jet privé pour rencontrer Angela Merkel en Allemagne, l'avion a été frappé par la foudre quelques minutes après le décollage et a été obligé d'opérer un demi-tour. Le nouveau président en exercice a dû embarquer sur un autre vol pour l'Allemagne dans la soirée. Le quinquennat de François Hollande, pendant lequel il a essuyé de nombreuses tempêtes politiques, est devenu célèbre pour le mauvais temps qui accompagnait le président, au grand désarroi de son équipe de communication. Bien connu pour son sens de l'humour[2], il a ainsi déclaré lors d'un voyage officiel à Mayotte[3] : « Je viens un jour à Mayotte et il pleut. Je sais que ça fait quatre mois que vous attendiez ce moment et j'ai donc organisé

1. Introduit par le psychiatre suisse Carl Jung (1875-1961), le terme « synchronicité » désigne des « coïncidences signifiantes » où certains événements se produisent simultanément et dont l'association semble avoir une signification, mais sans qu'aucun lien causal puisse être établi.

2. Il a même remporté le grand prix de l'humour politique (*Le Monde*, 2017).

3. Département français situé dans l'océan Indien.

ce déplacement à cette fin[1]. » En 2013, il avait repris les mots d'un gouverneur colonial français du début du xxe siècle : « Gouverner, c'est pleuvoir[2]. » Faisant autorité dans ce domaine, François Hollande a très certainement apprécié le sens de l'humour du grand esprit, mais a-t-il bien reçu le message ?

J'ai travaillé pour de nombreux pays et, quand je vais quelque part, je commence toujours par demander intérieurement le soutien de l'esprit de cette terre et de cette nation. Je demande à être éclairé et guidé afin de servir le pays dans lequel je me trouve et d'être instruit par sa sagesse. Cela a donné lieu à un certain nombre d'expériences étonnantes ! Dans l'un de ces pays, il m'a suffi de lire le journal lors du petit déjeuner, de regarder un peu les informations locales et de mener à bien les entretiens prévus pour, en l'espace de deux semaines, faire le rapprochement entre un scandale de corruption dans l'une des industries que j'étudiais et des événements politiques de la plus haute importance. Personne ne semblait avoir établi de lien. J'en ai parlé à deux de mes collègues là-bas, et tous deux ont été très surpris que j'aie pu reconstituer en si peu de temps les différentes pièces de ce puzzle que personne, semble-t-il, n'avait réussi jusqu'à présent à déchiffrer. J'ai eu le sentiment que l'esprit avait dirigé mon attention vers ces informations. Chaque nouvel élément paraissait surgir en réponse aux questions que l'élément précédent soulevait.

Conscient que des menaces pèseraient sur ma vie si je l'évoquais publiquement, et qu'on ignore toujours ce qui peut s'avérer finalement positif dans un pays déjà en proie à l'instabilité politique, j'ai demandé à l'esprit de me guider. En amont du dernier atelier, j'ai invité plusieurs personnes travaillant dans des organisations susceptibles de mettre ces informations à profit, afin de voir si des circonstances favorables m'offriraient la possibilité d'évoquer discrètement le sujet avec elles. Elles ne sont pas venues et j'ai considéré cela comme la réponse de l'esprit. Ma mission s'est terminée et je n'ai pas fait usage de ces informations explosives.

J'ai aussi travaillé sur la stratégie nationale de préservation des forêts d'un pays de la région amazonienne. Pendant mes différents séjours, j'ai senti une connexion profonde avec la forêt amazonienne dont je pouvais ressentir physiquement la présence et la respiration dans l'air humide qui m'entourait et dans l'énergie de cette terre. J'ai placé mon travail

---

1. *Le Figaro*, 2017.
2. Cette phrase accrocheuse a été initialement prononcée par Théodore Steeg, résident général au Maroc entre 1925 et 1929 (*Le Figaro*, 2017).

dans ses mains. L'un des tout premiers jours, tandis que je découvrais la situation difficile dans laquelle se trouvait ce projet, je me suis couché en demandant du soutien. Une multitude de pistes d'action me sont alors venues à l'esprit.

Un jour, nous avons été invités à faire une présentation devant le Conseil des ministres. Mon supérieur devait être là pour réaliser cette présentation, mais son vol de correspondance dans une petite île des Caraïbes a décollé avec environ quatre heures d'avance, et il a manqué son avion ! Nous n'avons jamais vraiment compris ce qui s'était passé. De mon côté, j'ai interprété cela comme la volonté de l'esprit de me placer dans le rôle du présentateur.

Ce matin-là, j'ai « planté » un cristal dans la forêt en guise d'offrande, ce que j'avais de toutes les façons prévu de faire. Sur le chemin du retour, dans le taxi, je me suis concentré sur ce que je devais dire lors de ma présentation, et quelques idées claires me sont venues en tête. Elles ont constitué l'essentiel de mon intervention, un peu plus tard devant le Conseil des ministres. D'une voix très solennelle, qui contrastait avec l'ambiance plutôt détendue, j'ai dit en substance : « Chaque pays veut être le numéro un dans quelque chose. Votre forêt, qui est votre principale source de fierté et d'identité nationale, vous offre une opportunité unique pour cela… », puis j'ai expliqué pourquoi il était si important de préserver une couverture forestière élevée pour l'avenir du pays, et comment cela pouvait être fait. J'avais l'impression d'être dans une cérémonie spirituelle, comme si quelque chose, à travers moi, s'adressait à une part profonde de l'être des membres de ce conseil assis devant moi. Avec le recul, j'y vois un appel à l'âme de la nation, une invitation à s'y connecter.

Nos travaux se sont poursuivis pendant plusieurs mois, mais il était très difficile d'obtenir le soutien politique de haut niveau que nous recherchions. Six mois plus tard, le cabinet présidentiel nous a avertis que le pays avait décidé de s'engager officiellement sur le plan international à préserver sa couverture forestière existante. Cette promesse très ambitieuse nous a surpris. Je ne saurais dire dans quelle mesure ma présentation a influencé une telle décision, mais je suis sûr que ce jour-là, l'esprit s'est servi de moi à ses propres fins. Des forces lumineuses immenses cherchent à aider l'humanité dans sa grande transition. Elles attendent simplement que chacun de nous leur ouvre la porte.

Épilogue

« La vraie question est de savoir si l'"avenir meilleur" est vraiment si lointain. Et si, au contraire, il avait été là depuis longtemps déjà, et que seuls notre aveuglement et notre faiblesse nous avaient empêché de le voir autour de nous et en nous, et de le développer[1] *? »*

Václav Havel (1938-2011),
homme d'État et écrivain tchèque

1. Havel, 2021 (traduction libre).

Le changement de conscience, c'est de croire qu'un tout autre monde est possible. Et c'est assurément le cas. La vision décrite dans le présent ouvrage n'est qu'un aperçu pratique des possibilités qui sont à portée de main. Ce monde meilleur émergera-t-il dans les prochaines décennies ? Je l'ignore. L'avenir n'est pas encore écrit. En observant l'état actuel du monde, on pourrait facilement conclure que l'échec semble plus probable.

Lorsqu'une femme accouche, il y a généralement un moment où elle s'écrie : « Je n'y arriverai jamais ! » C'est ce qui s'est produit pour mon épouse à la naissance de notre seconde fille. Je me tenais à ses côtés, totalement dépassé par les événements. Par la suite, j'ai découvert que cette réaction était en fait très courante et une bonne indication que la naissance est imminente. Le lâcher-prise de la mère ouvre la voie au bébé sur le point de naître. De même, notre détresse actuelle est une réaction normale pour ceux qui sont capables de reconnaître et d'accepter la réalité présente. C'est également une étape nécessaire avant sa transformation.

En règle générale, lorsque j'évoque la politique de l'être, on me répond : « Oui, c'est vraiment le (seul) chemin à suivre, mais je ne pense pas que nous en soyons capables. » Les gens me trouvent optimiste. Je ne me vois pas ainsi. D'un côté, j'essaie de rester aussi lucide que possible. Je ressens toute la souffrance autour de moi, j'entends le cri de la Terre Mère. J'ai conscience de l'état de délabrement de notre monde, de l'ampleur et de la difficulté de la transformation requise. Je ne m'attendrais pas à ce que cette transformation se concrétise si nous ne nous trouvions pas face à une menace existentielle.

Je sais par ailleurs que le monde est si complexe, vivant et versatile que toute prédiction probabiliste est, à ce stade, vaine. D'un autre côté, je reconnais que mon être n'est pas séparé du monde, et que le meilleur moyen pour moi de participer à cette grande transition est de choisir en toute conscience l'espoir plutôt que l'abattement, la joie plutôt que la tristesse, l'action plutôt que l'apathie, et ce, tant que j'en suis capable. Dans les moments difficiles, je me rappelle que tôt ou tard, ma vie prendra fin, qu'il s'agit juste d'une expérience à vivre pleinement. La vie sur Terre finira elle aussi par s'éteindre de toute façon dans quelques milliards d'années. Qu'avons-nous réellement sinon la possibilité d'arpenter le chemin de notre cœur ?

Ce livre n'est qu'une goutte d'eau dans l'océan, mais c'est ma goutte. J'ai aimé l'écrire. Je suis reconnaissant pour tout l'amour qu'il m'a été donné d'y mettre et pour le sentiment d'accomplissement, de parfait alignement qu'il m'a permis de toucher. Je souhaite que chacun puisse entendre son appel intérieur et y répondre, en trouvant le moyen d'exprimer ses talents pour aider à cette naissance si attendue. J'ai confiance qu'un jour nos sociétés seront organisées de manière à permettre aux gens de s'épanouir au service du bien commun. L'humanité n'est pas stupide : elle est juste un peu lente !

L'heure tourne. Nous vivons la décennie la plus cruciale pour notre avenir sur cette planète, celui de nos enfants, de leurs enfants et de tous les enfants de la Terre Mère. Nous avons besoin de leaders visionnaires dès maintenant ! Ce changement de conscience dépend de chacun d'entre nous pour s'incarner. Il est temps que chaque être humain sur cette planète assume ses responsabilités et ait le courage de s'engager à cocréer une nouvelle réalité. Vous êtes prêts ? Notre engagement éclairé, entier – qui n'est rien d'autre que la conscience authentique (ou le pouvoir) de la vérité – peut surmonter tous les obstacles et nous conduire à cette nouvelle Terre. Dans l'un des centres Zen où j'ai pratiqué la méditation, j'ai lu ces mots de l'alpiniste écossais William Hutchinson Murray (1913-1996) qui s'appliquent parfaitement à notre transformation collective : « Tant qu'on ne s'est pas réellement engagé, il y a l'hésitation, la possibilité de faire machine arrière et toujours l'inefficacité. Il existe une vérité élémentaire, dont l'ignorance tue dans l'œuf d'innombrables idées et de superbes projets : au moment où l'on s'engage définitivement et pour de bon, la Providence s'en mêle. Il se produit toutes sortes de choses bénéfiques qui, autrement, ne seraient pas arrivées. Une kyrielle d'événements découlent de cette décision, qui appellent toutes sortes d'incidents, de rencontres et d'aides matérielles imprévisibles et favorables, dont nul n'aurait jamais imaginé profiter. J'ai appris à apprécier avec un profond respect cette citation de Goethe : "Quoi que vous puissiez faire, quoi que vous rêviez de faire, entreprenez-le. L'audace a du génie, de la puissance et de la magie"[1]. »

1. Murray, 1951 (traduction libre).

Le monde a déjà changé depuis que j'ai commencé à écrire ce livre. La pandémie de Covid-19 a littéralement stoppé l'humanité sur son chemin vers la destruction. Ce que nous vivons aujourd'hui est sans précédent. L'humanité se trouve à un carrefour de son histoire, et beaucoup ont intuitivement compris que cette nouvelle crise était un signal, une chance de bifurquer, pour opérer une véritable métamorphose et tisser un nouveau partenariat avec la communauté terrestre. Il est grand temps de guérir nos blessures millénaires – mémoires de guerres, abus et persécutions de toutes sortes –, afin qu'une nouvelle manière d'être puisse habiter la Terre. C'est le moment de réfléchir à l'avenir que nous souhaitons, un moment pour respirer et méditer. Méditer en tant qu'une seule famille terrienne, vouée à vivre ensemble sur notre belle planète, ce miracle de l'évolution, dérivant dans l'immensité toujours plus vaste de l'univers. Méditer sur notre histoire, depuis les groupes de chasseurs-cueilleurs jusqu'aux États-nations organisés autour de mégalopoles, depuis la naissance de la vie en tant qu'être unicellulaire jusqu'aux êtres humains capables de ressentir, de penser et d'aimer, et qui sont aujourd'hui appelés à accomplir leur destinée. Méditer sur notre condition humaine avec ses joies et ses souffrances, ses défis, son éternelle impermanence, et ses questions qui émanent de la nuit des temps : d'où venons-nous ? Pourquoi sommes-nous là ? Que voulons-nous réellement ?

Le moment de faire un choix est venu. L'ancien modèle s'écroule, emportant avec lui les plus vulnérables et ceux d'entre nous qui ne se sont pas encore défaits des accords intérieurs qui nous lient à lui. Le nouveau paradigme de l'être se déploie, emplissant certains d'une vitalité, d'une joie et d'une grâce qui ouvrent la voie et attirent les autres. Son émergence rencontre une forte résistance, mais son avènement est inéluctable. Il s'accompagnera forcément d'une politique de l'être, dont j'ai essayé de décrire les éléments de base – une définition simple, un cadre conceptuel, une méthode et un programme politique – dans cet ouvrage (voir encadré 21). Je suis convaincu qu'il s'agit du chemin de développement le plus raisonnable : il est idéaliste dans ses objectifs et ses horizons, mais concret, pragmatique et évolutif en pratique. Je n'ai aucun doute qu'il s'imposera un jour comme une évidence, comme notre destin. De plus en plus de gens partagent déjà ce nouveau rêve pour la Terre. Comme l'a dit John Lennon : « Un rêve que vous rêvez seul est seulement un rêve. Un rêve que vous rêvez ensemble est réalité[1]. »

1. Sheff, 2000 (traduction libre).

Encadré 21 : Les dix messages clés de la politique de l'être

1. **Nous avons besoin d'un changement de conscience collectif, d'une évolution culturelle de nature spirituelle, pour répondre aux défis actuels.** Ce processus est déjà en cours et nous sommes aujourd'hui en proie à une crise évolutive qui exige des individus et des sociétés un processus d'introspection et de transformation.

2. **En tant qu'approche fondée sur la sagesse et nourrie par la science, une politique de l'être peut soutenir cette évolution.** Son principal objectif consiste à promouvoir un cadre favorable à l'accomplissement de tous les êtres, c'est-à-dire la réalisation de leur être authentique et supérieur. « Être » est un objectif de développement plus sage et pertinent qu'« avoir », il s'applique à l'ensemble de la communauté terrestre.

3. **Il est essentiel de cultiver notre nature fondamentale relationnelle ou d'« inter-être » pour vivre en harmonie en société et avec l'ensemble de la communauté terrestre.** De par notre nature spirituelle, nous sommes interconnectés au niveau de l'être avec tout ce qui est. Ce n'est qu'en reconnaissant leur interconnexion et en soutenant le tout que l'ensemble des parties peut prospérer.

4. **Les sociétés progressent à mesure qu'elles honorent les valeurs, les qualités et les idéaux les plus élevés, comme la liberté, la bonté, la beauté, la vérité, la compréhension, la vie, le bonheur, l'amour, la paix, etc.** Ce sont des qualités spirituelles, car elles reflètent un être humain éveillé ou une perfection divine. La science et les initiatives pratiques associées à ces valeurs universelles peuvent nous aider à concevoir une politique de l'être. Le développement culturel est fondamentalement lié à une évolution de nos valeurs, ces mêmes valeurs qui façonnent notre vision du monde et nos institutions.

5. **La politique de l'être offre un cadre conceptuel simple fondé sur l'être, les valeurs les plus élevées, et le dialogue entre sagesse et science, qui permet d'intégrer toutes les idées et initiatives pertinentes.** Il peut donc aider à unifier cette vision et à renforcer ce mouvement.

6. **Nos institutions devraient aider à cultiver les valeurs et les qualités humaines.** Elles devraient reconnaître et faciliter l'expression de notre potentiel de bonté, de coopération et de motivation intrinsèque.

7. **Dans de nombreux secteurs, il existe des politiques concrètes et réalisables à même de soutenir cet agenda.** Une politique de l'être peut les rassembler et les généraliser en les intégrant dans un récit cohérent et mobilisateur.

8. **Les enseignements spirituels et les traditions de sagesse, à travers un dialogue entre eux et avec la science, ont beaucoup à apporter**

pour inspirer, aider à concevoir et à mettre en œuvre une politique de l'être. C'est notre patrimoine commun le plus précieux, offrant une compréhension profonde de la nature humaine, ainsi que des connaissances et des outils pratiques pour le développement intérieur des individus et des sociétés.

9. **Chaque nation doit se reconnecter à son âme et à sa sagesse pour concevoir sa propre version de la politique de l'être**, capable de soutenir son développement et de lui permettre d'apporter sa contribution unique au monde. L'unité dans la diversité est la clé d'une coexistence harmonieuse entre les nations dans un monde globalisé.

10. **Pour les individus comme pour les sociétés, la guérison des traumatismes est la porte d'entrée vers l'être.** Elle est indispensable pour que de nouvelles façons d'être et de vivre deviennent possibles, et pour permettre à l'ensemble de la communauté terrestre de s'épanouir.

Si vous avez le sentiment de faire partie de ce rêve, rejoignez-nous :
www.politicsofbeing.com/fr

Remerciements

De nombreuses conditions favorables ont permis à ce livre de voir le jour. Tout d'abord, je tiens à remercier mon épouse, Emelina Corrales, d'avoir partagé ce rêve et contribué à créer ces conditions. Ensemble, nous avons discuté longuement de presque toutes les idées abordées ici. À l'évidence, elle mérite d'être reconnue comme cocréatrice de la Politique de l'être.

J'aimerais par ailleurs exprimer ma gratitude aux enseignants spirituels qui m'ont montré la voie et inspiré ce travail, en particulier au maître Zen Thich Nhat Hanh, notre regretté Thay, et à l'ensemble de la communauté du Village des Pruniers pour son soutien sur le chemin.

Je remercie mes parents pour l'éducation qu'ils m'ont apportée et pour leur soutien bienveillant à mes projets, aussi fous soient-ils.

Je suis très reconnaissant envers Jadzia Tedeschi, qui m'a aidé à corriger l'anglais de la première version de ce livre et en a sans conteste amélioré la forme. Nos conversations ont été précieuses et ont souvent été pour moi un soulagement. Merci également d'avoir insisté pour que je mentionne des expériences plus personnelles.

Je souhaite remercier Eliane Benisti, Sophie Rouanet et Norbert Carmignani pour avoir reconnu le potentiel de ce livre et y avoir cru, Xavière Boitelle pour son travail de traduction, Isaure Auzou pour son appui éditorial, ainsi que Robert Schipper, Laurence de Fontenay, Carlos Murillo, Rufus Pollock et Andrew Bovarnick pour leurs précieuses observations. Et merci enfin à Matthieu Ricard, Tarek Toubale, Jo Confino, Hannia Corrales, Gautier Machelon, Fabien Monteils, Julien Maury, Jean-Paul Meunier, Claudine Revol, Giovanni Beluche, Pierre Marchand, Mindahi Bastida, Jyoti Prevatt et Arthur Lyon Dahl pour leur soutien indéfectible.

Remerciements

À propos de l'auteur

Né en 1979 à Paris, Thomas Legrand est un chercheur de sagesse, un scientifique et un professionnel de la durabilité. Docteur en économie, il a étudié le développement international, les sciences politiques ainsi que la gestion. Sa thèse en économie écologique et institutionnelle est consacrée au programme costaricain de paiements pour services environnementaux, qui vise à préserver les forêts tropicales.

Thomas Legrand travaille dans le secteur de la durabilité pour des agences des Nations unies, des entreprises privées et des organisations non gouvernementales. Il intervient entre autres dans le domaine de la conservation des forêts, du changement climatique, de la finance durable, du leadership, en particulier le développement des capacités intérieures pour la durabilité. Il dirige actuellement l'Alliance pour des systèmes alimentaires conscients du Programme des Nations unies pour le développement.

Son chemin spirituel a pris corps à 23 ans avec la rencontre au Mexique de la spiritualité indigène, avant d'embrasser la sagesse d'un large éventail de traditions et de pratiques, y compris la méditation, la guérison énergétique et le taï-chi-chuan. Il vit aujourd'hui avec sa femme et leurs deux filles près du Village des Pruniers, un monastère créé par le maître Zen Thich Nhat Hanh dans le sud-ouest de la France.

Sa recherche spirituelle, sa réflexion en tant que chercheur en sciences sociales et son expérience professionnelle ont peu à peu convergé vers l'importance de la sagesse et de la spiritualité pour la transition en cours de l'humanité. À la recherche d'un moyen d'intégrer cette compréhension dans le débat public, il a consacré une grande partie des dix dernières années à réfléchir sur la façon dont nous pouvons repenser radicalement notre modèle de développement. Le présent ouvrage est le fruit de ce travail.

*

« Thomas présente comment redéfinir dans les sociétés contemporaines notre culture. Ce livre m'a impacté et pourrait être un très bon instrument. »

Miguel Ángel Moratinos,
haut représentant de l'Alliance des civilisations
de l'Organisation des Nations unies

« Ce livre peut ouvrir de nombreux cœurs, de nombreux esprits, de nombreuses personnes, donc j'espère qu'il arrivera dans les mains d'hommes et de femmes politiques. Thomas a fait un travail important pour nous permettre à tous de nous régénérer. L'heure est venue de s'engager collectivement pour le mettre en œuvre. »

Violeta Bulc,
ancienne commissaire européenne aux transports, responsable Écocivilisation

« Nous avons désespérément besoin d'un mariage de la science et de la sagesse, comme le démontre Thomas Legrand dans ce livre révolutionnaire et merveilleux qui arrive à point nommé. »

Satish Kumar,
auteur, éditeur et activiste, fondateur du Schumacher College

« *Politique de l'être* répond à une question cruciale : comment exploiter les capacités spirituelles et morales des individus et des communautés pour relever les plus grands défis de l'humanité ? Je tiens à adresser mes sincères félicitations et mes profonds remerciements à M. Legrand. »

Bani Dugal,
représentante principale de la Communauté internationale bahá'íe
auprès des Nations unies (New York)

« Dans ce livre, l'aigle et le condor volent en harmonie. C'est un appel à l'union de la famille humaine, pour que nous puissions nous asseoir ensemble à nouveau autour du feu sacré et écouter profondément. Les ancêtres sont derrière ce travail qui a quelque chose de sacré. »

Jyoti Ma,
grand-mère, guide spirituelle
au Center for Sacred Studies, fondatrice de The Fountain

« Cet ouvrage revêt une importance fondamentale. Il propose un projet politique à la fois inspirant et très concret, enraciné en même temps dans la spiritualité et dans la science. Il nous montre ce à quoi le leadership politique pourrait et devrait ressembler. J'ai aussi beaucoup apprécié les témoignages personnels que Thomas Legrand nous livre au fil des pages. La lecture n'en est que plus passionnante. »

Uffe Elbæk,
ancien ministre de la Culture
et membre du parlement danois,
fondateur du parti politique écologiste The Alternative

« Quels que soient les efforts que nous déployions dans l'optique de changer les systèmes et de lutter contre les injustices de ce monde, nous devons aussi apprendre à changer l'être humain. Un grand merci Thomas d'avoir introduit la politique de l'être dans nos échanges sur la politique, l'économie et la religion. »

Jay Naidoo,
secrétaire général fondateur
du Congrès des syndicats sud-africains,
ancien ministre du gouvernement de Nelson Mandela,
ancien président de la Banque de développement de l'Afrique australe,
membre du conseil d'administration
de la Fondation Mo-Ibrahim

« Un tour de force ! Ce livre très pratique m'aidera à sensibiliser les décisionnaires et les politiciens du monde entier. Nous avons foncièrement besoin de reconnecter la sagesse et la science. »

Chris Ruane,
ancien membre du parlement britannique,
fondateur du groupe parlementaire
Mindfulness All-Party Parliamentary Group

« Thomas Legrand est un leader d'opinion qui tire parti de sa longue expérience pour nous apporter un éclairage original sur l'évolution que doit suivre le développement afin de favoriser l'éveil des consciences. Cet ouvrage d'avant-garde est indispensable. J'invite tous les experts du développement à lire *Politique de l'être* pour donner une nouvelle orientation à leurs futurs travaux. »

Andrew Bovarnick,
responsable mondial des systèmes de produits
alimentaires et agricoles du PNUD

« J'ai rarement été aussi captivée par un livre. Il m'était même difficile de le refermer. Thomas a su marier avec brio les sagesses ancestrales et les dernières avancées dans les neurosciences, l'écologie et la philosophie – à la fois sous un angle théorique et pratique. Ce livre offre une vision profonde de la façon dont nous pouvons transformer notre système et amener notre société vers un nouveau paradigme de développement. »

Liane Stephan,
fondatrice et directrice générale et d'Awaris GmbH,
cofondatrice de l'initiative Inner Green Deal

« Un véritable chef-d'œuvre ! Avec ses connaissances scientifiques étendues, ses nombreuses expériences dans le secteur de la durabilité écologique et humaine, son vécu personnel en lien avec une multitude de traditions religieuses, son profond engagement spirituel et humanitaire, ainsi que ses talents d'écrivain, seul Thomas pouvait nous proposer un livre aussi instructif et pertinent. »

Paul Schafer,
directeur du World Culture Project

« Un livre remarquable. Thich Nhat Hanh en serait fier. »

Kees Klomp,
auteur et professeur de sciences appliquées

« Cet ouvrage brillant présente le parcours d'un intellectuel éclairé qui s'est efforcé de rassembler les meilleures idées et les meilleures expériences dans un nouveau paradigme de développement cohérent. Il est d'autant plus extraordinaire qu'il offre un équilibre parfait entre la rationalité des sciences sociales d'une part et le besoin de spiritualité et de valeurs d'autre part. Un coup de maître ! »

Arthur Lyon Dahl,
ancien sous-directeur exécutif adjoint du PNUE

« Ce livre est d'une importance capitale. Il offre aussi bien une vue d'ensemble complète que des politiques concrètes pour passer sans encombre du monde de l'avoir au monde de l'être. »

Christoph Stückelberger,
auteur et professeur d'éthique

« Dans *Politique de l'être*, Thomas Legrand décrit l'intégration ô combien nécessaire entre le développement spirituel intérieur et le développement de nos sociétés, en particulier pour surmonter les crises sociales et environnementales que nous avons nous-mêmes engendrées. Alliant une portée, une sagesse et une ambition prodigieuses, cet ouvrage est une ressource incontournable pour les chercheurs interdisciplinaires du futur. »

Tom Oliver,
professeur d'écologie appliquée, auteur de *The Self Delusion*

« Un travail remarquable et inspirant qui propose un nouveau paradigme de développement résolument humain, respectueux et holistique. *Politique de l'être* s'impose comme une évidence, aussi complexe qu'accessible. »

Édith Favoreu,
Eurasia Learning Institute

Références bibliographiques

L'ensemble des sources citées ainsi qu'un index sont disponibles en dirigeant la caméra de votre téléphone sur le QR code ci-dessous :

Ou rendez-vous sur :

https://politique-de-letre.lisez.com

Table des matières

II

LES VALEURS SPIRITUELLES, FONDEMENTS DE LA POLITIQUE DE L'ÊTRE

III

UN PROGRAMME D'ACTION

IV

LA POLITIQUE DE L'ÊTRE EN PRATIQUE

Composition et mise en pages
Nord Compo à Villeneuve-d'Ascq

Cet ouvrage a été achevé d'imprimer en janvier 2024
dans les presses de Normandie Roto Impression s.a.s.
61250 Lonrai
N° d'édition : 66596/01 - N° d'impression : 2305640

Imprimé en France